何大新 著

文化土壤论

四川人民出版社

图书在版编目（CIP）数据

文化土壤论 / 何大新著. —成都：四川人民出版社，2024.4
ISBN 978-7-220-13580-4

Ⅰ.①文… Ⅱ.①何… Ⅲ.①文化理论 Ⅳ.①G0

中国国家版本馆CIP数据核字（2024）第019897号

WENHUA TURANG LUN
文化土壤论

何大新　著

出 版 人	黄立新
责任编辑	郭　健
封面设计	周伟伟
版式设计	李秋烨
责任校对	林　泉
责任印制	周　奇
出版发行	四川人民出版社（成都市三色路238号）
网　　址	http://www.scpph.com
E-mail	scrmcbs@sina.com
新浪微博	@四川人民出版社
微信公众号	四川人民出版社
发行部业务电话	（028）86361653　86361656
防盗版举报电话	（028）86361661
照　　排	四川胜翔数码印务设计有限公司
印　　刷	成都东江印务有限公司
成品尺寸	150mm×225mm
印　　张	33.5
字　　数	375千
版　　次	2024年4月第1版
印　　次	2024年4月第1次印刷
书　　号	ISBN 978-7-220-13580-4
定　　价	118.00元

■版权所有·侵权必究
本书若出现印装质量问题，请与我社发行部联系调换
电话：（028）86361656

目 录

引论

002　　一、该关注"文化土壤"的极端重要性了
005　　二、清醒认识和评价中华文化的现状
009　　三、拥抱世界文化，振兴中华文化

上篇　综论

第一讲　文化的起源

002　　一、什么是文化
008　　二、人类的起源
015　　三、文化的出现

第二讲　文化的土壤

022　　一、文化土壤的三个层次
025　　二、不同文化土壤孕育了不同文化
030　　三、"地理环境决定论"的出现及落伍

第三讲　世界主要文化圈形成的土壤特征

033　　一、文化圈的出现
036　　二、两河文化圈——人类文明从这里启航
038　　三、"神"与"法老"——古埃及文化圈
042　　四、充满宗教等级色彩的古印度文化圈
044　　五、"文明"与"扩张"的古希腊—罗马文化圈

| 052 | 六、神秘多姿的古中南美文化圈 |
| 058 | 七、兼收并蓄的日本文化 |

第四讲　中华文化形成的土壤特征

064	一、中华文化形成的地理环境
067	二、中华文化的源头及其原初形态
083	三、春秋战国：中华文化第一个高峰及其特点
092	四、汉、隋、唐、宋：中华文化的几次高潮及其特点
103	五、元、明、清：中华文化的"颠簸"发展
114	六、"中国"怎么就成了"中国"
118	七、简谈中国人的性格特征——兼说水文化

第五讲　文化的碰撞

127	一、关于种族与文明的争论
133	二、较量与"冲突"
137	三、文明并非必然冲突
141	四、目标：提升文化软实力

第六讲　文化的困惑

145	一、说明自己容易吗
148	二、传统与现代的辩论
150	三、雅文化与俗文化的博弈

第七讲　文化的趋势

157	一、世界文化的发展趋势
161	二、中华文化的前景
164	三、理性走向世界

第八讲　文化与地球

171　一、神奇的地球
173　二、地球遭遇人类"杀手"
177　三、保护地球是人类文化的最高点

下篇　分论

第九讲　文化土壤与民族

185　一、何为民族——以文化为视角
190　二、从远古走来的中华民族
201　三、汉族是怎么来的

第十讲　文化土壤与宗教

208　一、宗教漫谈
212　二、最初的宗教
214　三、不同宗教的文化土壤特征

第十一讲　文化土壤与神话

234　一、古希腊神话
236　二、古代中国神话
240　三、神话告诉我们什么

第十二讲　文化土壤与哲学

243　一、哲学的起源与差异
245　二、欧洲古典哲学
247　三、中国古代哲学

第十三讲　文化土壤与语言文字

257　　　一、语言
265　　　二、文字
276　　　三、语言文字乃民族文化之根基

第十四讲　文化土壤与习俗

280　　　一、习俗概说
288　　　二、别具特色的饮食习俗
296　　　三、信仰不同的节庆习俗

第十五讲　文化土壤与伦理

302　　　一、伦理的形成
309　　　二、中国伦理的内核及其对外影响
316　　　三、关于中国伦理的思考

第十六讲　文化土壤与文学艺术

323　　　一、不同文化土壤孕育多彩的世界文学
329　　　二、中华文化土壤孕育独特的中国文学
337　　　三、不同文化土壤孕育多形态的音乐
342　　　四、不同文化土壤孕育多姿的舞蹈与戏剧
348　　　五、不同文化土壤孕育斑斓的工艺美术

第十七讲　文化土壤与国学

363　　　一、何为"国学"
366　　　二、夏商周文化土壤成就了"轴心时代"的璀璨群星
375　　　三、先秦国学框定后世国学的发展
379　　　四、新国学——近现代以来的呼唤

第十八讲　文化土壤与尊严

383　　一、不同文化土壤中"长"出不同的尊严
391　　二、理性产生尊严
393　　三、欲有尊严必先有自尊

第十九讲　文化土壤与城市

396　　一、城市彰显文化土壤特征
403　　二、中国古城与中国传统文化
411　　三、城市的疑惑——以文化缺失为视角
416　　四、城市呼唤"人性"

第二十讲　文化土壤与科技

420　　一、文化土壤促进或束缚科技进步
426　　二、科技"谬用"的文化根源
429　　三、中国的文化土壤与科技

第二十一讲　文化土壤与经济

440　　一、经济是个文化过程
445　　二、经济的力量
449　　三、经济与文化的交叉延伸
455　　四、区域经济现象的本质是文化——以东北为例

第二十二讲　文化土壤与政治

460　　一、古代民主或集权制度的产生
464　　二、帝国制的出现及其演进
474　　三、政治的目的是秩序
476　　四、国家政治制度的选择源于文化土壤

第二十三讲　文化土壤与军事

480　　　一、军事行为的文化特征
487　　　二、资本的力量推动全球军事化
491　　　三、想要和平就得准备战争

第二十四讲　文化土壤与教育

498　　　一、教育也是从"土"里长出来的
501　　　二、中国教育的问题
510　　　三、中国教育的方向

后　记

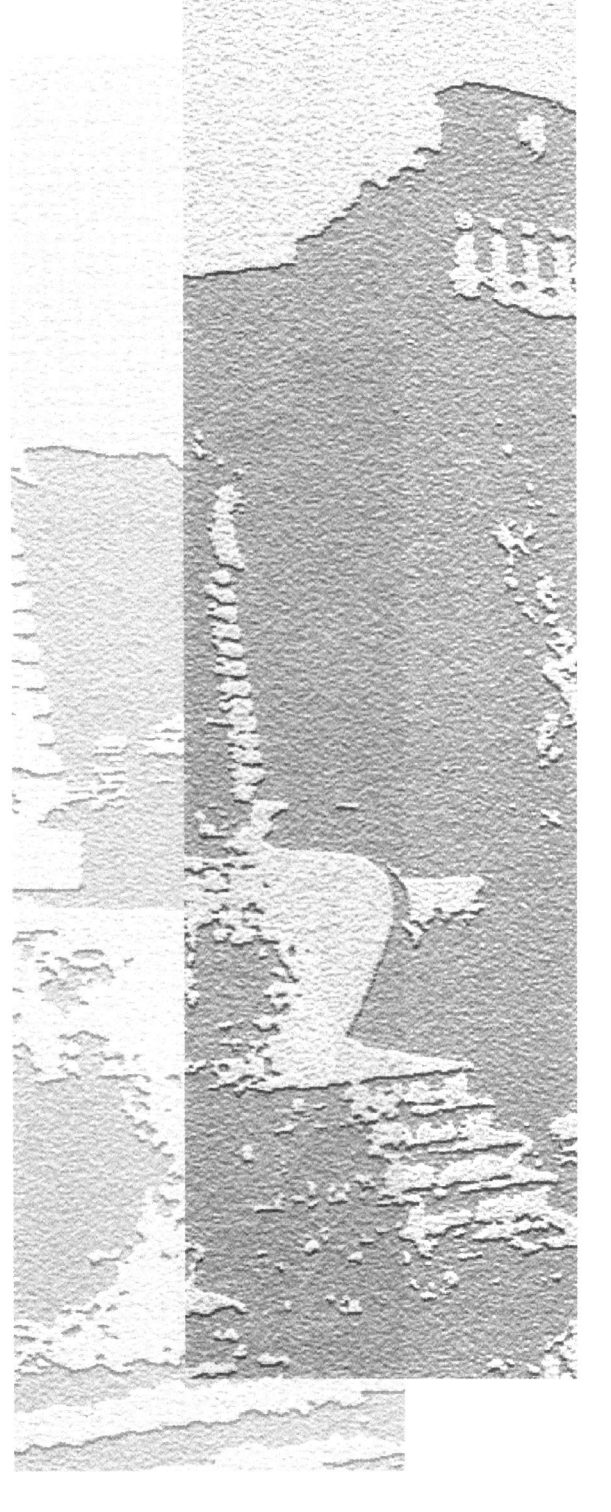

引论
YINLUN

"文化土壤"，一个深沉厚重、虽不易理解却有着重要论述价值的话题。何为文化？何为文化土壤？为什么说文化土壤影响乃至制约一个国家或民族的生存发展、兴衰成败？文化发展的一般规律是什么？文化实力和经济实力之间究竟是怎样的关系？怎样客观、理性看待今天的中华文化与世界文化？

本书的全部文字，旨在探究文化土壤对现今世界诸多文化现象的影响，并探寻上述问题的答案。

一、该关注"文化土壤"的极端重要性了

当今世界的变化是快速、广泛而深刻的。要认识人类历史、现实及其发展趋势等诸多问题，不妨从文化土壤的角度去探寻原因。

文化，是人类精神活动及其产品，教育、科学、艺术、宗教、思想意识形态等，都属于文化的范畴。文化土壤，即文化的母体，它是生成各种文化形态的条件、要素和"养分"的综合体。文化土壤是文化的"根"，先有文化土壤，后有文化；某种文化产生后，又成为催生新文化的土壤。不同的文化土壤，孕育出不同的文化，有什么样的文化基因就会生成什么样的文化形态。历史上，一个历史事件的出现、一个历史人物的诞生，看似偶然，但从文化土壤的角度分析，就会发现其中隐含着必然。是特定的自然环境、社会环境、思想环境，孕育了这件事、这个人。

文化土壤究竟有多重要？

1. 对于个人来说，人是文化的产物

人，是从"土"里长出来的。从生物学角度看，人是动物，是由古猿进化而来的高级动物；从文化学角度看，人是"植物"，有什么样的文化土壤就会"长"出什么样的人。这个文化土壤包括环境土壤、社会土壤、意识土壤。世间每个人都有双重身份，一个是物理身份，一个是文化身份。父母给了我们生物基因，在"物理"上生育了我们；文化土壤则从思想文化层面，或有意识地教育培养，或潜移默化地影响，在文化上"养育"了我们。不同文化环境下成长起来的人，区别很大。

2. 对于群体来说，文化土壤影响乃至制约着一个国家或民族的生存发展、兴衰成败

人们常说，经济基础决定上层建筑，但从某种角度上说，文化也决定着经济。经济发展往往带动其他领域的发展，但关键是，经济又为什么能够发展？是什么因素决定了经济发达的程度呢？从根本上说，人类对物质财富持续不断的追求、对美好生活的向往，决定了经济活动得以不断向前发展。而文化和科学技术的发达程度，决定了生产力的高低，制约着经济发展的水平。在好的文化土壤中，人们思想解放、人性张扬，社会制度公平合理，教育振兴、科技发达，生产力不断提高、经济繁荣，社会文明进步；在恶劣的文化土壤中，人们思想观念守旧、人性受压制，社会不公平，教育萎靡、科技落后，生产力持续低下、经济凋敝，社会发展缓慢甚至停滞不前。

放眼世界近现代史，欧洲和北美持续不断创造出繁荣的经济、强大的军事、灿烂的文化。这是他们的"文化土壤"改良后的结果，是欧洲文艺复兴和思想启蒙运动摧毁了旧的、束缚人性的中世纪文化土壤,造就了新的、张扬人性的近现代文化土壤,带动了资本主义蓬勃发展。

当然,西方文化并不完美。数百年来,资本主义社会在快速发展的同时,也带来圈地运动、殖民化、贩奴运动、剥削压迫、经济危机、两次世界大战等,给人类造成巨大灾难。自由、民主、平等的价值观是好东西,但残酷竞争、过度自由和利己主义的价值观,又妨害了社会进步。西方国家过去所取得的巨大成功,缘于其文化土壤中的优良养分;历史上以及今天暴露出的种种弊端,则缘于其文化土壤中的腐朽因子。

同样,东方的中华文化,在数千年的发展过程中也取得过巨大成就,在人类文明史上曾长期处于领先地位。到了近现代,它遭遇挫折。之所以辉煌灿烂,得益于其土壤中的优良成分,比如重视人文、包容开放等;之所以遭遇挫折,则缘于其落后的成分,比如束缚人性、强调尊卑、守旧顽固等。改革开放以来,中国既坚守自身的优良文化传统,又吸取了世界文化中的有益成分,爆发出来的力量有目共睹。

3. 对于整个世界来说,所有的竞争和较量本质上都是文化土壤质量的竞争和较量

文化土壤太重要了,尤其是思想文化基因,能动作用强大。决定人类高度的是思想文化,不是物质。目前,人类社会还没有哪个国家、哪种文化是尽善尽美的。西方文化虽然曾风靡全球,但它不是唯一的存在。世界各国、各民族之中不乏坚守自身文化者,亦不乏后来居上者。不同国家、民族、国际组织或集团之间的竞争和较量,直观表现在经济、军事、外交等领域,深层次则体现在思想文化、价值观、教育、科技、制度等领域,即文化土壤质量的较量。历史告诉我们:双方你来我往,有时你占优势、有时我据上风,但从长远来看,归根结底还是文化土壤优良的一方最终会赢得胜利。所谓大国崛起,表面上是政治、经济、军事、外交的崛起,本质上是教育、科技、文化的强大。

在世界快速变化、国际竞争日益激烈的今天,我们不得不重视"文化土壤"这个所有发展的根源。尤其是面对国际形势变化的大势,厚植中华文化土壤,促进中华文化走进新天地,已刻不容缓。

二、清醒认识和评价中华文化的现状

改革开放以来,中国经济发展迅猛。从经济角度来说,中国的确再次崛起了。然而,我们的文化还没有站在相应的高度。

1. 客观认识和评价中华文化的长处与不足

一说到中华文化,大多数人赞誉不断,个别人则全盘否定。其实,中华文化体系庞大、内容驳杂,它既包括传统文化,也包括现代文化,内部的文化形态也十分多元。不管是传统文化还是现代文化,都有优良的一面,也有落后的一面,精华和糟粕并存。因此,不能简单地说中华文化"好"或者"不好",必须客观、具体分析。

我们对历史要有深入、全面的了解,对中华文化的内涵要有准确的把握。只有真正了解它,才能从内心深处接纳它。不认真把握中国历史、不了解中华文化的内涵,单纯因为自己是中国人就凭着感情说"中华文化好",这只能是人云亦云。正如钱穆先生所说:"若一民族对其已往历史无所了知,此必为无文化之民族。此民族中之分子,对其民族必无甚深之爱,必不能为其民族真奋斗而牺牲,此民族终将无争存于并世之力量。"

认识中华文化，首先应当了解它优秀在哪里、落后又在何处，然后再推陈出新。以什么样的态度弃旧革新呢？钱穆说得很透彻："今人率言'革新'，然革新固当知旧。不识病象，何施刀药？仅为一种凭空抽象之理想，蛮干强为，求其实现，鲁莽灭裂，于现状有破坏无改进。凡对于已往历史抱一种革命的蔑视者，此皆一切真正进步之劲敌也。惟藉过去乃可认识现在，亦惟对现在有真实之认识，乃能对现在有真实之改进。"

一个重要的问题是，当代人一些人对中华文化的劣根性、缺点、毛病耳熟能详，而对中华文化的内涵厚度和未来影响力却缺少认识，缺乏思考。应当承认，中华文化并不完美，但在过去几千年的历史演进中，它毕竟是中华民族历尽波折、顽强奋争走到今天的强大动力引擎。对于中华文化，"择其善者而用之，辨其旧者、劣者而弃之"，才是正确态度。

2. "古为今用"，坚守中华文化的优良基因，能使我们处变不惊

在现实世界中，有的国家常因缺乏历史而闹心，而中国恰恰因为历史太悠久、文化太厚重而不得不仔细甄别。厚重是好事，说明其中必定有优良的成分值得我们认真梳理、挖掘，并继承之。当然，也因为厚重，不乏陈旧落后的东西，容易束缚人。尤其是当我们提倡"弘扬中华优秀传统文化"时，一些旧的、似是而非的东西也会沉渣泛起。从这个角度说，厚重有时也会成为一个包袱。其实，并不是所有中华文化都能发扬光大，真正值得发扬光大的，是其中的优良成分。

那么，哪些部分值得我们发扬光大呢？20世纪上半叶，梁漱溟先生认为中西方文化的分水岭是宗教与道德。宗教是西方文化的特征，而中国文化的特征则是道德，特别是以老子和孔子为代表的道德学说。中华文化有其灵魂，这个灵魂的核心就是"道"和"仁"。与西方"个人主义至上"相比，中国传统的"道""仁"等思想注重客观规律、注重道德修养、富有人文关怀，在当今西方世界过度强调自由、利己主义价值观弊端重重的情况下，彰显出其时代价值。目前，中国正在将强而未强的台阶上攀登，所处国际环境复杂险恶，国内也有许多重大而棘手的问题需要解决。守住中华文化的优秀内核，能使我们处变不惊。钱穆说："一切可变，而'我'不可变。若已无我，谁为变者？变而非我，亦何希于变？"

当然，对于封建土壤里长出来的、桎梏人的思想的那些弊端，我们亦应心中有数，革故鼎新。

3. "洋为中用"，学习吸收世界优秀文化令我们"有容乃大"

从19世纪中后期起，中国开始学习西方文化，并对传统文化进行反思。"学列强、强国体"和"西学东渐"成为潮流。此后，"全盘西化，脱儒入法"和"中学为体，西学为用"两种学说长期较量，后者日益占据主流。与此同时，蒸汽机、汽车、计算机，物理学、化学、基因学，唯物辩证法、逻辑思维等自然科学和社会科学成果，相继在中国生根发芽。改革开放以来的实践再次证明，吸收世界优秀文化的路子真是走对了，"洋为中用"和"古为今用"同等重要，不可偏废。英国著名哲学家罗素在《我为什么研究中国》一文中写道："假如中国人能自由地吸收我们文明中他们所需要的东西，而排斥那些他们觉得不好的东西，那么他们将能够在其自身传统中获得一种有机发展，并产生将我们的优点同他们的优点相结合起来的辉煌成就。"

说到"洋为中用"，很重要的一点，我们得清楚中国到底要"用"什么。眼下最需要的，不一定是我们最喜欢的，这犹如人体吸收营养，喜欢吃什么东西，那是舌头的感觉，而人体需要的营养却不一定被舌头喜欢。学习引进外国文化也是这样，有的国家将着眼点放在自己喜欢的内容上，而比较理性的国家和民族，则把着眼点放在自己需要的内容上。中国的"洋为中用"，务必考虑到这一点。

改革开放让中国的文化提升了好几个台阶，但还是不够强大。尤其是在思想观念、教育、科技等领域，仍然有待于提高。继续深化开放合作，充分吸收人类文明的一切优秀成果，仍然是我们的不二之选。我们不能因为某些势力的压制、封锁和"卡脖子"，就退回到闭关自守的旧时代。相反，要进一步扩大开放，充分吸收世界各国家、各民族的文明成果。

值得注意的是，西方文化是在西方的文化土壤里长出来的，全盘引进，无益于中国"体格"的健康成长。对于其中的有害成分，要注意防范。西方走过的弯路，中国没必要再走。

4. 坚守理性，克服不良心态

对于中华文化在世界上的地位，既不能妄自菲薄，也不能盲目自大、坐井观天。这些年，中国发展得很快，国民的自尊心和自信心得到了提升，曾经的卑微心态烟消云散，但是，此刻要防止国民心态从一个极端滑向另一个极端。须知，我们之所以发展得好，重要原因是坚持改革开放，以平等、谦逊的心态与世界各国交流合作，广泛吸收消化世界优秀文化成果。外来的思想、文化、科技，充实了中华文化的新土壤，新土壤酿生了我国经济、社会、文化得以更快发展的动力。客观地说，我们的综合国力、文化软实力虽然近年来提高得很快，但还没有达到应该达到的程度。就算到了综合实力居世界第一的那一天，也不能骄傲自满。近年来，一些国人自我感觉良好，以为老子天下第一，目中无人。一些自我膨胀的言论，非常有害。对这种行为，岂能不警惕防范？无论中国的文化实力、综合国力发展到什么程度，都应该坚持平等看待世界文化，切勿"俯视"他人。

三、拥抱世界文化，振兴中华文化

构建中华文化，要有国际视野。这样，你的文化土壤才会不断丰厚，你的东西才会吸引人。"古为今用，洋为中用"，向来是我们对待中华文化和世界文化的基本态度。数十年来，中国快速发展的成功实践说明，这是符合中国实际的，行之有效的。同时，我们做得还不够好，还有进一步提升的空间。

负重前行，是历史压在这一代中国人身上的重担。按照社会发展的一般规律，我国在发展的起点还很低时，通过解放思想、转变观念，引进外资、技术、人才，加上老百姓勤劳努力，经济很快就能实现腾飞。但是，当发展达到一定水平、日益接近发达国家时，想要进一步提升就会变得很吃力；想要超越发达国家，则难上加难。改革开放以来，中国实际上走的是一条"后进生追赶先进生"的路子。经过多年发展，我们达到了一个相当不错的高度。但是，"行百里者半九十"，在现代化的冲刺阶段，我们既要面对竞争对手的遏制、打压和封锁，又要避开"中等收入陷阱"，解决好发展不平衡、后劲不足等深层次问题。

对此，今后该如何是好？

1. 继续以世界优秀文化为师，以强者、先进者为师，培育中华文化新土壤

我们说，从经济上接近别人可能相对容易，但是要与别人平起平坐甚至赶超跨越，就必须解决根本性的问题——文化土壤问题。如果不重视文化根基，就可能会在发展中势头减弱。事实上，已经出现了这种苗头。

以新姿态的"古为今用，洋为中用"培植中华文化新土壤，实际上就是充分吸收中国和外国、东方和西方在古代和近现代创造的优秀文化，把人类文明的一切优秀成果纳入体内。中国人既不能唯西为上，也不能畏西如虎。改良优化后的中华文化新土壤，既能成为实现民族复兴的发动机，又对世界具有吸引力和影响力。从理论上讲，这样的"新版"中华文化是最优的设计，也是我们最佳的选择。

但是，理论设计是一个问题，实际上做不做得到、做到什么程度，又是另一个问题。这其中既有主观原因，就是我们自己"想不想学""想学哪些""学到什么程度"，又有客观原因，就是别人"给不给我们学""容不容我们学"。尽管40多年来中国发展很快，综合国力不断提升，但是文化方面还存在不少短板。我们仍然需要头脑清醒，继续拥抱世界文化，当好"学生"。尤其是在思想解放、教育提质增效、人才培养、科技创新等方面，必须持久发力。

2. 与世界文化和平相处、共同繁荣

文化土壤，是一个"文化根底"问题，它对现今世界诸多文化现象的产生和形成具有巨大影响。中国在争取和平环境、一心一意谋发展的同时，在文化层面，应当多与世界文化开展交流合作。要从"文化土壤"的角度去欣赏各个国家、各个民族创造的多彩缤纷的文化，既尊重他人"各美其美"，也懂得"美人之美"，最终相互学习借鉴，"美美与共"。

3. 唯有创新，才能推动中华文化登上新台阶

在当今世界上，中国已令人瞩目，中华文化已令人瞩目。但

放眼未来，还有一个崭新的命题摆在我们面前——仅仅传承和学习还不够，中华文化亟待创新。面对新的世界、新的时代，中华文化原模原样登场是不行的，既不够自己用，也不够别人用。而学习他人、"洋为中用"，亦不是万能武器。当中华文化发展到一定高度之后，就特别需要创新，这既符合文化"升级发展"的一般规律和必然要求，亦是中华文化前途命运之所在。创新，重点在于优化改良社会土壤和意识土壤，从"基因"抓起，培育能够长出理性、长出自由平等、长出逻辑思维、长出空间想象力的文化土壤。这一土壤的培育，必定带来文化的创新，成为诸多领域创新发展的源泉。

值得注意的是，在西方鼓吹了数百年的"西方中心论"之后，现在又有人提出"中国中心论"。中国会成为中心吗？恐怕不会。即便具备了这种能力，也不必称中心。中华文化发展再好，也只是世界文化的一部分。不要像某些国家那样好为人师，把自己的文化强加于人。

仔细想想，关心中国能否成为世界文化中心，那是别人的事，不是我们的事，我们只管做好自己。究竟哪一种文化更适合人类的长久发展？中华文化到底能在多大程度上影响世界？一时还难以说得清楚。崭新的中华文化，或许因其集众家之所长、扬长避短，可能在将来引领世界潮流中一展身姿？且拭目以待。

黑格尔说：一个民族有一群仰望星空的人，他们才有希望。

上篇
综论

SHANGPIAN
ZONGLUN

第一讲　文化的起源

> 文化是从"土"里长出来的。
> 文化分为三个层次——生存文化、社会文化、意识文化。
> ——作者手记，2017年6月18日

"文化"是人们日常生活中经常使用，人人都应当熟知的一个重要概念。但它的含义比较抽象，很难下一个众人都能接受的确切定义。大体来说，文化是人类的精神活动及其产品，属于上层建筑。

一、什么是文化

（一）文化的概念

"文化"一词最早出现在中国的周朝。《周易·贲卦·象传》中有"观乎天文，以察时变；观乎人文，以化成天下"的记载。到了西汉，刘向在《说苑·指武》中写道："圣人之治天下也，先文德而后武力，凡武之兴，为不服也，文化不改，然后加诛。"这里的"文化"是指与武力相对应的教化。

中国人今天使用的"文化"一词，是19世纪末从西方经日文转译而来的，其含义已与中国古代的"文化"不同。古罗马哲学家西塞罗曾将文化定义为"灵魂的培养"。19世纪中叶，人类学、社会学、民族学等一些新的人文学科在西方兴起，文化的概念也较之前发生了变化，开始具有现代意义。最先把"文化"当成专门术语来使用的是英国人类学之父泰勒，他在1871年发表的《原始文化》一书中这样说："文化是一个复杂的总体，包括知识、信仰、艺术、道德、法律、风俗以及人类在社会里所有一切能力与习惯。"

"文化"的定义，从泰勒起，至今已出现200多个，没有一个被公认。美国文化人类学者洛威尔（1856—1942年）曾经这样说："在这个世界上，没有别的东西比'文化'更难捉摸。我们不能分析它，因为它的成分无穷无尽；我们不能叙述它，因为它没有固定的形状；我们想用文字来定义它，这就像要把空气抓在手中，除了不在手中，它无处不在。"

不过，现在有一种说法被多数学者认可，即"文化是人类涉及政治、经济等方面的所有精神活动及其产品"。

说"精神活动"是文化好理解，但"产品"怎么会是文化呢？不妨打个比方，一抔黄土不是文化，但一旦和成泥，制成陶坯，做成盆形或罐形，用火烧出再画上图案，就是文化。因为这个盆承载了制盆人的精神理念，物质产品上显示着生产者及其生存区域的环境特征。古代美索不达米亚、古代埃及、古代中国、古代印度等不同文化区出土的陶器体现的均为当地的文化特征。

季羡林先生在《中国文化的内涵》一文中，把文化分为两类：狭义的文化和广义的文化。狭义文化指的是哲学、宗教、文学、艺术、政治、经济、伦理、道德等；广义文化指的是包括精神文明和物质文明所创造的一切产品，连汽车、飞机等都包括在内。

钟敬文等学者这样概括文化的三个层次：一是表层文化（又称为物质文化）。这是人类最易感知的文化，是围绕衣食住行所体现的选择取舍。二是中层文化（又称为制度文化）。中层文化包括风俗、礼仪、制度、法律、宗教、艺术等等。中层文化要借助外在的物质来体现，比如习俗活动、艺术作品等。三是底层文化（又称为哲学文化）。底层文化就是人的个体和群体的伦理观、人生观、世界观、审美观。也有人说包括价值观，其实价值观就是伦理观、人生观、审美观的综合。

综合上述学者的观点，结合自己的思考，作者以为，文化似乎应分为以下三个层次：第一层次是生存文化。生存文化是人类生存的映象，包括语言、早期舞蹈，特别是衣食住行的表现形式及内容等。生存文化的基本特征与人类生存环境有关。第二层次是社会文化。它是在第一层次生存文化的基础上发展起来的，如社会制度、经济行为、法律，如习俗、礼仪，再如绘画、音乐、文学等各种艺术表现形式。这种文化以表现人、表现人性、表现所在社会的客观状态为主题。第三层次是意识文化。包括价值观、宗教、哲学等意识形态即人脑中升华的东西，它看不见摸不着，却无处不在，并标志着文化的高度。

这样的划分，是从文化产生的过程阶段和人类的思维能力两个角度来考虑的，并非基于评价"文化的质量"的角度。三个层次的文化几乎具有同样的分量，是不能截然分开的。

文化可以再生文化。生存文化是从以地理气候为主要特征的环境土壤中"长"出来的，这一点比较明显。社会文化是在以生存文化为主的土壤中"长"出来的，仍带有生存文化的营养和基因。意识文化则是在以社会文化为主的土壤中"长"出来的，但也带有生存文化的基因。

文化无处不在，只要有人的地方就有文化。人类有如此多的民族、语言，人类的生活如此丰富，文化也就丰富多彩。

文化不仅在其创造者自身的圈子内发展，有时还会学习其他民族和其他国家的文化，同时也影响其他民族和其他国家的文化。甚至，世界上正在有越来越多的人从文化认同的角度来选择自己的朋友。

一种文化状态不会永远保持不变，或因外力，或因内力，其状态及表现形式不断发生变化。在人类历史出现特殊情况的阶段，当时的文化却不一定特殊；反之，在人类历史的一般进程中，却可能出现特殊的文化特征。文化并不与社会形态同车并行。

文化学是一门新兴学科，是专门研究文化的发展规律、文化的表现形式、文化的价值与评价，以及文化与人、与政治、与经济、与军事等之间关系的学问。

（二）文化的意义

文化体现着国家的品质、民族的性格和国民的素质。一个民族、一个国家的高度其实就是文化的高度。这主要体现在社会文化中的社会制度、法律以及意识文化中的价值观、哲学等方面。一个国家的社会制度能够给国民带来福祉，法律能够体现公平公正，价值观取向体现"真、善、美"，哲学令人理性、睿智、通达，这个国家的文化才能令人赞赏。

文化最重要的意义在于，它标志着一个国家、一个民族的高度。

最能把人联系起来的是经济和文化。经济的主要表现形式是商品和商业，文化的主要表现形式是意识、情感和艺术。商业和商品的作用，我们可以从日常生活中看到，中国的纺织品、欧洲的大机器，还有中东的石油等，世界上多数国家都在使用着同样的商品。文化打动人心的首先是情感，《悲惨世界》《巴黎圣母院》

能打动所有心怀悲悯的人，被美军燃烧弹烧伤的越南女孩那张照片令世人难忘。老子、庄子、柏拉图、康德、黑格尔的哲学，普希金的诗歌，贝多芬的交响乐让人心跨国相通，艺术、音乐、绘画、摄影的影响超出了国界，令世界人民有了共同的思考和审美。

文化其实没有神秘感，它时刻在你我身边。一个人只要还在呼吸，就能感受到文化。要种田，你的耕作方式、使用的劳动工具体现的是文化；要吃饭，不同地区种植的不同粮食、蔬菜以及不同的烹饪方式，也是文化；你若是在使用计算机，计算机本身就是文化发展到较高阶段的产物，里面的内容就更是文化了；即使你到大海上，乘坐什么船，是原始木舟还是现代游艇，还是离不开文化。

（三）"文化"与"文明"

"文明"（civilisation）一词 18 世纪在法国出现，一般指与野蛮相对立的状态。

"文明"一词出现后，迅速在欧洲蔓延，而文化"culture"一词也随之风行开来。文明与文化两词，在很长一段时间内是同义词，1830 年的时候，黑格尔曾交替使用这两个词。到了后来，人们觉得有必要把它们分开了，于是经过大批学者的无数次争论，特别是经过了对文明一词的单数与复数表现内涵的解读，最终才形成了今天摆在我们面前的文明与文化的词意。

胡适先生说，第一，文明是一个民族应付它的环境的总成绩。第二，文化是一种文明所形成的生活方式。第三，凡一种文明的造成，必有两个因子：一是物质的，包括种种自然界的势力与质料；一是精神的，包括一个民族的聪明才智、感情和理想。凡文明都是人的心思智力运用自然界的质与力的作品。没有一种文明单是精神的，也没有一种文明单是物质的。

《中国大百科全书》把"文明"定义为"人类改造世界的物质和精神成果的总和；社会进步和人类开化状态的标志"。接下来我们就可以这样说了：文明是某一区域内一个群体在一定历史阶段内文化发展状态的总括，如两河文明、埃及文明、中华文明、印度文明、希腊文明等。英国著名历史学家阿诺德·汤因比把世界上的文明分为三种：一种是"流产的文明"，即刚刚诞生就被"扼杀在摇篮里"；一种是成长的文明；一种是停滞的文明——既没有死亡，也没有发展。

　　"我们可以花很长时间去争论什么是文明，什么不是。但是，一旦文明的对立面把它的残暴与残忍，把它的狭隘与毁灭，展现在我们面前，我们就知道了文明之为何物。"[1]

　　文化跟文明，到底是哪个先出现？几年前，作者在北京的一所大学讲课时讲了这样一个观点："文明"作名词解时出现在"文化"之前，作形容词解时则出现在"文化"之后。

　　是否可以这样理解：文明作名词解时，表示的是人类的生存状态，是历史进程，在文化出现之前就有了。人类改造世界的历史很久远，有了人类就有了文明，如"人类文明""史前文明""农业文明""工业文明"等。"中华文明"这个名词，讲的也是这个概念。"中华文明"显然涵盖了中国人最早的祖先，但在语言产生之前的远古时期，"文化"还没有出现。文明作形容词解时，是指与野蛮相对而言的进步状态，大到社会状态、风气，小到人的行为举止。此文明的出现是在文化产生之后。

　　我们经常使用"人类文明"这个词组，这四个字包括了一个重要内涵：有了人类就有了文明，而文化则是在人类开始集聚，

---

[1] 范景中：《艺术与文明》，上海书画出版社2020年8月版，"导言"第4页。

由采集、狩猎进步到种植、养殖，有了农牧业集体生产之后才出现的。文化产生的一个重要标志是语言的出现。文明说的是历史的进程，文化讲的是历史的质量。

二、人类的起源

（一）人类是地球的生成物

地球已有约45.7亿年的历史，在初成时期，简直就是个火球，经过数亿年的冷却，才形成今天这个样子。大约在39亿年前（有学者说没这么早），地球表面有了适当的温度，水中才渐渐产生了微生物，继而产生水藻、水母、蠕虫等单细胞生物，接着出现了三叶虫。

2012年10月初，在西藏登上海拔6400米的珠峰C2大本营前，作者与女儿何小溪观察到山壁上有许多贝壳化石。20亿年前，这里还是一片海洋。那时的地球陆地上还没有动物，只有海洋中有水生物。后来，随着喜马拉雅造山运动，这里才隆起成为世界的最高峰。

三叶虫没有停滞不前。此后，脊椎动物——鱼类出现了。接下来，出现了两栖鱼类，其中一部分爬上岸，成为陆地上的动物。距今5.3亿年的寒武纪时期，地球表面生命的进化出现飞跃，在不到5000万年的时间内涌现出90%的动物门类，被称作"生命大爆发"。恐龙出现了，曾长期是地球的霸主。后来，由于不适应渐渐变冷的气候，一些恐龙消失了，而能不断让自己适应气候变化的则进化成后来的动物，比如现在陆地的大象、水中的海豚和空中的飞鸟。1985年，辽宁阜新发现一种小盗龙化石，它的重要价值是其腋下长出了毛。中美联合考察的科学家共同认为，由于气候逐渐变冷，鸟是由翼龙慢慢进化后，从地面飞上天的。

大约在6500万年前，地球进入了脊椎哺乳动物时代。这些脊椎哺乳动物便是现代人类、老虎、狮子、熊、豹等动物共同的祖先。我们现在把狮子、老虎、黑熊、猴子等称为动物，其实，当黑猩猩还没有进化到古猿之前，它们还是人类祖先的亲属呢，人类对它们的称呼似乎应为"叔叔""伯伯"。事实上，大家都是鱼儿上岸后不断进化形成的陆地动物。看看我们的两肋和脊骨，依然保持着鱼的骨骼。

人的眼睛为什么长在前面？就是因为不断地往前看。在古猿时代，在黑猩猩时代，人类祖先的眼睛已经长在前面了，这其实是不断进化的结果。

（二）最早的人类

大约400多万年前，人类的祖先即最早的猿人出现在非洲东部和南部的热带草原上。"世界上不少人类学者认为，最早的人类是从大约250万年前的东非开始演化的，他们的祖先是一种更早的猿属——南猿。大约200万年前，东非的这些远古人类有一部分离开家园踏上征程，足迹遍及北非、欧洲和亚洲的广大地带。北欧的森林白雪皑皑，印尼的热带丛林湿气蒸腾，想活命显然需要不同的适应方式，因此人类也开始朝着不同方向演化，于是便发展成几个不同的物种。科学家给每一个物种都取了一个华丽的拉丁名称。在欧洲和西亚的人类成了'尼安德特人'，在亚洲东部的成为'直立人'，在印尼爪哇岛的成了'梭罗人'，而留在非洲的则被称为'智人'。世界各地还有其他几种数量不多的人种。"[①]

[①]〔以色列〕尤瓦尔·赫拉利：《人类简史》，中信出版社2014年11月版，第6页。

最早实现直立行走的东方人是"元谋人",他们生活在170万年前,考古发现了元谋人的两颗门齿。发现完整头盖骨的则是"北京人",他们生活在距今67万至41万年前的岁月里,考古学家在北京周口店发现的原始人类遗址证明了这一点。准确讲,"元谋人""北京人"还只是猿人。"北京人"那时还不会制造居所,他们生活在洞穴之中。欧洲的原始人类是尼安德特人,他们的身材较"北京人"高大,脑量也大些。

原始人类既是后来人类的祖先,也是原始文明的始创者。动物能听能看,也能记忆很多东西,但是人的大脑除了记忆还能够分析问题,把不同的元素组合起来判断,这一点要高于其他动物。人类的生存能力远远不如许多动物,为何却能生存下来并战胜其他动物?答案是"智慧"。可以猜想,人类最早制作的器具中一定会有武器。人类之所以能从动物中脱颖而出,很大程度上是因为开始使用武器,比人凶猛的动物也被其毙命。

凿石为灶。在远古时代,这里曾炊烟袅袅,鱼肉飘香
图1:格鲁吉亚乌普利斯齐赫洞穴遗址石灶

自从学会使用火，人类便开始吃熟食了。烤熟的动物肉、煮熟的草籽更可口、更易于消化。火的使用，最先是在野外进行的。到了洞穴时代，古人开始广泛使用坑灶。在周口店北京人遗址，参观者可以看到，在山顶洞人生活的洞穴中，坑灶占有重要位置。在格鲁吉亚，我们参观了距古城姆茨赫塔不远的乌普利斯齐赫洞穴遗址。这座遗址始建于青铜时代，比前面介绍的洞穴要晚许多。在公元前6世纪至11世纪之间，这里一直是当地的政治、宗教和文化中心之一。这座遗址建在河岸的石岩上，在遗址内，人们看到古人在岩石上留下的一个个坑灶显然是用利器凿开的。

古人类迁移到各地，各地地理气候的不同使他们的生存方式有了区别，文化的区别也由此产生。例如，中国的藏族人生活在高原，吃牦牛肉、糌粑，喝奶茶，信奉佛教，跳锅庄，唱着高亢的歌曲，其文化与其他民族有很大不同。其实，这是后来的事，很多年前他们的祖先与高原下的人是同一族群。原因很简单，藏族人的祖先不可能在山上实现古猿向人类的转变，并实现两个后肢的站立，他们的站立是很早以前在冲积扇上完成的。

多少年来，大大小小的洪灾吞噬了多少善良百姓的性命和良田、房屋，然而，这并不妨碍我们从某种意义上说，洪灾造就了人类生存的摇篮——平原。

扩大一下思考的宽度，也许会让人豁然开朗。恩格斯说："劳动创造了人。"也就是说，自从第一块石头被打制成石刀或石斧用来攻击野兽或制作工具时，古猿人便变成智人了。说到这里，是否可以补充一句——"环境创造了人"？作者认为，在古猿人向人类的进化中，"环境"这个要素与"劳动"要素同样重要。如果地球表面的温度仍然是53℃，人类甚至猴子将不会产生，世界恐怕依旧还是恐龙的世界。分析一下古猿变成人的过程，环境确实很重要。老祖宗自己都讲,客观是第一性的。作者认为,古猿人用两个前肢来制作工具,实现了两个后肢的站立,确实促进了古猿人向人类的转化,但是这个转化过程能在山上实现吗?回答应是否定的。人类只能在平原上才能完成真正的站立。这个"客观"太重要了,别忘了,我们现在登山还要四肢着地呢。总是四肢着地,如何实现站立?

诚然,考古工作者已在世界多处高原和峡谷地带发现古人类遗址,例如近年在中国四川稻城皮洛遗址发现了距今20万年至13万年的古人类遗迹和遗物。但总体上看,无论从年代久远的角度,还是从范围更广的角度,人类最早的进化和繁衍主要是在平原实现的。考古已表明,皮洛遗址的古人类也是从远方平原上来的。

平原何来?是大大小小的江河冲积扇,构成了现在的平原。试想,没有幼发拉底河与底格里斯河、尼罗河、恒河的冲积,怎么会有美索不达米亚平原、埃及平原和印度平原?如果没有历史上黄河、长江、辽河、珠江的多次决堤、改道、泛滥,哪有现在的华北平原、长江三角洲、东北平原和珠江三角洲?平原是富饶美丽的,而历史上如果没有洪灾,那里将仍然是沟壑。洪灾孕育了平原,平原孕育了人类。

新石器时代的人类有两个方面与旧石器时代的人类不同:新石器时代的人不再是用打制法而是用磨制法来制作石器工具;食物来源大半甚至全部是靠种植植物和饲养动物,而不是靠采集或狩猎获得。在这两个变化中,种植植物和饲养动物更为重要。

原始人类的行为习惯,至今尚未消失。美国学者戴维·巴斯的"适应器理论"认为:"在漫长的旧石器时代,男性的主要工作是狩猎,久而久之,男性的头脑中长出了'适应器',他们的注意力开始变得狭窄而集中，以便于他们锁定高速运动且善于隐藏的猎物。而千万年来女性的主要工作是采集，久而久之，女性头脑中也开始出现'适应器'，她们的注意力分配得更加宽广，这有助于她们在采集过程中发现各种难以察觉的细节。从旧石器时代开始出现的性别差异，到今天依然影响甚至支配着我们的行为。例如，男性在购买的过程中通常目标都非常明确，他会在心里规划出一条最快捷简便的路径，然后直接朝着目标而去。我们可以发现，男性的购买行为多少带着狩猎的逻辑。而女性则完全不同，比如一位年轻的女性，原来打算去商场购买一双鞋，但她一进商场可能已经忘掉了本意，因为她发现了漂亮的新款服装，之后又发现了可以搭配服装的挎包和帽子。我们可以看到，女性进入商场之后，遵循的是采集的逻辑，她们的注意力比男性更加宽泛。"

（三）关于"祖先"的争论

人类祖先最早在哪里出现？樊树志在《国史十六讲》中有相应介绍，因阐述得比较完整，现摘录如下：

"20世纪中叶，英国籍的肯尼亚考古学家与古人类学家路易斯·利基和他的夫人玛丽·利基在东北非坦桑尼亚发现了距今250万年前古人类化石，并被命名为'东非能人'。人们据此推论，人类最早起源于非洲。这就是'非洲起源说'。

"'非洲起源说'在人类学界影响很普遍，但是也遭到质疑和反对。

"1984年，美国学者沃尔波夫和中国学者吴新智等，根据来自东亚地区的化石证据，提出了'多地区连续演化'学说。这种学说认为，现代人类是由欧、亚、非三大洲距今100万年至几十万年间的直立人、早期智人演化而来；现代中国人、大洋洲人乃至欧洲人，都分别类似于本地区的古人类，而并不类似非洲古人类。更重要的是，在地球的每一个大洲，都已经找到了现代人类和该地区古人类之间的联系。

"中国古人类学家吴新智院士指出，在中国大地上从直立人到早期智人，再到现代人类（晚期智人）的化石表明，他们之间存在着明显的连续进化，东亚的蒙古人种是从当地的古人类发展而来的，并非来自非洲。

"2002年，中国科学家对具有解剖学意义、有现代人类特征的柳江人化石进行了重新测定，得到的结论是：柳江人生活在距今约13万至7万年之间的华南地区。这个年代测定数据是有颠覆性意义的，它用有力的证据反驳了中国现代人类是距今6万年前由非洲迁移而来的观点。中国科学院古脊椎动物与古人类研究所研究员黄慰文指出，用基因研究结果推测人类进化的过程，无论如何都是间接的，而来自化石的证据才是直接的。柳江人化石年代的测定，直接证明了在13万至7万年前或更早，柳江人已经生活在华南地区，不可能是在这之后才从非洲迁移而来。

"2007年度十大考古新发现，名列榜首的'许昌人'头盖骨化石再一次证明了这一点。这是距今10万至8万年前的完整头盖骨，专家们的初步研究表明，'许昌人'与'北京人'的信息含量有很大的一致性，而且出土的石器、骨器都是本土文化，少见外来因素的影响。"[1]

据俄罗斯卫星通讯社2018年7月12日报道，英国埃克塞特大学的罗宾·登内尔说："我们的发现表明，现在我们不得不重新考虑首批人类离开非洲并开始在地球上其他地方定居的那段时

---

[1] 樊树志：《国史十六讲》，中华书局2009年3月版，第4—5页。

间。……三年前,古生物学家在(中国陕西)蓝田找到了一层厚厚的沉积物,在其内部不仅找到了古代奶牛和其他动物的头骨,还找到了近100种各种形式和用途的劳动工具。科学家们断定,这些劳动工具的年代甚至可以追溯到212万年以前。……科学家们指出,类似的发现说明格鲁吉亚德马尼西镇的古人类不是亚洲最古老的居民。显然,中国的古人类要比格鲁吉亚的早。"①

关于人类的祖先到底起源于非洲还是分别在各地起源,争论还将继续。

三、文化的出现

(一)文化出现的前夜

文化出现的前夜是一个漫长的历史岁月。这个"漫长的岁月"指的是1万多年前"农业革命"发生之前的200多万年时间。

是什么让人类进化并不断聪明起来?准确答案应当是——环境。我们的祖先要采集食物、狩猎动物才能生存。实现站立之后,人的两个前肢用来劳动和生产劳动工具,支撑身体的只有两个后肢了。一个严重的问题随之而来——人跑不过其他动物了。于是,古人类开始使用石块和木棒打击野兽,并"自学成才",学会制作矛、刀、箭攻击比自己勇猛的野兽,特别是学会用火以后,人类开始用火对付野兽,人的智力随之迅速增长。

《人类简史》说道:"大约在距今7万到3万年前,古人类出现新的思维和沟通方式,这正是所谓的认知革命。大约7万年前,智人仿佛脱胎换骨,第二次从非洲出发。没多久,智人的领地就到了欧洲和东亚。大约45000年前,不知用什么方法,他们越过

---

① 《中国200万年前就有古人类,研究称系亚洲最古老居民》,《参考消息》2018年7月13日。

了海洋，抵达了从未有人类居住过的澳大利亚大陆。在大约7万年前到3万年前之间，智人发明了船、油灯、弓箭，还有缝制御寒衣物所不可缺少的针。第一个能被称为艺术或珠宝的物品正是出现在这几万年里。同时，也有了确切的证据证明已经出现宗教、商业社会分层。"[1]

此处值得商榷。宗教的出现与商业社会分层可能还没这么早。当然，那时可能已出现最早的神灵崇拜，但不能称为宗教。商业社会的分层也是距现在1万多年前"农业革命"发生以后的事。

四五十万年前的"北京人"就已经开始使用火了。显然，这是利用大自然的火。约1.4万年前，山顶洞人、燧人氏学会了人工取火。熟食的出现是人类形成饮（熟）食习惯的真正开端，是人类进入原始文化阶段的重要标志。恩格斯说：火的使用"为人提供了可说是已经半消化了的食物"，"直接成为人的新解放手段"，对人类和社会的发展来说，这具有"非常重大的意义"。

（二）人类开始"集聚"

人类学会人工取火、吃熟食，这时已是旧石器时代晚期，新石器时代即将到来，"农业革命"即将开始，人类的语言就是在这个阶段产生的。

人类在采集时代只有简单的求偶、觅食和防敌的叫声，还没掌握连贯丰富的语言。集体生产使人类有了集聚，有了交流，这才是语言产生的基础。

千万不要小看了小麦、稻子，没有对它们的种植，人类至今还得采野果子和草籽吃；千万不要小看了猪、牛、羊，没有对它

---

[1] 〔以色列〕尤瓦尔·赫拉利：《人类简史》，中信出版社2014年11月版，第23页。

们的饲养，人类吃肉至今还得靠狩猎。农业的出现，是人类进化史上第一次伟大的革命，是小麦、稻子和猪、牛、羊把人类送到了原始社会的发达阶段。

而"农业革命"是从人类的"集聚"开始的。"从采集到种植的转变，始于公元前9500年至8500年，考古学家发现最早发源于土耳其东部、伊朗西部和地中海东部的丘陵地带。小麦与山羊驯化是公元前9000年完成的。豌豆和扁豆约在公元前8000年种植成功，马在公元前4000年实现驯化，葡萄在公元前3500年开始栽培，至于骆驼、腰果和其他动植物的驯化时间还要更晚一些。但无论如何，到了公元前3500年，主要一波的驯化高潮已经结束。即使到了今天，尽管人类拥有种种先进科技，但食物热量超过90%的来源，仍然来自人类祖先在公元前9500年至3500年之间驯化的，包括小麦、稻米、玉米、马铃薯、小米、大麦、猪、牛、鸡。……为什么农业革命发生在中东、中国和中美洲而不是澳洲、阿拉斯加和南非？原因很简单，大部分动植物其实是无法驯化的。在我们祖先所狩猎采集的成千上万物种中，适合农牧的只有极少数几种。这有限的物种只生长在特定的一些地方，正是这些地方成了农业革命的起源地。"[1]

还有学者这样分析："直到最近，考古学家对中国早期的农业还知之甚少。很多学者甚至认为水稻——中国最主要的食物——起源于泰国，而不是中国。1984年在长江流域发现的野生水稻表明人们曾在这里种植水稻，但是依然没有直接的考古证据。不过，考古学家不久就攻克了这个难题。1988年，挖掘者在长江流域的彭头山发现，公元前7000年左右，制陶工人开始将米糠

---

[1] 〔以色列〕尤瓦尔·赫拉利：《人类简史》，中信出版社2014年11月版，第78页。

和稻梗添加在陶土中，防止陶壶在窑中破裂。有确切的证据表明，当时的人们开始种植这些作物了。……自2001年开始在长江三角洲进行的一系列挖掘证实了这条时间线。到了公元前7000年，黄河流域的人们已经开始种植小麦。黄河和长江之间有一个名为贾湖的重要遗址，这个地方的人们在公元前7000年就已经种植水稻和小麦了，也可能已经驯养野猪了。"①

另据新华社、中央电视台等媒体报道：2000年，考古工作者在浙江省金华市发掘出一个距今已有11000年—8500年历史的文化遗址，2006年被命名为"上山文化"。重要的是，考古发现，上山的先民早在1万年前就已经开始种植水稻。经专家检测，上山遗址出土的稻谷已具有驯化特征。这是中国东南地区迄今为止发现的最早的新石器早期文化遗址，也是世界上发现最早种植水稻的地方，言其为"世界水稻的发源地"，当不算过分。上山的先民在1万多年前就在这里开创了中华大地的新一轮文明。

"1995年，考古学家开始挖掘位于土耳其东南部的哥贝克力石阵遗址。这里每一根石柱重达7吨，高5米。在附近的一个采石场，甚至发现了一块尚未完工的石柱，重达50吨。总共有十多个石柱，规模最大的宽度近30米。哥贝克力石阵最为惊人的是，它是公元前9500年由狩猎采集者建造的。

"为什么采集社会想兴建这样的结构？这种结构看来并没有什么实质用途，既不是大型屠宰场，也没办法避雨或躲狮子。所以，我们只能推测这是为了某种神秘的文化目的。而考古学家到现在也还在伤脑筋。

"哥贝克力石阵还有另一件耸人听闻的秘密。多少年来，遗

---

① 〔美〕伊恩·莫里斯：《西方将主宰多久》，中信出版社2014年5月版，第59—60页。

传学家一直想找出驯化小麦的起源。最近的发现显示,至少有一种驯化的小麦就起源于附近的喀拉卡达山脉,距离哥贝克力石阵只有 30 公里远。这几乎不可能只是巧合。很有可能,哥贝克力石阵的文化中心就与人类首次驯化小麦(或小麦驯化人类)有着某种关联。"①

人类开始集聚了。

(三)"集聚"产生文化

"集聚"是人类发展史上的大事情。有学者分析说:"第一次可以被称为文化的人类活动,大概是人类有能力生产食物的时候,不管是农耕还是畜牧。有了固定的食物来源,人类聚集在一起,社区和社群逐渐形成,这才是人类从合作中迈出了超越一般动物的第一步文明步伐。它所界定的文明是人类在聚居和固定食物来源的文化基础上,再进一步能做抽象思考的时候,则是文化发展到新石器时代。"②

人类集聚开始进行农业生产的时刻,也是新石器时代与旧石器时代的分界线。在此之前,是人类的原始文明,还不能称之为文化。文化是人类集聚,有了语言交流之后才出现的。现在大家看猴子摘果子吃还是单个进行,它们之间没有语言交流,所以也没有产生文化。人类进入农业社会之后,种植逐渐代替了采集,养殖逐渐代替了狩猎。种植和养殖不再是个体劳动,人们集聚在一起,生产要对话,生活要对话,跳舞也要对话,有了交流便产生了文化。

群居和集体劳动是人类产生对话的必要条件。从这个意义上

---

① 〔以色列〕尤瓦尔·赫拉利:《人类简史》,中信出版社 2014 年 11 月版,第 89 页。
② 许倬云:《万古江河》,湖南人民出版社 2017 年 12 月版,第 35 页。

讲，也可以说是劳动创造了文化。从此，文化对人类的影响就开始了。

不管哪个国家、什么民族，每个人都有两个"祖先"，一个是血缘意义上的祖先，一个是文化意义上的祖先。血缘是先天的，人们无法更改；文化是后天的，会影响人、改变人。有意思的是，绝大多数人只知道自己文化的祖先，却很少有人知道自己血缘的祖先。

任何一种文化，在其初始阶段，都留下当时生存环境的印记。在世界各地，生活在相同纬度的人，因为气候关系、因为植被关系、因为农作物关系，大多有着相近的生活方式和生产方式。相反，由于气候不同、植被不同、农作物不同，人们便有了不同的生活方式和生产方式，进而衍生出不同的文化表现形式，例如最早的语言、舞蹈、装饰等。不管现在人类的文化表现形式发展得多么高级雅致、灿烂多彩，均源于此。

人类在初级阶段的进化与其他所有动物的进化一样，都是为了适应生存环境，而且是被动的，绝无自己想进步的一点主动意念。由于集聚和定居，人类开始对客观世界产生疑惑：天上为何有雷电？大地为何会震动？……于是产生了宗教的雏形——神灵崇拜。由于集体生产产生了分配关系，人类又形成了最初的生产关系，有了"你的、我的"之分。

"你的、我的"是分配产生的基础和结果，也是法律诞生的前提。法律从诞生之日起至今天，判定的标准一直是八个字："你的、我的；你对、我对"。前四个字是判定经济纠纷，后四个字是判定道德纠纷。怎样吃兔子，不同的社会形态有着不同的表述。在原始社会，有了兔子大家一起吃，没有则一起挨饿；在奴隶社会则由奴隶主主持分配；在封建社会由地主分配，而最大的地主是帝王；在资本主义社会，不管是通过狩猎还是饲养而拥有兔子的人，是要拿到市场上卖钱的，谁想吃兔子就得花钱买，无钱者只能看着兔子咽口水；共产主义的理想分配关系是"各尽所能、各取所需"，谁有本事猎兔子养兔子谁就猎兔子养兔子，谁想吃兔子肉谁就有兔子肉吃。在不同的社会形态下，"兔子"二字都可以换成生活资料和生产资料的概念。

从"农业革命"起，文化便伴随着人类一步一步向今天走来。

第二讲　文化的土壤

文化不同，是因为孕育文化的土壤不同。
我们塑造了文化，而后文化又塑造我们。

——作者手记，2017 年 12 月 21 日

文化出现之后，便开始无时无刻不在影响人。但这个影响在历史的不同阶段、不同地方、不同条件下是不一样的。这个"不一样"，主要是因文化土壤不同造成的。

一、文化土壤的三个层次

文化土壤即文化的母体，它是生成各种文化形态的条件、要素和"养分"的综合体。

上一讲我们讲了文化划分的三个层次，即生存文化、社会文化、意识文化。是否可以这样考虑，文化土壤也相对应地分为三个层次：

第一个层次是环境土壤。这个概念里包括由地理、地形、气候等地域特征构成的人类生存环境。

第二个层次是社会土壤。这个概念里包括社会制度、经济条

件、法律、教育和文学、艺术（如音乐、美术、舞蹈）等。

第三个层次是意识土壤。这个概念里包括价值观、哲学、宗教等意识形态。

分成这三个层次，其实是很为难的，因为其中一些元素有很复杂的交结。经过长时间权衡，特别是从不同层次文化土壤的客观作用角度考虑，作者还是确定了这样的划分。

第一层次的环境土壤对人类最初文化形成的影响最为明显。这个"环境"是狭义的，专指地理气候和地域条件概念。不同的地理位置、气候和生存环境，会孕育出不同区域人类生存文化最初的特征，比如吃什么、穿什么、装饰什么、说什么、唱什么、玩什么、画什么、写什么等。即使是在现代世界，生活在不同地域的人群，他们的文化中也都带有各自地域特征和生存条件的印记，区别明显。人们了解不同国家、民族、人群的文化差异，几乎都是从地理环境因素开始着眼的。

第二层次的社会土壤包括社会关系、政治制度、经济条件、法律和各种艺术形式等。这个层次文化土壤的形成，受第一层次环境土壤的影响较大，或者说，是以环境土壤为主孕育了社会土壤。从这个角度讲，第二层次文化土壤是第一层次文化土壤之子。最有代表性的例证就是文学、音乐、绘画等，它们受环境土壤影响最明显。有什么样的地理环境，就有什么样的习俗以及艺术形式等。第二个层次的社会土壤对人类文化的影响较为普遍，它一旦形成又会成为文化之母，影响第三个层次文化土壤的构成。

第三个层次的文化土壤即意识土壤，包括价值观、宗教、哲学等意识形态，其特征是依靠思想来表现。虽然意识土壤是在环境土壤、社会土壤基础上发展起来的，但在很多时候、很多地方，它影响人的强度和广度甚至超过环境土壤和社会土壤。比如宗教，在基督教、伊斯兰教信徒集中的地方,宗教对人的影响甚至超过其他文化的影响;比如哲学和理性,在全世界的知识分子群体中具有广泛的基础;再比如价值观,社会主义观念和资本主义观念分别影响着不同的人。这个层次的文化土壤既是"文化之子",一旦形成又成为"文化之母",进一步影响人,甚至反过来影响第二层次文化土壤的构成。

这三个层次的文化土壤相互作用,共同构成了文化生态。所有人都在某种文化生态中呼吸生存,其思想、信仰、价值观无不受到所在的文化生态的影响。文化土壤所产生的力量改变了人类的客观存在与历史。

什么样的文化土壤好呢?答案很简单,在好的文化土壤中长出来的"植物",包括人和各种文化现象,是理性的、健康的、向上的、利众的、智慧的。这种土壤,为孕育美好社会发挥了基础性作用。

优良文化土壤的培育,不但需要文化土壤基因自身的苏醒,有时还需要外部环境的刺激。然而,给不同的文化土壤列出其基因构成并为其准确定义,不是一件容易的事。国内外学者至今甚至连一致的目标都没有达成。不过,探索"文化土壤的基因构成"无疑是有价值、有意义的。

不断植入优质基因,改善自身文化土壤,这是所有文化圈面临的重要历史命题。说这是一个历史命题,是因为这个改良过程,要经过准备、实施和基本完成三个过程,难以一蹴而就。生存在不同文化圈的大多数人特别是精英们对改良文化土壤均具有强烈的愿望。对于中国来说,"新中华文化土壤"应该传承中华文化的优良基因,摈弃其不良基因,同时充分吸收世界优秀文明成果,优化自身土壤。

如果仅仅关注第一层次文化土壤对人的影响，将会陷入"地理环境决定论"的唯心主义历史观。"地理环境决定论"因为突出"白人优先"的理念，正受到世界上许多政治家和学者的抨击。应该明确：是三个层次的文化土壤综合影响着人类。

二、不同文化土壤孕育了不同文化

在历史上的许多时刻，一个历史事件的出现、一个历史人物的诞生，看似偶然，但从文化土壤的角度分析，就会发现其中隐含着必然——这是文化生态使然。

在远古时代，狩猎者穿着兽皮，采集者则穿着植物编织物；山上的人住洞穴，平原上的人住草棚，皆因环境使然。

每一个人、每一个群体都生活在一个特定的区域内，地缘的特性给生活于斯的人们烙上了深深的印痕。从历史发展看，生活在平原的人习惯定居，定居限制了人们的视野，易使人产生惰性和依赖性，习惯屈从传统。生活在贫瘠山区的人们很难仅凭借单一的种植业谋生，只能选择"走出去"。例如古代希腊，由于很多地方粮食不能自给，人们要用橄榄油、葡萄酒和羊毛与其他地方的人交换生活必需品，生存基本上依赖于海上贸易。"大海邀请人类从事征服，从事掠夺，但是同时也鼓励人类追求利润、从事商业。平凡的土地、平凡的平原把人类束缚在土地上，并卷入无穷的依赖性里边，但是大海却挟着人类超过了思想和行动的有限的圈子。"[①]

从思想角度来看，正如孔子所说："知者乐水，仁者乐山"，后被人说成"仁者乐山，智者乐水"。河流密布、平原坦荡的地理环境容易造就智者，高山耸立的地理环境则容易生就仁者，而

---

① 〔德〕黑格尔：《历史哲学》，上海书店出版社1999年9月版，第96页。

"智"与"仁"则是经过高度概括后的文化概念。

一切文明皆是人类应对环境挑战的产物。尽管斗转星移,现代人的生活习惯仍带有环境土壤的印迹。例如中国人喜欢喝热水,欧美人喜欢喝凉水;中国人喜欢喝白酒,欧美人则喜欢喝红酒。

许多人觉得,欧美人比较讲风度、讲卫生,这一特征也是从"土"里长出来的。欧美人的祖先也曾是"野蛮人",他们洗澡的历史其实并不长。后来,在与其他"野蛮人"的争斗中,他们找到了"文明"的感觉——经过14世纪到16世纪的欧洲文艺复兴和17世纪到18世纪的思想启蒙运动,昔日的"野蛮人"绅士风度大增,并形成现代礼仪。还有一个重要的条件,就是欧洲率先在全球实现工业化,商业利润使他们有足够的条件讲求风度、讲究卫生。经过近几十年的经济发展之后,中国人的文明程度亦随之迅速提升,正有越来越多的人讲卫生、讲风度。

世界历史上很多文化现象的产生,都有着明显的文化土壤特征。中国北宋毕昇首创活字印刷、近代欧洲蒸汽机的出现等,皆有其思想文化根源。

1927年6月,王国维在北京跳湖自杀后,陈寅恪先生在《王观堂先生挽词并序》一文中写道:"凡一种文化值衰落之时,为此文化所化之人,必感苦痛,其表现此文化之程量愈宏,则其受之苦痛愈甚。"之后,他曾解释"文—化—人"三字之间的关系,要把这个词组看成是一个完整的句子。用今天的话来说,就是:"文"是名词,在这里作主语用,是文化内容,是发动机;"化"是动词,在这里作谓语用,是影响过程,是表现形式,是影响半径;"人"是名词,在这里作宾语用,是"文"产生"化"的受体。全句说的是,有什么样的文化,就能"化"出什么样的人。

丘吉尔是二战时期英国的首相,他年轻时曾当过建筑师,还是个不错的画家。他有一句名言："我们塑造了建筑物，而后建筑物塑造我们。"古希腊的帕特农神庙，法国的巴黎圣母院，中国的敦煌石窟、布达拉宫、天安门等，均是如此。人们建造了它们，使它们成为人类文化的物化表现形式，然而建成后，它们又以独特的文化再影响人。人用文化"化"了它，它又变成文化来"化"人。

单从建筑的文化影响来说，丘吉尔所言不差，但跳出建筑看，他说得可能有点"窄"了。事实上，众多文化表现形式都是这样。笼统地讲，我们塑造了文化，而后文化又来塑造我们。具体一些，我们塑造了小说、诗歌、绘画、电影等，而后它们又影响我们和我们的后代。换个角度来说，有史以来文化一直在影响人，人掌握了文化，又发展了文化。然后，新的文化又再影响人。文化与人的关系，就是这样交替影响，循环往复，人类就是这样一步步走向文明和进步。

多么雄伟，多么神圣。雄伟得连接天地，神圣得令人仰止
图 2：西藏拉萨布达拉宫

每一部小说或电影，都是由具体的人创作的，而真正的"母亲"则是作品产生的社会环境和文化土壤。《悲惨世界》《安娜·卡列尼娜》《魂断蓝桥》《红楼梦》《四世同堂》等，莫不如此。受文化土壤影响的作者创作了它，而它一旦形成，又成为文化之母再影响人——几乎所有艺术形式都具有这个特征。

在智能手机问世之前，电视是传媒老大，观众最多、影响最大。从文化土壤角度讲，电视是文化孕育出来的，而后电视又"化"了文化。这句话的前半句比较好理解，电视是文化孕育出来的，后半句的意思则是：电视节目不管是新闻、专栏节目、纪录片还是电视剧，一经播出，它会影响大众特别是影响整个社会，影响我们的孩子，影响社会的文化氛围乃至影响文化土壤。电视节目做得普遍厚重，我们的文化土壤就会愈加厚重；电视节目做得普遍浅薄，我们的文化土壤则会愈加浅薄。音乐、绘画、电影、小说等其他文化表现形式，也均具有这个特征。

文化土壤的质量决定着一个国家文化的质量。

有人问，现代文化中的一些东西比如互联网、量子科学也是从土里"长"出来的吗？我们说：是的，它们都是文化之子。请仔细想想，确实是这样的。

文化土壤中的养分孕育出各种力量，这些力量打造出了我们今天看到的五彩缤纷的文化形态，以及历史上曾经出现过而今已无留存的文化现象。

文化土壤是客观的，但它在形成时也会受到人的主观影响，特别是社会土壤和意识土壤，形成后又影响人的主观、制约主观。

说来也许奇怪，"富强"有时也能成为文化土壤。一个国家经济强大即"富"，富裕之后弘扬文化就有了基础；政治、军事、外交强大即"强"，强盛之后则拥有了弘扬文化的空间。历史一直这样说：当一个富强的国家陈述自己的历史时，听众自然不会少。"富强"的文化土壤，最近几百年来一直在影响人。

我们还看到，文化具有明显的传承性，前一个时代的文化可以成为后一个时代的文化土壤。时代与民族特征，都在文化传承中留下痕迹。佛教、基督教、伊斯兰教在不同时代的产生也都有其文化土壤的背景。这一点，我们在《文化土壤与宗教》一讲中细谈。

美国作家亨德里克·威廉·房龙说："地理环境和心理特征都深深地根植于每一个民族之中，它们总是相互影响、密不可分。假如我们深入地了解一个民族的地理环境和心理特征本质，那么就能充分地理解这个民族的特征了。"

几千年来，在世界各地，因第一层次文化土壤不同而出现的各种文化表现形式之间的冲突并不大，生活在不同地域的人有着不同的长相和不同的生活方式，一方初次看到另一方的肤色、穿着、饮食、劳动方式等会感到很新奇，但各方很快就会相互适应，即使不理解也不会成为冲突的理由。在第二层次的文化土壤中，曾有一段时间东西方文学艺术相互抵触，现在则在相互学习，兼收并蓄。冲突比较明显的，是不同意识形态之间的对抗、不同社会制度之间的矛盾。第三层次的意识土壤比较复杂，突出表现在价值观、宗教等意识形态上。许多人都在按照自己的主观认知解释面对的客观世界，立足点不一样、利益不一致，自然谁也说服不了谁。

一些在第一层次环境土壤差别很大的国家与民族，由于社会制度、价值观和宗教相同，反而很容易走到一起。反之，许多在第一层次环境土壤差不多相同的国家，却因社会制度以及价值观、宗教等意识形态的不同而走不到一起，甚至严重对立。这种状态还将持续下去。

作者在本书的下篇（分论部分）详细阐述了文化土壤对中国和世界上有史以来的民族、宗教、哲学、神话、语言文字、文学、艺术以及科技、经济、政治和军事等诸多社会形态的影响，并力图说明，这些形形色色的社会形态是在怎样的"文化土壤"中"长"出来的。

三、"地理环境决定论"的出现及落伍

认为地理环境对人的影响具有巨大决定作用的人很多，如亚里士多德、黑格尔等。法国的孟德斯鸠（1689—1755）提出：地理环境会直接决定一个社会制度的性质及其发展的进程，北温带气候的土壤会产生民主制度，而热带只能产生专制主义。

"地理环境决定论"的概念由德国地理学家拉采尔于19世纪后期在《人类地理学》一文中正式提出。他认为，人和动植物一样是地理环境的产物，人的活动、发展和抱负受到地理环境的严格限制。此后，魏特夫（1896—1988）在《东方专制主义》一书中也提出"黄河的泛滥必然导致专制主义的产生"。受达尔文进化论的影响，环境决定论在当时的学术界取得了一定优势。不过，后来陆续有人对环境决定论提出了异议和否定。

环境对人的影响很大，但显然没有像孟德斯鸠、拉采尔和魏特夫说的那样绝对。中国的《三字经》中有一句"性相近，习相远"，讲的是人的本性最初都是相近的，后来由于环境和经历不同而形成了不同的嗜好和习惯，才有了千差万别。几年前，作者在观看中央电视台《魅力纪录》栏目播出的美国纪录片《爱因斯坦之谜》时记下这样一段解说词："我们的大脑具有高度的可塑性，并且这个能力在生命中是持续始终的。爱因斯坦大脑的独特性不仅仅

是他先天的遗传基因决定的，起决定性作用的、决定人类大脑生理结构的更重要因素，是人自出生后在成长过程中生存环境的影响力，也就是说后天的学习、刺激、训练等才是左右我们大脑的关键原因。"

"地理环境决定论"与上面所讲的"第一层次文化土壤孕育了不同地方的人的不同特性"不是一回事。"地理环境决定论"的要害在于它诞生在资本主义、殖民主义的高速发展期，并带有"白人优先"的潜台词。那个阶段，资本主义的制度优势正在显露，丰厚的掠夺收入使一些人魂牵梦绕"我们"怎么就成了"我们"。"地理环境决定论"的发明者都是白人，推行者也是白人，没有亚洲人和非洲人。因为在该理论中，亚洲人和非洲人是受歧视的。

有人说，我的文化是正宗文化，我是源，其他是流。这种说法是不准确的，犹如血缘延续，一个中国人与一个外国人结合，孩子的血缘就只能是各占50%，下一代若再与其他民族通婚，其血缘系数就会再次减少，谁还正宗呢？文化也是这样。经过不断地融合，许多地方的人们已经很难找到原宗文化。

历史证明，地理环境对人类的影响并非唯一的、决定性的。即使在相同的地理环境下，人们的命运也会有不同的选择和结果。一个国家的文化，如果是有价值的，那么它就一定能为人类文化的发展做出贡献。伟大与否，不是自己说的，更不是脚下踩着的这块土地决定的。不承认环境土壤对人的影响，显然有悖于唯物主义认识论，而过分强调环境土壤对人的绝对影响，则又陷入了唯心主义认识论的歧途。

环境是人类感知的客观。人的感知与历史进程常常产生偏差。最伟大的"记者"是历史，它太冷静、太长寿，没有谁能够左右它。人类究竟怎样走来？站在1945年的台阶上与站在2022年的台阶上,判断结论可能是不一样的。因此,如何看待历史,我们不仅要调整高度——站在从宇宙看地球的高度,还要调整角度——从全人类角度而不是从自己的角度来判断历史的走向和事件的性质。

　　让我们告别"地理环境决定论",走进理性探索文化起源的殿堂。

第三讲　世界主要文化圈形成的土壤特征

世界四大古文化圈的形成与发展，交相辉映，构成了人类古代文明的历史图卷主体。

——作者手记，2019年11月8日

当今世界各国、各民族的文化丰富多彩，其中几个文化圈最为醒目。本讲，探究一下中华文化圈之外世界上几个主要文化圈的土壤特征。

一、文化圈的出现

"文化圈"的概念是20世纪初由欧洲人类学家提出的。它是指在一定历史阶段形成，以某个区域特有的、占优势地位的文化为特征的一个较大的区域范围。在世界古代史上，最有名的是两河流域、古代埃及、古代中国和古代印度四个文化圈。汤因比认为，世界历史上曾出现过21种文明，或者说曾有过21个文化圈。遗憾的是，大部分已留在历史的记忆中。

地理和自然环境条件是文化圈形成的重要因素，但不是决定或唯一的因素。每一个文化圈的形成，都有其产生、成长和成熟的过程，都不是在短时间内完成的。

已有学者认为，过去称古巴比伦、古埃及、古中国、古印度为四大文明古国的提法是不准确的。他们认为，这个"国"的概念界定不清晰，是指古时的"国"还是现在的"国"呢？而且，历史上的"国"的地域与现在并不一致，也许，称之为"文化圈"或"文化区"更为贴切。

当今世界上许多学科都有比较学，如比较经济学、比较管理学、比较金融学等。比较文化学研究的重点不是文化的表现形式，而是对不同文化圈的不同文化内容及其渊源进行比较。

文化圈形成的重要标志是城市和文字的出现。

"农业革命"后，由于狩猎和采集逐渐被养殖和种植代替，人类的生产方式开始分化。一部分人继续驯化动物，走上养殖道路，在不断的迁徙中发展，最终成为游牧文明的主体，但大部分人选择了稳定的农耕方式。随着农耕文明的发展，人类文明的形态开始从无形向有形过渡。在这个过程之中，交换基本生活用品等需求促进了原始贸易活动的产生和社会分工的发展。于是，各具特色的文化圈开始出现。每个文化圈都有其鲜明的文化土壤特征，文化圈之间的差异源于文化土壤的不同。

文化圈的出现与欧亚非大陆主要河流冲积扇的形成有着直接关系。在亚洲的西部，由土耳其高原发源的幼发拉底河和底格里斯河共同冲积出美索不达米亚平原，孕育了人类史上最早的文明——两河文明，其中最有代表性的那一段历史被称作苏美尔文明。人类史上最早的农业、最早的文字和最早的冶炼都出现在这里，两河文明书写了人类文明史最初的辉煌。

在非洲北部，发源于埃塞俄比亚高原的青尼罗河和发源于东非高原的白尼罗河在向北行进中于喀土穆相遇，然后共同向北方的地中海奔流，一路冲积出一条"绿色长廊"，在下游的三角洲地区孕育了令后世惊艳的古埃及文明。较发达的农业和对神的崇拜，使埃及文明别具特色。

在亚洲东部，发源于青藏高原的黄河和长江一路东流，在漫长的岁月里冲积出大大小小的平原。这些冲积扇成为中国人祖先生存繁衍的摇篮，丰沛的雨水和肥沃的土地孕育了农业文明，并给华夏民族烙上深深的农耕文明痕迹。

在亚洲南部，从"世界屋脊"喜马拉雅山流出的恒河和印度河成为印度人的母亲河。在这两条河的冲积扇上，印度人的祖先在享受着雨水和阳光带来的富庶农业成果的同时，创建了具有高深智慧的宗教，使印度文明在拥入世界文明的怀抱时便带有一种神秘色彩。

两河文化圈、古埃及文化圈、古中华文化圈和古印度文化圈已被世界众多历史学家、人类学家公认为是最早和对后来的世界影响最大的四大古文化圈。"原生文明"是这四大古文化圈最重要的特征。

不同"文化圈"的人有着不同的生产方式和生活方式。种小麦、吃面包与种水稻、吃大米，显现出两种生存文明的特征，而这些特征，并不会一成不变地固定在一个文化圈内。亚洲人现在也吃起了面包，欧洲人也使用起了指南针和火药。至于哲学、物理学、化学和蒸汽机、煤气、黑啤酒等，更随着社会发展，在不同的文化圈蔓延。每一种文明既是输出者，也是吸收者。

即便是在同一区域、同一国家，不同时代的文明也不是后一时代对前一时代的简单继承和发展，常常有两种或多种不同的文明可供选择、吸收，需要认真分析比较。这种状况在西亚、埃及、中国、印度、南美、欧洲和日本的历史上都曾出现过。

二、两河文化圈——人类文明从这里启航

两河流域文明是人类已知最早的文明,其惹人注目之处是这里培育出了人类最早的农作物,建造了人类最早的城市,发明了人类最早的文字。这些比任何形容文明的用语都更加动人。

底格里斯河和幼发拉底河的冲积扇——美索不达米亚平原,水草丰美,气候宜人,使得这里的先民有条件在世界农业史上书写下第一笔。到了约公元前4500年,在两河流域南端开始出现定居村落文明。千余年后,苏美尔人在这里创建了两河文明的代表作——苏美尔文明。

有学者指出:"虽然迄今为止人们对苏美尔人的来历困惑不已,但可以肯定的是活跃于两河流域下游的苏美尔人掌握了当时两河文明最先进的文明成就,尤其是在金属冶炼方面。公元前3000年左右,苏美尔人已经能够冶炼合金,制造更坚固的青铜犁了。苏美尔人另一项伟大创造是修建了大规模灌溉工程。由此,人类开始摆脱河水的制约和对雨水的依赖,极大地促进了农业生产发展,并最终推动了文明的快速进步。据西方学者考证,公元前3000年的苏美尔人已经建造了大约12个人口数千的'城市',尽管称其为部落也无不可,知名的有埃利都、基什、拉伽什、乌鲁克等。作为重要的易货贸易中心,这些城市对整个两河文明的发展产生了重大影响。对神灵的崇拜是所有远古先民的共同特征。苏美尔人几乎崇拜大自然中的一切神灵。与中华文明的'三皇'相似,有四位神灵在苏美尔人的众神中居于主导地位,分别是天空、空气、大地和水。从类型上看,苏美尔人创造的是'城邦文明',即文明以众多彼此相对独立的部落或城市的形式存在。"[1]

---

[1] 张禹:《世界历史六千年》,社会科学文献出版社2018年4月版,第21页。

事实上，早在苏美尔人创造城邦文明的同时，在其周边就同时居住着许多其他的部落，其中，阿卡德人是来自阿拉伯半岛的闪米特人，大约在公元前3000年迁徙到两河流域。阿卡德王国是西亚第一个统一的国家。在公元前3000年到公元前2500年之间，苏美尔人创造了能够完整表意的文字，也就是我们今天所说的楔形文字。到了公元前19世纪，闪米特族系的阿摩利人再次统一两河流域，建立起古巴比伦王国。该王国存在的时间约为公元前1894年至公元前1595年，后期被异族攻灭。

"在公元前1776年，巴比伦是当时最大的城市，而巴比伦帝国也可能是当时最大的帝国，子民超过百万，统治着大半的美索不达米亚平原，包括现代的伊拉克大部分地区和部分叙利亚与伊朗。最有名的巴比伦国王是汉谟拉比，而他有名的原因主要就在于以他命名的《汉谟拉比法典》。这部法典汇集各种法律和判例，希望将汉谟拉比塑造为一个正义国王的榜样，作为更一致的法律体系的基础，并且教育后世子孙何为正义，正义的国王又该如何行事。"①

公元前626年，闪米特族系的迦勒底人建立起新巴比伦王国，继承和发展苏美尔—阿卡德文化，形成了两河文明的高峰——古巴比伦文化。公元前538年，新巴比伦遭波斯帝国攻灭，成为后者的一个行省。

两河文化圈形成的文化土壤，首先是两河冲积出来的肥沃平原孕育了人类最早的农业，在此基础上又形成了人们所知的人类最早的城市，农业和城市的发展又成为新的文化土壤，催生了文

---

① 〔以色列〕尤瓦尔·赫拉利：《人类简史》，中信出版社2014年11月版，第103页。

字和最早的法律等文化"植物"。

在人类文化史上,两河文化圈的形成具有重要意义,诸如开始农业种植、发明文字这样的创造,在人类发展史上具有里程碑式的贡献。但它不像中华文明那样始终保持着一种"统一"、一种"秩序",始终保持自身独特性。开始时不同族系之间的战争与占领,并没有对两河文化造成多大破坏,但是后来随着外族不断入侵,希腊文化、罗马文化、阿拉伯文化、蒙古文化和英国文化纷至沓来,使得这里各种文化"杂混"。现在,人们在这里已经很难再寻找到几千年前的文化味道了。

三、"神"与"法老"——古埃及文化圈

古埃及文明的起始时间仅次于两河文明,其文化圈的土壤特征同样十分鲜明。埃及平原是自南向北奔流而来的尼罗河的冲积扇,北临地中海。优越的地理环境使这里出现了较早的农业、较早的文字、较早的王国和神秘的法老文化。

"埃及文明的类型与美索不达米亚文明的类型形成对照,是一种帝国文明而非城市文明。这一文明之所以颇为稳固且延续很长时间,主要得益于其地理环境。埃及是一个长时间处于同一王朝统治下的统一的大河流域国家。尼罗河流域与美索不达米亚不同,它的西面是利比亚沙漠,东面是阿拉伯沙漠,南面是努比亚沙漠和尼罗河大瀑布,北面是三角洲地区的没有港湾的海岸,这些自然屏障使它受到特别好的保护,不易遭到外族的侵犯。埃及人生活在这块安全的流域地区,可以自由自在地安排自己的命运,不受外界的干涉。埃及与美索不达米亚不同,没有因不时的外族入侵而引起的万花筒似的帝国更换。而且,尼罗河就像一根天然的纽带,把整个流域地区连接成一个稳定、有效的整体。尼罗河

平缓的水流使北上的航行极为容易,而盛行的北风、西北风又使返航毫不费力。这样,埃及人就拥有了宝贵的手段进行可靠的交通运输,它促进了整个流域地区在约公元前 3100 年时的统一。"[1]

经过长期的战争和兼并,到公元前 4000 年左右,埃及出现了两个独立的王国。南方的上埃及以蜜蜂为国徽,国王戴圆锥形的白色王冠,以秃鹰为保护神。北方的下埃及以纸莎草为图腾崇拜,国王头戴红色王冠,以眼镜蛇为守护神。

上下埃及之间的战争持续多年。大约在公元前 3100 年,美尼斯(又称纳尔迈)担任了上埃及的国王。美尼斯是一个非常强悍的人,又很有政治头脑。他自称为上下埃及之王,有时戴白冠,有时戴红冠,有时两者合戴,象征上下埃及统一。为了便于统治全国,他把都城迁到上下埃及接壤的"白城"(后来又称为孟斐斯)。从此,埃及进入王朝时期,美尼斯成为埃及第一王朝的第一个统治者。

"长期以来,'纳尔迈石板'一直被视为上下埃及统一的直接证据。又由于在埃及正式历史记载中,美尼斯是第一位法老,所以人们一直认为'纳尔迈石板'记载的是美尼斯统一埃及的过程,而与'纳尔迈石板'同时发现的刻有蝎子图案的权杖则被人们忽略了。直到 1986 年,人们在另一处更早的遗址中发现了一只玛瑙雕成的蝎子,并大胆推断那是蝎子王的坟墓,才联想起'纳尔迈'可能并不是美尼斯而是蝎子王,并进一步猜测蝎子王早在美尼斯之前就曾经试图或已经统一了埃及。美尼斯只是一位继任者或者说真正在古埃及实行统一管理的第一任法老。"[2]

---

[1] 〔美〕斯塔夫里·阿诺斯:《全球通史》,北京大学出版社 2005 年 1 月版,第 64 页。
[2] 张禹:《世界历史六千年》,社会科学文献出版社 2018 年 4 月版,第 22 页。

在纳尔迈统一上下埃及之后的近三千年中，虽然由于不同族群的争斗，国家政权屡屡更换，但埃及在法老的统治下保持着基本稳定。在这漫长的历史时期内，埃及人创建了灿烂的古代文明。他们对数学、天文学和解剖学有着广泛的了解，并因为能够缝合伤口和治疗骨伤而被认为发明了外科手术。他们制作木乃伊的本事显示了他们的医学天赋。埃及文明影响了周边国家，被誉为西方古代文明顶峰的古希腊文明的诞生，就与埃及文明的影响密不可分。

约公元前2686年，尼罗河文明结束了"早王朝时期"，进入延续500余年的"古王国时期"。在这一时期，古代埃及逐步建立起了相对完整的中央集权体制，灌溉农业、造船业和手工业都得到了很大的发展。

公元前2600年前后，尼罗河文明达到最高峰，建造了至今

充满着无比智慧和耗费巨大人力建造起来的金字塔和狮身人面像，
4000多年来，一直在用无声的语言述说着古埃及人的信仰
图3：埃及金字塔和狮身人面像

令世人叹为观止的大金字塔。每个来到埃及的人在它面前除了仰望和遥想，都会赞叹，能够在4600年前建造如此宏伟建筑的埃及文明，真是一种伟大文明。

古代埃及人把日出日落的规律看成是永恒的。从古王国第二王朝起，埃及文化出现了以太阳神"拉（Re）"为核心的重要特征。在埃及文明的发展中，"法老具有神性"的意义非常重大。金字塔的出现标志着埃及法老超越贵族和祭司阶层，由世俗的领土所有者转变为半人半神的太阳神化身。《金字塔铭文》说："为他建造起上天的天梯，以便他可由此上到天上。"

古埃及人具备了建造金字塔的文明和能力，用现在的观点看，这种能力也许用错了地方。建筑规模如此宏大的建筑物，劳民伤财，结果是建造者很快走向灭亡。当然，这种想法显然并不理解古埃及人对神的崇拜程度。对当今世人来讲，拥有金字塔和太阳神的埃及文化仍然神秘，然而由于多次异族入侵，特别是公元前525年，波斯王冈比西斯首次征服埃及。公元前4世纪中叶，希腊北部的马其顿民族崛起，亚历山大大帝率军打败波斯军队，再次征服了埃及。100多年后，罗马帝国兴盛起来，逐渐控制整个希腊。到了公元前30年，埃及又成了罗马帝国的一个行省。公元7世纪，阿拉伯帝国兴起，铁蹄踏遍埃及，并把埃及改造成了伊斯兰国家。这些入侵和统治，使古埃及文化至今已留存无几，人们只能在史书和导游的讲解中寻觅其蛛丝马迹。

优越的地理环境，使埃及平原出现了较早的农业、文字和王国，而这些又成为新的文化土壤，孕育了法老文化和神性文化。我们今天甚至可以说，古代埃及的法老文化和神性文化是四大古文化圈中最具特色的文明特征。

四、充满宗教等级色彩的古印度文化圈

古印度文化圈以其较早便拥有发达的农业、神秘的宗教以及雅利安人的入侵和后来异族人的统治而区别于其他文化圈。这些区别的形成，与其文化土壤有很大关联。

印度位于南亚次大陆，由恒河和印度河冲积出来的印度平原阳光与雨水非常充沛，由此，这里的先民很早就创造了较为发达的原始农业。在公元前 2500 年左右，印度出现哈拉巴文化，在距印度河沿岸 600 多公里的地方，曾挖出两座这个时期的城市遗址。这两处遗址城市规模宏大整齐，有城墙和塔楼，有作坊、谷仓，还有浴池、会议厅等公共设施。令人惊诧的是，那时的印度城市中已建有先进的排污和供水系统。世界上最早的城市出现在两河流域，但最完善的古城遗址则出现在印度。

公元前 2000 年左右，属于印欧语系的一些白种人部落从中亚高原南下到达印度河流域。这些人自称"雅利安人"，意为"出身高贵的人"。

"许多学者推测，印度种姓制度成型的时间是大约3000年前，（作者注：大约 3600—3500 年前）雅利安人（属于高加索的白人）入侵印度，征服当地居民。入侵者建立了阶级森严的社会。可想而知，他们自己占的是最上等的位置婆罗门和刹帝利（祭司和战士），而当地人就只能做吠舍仆人和首陀罗奴隶。入侵者在人数上并不占优势，因此很担心失去他们的特权地位和独特身份。为了防患于未然，他们就把人民依种姓分类，各自需要担任特定的职业，也各有不同的法律地位、权利和义务。不同种姓之间不仅不能有社交、不能通婚，甚至连一起吃饭也严格禁止。而且这一切除了法律规定，还成了宗教神话与仪式的重要部分。婆罗门教

就是在这种背景下产生的。"①

公元前6世纪，佛教在印度出现。针对婆罗门教的等级制，佛教提出"众生平等"。佛教的鼎盛时期是公元前4世纪到公元前1世纪的孔雀王朝年代。在后来的岁月里，特别是到了八、九世纪，随着印度教的兴起，佛教在印度渐渐衰退。

16世纪，突厥化的蒙古人建立的帖木儿帝国崩溃后，其皇室后裔巴布尔率军入侵南亚次大陆，在印度建立起莫卧儿帝国（1526—1857年）。这个封建专制王朝，全盛时期的领土几乎囊括整个南亚次大陆以及阿富汗等地。莫卧儿帝国的上层建筑由穆斯林把持，但民间更多的人信奉印度教。莫卧儿王朝到了第五代皇帝沙·贾汗时达到空前强盛，但也恰恰从这时起，王朝开始走向衰落。衰落的原因是沙·贾汗大兴土木、赋税过重和王朝内部纷争。

人们熟知的泰姬陵就是沙·贾汗大兴土木的杰作。泰姬陵给人们的第一印象是它的伊斯兰建筑风格。它是沙·贾汗为宠妃泰姬·玛哈尔修筑的陵墓，由两万民工整整修建了22年，于1631年完工。整个建筑通体用白色大理石砌成，光华夺目。泰戈尔说，泰姬陵是印度"永恒面颊上的一滴眼泪"。如今，泰姬陵已经成为印度旅游业最受欢迎的招牌。甚至连一向刻薄的美国作家马克·吐温也服气地承认："爱情的力量在这里震撼了所有的人。"

莫卧儿帝国衰落后，法国、荷兰、葡萄牙和英国相继在印度争夺殖民地，最后英国获胜。1858年，英国的维多利亚女王被授予印度女皇称号，成立英属印度，莫卧儿王朝彻底灭亡。

---

① 〔以色列〕尤瓦尔·赫拉利：《人类简史》，中信出版社2014年11月版，第135页。

典型的伊斯兰建筑风格,里边盛装着一个凄美的爱情故事
图 4:印度泰姬陵

两河文化、埃及文化和中华文化的形成,均与地理环境有很大关系。古印度恰恰不同,其醒目的文化特征——种姓制度和佛教的出现,与地理环境关系不大。种姓制度产生的文化土壤是雅利安人的到来,而种姓制度造成的人与人之间不平等又成为催生倡导"众生平等"的佛教的文化土壤。

五、"文明"与"扩张"的古希腊—罗马文化圈

从时间上来说,与两河文化圈、古埃及文化圈、中华文化圈和古印度文化圈相比,古希腊—罗马文化圈只能算是小弟弟了。古希腊文化与古罗马文化并不同时存在,希腊文化在前,罗马文化在后。希腊地区大半是山区,土地贫瘠,在古代没有其他文化圈形成的农业优势,但其地理位置因处于两河文化圈和古埃及文化圈之间,所以在这两个文化圈的影响下形成了自己独特的文化。由于其形成主要受上述两个文化圈的影响,所以史学家一直未将

其认定为单独的文化圈。但是其独特的文化，却对后来的欧洲和世界产生了重大影响。

希腊好像是欧洲伸向地中海的一只手，与亚洲和非洲相握。欧洲国家几乎都没有自己单独的长久文化，古希腊在欧洲最先接纳了两河流域文明和埃及文明，自己稍加消化后便把它们传入欧洲大陆。

希腊民族原本是雅利安族系的一支。在其早期历史上，希腊很少发生战争，面对交通不便、人口压力、物资贫乏等不利因素，希腊人首先把眼光投向大海。因此，希腊文明流传着"海上逃亡之门"之说，由此显现出希腊的海上文明较其他文明具有更大的政治宽容性、契约共享性与文化流动性。

希腊的地理位置十分优越，在公元前4世纪与公元前3世纪相交的年代里，经过与周围国家的几番较量，胜利脱出。这个原本以地中海沿岸为界的海上国家，边界扩张东至印度，西到多瑙河和莱茵河。希腊征服周边国家的主要方式不是战争而是和平，以至"希腊化"成了那个时代欧洲人青睐的字眼。

"在希波战争结束之后的一个半世纪里，正是古希腊文明发展最为昌盛的一段时期。在此期间，包括雅典、斯巴达在内的许多希腊城邦，为了争权夺势不断发生军事冲突。但战争没有影响文化发展，这一时期的希腊人无论在思想方面、创造力方面还是艺术创作方面，都上升到一个相当高的水平，后来人们常将这一时期他们所取得的成就称为'人类智慧的源泉'。

"当时，希腊各城邦都将雅典视为精神活动的核心。在公元前466年至公元前428年的30多年里，统治雅典的是伟大的政治家伯里克利。伯里克利是一位精力旺盛、思想开明的统治者，他立志要在被波斯人踩踏的城市废墟上重建雅典。那些至今仍令雅典人自豪的美丽的雅典废墟，就是当时那一伟大工程的遗迹。伯里克利不仅重建了雅典的物质世界，还再塑了雅典的精神文明，使得雅典在世界上享有盛誉。伯里克利广泛召集各方面的优秀人才，一时间雅典云集了大量的建筑师、雕刻家、教育家、哲学家、戏剧家和诗人。"[1]公元前5世纪中期，希腊迎来辉煌的文化繁荣时代，哲学领域百家争鸣，多个学派的艺术家纷至沓来，工匠云集。"希腊文明或许是人类有史以来开出的最灿烂的文明之花。"[2]

希腊的奴隶制在那个时代发展到了极致。距离雅典60公里的劳里厄姆山银矿从公元前6世纪后期开始成为雅典人的重要财富来源。银光闪闪的银币上记录了无数死在银矿开采中的奴隶的悲惨命运。从公元前3世纪的汉尼拔战争到公元1世纪的奥古斯

雄伟中吟唱着古希腊的辉煌，沧桑里记录着史诗般的厚重
图 5：雅典帕特农神庙遗址

---

[1] 〔美〕威尔斯：《世界简史》，江西美术出版社2018年6月版，第92页。
[2] 〔英〕阿诺德·汤因比：《历史研究》，上海人民出版社2010年1月版，第146页。

都（屋大维）时期，在这一段时间内，地中海地区的战败者被大量带到意大利充当奴隶。汤因比称这个时代是"古希腊史道德沦丧臻于极致的年代"[①]。希腊的文明中盛装了最初的民主制度和哲学，也盛装了奴隶的白骨。

奴隶制并非古希腊的首创，在古希腊出现奴隶制的同时或更早些时候，古代印度和中国的商朝都出现了奴隶制。从历史学角度看，人类从原始社会进入奴隶社会之后，奴隶制就已经成为一种具有普遍性的社会标志。中国的奴隶制实际上是从夏朝开始的。奴隶主或酋长的出现，标志着原始共产主义的结束和奴隶制的开始。与后来殖民主义者为获取利润贩卖黑奴不同的是，古代的奴隶大多是来自战败国的士兵和平民。

尽管希腊文明有着令人称道的和平方式，但这并不影响人们在历史的高点看它，希腊帝国本来就是战争的产物。

罗马帝国（前27—1453年）的出现使希腊文化戛然而止，战争前的文明产物有许多被战争吞噬。尽管罗马帝国对希腊文化顶礼膜拜，尽管在罗马文化中处处可见希腊文化的影子，但接下来影响欧亚大陆的却是罗马文化——扬弃了希腊文化的罗马文化。在此前后，罗马帝国还在新征服的民族中吸收了很多异邦文化。罗马人显然不像希腊人那样温和，在罗马古斗兽场遗址，参观者的脑海中仍然会浮现出奴隶与猛兽或与同类厮杀的情景。

"公元前2世纪到公元1世纪的罗马帝国，是一个新兴的主宰西方世界的帝国，它不管在哪方面都与旧时支配这个文明世界的各大帝国不太相同。首先，它不是一个君主国家，这个帝国不

[①] 〔英〕阿诺德·汤因比：《历史研究》，上海人民出版社2010年1月版，第125页。

残垣断壁之间,人们依然能够领略古罗马时代的雄风,
依稀能够听到残酷的厮杀声
图 6:古罗马大竞技场即斗兽场遗址

是任何一位伟大的征服者所开创的。其次,它不是历史上第一个共和政体的帝国。在它之前,雅典在伯里克利时代就已经拥有诸多的盟国和附庸国,而迦太基在和罗马进行布匿战争之前就已经控制着包括撒丁、阿尔及利亚、科西嘉、摩洛哥、突尼斯以及西班牙和西西里的大部分地区。但是,罗马却是历史上第一个免遭毁灭并继续发展的共和政体的帝国。"[1]

古希腊、古罗马文化从出生到衰落,寿命约 2000 年,我们今天在雅典、罗马依然可以看到昔日留下来的一些建筑遗迹,但总体上已经看不到古希腊、古罗马的历史模样了。

尽管古希腊文明也有污垢,然而其自由探索的精神、民主政体的理想和探索、多种形式的艺术、繁荣的哲学思想和文学、对个人自由和个人责任心的强调等,无疑构成了古希腊留给人类的

---

[1] 〔美〕威尔斯:《世界简史》,江西美术出版社 2018 年 6 月版,第 124 页。

宝贵遗产。蛮族的侵略毁灭了欧洲的古典文明，正是这种毁灭，催生了后来的欧洲新文明。

意大利除了创建古罗马文明和威尼斯古城这样闻名遐迩的文化产品之外，它对人类最大的贡献就是发生在14—16世纪上半叶的文艺复兴。意大利南面是非洲，东面是亚洲，北靠欧洲大陆，这样的地理优势使其在整个大航海浪潮没有兴起之前的很长一段时间一直是世界商业中心。在文艺复兴开始时，意大利出现了大商人控制政治、商业和手工业的现象，他们成为艺术家和作家的赞助商。大商人的兴趣、偏好和资助，推动了这一时期文化的繁荣。

文艺复兴产生在意大利，是因为当时意大利的商业化达到了很高程度，在佛罗伦萨、威尼斯等城市，商人和文化人崛起，贵族逐渐衰落，形成了必备的文化条件。

文艺复兴为何到了16世纪中叶走向衰落？这主要是随着美洲新大陆的发现，大西洋开始成为连接世界商业和文化的新通道，地中海作为世界文化中心和贸易中心的位置逐渐被取代，威风不再。由于缺少煤和铁等重要资源，意大利再也无法与欧洲其他的工业大国相抗衡。

在历史上，古希腊、古罗马的文化影响了周边的欧洲国家，而不同的生存条件，又使这些欧洲国家形成了不同的文化特征。

法国地处大西洋与地中海之间，优越的地理位置有利于发展农业生产，完全可以做到自给自足。与周围国家的居民相比，法国人简直太幸运了，他们就像生活在天堂里一样。在法国，不管你想要什么东西，伸手就可触到。因此，法国人经常这样反问自己："我为何要背井离乡出去闯荡？"有人讲过这样一个故事：在一个工厂，有人对一个年轻工人说："你将来会当这个工厂的老板。"假如这个工人是美国人，他可能会说："当然。只要我努力。"

这个工人若是英国人，他会说："那乞丐不就变成富翁了吗？"如果是德国人，他会说："这根本不可能。"而如果是法国人，他则会说："那又能怎么样？"①

塞纳河从巴黎穿过，左岸"浪漫"，右岸"经济"。左岸有数不清的画廊、电影院、咖啡馆，右岸的高楼大厦中则坐满了金融白领、工商巨子和创业精英。左岸用思想计算生命，右岸则用金钱计算生命。

不列颠位于欧洲大陆西北部的大西洋中，岛上最早的原始居民是伊比利亚人，他们分别来自今天的西班牙、葡萄牙以及荷兰、德国等地。大约从公元前700年开始，欧洲大陆上的凯尔特人持续向不列颠岛迁徙，其过程历时五六百年，大体上包括三批次的凯尔特移民（其中有一支称为不列吞人）。公元前58年—前51年，罗马总督恺撒发动征服高卢（现法国、比利时等地）的战争，经过8次军事远征，将高卢纳入罗马共和国的版图。此间的公元前55年，恺撒率领罗马军队渡海远征不列颠，因风暴导致损失惨重且缺少后援，被迫撤回。次年再征，登岛后遭到凯尔特人的顽强抵抗，加上高卢发生叛乱，只好再次返回。此后近百年间，一些罗马商人和平民移居到不列颠，罗马文化开始影响不列颠。公元43年，罗马帝国第四任皇帝克劳狄一世第三次出征不列颠，将不列颠纳为罗马帝国的一个行省。罗马帝国统治不列颠200多年后，因自身衰落、疲于应付日耳曼人进攻和奴隶起义而不得不结束。罗马人撤离后，经过了一段时间，公元5世纪至6世纪，从丹麦、德国西北部、莱茵河下游等地侵入不列颠的盎格鲁人、撒克逊人以及朱特人等日耳曼部落，先后赶走了皮克特人和苏格兰人，并

---

① 参考许倬云：《万古江河》，湖南人民出版社2017年12月版。

屠杀和驱赶凯尔特人。不列吞（不列颠）人遭到杀戮或驱赶，或被同化。此后，盎格鲁-撒克逊人成了不列颠的主宰者，不列颠被命名为"Anglo-Saxon's land"，即"盎格鲁-撒克逊人的土地"，随着时间的推移逐渐简化成"England"，一般译作"英格兰"。公元9世纪，英格兰遭到北欧海盗维京人的入侵，经过多次战争、谈判、妥协，公元1014年，丹麦王克努特（1016—1035年在位）成为第一个真正统一不列颠的国王。直到克努特之子死后，英国王位才重归于英国人。后来，英格兰、苏格兰、北爱尔兰和威尔士共同组成大不列颠及北爱尔兰联合王国，即英国。

10世纪前的英国在世界史上几无可圈点之处。然而，随着13世纪《自由大宪章》的问世，英国开始迈出文明的步伐。1640年发生的英国资产阶级革命和18世纪60年代在英国发起的工业革命，更使英国在世界近代文明史上写下辉煌的一页。

欧洲东部的斯拉夫人原始居住地是亚洲，属印欧语系，在公元前2000年左右陆续迁入欧洲，到公元初已成为欧洲人数较多的民族。他们中的一支东斯拉夫人，其中主要包括伊尔缅斯拉夫人、克利维奇人和维亚蒂奇人，正是这些人后来演变成为俄罗斯人。公元8世纪到9世纪，斯拉夫人分成若干游牧部落，氏族制度走向衰落。9世纪，出现了一批东斯拉夫人建立的、以城市为中心的小国家，如诺夫哥罗德、斯摩棱斯克、基辅和波洛茨克。诺夫哥罗德地区从此成为俄罗斯文明的起点，由诺夫哥罗德至梁赞一带，还陆续出现了特维尔、苏兹达尔、弗拉基米尔、莫斯科、普斯科夫、罗斯托夫等中心。由于这些文明中心的出现和发展，俄罗斯文明开始启航。

欧洲人的人文特征非常复杂。由于地理环境不同、宗教信仰不同以及历史上频繁的战争，欧洲各国、各民族形成了不同的文化特征。即便是相邻的苏格兰人和英格兰人也不一样。汤因比曾写道:"苏格兰人严肃、吝啬、精明、执着、自觉而富有教养,而英格兰人则诙谐、铺张、马虎、冲动、粗心、随便、大方、文化修养差。"[①]是什么造成这样的差别呢?汤因比给出了一个原因,就是苏格兰人的生存环境比英格兰人的生存环境更艰苦。

构成欧洲人人文特征的文化土壤中,起重要作用的是第三层次的意识土壤特别是宗教的影响。基督教影响了整个欧洲,后来的伊斯兰教也是这样,它影响了整个阿拉伯地区。人们现在已经很难看到这两个宗教出现之前的欧洲和阿拉伯地区的模样。

欧洲文明经过与蛮族的多次征战和不断的宗教战争,丰富了自身的视野和内涵。大航海之后,"西方化"在东欧、美洲、澳洲、非洲和亚洲一些国家迅速推进。今后,这种"西方化"还会是趋势吗?我们说:不一定。汤因比是一位东西方学者都很尊重的历史学家。他对西方社会的工业主义和民主制度给予了发自内心的讴歌,与此同时,他又清醒地看到了其他文明特别是东方文明的勃勃生机。

最后我们回过头来,再看一看古希腊—罗马文化圈形成的文化土壤。首先是它的环境土壤——贫瘠的土地和优越的地理环境,其次是它较早产生了神话。航海和贸易催生了早期的民主制度,战争又带来了奴隶制。这些共同构成了"轴心时代"古希腊肥沃的文化土壤,并为后来罗马帝国的兴起以及再后来整个欧洲文化高潮的出现打下了基础。

六、神秘多姿的古中南美文化圈

考古学家们在美洲几乎没有发现古代人类的痕迹。最早亚洲

[①] 〔英〕阿诺德·汤因比:《历史研究》,上海人民出版社2010年1月版,第99页。

移民的到来和中古时期的文化爆发,使中南美大陆形成了与欧亚非大陆不同的文化土壤,它们与广袤的热带雨林共同孕育出灿烂的古中南美文化,其特征是较发达的农业和天神崇拜。中南美原始农业发达,我们现在吃的玉米和番茄都是他们最早培育出来的,精密的历法和祭祀金字塔则是其发达农业和天神崇拜的重要标志。

由于出现较晚,中南美文化圈不在学者们认定的四大古文化圈之内,但其别具一格的传统文化和文明特征,足以让人看到他们在世界文明发展史上做出的贡献。

有研究者认为,美洲原住民的祖先可能在大约 2 万年前从亚洲渡过白令海峡到达美洲,或是通过冰封的海峡陆桥过去的。那

古代美洲人的雕刻令人觉得它不是一块石头
图 7:墨西哥国立人类学博物馆里的玛雅文明石雕人像

时，整个人类还未进入农业社会。初来美洲者与其他地方的古人类一样采集、狩猎，后来才开始刀耕火种。接着，他们逐渐散布到美洲全境，并创造了当时世界的农业奇迹。有学者认为，中南美的原始部落在公元前7000年左右便开始了人工种植土豆和大豆。这些亚洲来者后来被称为印第安人。早期的印第安人属蒙古（利亚）人种，但现在的印第安人中有些可能是后来从大洋洲方向迁移到南美或中美地区的。

中南美的文明和文化是和它的历史发展进程紧密联系在一起的。在说拉丁语的欧洲人到来之前，15世纪前的美洲人生存在一个很少有外界打扰、相对安稳的环境里，拥有过璀璨的原住民文明。15世纪后，欧洲殖民主义者相继到来，使以基督教文化为核心的欧洲文化在强大的经济和军事力量推动下，逐渐影响整个美洲大陆，但印第安人的原住民文化并没有完全湮灭，而是顽强地在近现代形成了自己的特点。原住民文明与基督教文明相互斗争、相互融合，加上16—17世纪由贩（黑）奴活动而到来的非洲黑人文化，形成了独具特色的美洲文化。

史学家们一般认为，奥尔梅克文明是中南美地区最早出现的文明。大约在公元前1200年，在墨西哥湾沿岸地区，出现了一个从事刀耕火种的原始粗放型农业民族，后来的纳瓦人把他们称为奥尔梅克人，意为"橡胶地之民"。与世界其他文明一样，城市的出现是其文明进步的一个重要标志。奥尔梅克早期最有代表性的中心城市是圣劳伦佐。奥尔梅克文明一直持续到公元前400年才结束。许多史学家认为，奥尔梅克文明是中美洲地区的文明母本，它孕育了该地区最重要的文明基因，并直接影响了此后中南美洲最有代表性的三个文化中心的形成。这三个古中南美文明中心分别是：以今天墨西哥尤卡坦半岛和危地马拉为中心的古代玛雅文明，以墨西哥盆地为中心的古代阿兹特克文明，分布于厄瓜多尔、秘鲁、玻利维亚广大地区的古代印加文明。

我们现在来领略一下这三个古文明的土壤特征：

玛雅文明举世闻名。奥尔梅克文明最直接的体现者是生活在墨西哥南部和中美洲一些地区的玛雅人。玛雅文明的出现时间与奥尔梅克文明相同，但结束的时间比奥尔梅克文明要晚些。持续时期在公元前1500年至公元前300年左右，其中心地区在今天的危地马拉高原佩腾省一带。这一时期玛雅文明的主要成就是发展了以玉米为主的农业，培育出10多个品种的玉米，以及西红柿、甘薯、马铃薯、菜豆、可可、烟草、棉花、龙舌兰、凤梨等植物，农业技术日趋完善。当时，玛雅人已能制造十分精美的陶器和石刻，建筑泥灰结构的房屋。玛雅人创造的象形文字有800多个符号，3万多个单词。在古典时期，玛雅国王被称作"神圣的主"，与埃及的法老以及后来的日本天皇一样，具有半神色彩。

出于祈愿，远古的玛雅人建起了这样的金字塔，与上天沟通
图8：墨西哥奇琴伊察金字塔

从公元前 4 世纪开始，玛雅文明进入鼎盛时期，主要成就集中在建筑、天文历法和数学方面。这一时期，玛雅人共建成城市 100 余座，其中著名的有提卡尔、瓦萨克通、科潘、帕伦克、博南帕克等。玛雅人还在生活区内兴建了成千上万个金字塔，作为举行祭祀等宗教仪式的场所。这些金字塔和埃及的金字塔在形状、用途、大小、数量等方面有很大不同。此外，每个玛雅城市每隔一段时间就要建立一根石柱，上面记载这一时期内发生的重要事件，年代最早的为提卡尔城的石柱，是公元 292 年建立的。玛雅人编制出精密的历法，能够准确地预测日蚀及计算月亮和其他行星的运行周期。在数学方面，他们使用 20 进位，并最早使用"0"的概念（比欧洲早 800 多年）。玛雅人在数学计算和天文观测方面的成就丝毫不亚于世界其他任何文明，其历法的精确程度远超同时代的古希腊或古罗马人使用的历法。玛雅文化被认为是推动古典时期中美洲文化达到顶峰的源头。

如果说玛雅文明和阿兹特克文明代表了中美洲的文明，那么，印加文明则是南美洲古文明的杰出代表。印加文明是以古代印加人为代表的印第安文明，是南美洲安第斯地区古文明的突出代表。说它是"突出代表"，是因为在安第斯山脉与太平洋之间的狭长地带，还有查文文化、纳斯卡文化、莫切文化、瓦里文化等。甚至可以说，它们都是安第斯文明。大约在公元 6 世纪，印加人出现在库斯科盆地。公元 13 世纪，印加人开始向外扩张，并兴建了库斯科城。坐落在海拔 2350 米山脊上的马丘比丘遗址就是印加人在 15 世纪时建造的。从 1438 年起，在第五代首领帕查库蒂的率领下，印加人加速对外进行军事征服，至 16 世纪初，印加帝国的领土面积已达 200 多万平方公里。

印加人在农业方面取得了很高的成就。他们在高高的山坡上建成了庞大的梯田系统和引水工程。印加人还用鸟粪、骆马粪及羊驼粪作肥料，培育出玉米、马铃薯等40多种农作物。此外，他们掌握了具有一定水准的纺织技术，能使用织布机，还能用浇铸法制造金属器具，金银制品尤其精美绝伦。同时，他们在天文历法和医学方面也取得了突出的成就。然而，印加人没有创造出自己的文字，而是采用"结绳记事"的方法来记载历史事件和日常生活。

印加人的社会性质在其早期阶段表现出氏族公社后期的特质，到其鼎盛时期则带有早期奴隶社会的性质。

阿兹特克文明是墨西哥古代阿兹特克人创造的文明，是中美洲印第安文明的最后代表。阿兹特克人的祖先于公元11世纪至公元12世纪之间迁入墨西哥中央谷地。他们自称是墨西卡人，即"墨西的后裔"，墨西是带领他们南下的首领。阿兹特克人吸取了墨西哥谷地的居民及玛雅人的农业技术成果，并在此基础上培育出了高秆和低秆的多个玉米品种，种植番茄、棉花、龙舌兰、烟草等作物，养殖狗、火鸡、鹅、鸭等禽畜，还从事渔猎活动。在医学上，他们已经能用奎宁、地黄等大量草药治病，掌握了原始的麻醉技术并能进行外科手术。他们的历法相当精确，并在提诺克兰城中心广场树立起一块直径3.6米、重24吨的巨型历法石，上面雕刻了阿兹特克人所认识的史前时代的状况和他们的太阳历法，现藏于墨西哥国家人类学博物馆。

关于阿兹特克人社会的性质，较为普遍的看法是他们比玛雅人更明显地出现了阶级分化，已经进入了早期奴隶社会。[1]

---

[1] 此处参考马克垚：《世界文明史》，北京大学出版社2004年10月版，第24章"拉丁美洲向工业文明的过渡"。

为什么古中南美文化圈会产生先进的历法和以金字塔为代表的神灵崇拜？答案似乎是：皆因农业文明。事实上，比古中南美文化圈更早的古埃及文化圈、古代中华文化圈、古印度文化圈同样创造了先进的历法和神秘的神灵崇拜，由此可见人类早期农业文明衍生出很多共同的东西。观天象、看星辰，并非科学家的发明，而是种田人的发明。种田人为了不误农时，都非常关注节气、把握自然规律，重视历法。"凡农之道，厚（候）之为宝"（《吕氏春秋·审时》）"不违农时"（《孟子·梁惠王》）。同时，在生产力发展落后的古代，人们为了避祸免灾、企盼丰收，难免产生万物有灵的观念，神灵崇拜的出现就在所难免了。古中南美文化圈创造了许多农业奇迹，其先进的历法和以金字塔为代表的神灵崇拜，既具有人类共性，又很有个性。这个问题其实很好理解。

中南美文化在早期是极具特色的，但在公元16世纪随着西班牙人的到来，由于新的人种、语言、宗教的不断介入，原来的文化土壤发生变化，拥有2500年历史的玛雅、印加、阿兹特克等中南美文明到此中断，并出现一种与欧洲相似的亚文明，"拉丁美洲"的叫法似乎装进了这样的认识。

七、兼收并蓄的日本文化

日本文化原属中华文化圈，后来又"脱亚入欧"，本身是构不成"圈"的概念的。现在的世界文化史一般把日本算在东亚文化范畴内。与两河文化、古埃及文化、中华文化和古印度文化相比，日本文化在中古之前的历史上几无可圈可点之处。然而明治维新之后，日本以科技发展、教育振兴、经济腾飞和军事扩张引起世界注目，其极具特点的国民性和文化给人留下深刻印象。

《三国志》中记载：公元3世纪时，日本已经是一个幅员广阔，有数十万户人家的联邦国家。具有浓厚封建色彩的日本君主制在公元6世纪时完全形成，当时，朝鲜人把中国的文字、儒家学说和佛教引入日本。儒家思想的影响集中反映在公元604年圣德太子颁布的敕令上，该敕令宣布了不可侵犯的皇权："国无二君，民无二主。""这是为人所知的日本历史的开端，此时有了等级制、书吏、编年史，并于公元607年首次委派出使中国的使节。在太子周围出现了一个宫廷贵族阶层。……这一帝制的日本不久就在一种新的巨大影响——中国文明日益增长、最终无所不能的优势地位的作用下发展起来。中国甚至给这个群岛取了个教名'日本'（太阳升起的国度），汉语读作Je-pen，日语为Nippon（同一会意文字的日语发音）。"[1]

美国著名作家塞缪尔·亨廷顿在《文明的冲突》一书中写道："日本文明是中国文明的后代。"法国历史学家费尔南·布罗代尔在《文明史》中列举："事实上早在公元6世纪，就出现了一个'中国的'日本。自1868年起，又出现了一个非常成功的'西方的'日本。尽管如此，这些至为关键的影响都融入了一个'日本的'日本，其岛国缘起非常清楚，是让人无法质疑的，在这一缩微园林的国度，其茶道和樱花树，甚至包括佛教，虽然都是经由中国传入的，但无不经过了改造以使之适合日本人。同时这一日本版的佛教比中国版的佛教离原始佛教更远。

"日本文明具有非常明显的可塑性，它把许多外来的东西转化成了自己的一种独特文明。现在它仍信守着一些古老的传统，这些传统与一个世纪前它开始接受的具有深远影响的西方化并

---

[1]〔法〕费尔南·布罗代尔：《文明史》，中信出版社2017年10月版，第299页。

存。在进行西方化时，日本没有做任何抗拒，而是把它作为使其成为一个更强大国家的关键手段推行。"[1]

许多学者认为，在相当长的历史时间内，日本文明实际是中国文明的一个亚文明。一位日本历史学家也说："在我们的文明中，任何看起来本质上属于日本的东西，实际上都是舶来品。"

从大化革新到《大宝律令》之间，有一个律令形成的重要过渡阶段，这个律令即《飞鸟净御原令》，由天武天皇在681年下令编修，于8年后完成。据学者研究，日本是在《飞鸟净御原令》颁布后，才正式将国号改为"日本"。

日本在唐宋时期学习中国过春节，挂红灯笼、放鞭炮、吃年饭、拜年。过了1000多年，到明治维新时，日本开始学习西方人过新年，不过春节了。春节过了1000多年，西式新年过了100多年。东京的浅草寺、奈良的东大寺都是典型的唐代建筑，樱花也是唐代时日本人从中国引入的梅花。在中国的唐朝时期，日本"其所

典型的中国唐代寺庙建筑风格，里边承载的却是与日本文化相结合的佛教
图9：日本奈良东大寺（大华严寺）

---

[1] 〔法〕费尔南·布罗代尔：《文明史》，中信出版社2017年10月版，第295页。

有的典章制度，几乎完全由中国移植而去"。[①]

19世纪中叶，在西方科技的诱惑和大炮的威胁下，日本开始了一场是继续闭关锁国还是开放的大讨论。明治天皇逼迫德川幕府退位，并决定对外开放。日本进入了一个新的历史时期，并很快走上工业化之路。19世纪日本明治维新的设计者是大久保利通，思想领袖是福泽谕吉。福泽谕吉的成功在于"开启民智"，倡导近代日本人由"人身依附之心"集体转向"独立之心"。福泽谕吉认为：一个国家的强盛之道，首先在于强民，而强民的标志是国民具有独立之心。福泽谕吉对明治维新的贡献，相当于亚当·斯密加上约翰·洛克对英国的贡献。可以说，他是明治维新的思想导师与精神领袖。

19世纪，日本还提出"脱亚入欧"。"脱亚入欧"并不是说脱离亚洲加入欧洲，从地缘上日本仍是亚洲国家，从来也没有加入过欧洲，而是说，在思想文化上弃别亚洲文化特别是中国文化，推崇欧美文化。提出"脱亚入欧"，表面上看是学习欧洲先进的哲学理念和先进的科学技术，包括制造、医学等先进科学。人们往往忽视了"脱亚入欧"最本质的东西，这就是：从此日本的国民文化主体上认可"丛林法则"。从明治维新起，日本在保持本国专制主义制度下，迅速建立起现代工业体系，陆军学德国，海军学英国，并以工业实力和军事实力为基础，先后发动中日甲午海战和日俄战争。

1946年，美国出版了一本书，《菊花与剑——日本民族的文化模式》（1974年中华书局引进出版），作者是美国人露丝·潘乃德，她是一位人类学家，是研究民族文化模式的顶尖学者。她

[①] 傅乐成：《中国通史》，中信出版社2014年10月版，第384页。

在书中写道,日本人"好战而祥和,黩武而好美,傲慢而尚礼,呆板而善变,驯服而倔强,忠贞而叛逆,勇敢而懦弱,保守而清新"。

为什么会是这样呢?日本文明的形成与其地理环境密切相关。在上古时期,由于远离大陆,日本历史起步较晚。因为是个岛国,日本不仅自然资源匮乏,文化资源也缺乏,这是它先是全盘学习中国,后来又"脱亚入欧"全盘学习西方的先天背景。在日本文明中,既装着原住民的努力抗争,也装着中国的儒道文化,后来又装进了"丛林法则"和科学技术等西方文化。"杂交"是日本文化最突出的土壤特征。

经常有人讲起日本人有礼貌、守规矩,这是什么原因造成的呢?第一,地理原因。日本国土面积小,人口多,其国土总面积为30多万平方公里,只相当于中国四川省面积的2/3,人口却达1.26亿(2020年),古来必须要有规矩所循,不然,环境如何容纳得下?第二,传统文化的影响。在中国唐宋时期,日本学习了中国的礼仪,加之在幕府时期日本等级森严、尊贱有别,共同形成了繁文缛节。第三,工业化的影响。日本是亚洲最早实现工业化的国家。大工业的生产方式,如冷轧机生产线、汽车装配线,每道工序分工明确,要求每个人都要严格遵守规章制度才能适应整条生产线的需要,进一步从制度文化层面促成了个体守规矩。第四,教育的普及。从明治维新开始,日本全国以空前的热情发展教育。在整个亚洲中,日本的教育程度最高,普及面最广。礼仪是教育中一项很重要的内容,更重要的是,教育从根本上提高了人的文明程度。第五,市场的需要。在近代史上,日本是亚洲国家中最早对外开放的,与外国人的交流不断增多,特别是随着旅游观光业的开发,日本人以周到礼貌为旅游特色吸引游客,并不断深化、细化各种礼节。接着,他们又把这种礼仪作为一种文化产品向世界兜售，客观上使其更加丰富多彩。

日本文化最主要的特征：一是形成了岛国文化，偏于亚洲大陆以东的太平洋之中，与大陆上的文化圈明显不同；二是保留了早期的"搬来"文化，几乎全盘学自唐宋时期的中国；三是明治维新之后"脱亚入欧"，学习欧洲，特别是开动了科技、教育和军事"三驾马车"。现代日本是东西方文化结合的独特产物，是特定历史环境下工业文明与农业文明融合的产物。

不过，日本在文化上"脱亚入欧"并不彻底。他们是在保留本国君主专制制度和勇武、忠君等封建思想的情况下学习西方理念的，既学到一些好东西，也存在很大局限性。近现代历史表明，日本人拥有把任何事情做到极致的能力和水平，却往往缺乏把握宏观的胸怀和眼光。一位学者说："日本人擅长使用显微镜，却不怎么会用望远镜。"

现在的日本，食品安全，环境优美，人均寿命世界第一，半导体与精密仪器制造领先世界，拥有众多世界一流大学。2000年之后一直到2017年，日本平均每年至少拿一个诺贝尔奖，在自然科学领域仅次于美国，位居全球第二。在《联合国人类发展报告》"世界最佳生活品质"排名中，日本一直长期居首。

然而，日本真的那么好么？20世纪80年代，美国著名日本问题研究专家沃格尔出版了一本名为《日本第一》的研究专著，在世界引起轰动，成为当年度美国畅销书之一。对此，日本媒体和民众却质疑：我们还没有那么好，欧美人为什么不讲我们的缺点？此后，日本影视界和出版界接连推出了一系列忧患反省之作：《日本即将崩溃》《日本的危机》《日本的挑战》《日本的劣势》等。

日本人似乎很清醒。

第四讲　中华文化形成的土壤特征

> 独特的历史、地理环境，孕育了独特的中华文化。
>
> ——作者手记，2019年1月8日

与其他民族文化相比，中华文化原生性强、历史悠久，而且自成体系。中华大地地域广袤、民族众多，内部的次生文化较多，并因此产生显著的地域差别。

从文化土壤的角度回顾中华文化的形成与发展，发现它既有人类文化的一些共性，又有自身的许多特性。

一、中华文化形成的地理环境

人类的古代文明，受第一层次文化土壤即环境土壤的影响最大。地理、气候、地形等生存环境，影响和制约着当地人的思维方式和生活方式。中国古代文明与其他古代文明不同的一个重要原因是地理环境不同。6500万年前，印度板块与亚欧板块碰撞挤压，青藏高原高高隆起，形成中国西高东低的地形地势，大河东流冲积出若干广袤的平原，构成中国地理的基本特征，并由此奠定了中华文化的独特性。

（一）地理环境不同带来生产生活上的差别

让我们站在一个巨大的地球仪面前。在中国整个雄鸡形的陆地版图上，东北部的地理特征是森林、草原和平原。这里的四季冬长夏短，人们世世代代以采集、狩猎、游牧为生，"游猎""畜牧""农耕"成了这里的文明特征。东北拥有世界三大黑土地之一，春天随便扔一粒玉米种子，秋天便能收获一两穗尺把长的玉米棒子，不过因气候寒冷，近代以前这里的农业并不发达。畜牧业产品牛、马、羊等，是这里民众摄取人体所需营养的主要依靠，亦是历史上先民的主要经济来源。

往西北走，大片的辽阔地域主要是高原、沙漠和草原，间杂小块平原和狭长谷地。这里远离海洋，一年四季气候分明，降水量稀少。这种内陆型地理条件，造就了人们亦牧亦农，农、牧业都有所发展，又都不甚发达。西部高原曾阻挡人们对外交往，但"丝绸之路"的开通促进了中国对外经贸文化交流，中亚、西亚、南亚的宗教和文化从这里传入中国。

往南行来到长城，长城除了人们熟知的军事功能外，它还是一条气候分界线：以北，气候干燥，冬季寒冷；以南，气候湿润，冬季不那么冷。因此，长城也是中国农耕与农牧文明的分界线。过了长城往南走，我们就很难再看到成片的草原和成群的牛羊了。黄河中下游平原，因其土壤的高孔隙性吸收力，对农作物具有"自行肥效"的作用，由此，这里成了华夏先民最早进行大规模农业开发的地方，"定居""农耕"成了这里的文明特征。农业区一般粮食产量较多，人口承载力较大。因此，自古以来黄河中下游平原人口众多，财富丰盈，孕育了中国历史上发达的农耕文明。

越过秦岭、淮河，便是长江流域。这里气候湿润，水网纵横，历史上农业开发不比黄河流域晚，但开发难度大，因此在相当长时间内并未显示出优势。后来因北方几次战乱，北人南迁，以南宋建立为代表，长江中下游逐渐成为中国经济发展的支撑地。

再往南便进入中南、华南地区。这里山地和丘陵遍布，间杂平原和谷地。气候属于亚热带季风气候，天气炎热，雨量充沛，森林覆盖率高，河流众多。这里的稻作农业起步也很早，但开发难度较大，长期处于低水平状态。因自然资源丰富，人们主要依靠狩猎和粗放型农业为生。在很长的历史时间内，这里"地广人稀"，"无冻饿之人，亦无千金之家"。（司马迁语）这里沿海，最初受造船业、渔业生产力限制，"向海经济"并不发达，但后来发生明显变化。汉代开辟了海上丝绸之路，发展对外贸易。宋代和明朝初年，沿海地区对外贸易频繁，人们不仅能够在土中刨食，还能漂洋过海寻找出路。宋元明清以来，这里有很多人外出打拼，甚至移民国外。外向型经济的发展，使得这里的对外贸易在中国历史上写下较早的篇章，当地人们思想比较活跃。从文化角度看，中外海洋文化在这里频繁交汇，到了近现代，东南沿海更成为中国对外开放的前沿。

放眼大西南，这里的地理特征是多山，云贵高原、青藏高原耸立。西南地区气候湿润，地形复杂，亦牧亦农一直是这里的主要生产方式。因为土地不像平原地带那样宽广、肥沃，因此农牧业水平一直不高。历史上，不同民族在这里繁衍生息，现在仍是众多少数民族的聚居地。因西邻南亚和印度，这里对外贸易起步也较早，"茶马古道"沟通了西南地区与外部的联系。

（二）因环境而产生特质文化

中国文化发展成今天这般模样，与自然环境的独特性紧密相关。中国以农耕文化为主体、多形态文化并存的状况，其形成基于三个元素：一是作为早期文明诞生摇篮的黄土地，天然适于农耕；二是良好的条件，使得中原农耕文化持续深入发展，而不是转移、中断或停滞不前；三是中原地区以外虽也有商业文化、山地文化、游牧文化，但它们长期处于低水平，不占主流。

与世界其他文明比较，独特的自然条件使中华文明在相对稳定的环境下发展延续。西部的崇山峻岭、北部的高原大漠、东部的茫茫大海，成为它免遭外部干扰的天然屏障。即便东北、华北、西北曾在历史上遭到北方游牧民族的侵扰，但最终还是保持了中华民族的稳定性，并经过融合使中华文化更加丰富多彩。

在欧洲、西亚、北非，历史上的帝国更迭、政权更换，往往使国土的范围发生很大变化。而在中国历史上，尽管国土的范围也曾数次发生变化，但帝国更迭、政权变换、民族迁移，主要还是发生在中华大地上。

无疑，农耕文化束缚了古代中国人的视野，人们的眼睛更多的是习惯向内看而不是向外看。由于定居，血缘关系成了维系社会秩序的纽带。安于土地、重视血缘、思维内敛、讲究伦理成为中华文化的深层基因，形成区别于其他文化的特质文化，并延续数千年。这些由地理环境带来的差异，影响了中华远古文化，也影响了现今文化。

二、中华文化的源头及其原初形态

今天人们所说的中华文化，是一个庞大的文化体，其主干源自夏商周以来的华夏文化。华夏文化又是新石器时代到夏商周时期中华大地上诸多文化交流、融合的产物。

（一）远古文明是中华文化的源头

在华夏尚未形成的久远年代里，早就有原始人类生活在中华大地上了。关于远古文明,有两个问题需要明确:一是它太久远了,现在的人很难确切了解,只能通过考古资料略知一二;二是远古文明跟中华文化的关系,简单说"没关系"或"承继关系"都不准确,需要仔细分析。

距今约 100 万年至 30 万年之间,中国大地上已生活着创造旧石器(打制石器)初期文明的远古人类——猿人。举世闻名的北京猿人就是创造这一时期文明的代表。

对这个问题,傅乐成先生有独到见解:"很难说中国大地上的远古人类就是现代中国人的祖先……我们不但对从北京人到河套人和山顶洞人的人类演进过程毫无所悉,就连山顶洞人至黄帝这两个相隔两万年的时代,也没有足够的资料来贯穿。……若说现代的中国民族是他们一脉相承的话,从而认定中国民族在 50 万年前就占有中国的土地,这种说法充其量只能算是一种假设而已。"[1] 按照这个思路,距今 30 万年至 10 万年左右的旧石器中期,各地古人创造的远古文明,都还很难说是中华文明的源头。到了大约 3 万年前至 1 万年前之间,中国境内的古人类普遍进入旧石器晚期,此时发现的大量文化遗址,或许才能说与中华文明有一定的承传关系。北京周口店山顶洞人、广西柳江人、四川资阳人及其文明,是其中的代表。

在使用了近 200 万年打制石器之后,到了 1 万多年前,中国古人开始使用磨制石器,进入新石器时代。中国人记忆中最早的祖先,几乎都出现在这个时代。可以说,这才是中华文化的源头。在这个时期,中国人的祖先开始了各种创造性的劳动。钱穆先生说:"中国古代历史传说极富理性,切近事实,与并世其他民族

---

[1] 傅乐成:《中国通史》,中信出版社 2014 年 10 月版,第 5 页。

追述古史之充满神话气味者大不相同。如有巢氏代表巢居时期，燧人氏代表熟食时期，庖牺氏代表畜牧时期，神农氏代表耕稼时期。此等名号，本非古所本有，乃属后人想象称述，乃与人类历史文化演进阶程，先后符合。"①

新石器时代中晚期，中国人的祖先已学会驯养马、牛、羊、猪、狗、鸡等六畜。在世界上，中国是栽培水稻最早的国家。稻，古称"稌"（音 tu），五六十年前，在河姆渡新石器遗址中发现了距今7000多年的大量籼稻谷粒，是世界上最早的栽培稻。

20世纪初，许多学者还认为黄河流域是中华文明唯一的起源中心，这一认识被称作中华文明起源的"一元论"。20世纪30年代，浙江良渚文化的发现，证明了长江流域也是中华文明的发祥地。此前山东龙山文化已经证明中华文化起源的多元性。后来，四川相继发掘出桂圆桥文化、宝墩文化、三星堆文化和金沙文化遗址。20世纪30—70年代，辽宁西部地区经过多次发掘，红山文化又展现在世人面前。这些考古发现，丰富了中华文化多元起源的论证。

苏秉琦先生提出了中华文化起源的"满天星斗说"。他把中国大地上的史前文化分为六大区系：一是以燕山—长城地带为中心，以红山文化为代表的北方；二是以山东为中心，以北辛—大汶口—龙山文化为代表的东方；三是以关中—晋南—豫西为中心，以仰韶文化为代表的中原；四是以环太湖为中心，以良渚文化为代表的东南；五是以环洞庭湖与四川盆地为中心，以大溪文化为代表的西南；六是以鄱阳湖—珠江三角洲一线为主轴，以石峡文化为代表的南方。这六大区系又称中国早期六大考古文化圈，它

---

① 钱穆：《国史大纲》，商务印书馆1996年3月版，第9页。

们是中华文明的原初形态。它们具有特定地域文化特点,又相互影响。六大区系理论是对"满天星斗说"的具体阐释,揭示出中华文化起源于中华大地内的多个地方,一开始就具有多元一体的特征。

(二)华夏民族及其文化

夏族刚开始只是中华大地上诸多古代民族中的一支,但后来为什么能够像滚雪球似的融合周边古代民族或部族,成为中华民族的主干呢?我们回顾历史,并从文化土壤的角度分析,或许能发现一些规律。

人们常说,中华民族有"上下五千年"历史,但过去史学家一直找不到证据来证明这个说法,甚至无法证明中华文明已有3500年以上历史。直到后来各地考古有了重大发现。"考古发现……已经找到4000年至5000年以前的原始刻划文字、成形的青铜器、代表王权的礼器、祭坛或神庙、人祭与人殉等文明社会才有的种种遗迹。更为重要的是发掘出五六十座距今有6000年—4000年历史的远古城址。上述考古发现往往可以与古文献记载互相对照与印证,从而确证中国有5000年文明史,解决了古书所载中国文明发展最初1000年证据不足的问题。"[①]

夏族祖先留下名称最早的是伏羲。据传伏羲是燧人氏之子,曾创造了阴阳八卦和文字,并由此结束了"结绳时代"。伏羲传说当然不能算是信史,但也反映了部分历史真实。关于伏羲的记载,最早出现在先秦的《楚辞》中。

"大约到了4200年前,中国进行了700年到800年的文明'热身赛'。引领完成这场'热身赛'的是六位伟大的王者。第一位

---

① 张珍:《话说古都群》,吉林文史出版社2009年11月版,第4页。

是炎帝,第二位是黄帝,第三位叫蚩尤,后面三位是尧、舜、禹。这六位伟大的王者,为以后4200年的华夏文明跨越做了充分的准备。"①

相传炎帝为神农氏,是搞农业的,曾尝遍百草,并且教会人们耕种。后来炎帝的部族被黄帝部族打败,黄帝接纳了炎帝的部族和文明。

相传蚩尤是九黎部落联盟的酋长,也是牛图腾和鸟图腾氏族的首领。他和炎帝本来同属一个部落,后来因矛盾而离开,自行发展,再后来与炎帝大战并击败了炎帝。于是炎帝与黄帝一起联合起来对抗蚩尤,双方在涿鹿大战。因炎黄部落引进或自主研发了各种青铜武器,并巧妙利用地形和天气,最终斩杀了蚩尤,将蚩尤所属的"黎民"融合起来。华夏民族最初就是由这几个大的部族组成的。炎黄部落联盟之所以能够击败蚩尤部落联盟,是他们武器较为先进,并善于利用自然条件,这说明农业部族在原始战争中有一定的"先天优势"。

尧、舜、禹是自炎帝和黄帝之后黄河流域又先后出现的三位部落联盟首领。尧统一华夏诸部、禅位给舜,舜任贤用能、禅位于禹,大禹治水、建立夏朝、传位给儿子启等故事,在《尚书》《史记》等典籍中均有详细记载。据说舜死后,禹为他举办奠礼,并推举舜的儿子商均继位,然而"天下诸侯皆去商均而朝禹",禹于是"即天子位,南面朝天下,国号曰夏后,姓姒氏"(《史记·夏本纪》)。夏朝就这样建立起来了,这是我国历史上的第一个王朝,时为公元前2100年至公元前2000年之间。严格讲起来,炎帝、黄帝、蚩尤、尧、舜、禹这些人物及其事迹都是传说,但已比较

---

① 翦伯赞主编:《中国史纲要》,北京大学出版社2006年9月版,第9页。

接近历史真实。中国有文字记录的确切历史是从商代开始的，但二里头遗址的发掘证明，中国有实物可考的历史从夏代开始。当夏朝建立的时候，周边地区都还停留在氏族部落或部落联盟阶段，因此成功治理水患、以农业为立国之本的夏朝，在政治、经济、军事、文化上走在了中华大地的前列。

近现代一些史学家特别是国外的一些史学家一直质疑中国夏朝的存在。这种质疑有一定道理，因为证明夏存在的出土文物实在不够给力。但更多的学者从中国历史的发展脉络，从《尚书》中的记载，从二里头遗址出土的文物进行综合分析，比较有说服力地证明了夏的存在。《尚书·召诰》："我不可不鉴于有夏，亦不可不鉴于有殷。"《诗·大雅·荡》："殷鉴不远，在夏后之世。"可见，在2000多年前，中国人都很认可存在夏朝。美国著名学者威廉·麦克高在所著《世界文明史》中也写道："大约公元前2000年，中国的文明在早期新石器时代文化出现的地方发展起来……夏及后来商的统治者在黄河流域建立了王国，在那里他们建造了规模相当大的灌溉工程。"

王国维认为，夏朝都邑及其他地名"见于经典者，率在东土。与商人错处河济间盖数百岁"。学者沈长云解释说："王国维所说的夏朝及其诸侯国所在地都在河南东部及山东西部一带，地处黄河下游的平原地区。"[1]

关于夏朝的地域目前争议不小，夏朝的历史记载也不明晰。不过可以肯定的是，它是一个地域不算广袤（只相当于现今三四个地级市）、奴隶制不甚发达的农业型原始国家。但它占据了黄河中下游适宜农耕的肥沃土地。许慎的《说文解字》这样表述："夏，

---

[1] 沈长云：《论我国夏代国家的起源》，《光明日报》2020年11月14日。

中国人也。"这里的"中国"指中原一带。这样优越的自然条件是周边部族无法相比的。在公元前1750年至公元前1700年间，夏被商所灭。

商朝的开国君王是汤。汤的七世祖王亥的时候，商人已学会用牛做载重工具在各部落之间进行贸易，这说明商人已经会经商。现在我们把从事商业贸易的人称为"商人"，就是这么来的。商业的兴起，说明农业、手工业有了一定发展，人们能够拿出富余产品进行交换。商业文明开始出现了，但其水平总体还不高。

商朝历经500多年，其间经济、社会、文化获得较快发展，出现了中国历史上的早期文化高潮。青铜器、甲骨文是其文化高度繁荣的重要标志。商朝灭夏后，进一步向外扩张。尽管当时只是"邑土国家"（不同于后来的"领土国家"），商朝只占据着几个大的都城（大邑），控制着散布四周的几十个诸侯"据点"，但不管怎么说，它的疆域还是比夏朝宽广了很多。商朝直接统治区在中原（今豫南、晋南、冀南、鲁西一带），控制区包括华北大部、部分华中，其势力和文化影响力则远及东南、西北、东北和西南。

商朝是古代中国最强大的奴隶制国家，商人在征战过程中掠夺了大量战败人口充当奴隶。神灵崇拜、祖先崇拜、祭祀活动是古代人类社会的普遍现象，商人尤其迷信鬼神，喜好祭祀和占卜。商朝的祭祀活动很频繁，普遍使用整只狗、马、牛、猪甚至大象来祭祀，还有残酷的人祭，他们以此来乞求祖先、神灵保佑。商朝文化从某种程度上说，也可称为祭祀文化。祭祀和埋葬活动中，往往使用大量的精美青铜器，这已为考古发现所证明。与此同时，商人还很迷信占卜，大量的甲骨卜辞都与求神问卦有关。在祭祀、占卜和社交活动中，商人形成了一定的礼制和礼乐文化。这成为中国"礼乐之邦"的重要源头。

在商朝的势力范围之外，还分布着许多部落和方国，比如东北的肃慎，西北和北方的舌方、鬼方、土方、羌方、犬戎、猃狁（熏育、荤粥），西部的周，西南的巴、蜀。在山东半岛有东夷，淮河流域有淮夷，长江中游有濮人、楚人。在东南沿海、长江中下流、华南等广大地区，还平行存在着若干非中原文明，有的文明还比较发达。

商朝后期，统治者极为残暴，引起各方怨恨。渭水中游黄土高原一带的周人抓住这个时机进行颠覆商朝的准备。公元前1046年，周武王姬发团结羌、蜀、濮等部落开始伐商，最后决胜于牧野，推翻了商朝统治，建立起中国历史上第三代王朝——西周。灭商经历了一个很长的过程，姬发不敢独享其功，追认其太祖父姬亶为周太王，追认其父姬昌为周文王。姬亶曾在今陕西周原一带建立起周国，举起伐商的第一面大旗，姬昌亦为西周的建立做了大量准备工作，吃尽了苦头。

周本是商的属国，其兴起显然受到商文化的启发和影响。同时，商纣王等人的残暴也使周人受到警示，因此，西周初年统治者能够施行仁政。与商人的统治方式不同，西周统治者一开始就进行大规模的分封。就连对待商朝遗民，也进行怀柔管理，任用商纣王的儿子武庚等，由他统率以朝歌（今河南淇县）为中心的殷地殷民，只是在殷地四周建立三个由周王室分封的诸侯国——卫国、鄘国、邶国进行监视。后来，以商人为代表的东夷诸侯国联合武庚反叛，周武王派兵征讨，周公旦为此还营建了东都洛邑（今洛阳），周朝对东部地区的管理得以加强。

西周是中国古代奴隶制的鼎盛时期，其生产力获得了更大发展。西周在社会治理上实行宗法制，通过分封，控制了更多的诸侯国、更广阔的地域。其统治中心在黄河中下游，不过最强盛时其势力东到山东沿海，西至甘肃，南过长江，东北到达辽宁。商朝时期的一些方国、部族，在数百年时间里逐渐融入西周的核心统治区，成为华夏民族的一部分。西周在经济上实行井田制，土地归周王室所有，由受分封的奴隶领主承包经营。这种土地经营制度，在生产力发展水平较低的历史条件下，促进了经济发展。文化上，西周继承了商代的部分礼乐制度，培育了更加繁冗、隆重的礼乐文化。相传周公旦曾"制礼作乐"，制定实施了一整套礼乐制度。周礼减少了商朝鬼神崇拜、祖先崇拜和迷信的一面，增加了规范社会秩序的一面。也就是说，西周的礼乐主要目的是规范社会等级和上下、尊卑关系。不同等级使用不同的礼乐，不可逾越，《周礼》就载有"天子八佾，诸公六，诸侯四"之说。伴随着礼乐文化的繁盛，西周的青铜文化也很发达。此外，西周文教较为繁荣，贵族集团较为重视教育，《周易》《尚书》《诗经》等形成于此时。

井田制是西周具有代表性的一种土地管理制度。井田制最早出现在夏，而成熟发展则在西周。井田制就是把土地分割成方

画乎？字乎？它告诉后人的是中国文字成长中的一段历史
图 10：周代铸有金文的青铜矛柄

块，形状如"井"字。"井"内为公田，即归周王所有，分配给庶民耕种，"井"外为私田。井田制最突出的作用是赋予了土地使用的时代特征，强化了税收秩序。到了春秋战国时期，由于铁制农具的出现和牛耕的普及，特别是豪客（地主）的出现，井田制逐步瓦解。

政治上的相对统一、经济上的繁荣、文教上的先进，使得西周国力强盛，在各方面领先于周边的各部族和各文明，不断吸引、融合其他部族和文明。

总之，华夏族之所以"天命所归"成为中华民族的主干，现在看来，应该是受益于文化土壤的三个层次。首先，华夏族占据了中原地区的大江大河沿岸和平原，因此农业相对发达。环境土壤使华夏族获得了"先发优势"。其次，农耕文明发展起来后，社会也相对发达，制度较为健全，法律、教育、文学、艺术等也随之发展起来。第二层次的社会土壤日益丰厚，这同样领先于其他地区。再次，社会文明进步之后，华夏族的观念、思想、文化必然对周边地区产生影响。第三层次的意识土壤，作用也日益彰显。所以说，中国古代民族形成的"滚雪球"效应，并不单纯是军事、政治征服的结果，也是文化吸引与融合的结果。

（三）西蜀、东夷及红山文化

在很长时间内，西蜀、东夷和东北被排除在华夏之外。据近些年考证，它们原先虽不属于华夏文化，但先后融入中华文化体系。类似情况还有古楚、古吴越等诸多文化。

中国的地势呈三个阶梯状，从第二个阶梯向第三个阶梯爬高的地势中，最有代表性的地形在四川。四川的西半部基本上是高原，北部是巴颜喀拉山山脉，南部是横断山山脉，中部是众所周知的成都平原。江河从大山中流出，穿过丘陵与盆地，向东一泻千里。多样化的地形地貌,让四川地势此起彼伏,他处少见。云南、贵州也有类似的地形地貌,但是面积比四川小。所以,四川被列入世界自然遗产名录的景观数量居全国之最。

溯源四川人的原始祖先,有名有姓有根据的当属距今1万年左右的"资阳人"。根据考证,"资阳人"的文化遗址与中原地区的仰韶文化、龙山文化,江汉地区的屈家岭文化都有关系。甲骨文和《尚书》中都提到了"蜀",可见蜀之久远。

经考证,距今4500年左右,居住在四川的古蜀人进入文明时代。蜀人是由蜀族和巴族组成的,他们在四川盆地形成两个聚居区,东边以巴族为主,西边以蜀族为主。此后,出现了蜀国与巴国两个奴隶制国家,大致以今涪江为界,东为巴国,西为蜀国。蜀国的建立比巴国早些,他们与殷人、周人都有一定交往。古蜀文明兴盛于公元前2000年左右,衰落于公元前700年左右。主要文化遗址有营盘山、桂圆桥、宝墩、三星堆、金沙和十二桥,其中,具有代表性的文化遗址有成都平原上的桂圆桥、宝墩、三星堆和金沙。这四处文化遗址不但在时间上相互衔

鸟崇拜是中国古代许多民族部落的共同特征,
古蜀国的鸟崇拜尤为突出
图11:三星堆博物馆展出的商代青铜鸟头

接，而且出土文物也存在传承关系。自秦惠文王于公元前 316 年派兵吞并巴、蜀，将古代四川纳入秦国版图之后，巴蜀融入华夏文明。

沉睡数千年，一醒惊天下。
哪里是什么"外星来人"？
哪里是什么"西来文化"？
神秘的三星堆讲述的分明
是古蜀文化在 3000 多年
前的一次强劲爆发
图 12、13：三星堆博物馆展
出的青铜纵目面具和青铜金
面罩人头像

说起西蜀，不得不说三星堆文化。自20世纪30年代以来，考古学家对位于四川德阳广汉的三星堆遗址进行了发掘，所发现的精美文物令人惊叹。一些高大、精美的青铜文物，风格独特、精美大气，似乎超越了当时的中华文明水平，以至于被认为是外来文明甚至是"外星人文明"。2021年3月，中国考古再次传出重大发现，三星堆文化遗址又新挖掘6座祭祀坑，至9月份，新出土大型青铜面具、黄金面具、青铜头像、青铜神树、青铜鸟头、象牙等重要文物近2000件。这样，从2019年至2023年上半年的新一轮发掘中，三星堆共出土青铜器、玉器、陶器、象牙等文物一万多件，"再醒惊天下"。它们与先前在三星堆遗址发掘的青铜器、金器、玉器一样，代表的是一段史书上没有记载的未知文明。

三星堆文化的准确来源一直是个谜。对"外星文明说"，实在不值一驳。至于"西来文明说"，青铜纵目人头像、青铜镶金面具头像、青铜大立人等文物的文化特征与中原文化差异确实较大，有受到西来文化影响的可能。但这种说法也未必站得住脚。古代中国西边的两河文明、埃及文明，哪里有这种特征的文物出土过？哪里有现在依然存在的类似文化图腾？

有学者分析认为，三星堆出土的牙璋、陶器和镶嵌绿松石铜牌饰几乎与二里头夏文化遗址出土的器物"同款"。经考证，三星堆文化略晚于二里头文化，可以认为，三星堆文化也受到中原文化的影响。当然，三星堆文明不是孤立的，没有任何历史记载证明三星堆的古人独自创造了青铜冶炼技术。他们的青铜冶炼显然是从外部传入的。三星堆出土的一些陶器、铜挂件，尤其是玉器，明显带有中原文化的痕迹。但三星堆最有特色的多种青铜人像和金面具等图腾特征，则是中原文化未曾见过的。作者一直认为：三星堆文化既非外来文化的植入，也不同于中原华夏文化，应该就是本土古蜀文化在 4000 年前至 3000 年前那个历史阶段的强劲爆发。当然，这个"爆发"中也带有"杂交"的成分。独特的文物风格，体现了古蜀人独特的图腾崇拜，而内涵丰富的造型、高超的青铜铸造技术则体现出古蜀文明的先进性。古蜀文明在中华文明整个体系中处于什么位置，目前的史书表述并不清晰。按照以往的历史观，古蜀文化属于中华文化的"边缘"，而三星堆的发现改变了这种历史观。我们期待考古工作者揭开披在三星堆头上的神秘面纱，将一幅壮丽的古蜀国画卷展现在世人面前。

东夷文化同样是中国古代文化的重要组成部分。"夷"的叫法产生于夏代，意为"东部人""东方之人"，东夷文化就是东夷人创造的文化。在距今 1 万年左右的新石器时代，东夷人开始在沂沭河流域（今山东临沂地区）建立起密集的部落，开始驯种农作物和驯养家畜。到了 8500 年前，东夷族群逐渐形成。后李文化出现在距今 8500—7500 年之间，这是迄今所知最早的东夷文化。此后的北辛文化（距今 7500—6300 年）以鲁中为基础，并逐渐影响到淮北和辽东半岛。到了大汶口文化（距今 6300—4600 年）时期，东夷人口明显增长，并出现太昊、少昊两大集团。在距今 4600—4000 年的龙山文化时期，东夷集团与华夏集团形式上的统一已经完成，出现了国家的模样并进入阶级社会。

在漫长的历史岁月里，东夷人以其聪明才智制造出了精美的石器、骨器、玉器等生产用具和生活用品，烧造出了薄如纸、黑如漆、声如磬的蛋壳陶，编织出布纹细腻的纺织物，并发明了冶铜术、原始历法和最早的骨刻文字。

在民国时期，一些中国文人便开始论证，东夷文化亦是中华文明的构成元素之一。1921 年，历史学家傅斯年先生写了著名文章《夷夏东西说》，指出中华早期文明是由东夷文明和中原华夏文明共同构成的；两者大致是东西两个不同的系统，因对峙而争斗，因争斗而碰撞，因碰撞而融合，因融合而发展。

在2017年底举行的一次东夷文化研讨会上，中国先秦史学会副会长兼秘书长宫长为先生认为，中华早期文明正是由东部东夷文明和中原华夏文明碰撞融合而成的。山东是东夷文明的核心地区，在中华文明发展史上的地位和重要性自不待言。山东师范大学教授安作璋先生认为，齐鲁文化的直接来源就是东夷文化。齐文化是以东夷文化为主，又吸收了周文化而形成的一种地域文化；鲁文化是以周文化为主，吸收了当地东夷文化而形成的一种地域文化。山东大学栾丰实先生认为，东夷文化是山东地区早期阶段的主流文化，它是东夷先民在长期的中华文明历史进程中所创造的具有独立体系、独特风格、没有断续、文化影响力持久深远的华夏早期文明形式，对儒家思想文化的产生具有重要影响。

"总之，东夷先民是早期华夏族群的主体构成部分之一，东夷是中华民族文明的重要发源地。东夷先民在中华早期文明进程中，在社会组织、手工业、农业、渔业、医药、历法、礼制、乐舞、文字、冶炼、军事、城邦（国家）等诸多方面，皆具有特色和领先的创造，遗留下丰富深厚的物质文化遗产和非物质文化遗产，为中华民族的早期文明发展作出了突出贡献。"[1]

与古蜀文明、东夷文明一样，辽河流域与黄河流域、长江流域共同成为中华文明的摇篮。

中华民族最早的龙崇拜出现在何时？1982年，考古工作者

---

[1] 吕世忠、杜庆余：《东夷文化是中华文明的重要源头》，《光明日报》2018年1月27日。

在位于西辽河流域的辽宁阜新蒙古族自治县沙拉镇查海村发现了距今8000年左右的新石器早期重点文化遗址——"查海文化"。查海文化遗址最重要的发现是开掘出一个长近20米宽近2米的"石堆龙",出土的龙头、龙体、龙鳞、龙爪、龙尾,是迄今为止我国新石器时代考古发现的年代最早、形体最大的龙形象。考古工作者还在查海遗址发现了先民早在8000年前就开始种植和食用小米。

最能体现辽河文明的是产生于五六千年前的红山文化。1921年,人们发现了红山文化遗存,1935年开始在辽宁赤峰东郊红山后遗址正式发掘。1954年,国家正式命名其为"红山文化"。从20世纪70年代起,考古工作者在辽宁西部的昭乌达盟(今赤峰市)及朝阳地区展开了大规模的考古调查。随着发掘地区的不断扩大,至今已发现古文化遗址和墓地近千处。红山文化分布广泛,在西辽河、大小凌河、老哈河、滦河流域均有发现,面积达20万平方公里,地域以辽宁为主,跨涉内蒙古中南部和河北北部。其中,位于辽宁省凌源市和建平县交界处的牛河梁遗址发掘出红山先民用于祭祀的庙堂——"女神庙"。庙址由南北两组建筑组成,其中北组为主体建筑,遗址的墙壁上留下了古人的彩绘,室内发现大量人物塑像残块,有头、肩、手及乳房等,均显示为女性,头部大小同于真人,面涂红彩,双眼镶嵌青色玉片。"女神庙"是红山考古的重要发现,它证实了红山先民在5000多年前就已经有了像模像样的祭祀庙堂。牛河梁还发现了红山先民最早筑建的城墙遗址。

考古人员通过对辽宁省朝阳市建平县境内的马鞍桥山遗址出土的人骨检测发现,红山的先民以食用谷物为主,结合出土的成套农业工具,断定,6400年前这里的先民已经从渔猎转向农业种植，并开始定居。在距牛河梁遗址仅 6.5 公里的上朝阳沟遗址发现了远古时期的大型聚落。

此外，在喀左的东山嘴、阜新的胡头沟、彰武的半拉山等多处遗址内还发掘出大量玉器、陶器，显示了红山文化的进步特征。它们与前述的遗址一样，共同见证着辽河文明—红山文化在新石器时代晚期的灿烂辉煌。

总之，若是没有西蜀文化、东夷文化，红山文化、良渚文化以及其他地方出现的远古文化，中华文化的历史画卷就不会像今天这样完整，也不会像今天这般丰富多彩。中华文化是历史上生活在中国大地上的祖先们共同创造的文化。

从新石器时代开始到西周，是中华文化的"集聚"期。中华文化在这个阶段受第一层次——环境土壤的影响较大，但第二、第三层次文化土壤也深刻影响了中华文化的早期形态。例如：祭祀文化盛行，表明那时人们还很信奉神灵、迷信鬼怪，这是在生产力不发达的情况下，人类原始而普遍的自然崇拜、祖先崇拜的遗留。中华文化在早期阶段，"迷信神灵"的特征与世界上其他文化是一致的，但礼乐文化特别繁荣。青铜文化高超则是夏商周时期中华文化的一大特点。

三、春秋战国：中华文化第一个高峰及其特点

中华文化到了春秋中后期和战国时期，达到一个高峰，进入成熟期。

（一）社会动荡带来思想活跃

支撑周朝统治中国约 800 年的两个重要基础，一个是"封建"，一个是"宗法"。尤其是在西周（前 1046—前 771 年），封建与宗法的结合保持了全国大局的稳定，周王室与各诸侯之间、诸侯

与诸侯之间、人与人之间和平共处。孔子后来一再称颂这一点。

东周（前771—前256年）分春秋和战国两个阶段。但是，春秋与战国在哪一年分界呢？众多学者有不同观点。一是主张公元前479年，以孔子去世为界定点；二是主张公元前477年，以田恒割齐东部为封邑，田齐之争纷起为界定点；三是主张公元前473年，以越国灭吴国为界定点；四是主张公元前464年，《战国策》所记载的战国就是从这一年开始的；五是主张公元前453年，以韩赵魏灭智氏，三晋实际分立为界定点；六是《资治通鉴》所采用的前403年，以韩赵魏三家分晋（周威烈王正式封三家为诸侯）为界定点。当代，傅乐成先生主张春秋与战国的界定时间为前481—前480年。① 多数学者认为，以公元前403年作为界定点太晚，而以公元前479年为界定点又太早。

作者与很多人一样，赞同以公元前473年越国灭吴国为界定点。雷海宗在所著《中国文化与中国的兵》一书中分析：春秋时期各国之间的战争特点是维持均势，而战国时期的战争则以消灭对方人口、占领对方土地为目的。吴国战胜越国，是春秋式的战争，并没有杀多少人、占多少地，而且吴王还允许越王勾践活着，这是春秋最后的战争。而越国灭吴国，则杀人屠城，这是战国式战争的开始。

了解春秋战国历史的人都知道，这个分析是有道理的。这里要补充的是：春秋时期的战争，有时候还出于"道义"或为了争霸，只要对方屈服就行，而战国时期的战争则完全是出于利益考量，为了人口、城池、土地而进行你死我活的斗争，以吞并对方或防止被对方吞并。这说明两个问题，一是战争的残酷性极大提高了，

---

① 傅乐成：《中国通史》，中信出版社2014年10月版，上册，第45页。

二是当时社会政治、经济、文化发生了很大变化，残酷战争又加剧了这种变化。从春秋中后期开始，礼崩乐坏，奴隶制逐步瓦解，封建制逐步确立。

东周与西周的最明显区别是，在西周，周天子是诸侯之王，一人说了算；到了东周，春秋"五霸"、战国"七雄"，哪一个都比周强大，哪一个也不听周王室的了。

战国时期的人并不知道"战国"这个词，直到汉代刘向编写《战国策》之后，人们才开始用"战国"称呼那个时代。战国时期出现"七雄"——齐、楚、燕、韩、赵、魏、秦。实际上，当时的中华大地并非"七雄"分据，同时还有宋、卫、中山等国，在边远地区还有少数民族建立的小国，"七雄"只不过比较"雄"而已。

支撑西周的政治支柱是分封制，政治伦理是宗法制，经济支柱是井田制。到了东周，尤其是到了战国时期，随着铁器的使用、牛耕技术的普及，越来越多的土地被诸侯、卿大夫、臣僚等开发出来，私田的收益超过了公田，井田制逐步瓦解。土地私有化后，新兴地主阶级崛起，奴隶制逐步走向崩溃，封建势力抬头——世道真的变了。

中国古代的封建制究竟是从何时开始接替奴隶制的呢？史学界对此一直有争论，有"西周说""春秋说""战国说""秦汉说"，还有"东汉说""魏晋说"。作者倾向于"战国封建论"，原因在于：春秋末期到战国初期，井田制的崩溃使大量土地流向豪客（地主）手中，庸客（佃农）随之出现。原先的诸侯、卿大夫、臣僚等，要么转身变为新兴地主，要么因公田的衰落而衰落，奴隶制受到沉重打击。各国的新兴地主阶级、新贵族，在与旧贵族和奴隶主的较量中一步一步取得胜利——他们从旧贵族和奴隶主手中夺走了土地，同时也夺走了财权、政权。井田制与宗法关系土崩瓦解，西周建立起的以"礼"为核心的旧的等级秩序不复存在，"以地为王"的封建制度逐渐建立起来。

这个过程，历经几十年至一两百年。战国时期的战争形态之所以比春秋时期变化那么大、那么残酷，体现的正是新兴地主阶级的贪婪。面对社会剧变，原有的士阶层（知识分子）或维护旧秩序，抨击新秩序，或转而支持新秩序。而新兴地主阶级有了更多的财力、物力来发展教育，人们受教育程度普遍提高，有能力、也有相对宽松的社会环境，对当时剧烈变动的社会进行观察、思考并表达见解。这就为"百家争鸣"的出现提供了肥沃的政治、经济、文化土壤。

（二）第一次文化高潮的出现及其特点

一些学者对"封建社会"这个概念理解不同，因而对中国封建社会的时间断限也存在争议。一种观点认为，封建社会的本质是"封国土、建诸侯"，这样的封建制从西周开始到秦朝建立，存在800多年时间。秦至清的2000多年实际上是实行中央集权的帝制社会，并非"分封建国"意义上的封建制。另一种观点认为，按照马克思主义理论，封建社会（feudal society）是指实行封建制度的社会状态，它是指在奴隶社会至资本主义社会之间，以地主阶级掌握土地为基本特征的一种社会状态。按照这种观点，多数人认同中国的封建社会从战国开始至清垮台结束，持续2000多年。

春秋后期至战国，中华文化出现第一次高潮，达到一个新的高峰。"百家争鸣"的文化运动是其外在表现形式，思想和言论相对自由是其舆论环境，学派纷出、成果丰硕是其最终产物。这一时期涌现出以老子、孔子、庄子等为代表的思想家、哲学家，他们倡导建立起关于"道"和"仁"的思想体系，影响后世中国两千多年。

令人仰止的是当时"自由的空气"。之所以形成这种难得的自由氛围，是因为自西周以来，周王室为天下共主，所有诸侯都是其臣属。后来周王室虽然衰微，各诸侯崛起后取得一定的财权、政权和话语权（舆论掌控权），但在名义上他们仍然隶属于周王室，没有道义也没有实力去管控当时的整个社会言论。况且，他们很需要有人来宣扬自己的主张。他们鼓励各种学说，支持对自己有利的言论，哪怕一些学说对自己不利也能够包容，以备借鉴。因此，各学派思想空前活跃，形成"百家争鸣"。

第一次文化高潮，特点之一是哲学发达。哲学又叫"明白学"，谈的都是大道理，也就是世界观、人生观、价值观以及政治伦理、人性道德等高深学问。社会剧烈动荡，促使中国先哲思考这些高深话题，并且有深刻见解，以至于后世的人很难再有突破和超越。

在"百家争鸣"中，最早产生巨大影响的人物是老子，其代表作《道德经》是道家最重要的经典。《道德经》对当时的社会、政治表达了不满，并有不少批评。它提出了"绝圣弃智""知白守黑"的人生态度和"无为无不为"的社会政治理想。其中"无为"是老子思想最重要的特征，他倡导"以正理国，以奇用兵，以无事取天下"，事实上就是反对无休止的征战、杀戮和巧取豪夺。"无为"不是不作为，而是以清净平和"取天下"。这是一种高超的政治智慧。

说老子是道教的鼻祖，老子若知道了也许会笑，也许会哭。老子的悲哀在于他没有徒弟和传人，也没有把自己的理论学说变成一种教育，像孔子那样去教化别人。但他的思想智慧太高了，以至于后人打着他的旗号、念着他的词句创建了道教。道教以及汉代出现的中医"圣经"《黄帝内经》都引用了老子"天人合一"

的思想。张道陵等人对老子的道家学说并没有新的发展和继承。其实，道家学说与道教有很大不同。用现在的话说，道家思想是纯正的哲学理论，而道教则是一种民间宗教。

老子学说在13世纪后开始传入欧洲。后来，以道家学说为代表的哲学思想在16—18世纪再一次令欧洲人为之倾倒。尼采说："《道德经》像一口永不枯竭的井泉，满载宝藏，放下汲桶，取之不尽。"从16世纪至今，500多年来共有17种欧洲文字翻译的《道德经》译本近500种，在译成外国文字的世界文化名著发行量上，《圣经》排第一，《道德经》高居第二，由此可见老子及其哲学思想在西方受欢迎的程度。

继老子之后，道家学说的第二个代表人物是庄子。他的代表作《逍遥游》哲理深奥，内涵丰富无比。其最大特点是心性自由、灵动，超脱世俗烦恼。"逍遥游"深刻影响着后世人的幸福观。

第一次文化高潮，特点之二是政治伦理学发达。这其实也是哲学发达的体现，但因为儒家学说偏重于政治和人伦，因此大体上将其归为伦理学范畴。春秋末期的孔子是儒家学说的创始人，他一生中最突出的成就是开创了平民教育，并且整理、修订"六经"——《诗》《书》《礼》《易》《春秋》和《乐》（后失传）。战国时期的孟子、荀子，进一步完善了儒家学说，并且按照儒家思维进一步整理、修订典籍。儒家学说在先秦时期虽然显赫，却并不受各国统治者待见。不过，思想体系已经形成，具备了完整的典籍。这些典籍，汉代以后成为经书（"四书""五经"），是历代儒家学子的必读书，事实上就是国民教材。儒家思想遂演变成中华文化的正统思想。

为什么儒家思想对后世影响最大？许嘉璐先生在《中华文化的前途和使命》一书中分析："儒家学说只是'百家'中的一家，

后来慢慢显赫的原因：一是儒家学说直接研究如何治理国家，如何处理诸侯国之间的关系，而这正是当时社会上层所关注的；二是儒家注重家庭人伦关系，这是农业社会所有成员十分关注的；三是其学说归纳了很多大自然和社会的基本规律，这些规律可以说带有相当的普世性。"

第一次文化高潮，特点之三是形成现实主义文化思潮。这是当时人们思考社会现实，并且试图解决社会现实问题而逐渐形成的一个文化特征，说明当时的知识分子已经能超脱神灵思想束缚，重视现实和人文。除了道家、儒家之外，墨家、兵家、法家、名家、纵横家、杂家、农家、小说家、阴阳家、医家也都非常关注社会现实。有的甚至还很专业，在专业领域提出了许多实用性理论。而有的则注重科学和技术，墨家、农家、医家走的都是"技术路线"，取得不少技术成果。

在经世致用方面，法家恐怕是最有代表性的，也较符合一些统治者的胃口。法家中有一个重要人物是战国时期秦国的商鞅。秦孝公六年（前356年），秦国启用商鞅推行变法。第一次变法的主要内容是：编制户籍，实行连坐；奖励军功，严禁私斗；废除世卿世禄制，重新确定爵位和等级；鼓励家庭经济，发展农业生产。六年后，秦国迁都咸阳，接续实施第二次变法，主要内容是：在全国普遍建立县制；开阡陌封疆，废井田，"民得买卖"；"平斗桶、权衡、丈尺"，即统一度量衡。由此可见，法家学说绝不仅仅是"重视法律"那么简单，而是以"法"来治理国家、规范人际关系、发展政治经济和军事的一整套治国理论。后来，商鞅变法由于受到多方抵制而失败，商鞅也被车裂，但变法的成果保留了下来，直接促进秦国逐步走向强大并最终统一六国。

第一次文化高潮，特点之四是形成"重文轻理"的思维习惯和文化传统。"百家争鸣"中，中国先哲创立了多学科的理论基础，对前代文化进行了全面总结，并把大量知识和思想文化流传给后人。后来汉、唐、宋在诸多学科领域取得耀眼成就，其实早在春秋战国时代就打下了基础。但是用现在的话说，无论是哲学、伦理学、法学、文学、外交学、军事学，都是社会科学，"诸子百家"中关注自然科学的相对较少。一种文化如果重视以人为本和现实主义，一般会有两个走向，一是重视社会科学，一是重视自然科学和实用技术。因为以道家为代表的哲学、以儒家为代表的政治伦理学等特别发达，相关典籍也很多，由此长期影响中国人的思维习惯。试想一下，一个人从小就接触《道德经》、"四书"、"五经"，长大后又研读"二十四史"等文史类典籍，他的思维怎么可能不是"重文轻理"？

（三）"大一统"思维促进秦的统一

经历了礼崩乐坏、争战杀伐的战国之后，周天子与诸侯之间的关系被彻底破坏了，秦国在公元前230年至前221年先后打败韩、赵、魏、楚、燕、齐，统一了当时中华文化涵盖的地区。公元前221年，秦王嬴政建立起中国历史上第一个多民族的大一统中央集权制国家。

秦能实现全国统一，固然是基于自身强大的政治、经济、军事实力，但从根本上说，这是华夏文化自身发展演进的必然结果。自夏商周以来，华夏民族形成了"中国"思维和"中原文化本位"观，进而发展成"大一统"思想。"大一统"一词最早见于《公羊传》。孔子编订《春秋》，微言大义，开篇为"元年春，王正月"，《公羊传》云："何言乎王正月？大一统也。"这个"大一统"用今天的话来讲就是国家民族的统一。

春秋战国时期，诸侯国林立，但是大家有一个共主——周。

试想，如果没有这个共主，诸侯国缺乏"我们都属于周"的思想观念，那么一个诸侯对另一个诸侯的征伐就是"侵略"而不是"统一"了。面对战乱，寻求统一是当时很多诸侯国的愿望，而不只是秦国一国有统一之心。从法理上讲，当时无论哪个诸侯国统一中国都是合法的，只不过天命归于秦国。当时，饱尝 200 多年战乱之苦后，战国"七雄"的士阶层普遍形成了"天下一"的统一意识，纷争的焦点不过是争"谁说了算"。秦国较其他诸侯国更为彻底地推行了变法，带来国力强盛。仅以发展农业为例，秦国通过修建郑国渠等一系列政策措施，推动了农业大发展，带动整个经济、军事发展。加之先前秦惠王时吞并蜀国，新增大量良田和人力资源，为秦国富强奠定了基础。此后，秦国不断蚕食其他诸侯国的土地、城池、人口，在正式发动统一战争之前，它实际上已经一家独大了。

对于嬴政个人来说，他也是从特定文化土壤里"长"出来的。秦的始祖秦非子因养马有功，于周孝王六年（前 905 年）被周天子分封地方，作为附庸国。秦国虽然不像齐国等姬姓诸侯国那么显赫，但毕竟也是周的属国。嬴政执政后，"大一统"的舆论影响了他。秦始皇是"大一统"思想浇灌出来的"植物"。

尽管人们对秦始皇评价褒贬不一，但是有一个声音是共同的，即秦始皇在中国历史上第一次统一了中国。不仅统一了政治、军事，还统一了度量衡、文字，并首创了中国历史上的"统一文化"。在思想观念上，华夏人此后进一步认可"统一"，"大一统"思想更加牢固。

有意思的是，秦始皇讲究"大一统"，但他只求在华夏范围内的统一，并未发挥铁甲军团的威力向外扩张。修长城便是秦人对外采取守势的典型例证。毫无疑问，长城的基本功能是防御性的。对秦始皇来说,长城修起后,北方的游牧民族你别来惹我,我也不犯你。其思想根源还是农耕守土意识。貌似军事强大的秦帝国,其对外交往的核心还是一个"和"字。差不多同一时期的罗马帝国从未修过类似长城的防御体系,因为他们不想自我约束,认为凡是罗马军队铁蹄踏到的地方都是帝国的领土。可见,中华文化的攻守有道、张弛有度古来有之。

"焚书坑儒"之后,春秋战国以来中华文化的第一次高潮结束了,它走向了另一个形态。

四、汉、隋、唐、宋:中华文化的几次高潮及其特点

秦朝施行暴政,陈胜、吴广揭竿而起,原来的六国旧贵族也趁机反秦。秦王朝被推翻后,刘邦开始与项羽争夺领导权。许多中国文人其实是喜欢项羽的。项羽出身贵族,论英勇,"力拔山兮气盖世";论多情,"虞兮虞兮奈若何"。刘邦出身低下,项羽为何会败于他?有人说,项羽心慈手软,几次错过时机没杀了刘邦,以致放虎归山。更多的人则认为,项羽败就败在用人上。项羽刚愎自用且多疑,不善用人,而刘邦则胜在用人上。刘邦知人善任,充分发挥张良、萧何和韩信的作用,合力打败了项羽。其实,这些都不是主要因素,主要原因在于,项羽代表的是楚国的没落贵族,他若取胜,中国可能会回到战国时期的军阀混战状态。刘邦则代表当时属进步力量的中下层地主阶级和相当一部分"士"及部分农民,他所依靠的力量比项羽大得多。最终,刘邦取胜,建立汉朝。刘邦其实只比秦始皇小三岁,他们是同时代的人,只不过刘邦活得久,建立了西汉。汉朝(西汉,前202—8年;东汉,25—220年)是中国历史上的第二个大一统王朝,享国405年(不含中间的新莽)。

（一）汉代文化的繁荣及其特点

汉朝建立在秦朝基础之上，"汉承秦制"可谓众所周知。其实，两个朝代有不小差别。汉朝是中国历史上第一个真正代表地主阶级、士阶层和部分农民利益的政权，这与秦朝或各诸侯国代表奴隶主或贵族阶级、军功阶级利益相比，是一个明显的进步。地主阶级、士阶级和部分农民是汉朝新兴政权赖以生存的人文基础。由于阶级基础较为广泛，统治思想较为进步，汉朝在经济、文化、军事、外交等方面取得巨大成就。

在政治上，秦朝统一之后建立起以丞相为核心的中央官僚体制，推行郡县制，汉承秦制而略有改进，汉武帝后皇权有所加强。在文化上，汉朝一方面继承了秦朝"书同文"的成果，另一方面则颠覆了秦朝"重法轻儒"的做法。

汉朝初年，汉高祖、汉景帝等人崇尚黄老学说，施行无为而治。汉武帝刚登基时，采纳丞相卫绾的意见："所举贤良，或治申、商、韩非、苏秦、张仪之言，乱国政，请皆罢。"几年后，"公羊"学大师董仲舒向汉武帝提出：春秋大一统是"天地之常经，古今之通谊"，现在师异道、人异论，法制数变，百家无所适从，建议"诸不在六艺之科、孔子之术者，皆绝其道，勿使并进"。对此，汉武帝很是赞赏，并采纳其"罢黜百家，独尊儒术，表章六经"的主张。董仲舒创建的以儒家学说为核心的新的思想体系，成为汉代的统治思想，进而成为此后历朝历代的正统文化。其他诸子学说遭到罢黜，只能消亡或在民间流传。

汉朝时期中国政治统一、经济发展、国力强盛，文化也获得了繁荣发展，达到中华文化发展史上的又一个高潮。但这种繁荣与先秦文化繁荣有很大差别，呈现出独特的新形态。

汉代文化的繁荣，特点之一是具有统一性。所谓统一性，主要是指"书同文"。秦朝时推行的小篆,汉代继续推行,避免了战国时期各国使用不同书写体带来的种种弊端。这一招很厉害,对文化、教育的发展很有利,极大促进了人们进行思想文化的交流与传播,人们不再像以前那样"以邻为壑"了。

统一性的另一方面是指"独尊儒术",带来经学繁盛。西汉朝廷设置五经博士,相当于由中央政府拨出经费,养了一批通晓五经的饱学之士,对《诗》《书》《礼》《易》《春秋》进行研究、考证和承传。当时有古文经、今文经之争,各思想派别相互论辩,热闹非凡,促进了文字学、版本学的发展。

汉代文化的繁荣,特点之二是具有多样性。就中原地区来说,儒家思想在政治层面、主流文化上占据了上风,但道家等学说在民间还有一定生命力。汉代还有谶纬学说,很多人都信奉。此外,东汉期间佛教传入中国,慢慢在民间传播。佛教学说比较温和,受到底层百姓欢迎,逐渐改变了一些人的信仰(魏晋至南北朝时期,佛教日益盛行)。与此同时,汉代疆域辽阔,境内非中原地区的人民也还在发展着自身的文化。

汉代文化的繁荣,特点之三是具有开放性。汉武帝时期,派遣郎官张骞出使月氏国,试图联手打击匈奴。张骞首次出使没有成功,半路被匈奴扣住,但他历尽千辛万苦返回汉地。后来汉武帝改变对匈奴的策略,欲"威德遍于四海",于是他先是让张骞派出四路使者联络身毒国(古印度)打通西南通道,后又委任张骞为中郎将,再次出使西域。张骞第二次出使西域,主要以和平交往为目的。此后,丝绸之路开通,中华文化开始大规模引进来和走出去,中外文化交流日益频繁。

汉代文化的繁荣,特点之四是具有先进性。汉代最辉煌的文学成就是汉赋,形成一批传世名篇。同时,史学也获得重大突破,诞生了一位彪炳千秋的历史学家司马迁，一部《史记》在问世后的 2000 多年里，一直是中国历代文人的必读史书。在科学和技术上，汉代的太初历、张衡的地动仪、关于太阳黑子的最早记录、《九章算术》的问世、《黄帝内经》《神农本草经》的诞生、造纸术的出现及改进等，诸多领域和成果居于当时世界领先地位。

汉代文化的繁荣，特点之五是具有一定局限性。突出表现在，董仲舒对儒家经典和学说进行了改造，有的实际上是阉割了。先秦儒家一些对统治者不利的主张，如要求统治者"仁德""爱民""仁政"等积极思想被有意无意隐藏起来，而"不是古非今""尊上"等思想则得到传扬。这使得儒家越来越工具化，其面貌和内涵与先秦儒家有了不小差别。汉代独尊儒术，在官吏的选拔上通过"举孝廉"等方式选用儒生，这种导向带动人们重视道德修养，而所修之德多为封建"忠""孝"之德。中华古代文化"重文轻理"的弊端进一步强化了。

此外，汉代经学虽然繁荣，但在一定程度上束缚了人们的思想。研究者在学术上被迫遵从某种权威，缺少主见。正像《汉书·夏侯胜传》所载："建所谓章句小儒，破碎大道"，一些儒生日益拘泥于辨析章句，既不能通达大义，也不注重经世致用。这种做法并非精益求精，而是在做无用之功。

（二）隋朝科举制度及其文化影响

"汉唐""唐宋"，中国文人在表述中国古代盛世时经常提起这三个朝代。其实，不应漏了隋朝。隋朝（581—618 年）是中国历史上承南北朝、下启唐朝的大一统朝代，享国 37 年。

隋朝是建立唐朝的李渊等人推翻的，有哪个登基者会说被自己推翻的王朝是个好王朝呢？在唐朝执政近三百年时间里，李氏家族摆弄历史、腾挪舆论，给后人留下的是一部残缺不全的隋史。

事实上，隋朝的历史功绩不容抹杀。杨坚、杨广父子二帝结束了南北朝分治，再一次统一中华大地，并主持修建了大运河主航道，在中国历史上第一次实现海河、黄河、淮河、长江、钱塘江五大水系贯通，还首创科举制、派兵挺进西域并在西部广大地区建立郡县等，这些功劳远非唐宗宋祖能比。这也是作者将隋与汉、唐、宋同列的出发点。

隋朝与秦朝有三个共同的特点：一是统一了中国。秦统一六国，建立起中国历史上第一个大一统帝国，隋朝则结束了南北朝对峙局面，在中国历史上第二次统一中国。二是执政时间都很短。秦朝总共存在14年（前221年—前207年），隋朝共延续37年（581—618年）。三是秦始皇与隋炀帝二人的性格十分相似，均有雄才大略，敢做大事，但都性子急，急于求成，并实施暴政。后一点正是两朝很快倒台的主要原因。

隋朝短命，文化事业未能全面展开，但科举制的创立对中华文化发展具有十分重大的意义。

隋朝科举制的创立，使中国古代文官制度领先于当时的世界。中国是世界文官制度的发源地。为了适应郡县制，强化管理，秦朝开始实行文官制度，包括官员的选择、录用、职责、义务、奖惩、陟黜等一系列内容。在隋朝之前，文官的选拔大体来说是以"推荐"为主，推举虽有标准和条件，但主观性很强。魏晋时期实行的是"九品中正制"，即采用各州郡拥有声望的人任"中正"官，负责在本地区选拔官吏。这项制度把人分为九品，然后按品级选官。此后，"上品无寒门，下品无士族"。隋文帝统一中国后，正式设立分科考试制度，取代九品中正制。这个科举探索在世界上开创了"以考试取人"的先河。公元604年，隋文帝去世，隋炀帝接任后设置进士科，继续完善、推广和普及这项制度。

科举制即朝廷定期举行考试，根据成绩的优劣选取人才，并分别授予官职的制度。它和以前的用人制度最根本的区别在于，普通的读书人均有机会被选拔做官，不问门第。简单来说，就是通过公开考试，按成绩选拔优秀人才，不论贵贱贫富。科举制的创立，根源于当时社会环境的变化，适应了新兴庶族地主阶级的诉求，一定程度上打破了魏晋以来豪强地主、门阀士族对行政资源的垄断。此后，历朝历代均沿用该做法。在隋至清 1300 年的历史上，它成为统治阶层选人用人的主要方式，直到清朝末期才被废除。

科举制是一种相对公平的官员选拔制度，同时也是一项教育和文化促进机制。正如《旧唐书·薛登传》所说："炀帝嗣兴，又变前法，置进士等科。于是后生之徒，复相仿效。"这项制度对中国历朝历代发掘和培养人才发挥了强大的导向作用，也促进了知识的普及，带动民间学习风气的提升。从这个角度说，科举制推动了中华文化的进步，促进了国民素质提高，让中华文化的土壤更加肥沃。

隋朝科举制的创建，也有其历史的局限性。最大的局限性是强化了先秦以来"文化人—官员"的导向，使"读书—当官—跳龙门"几乎成为中国知识分子的唯一人生路径，官本位思想此后更加根深蒂固了。此外，科举的内容往往过于呆板、僵化，扼杀了人的创造性，培养了人的顺从性。

（三）唐朝文化的辉煌及其特点

唐朝（618—907 年）享国 289 年，是继隋朝之后又一个大一统封建王朝。有唐一代，中华文化发展达到全新高度，可谓辉煌灿烂。从文化土壤的角度看，这是唐朝思想开放、社会开明结出的硕果。

唐代文化的最鲜明特点是开明大度。从官方哲学来看，当时三教（儒、释、道）并行，信仰比较自由，几乎没有禁区。儒学虽被奉为正统，却并未完全独尊。儒家最大的特点是偏重于政治伦理，但国家治理其实还需要其他的理念，例如老子的学说、佛教的学说等。三者在某种程度上可以各司其职。唐玄宗就曾亲自注《孝经》《道德经》和《金刚经》这三部儒家、道家和佛教的经典，颁行天下，以示对三教合一的提倡。唐高祖、高宗、德宗时代，都曾经召集过儒师、沙门、道士进行讲论诘难。三教并行，自由竞争，有唐一代持续不绝。

三教并行在唐代朝野形成一种较普遍的自由宽松空气，所以李白敢这样写诗："我本楚狂人，凤歌笑孔丘。"高适也才能公然在诗中写道："大笑向文士，一经何足穷。"杜甫诗中竟也有"儒术于我何有哉，孔丘盗跖俱尘埃"之句。到了晚唐，杜牧居然这样写："跳丸相趁走不住，尧舜禹汤文武周孔皆为灰。"非儒薄孔、非圣薄尊，这在唐朝真不是什么新鲜事儿。

唐代文化之所以雍容大度，既有传统文化基因在产生作用，又有吸纳外民族优秀文化的因素。建立唐朝的李渊、李世民父子本身就有鲜卑族血统，因此对外来文化都很宽容。正如有学者指出："唐代对异质文化的气度，也要比汉代大得多。汉代吸收了当时从西域传来的艺术、音乐、服饰、器皿等表层和中层文化成果，但是如果和唐朝比起来，后者吸收的异质文化更多，而且涉及底层文化。唐朝的强大是中华文化以其博大的胸怀，广泛吸收来自各方面的异质文化，并在此基础上不断创新的必然结果。"① 陈寅恪先生也曾说："李唐一族之所以崛起，盖取塞外野蛮精悍

---

① 许嘉璐：《中华文化的前途与使命》，中华书局2017年6月版，第214页。

之血，注入中原文化颓废之躯，旧染既除，新机重起，扩大恢张，遂能别创空前之世局。"

唐朝文化体系庞大，包括哲学、宗教、文学、史学、艺术（音乐、舞蹈、绘画等）、天文、地理、数学、医学、工艺等。在很多方面，其发达程度在当时都居世界第一。《古兰经》里有名言，鼓励人们到中国求取学问。当时，日本、朝鲜、越南以及其他东南亚国家都来向中国求学，中华文化圈对外部的影响就是这么形成的。

唐朝时期，中华文化既引进和容纳外来文化的形式，又消化吸收外来文化的内容和因子，并借此改良自己的文化土壤。佛教的中国化、儒家的新发展，是不同文化相互学习借鉴的典型例子。"佛教从汉末开始传入中国后一直不能被广泛接受。比如苦行，要与父母家人断绝关系，这是中华民族没法接受的。就是唐三藏取经回来，也仍然传播不开。又过了不久，六祖惠能在今天广东一带巧妙地把佛教教义中可变的部分，如修行的方法、修行与现实的关系等和中华民族传统文化结合起来，禅宗这才在广大民间普遍开花，从而成为中国佛教中的最大宗派。与此同时，儒家学说也从佛教那里学到了很多东西，尽管二者之间存在着激烈的对立和斗争。南北朝时期，儒家学说并没有多大提高，进入唐代，受到佛教的启发，开始有较大演变。到了宋代，儒家学说达到新的高峰，出现了新儒学，也就是宋明理学。我们可以说，禅宗是在适应了中华文化后形成的中国化的佛教，宋明理学则是吸收了佛教一些内容和形式后禅化了的儒家学说。儒、释的相互影响和吸收，对中华文化的丰富和提高，起到了极大的作用。"[1]

---

[1] 许嘉璐：《中华文化的前途与使命》，中华书局 2017 年 6 月版，第 214 页。

（四）宋朝文化的新高峰及其特点

唐朝灭亡后，经历了五代十国时期几十年的混乱，赵匡胤建立起北宋政权。后来北宋被金灭亡，宋徽宗之子赵构建立起南宋，直至被蒙古所灭。两宋（960—1279年）是中国历史上相对统一的封建王朝，共享国319年。与两宋同时并存、由非汉族建立、曾一度占据了北方大部的王朝还有辽、西夏、金等国，另有西南的大理国、吐蕃诸部和后期的蒙古。

从秦汉到唐宋，中华文明一直在进行自我调整，特别是从唐到宋，中国社会出现了飞跃式的进步，这就是学术界常说的"唐宋变革"。许多学者都说，宋朝是一个伟大的时代，比唐代还伟大。陈寅恪先生说："华夏民族之文化，历数千载之演进，造极于赵宋之世。"李约瑟也说，宋代是中国"自然科学的黄金时代"。

的确，宋代是在唐代肩膀上建立起来的，却有很多方面不同于唐朝。这些重大区别，成为宋朝文化达到另一个新高峰的有利条件和肥沃土壤。表现在：唐朝皇帝出身贵族，而宋朝皇帝出自平民，因此两宋皇帝更能关注底层社会、宽容各种社会思想；唐朝时期完善了科举制度，但还有门阀士族的痕迹，而两宋官员几乎全部出自科举，其政权的代表性更宽广，因而对社会文化也更为宽容；唐朝在治国方略上讲究文武兼备，两宋则推行重文轻武的文官政治，这对国防军事不利，却对文化与科技发展有利；唐代保持自古以来的农耕文明思维，重农抑商，而两宋农工商并举，城市开放宏大，商市发达，市民经济崛起，市井文化繁荣，等等。

与前代和同一时期世界各国相比，宋代中华文化的最大特点是全方位发展，空前繁荣。最根本原因是统治者推行强文弱武的治国方略。严格来讲，不止于"强文弱武"，还包括"强经弱政"。所谓"弱武"，很好理解，就是在军事上对周边采取守势，而"强文"则是重视文化发展。所谓"强经",就是重视发展社会经济,包括农业、手工业、商贸业等,而"弱政"并不是弱化政权建设,而是不刻意强化中央集权,让广大官员参与政治,并享受丰厚的经济待遇。

宋朝之所以"弱武",有其历史背景。赵匡胤是发动"陈桥兵变"、黄袍加身后成为皇帝的,他深知,他的成功主要是因为拥有兵权,于是非常防范身边当初一起造反而现在拥有兵权的人。后来他"杯酒释兵权",独掌军权,并警示后代皇帝:小心防范武将。这就使得宋朝走向"弱武",军力大削,其弊病在后来对抗辽、金的战争中明显显现。

"强经弱政""强文弱武"带动官员较为勤勉,各社会阶层力量迸发,经济繁荣。宋朝GDP(国内生产总值)远超同时代的其他国家,一度约占当时世界GDP的三分之二,连后来人口数倍于宋朝的清朝都望尘莫及。而且这还是在宋朝地域没那么广阔的情况下取得的。其间,宋朝年度财政收入最高达到1.6亿贯,其中三分之二来自工商税,农业税只占三分之一,这在中国这样的传统农业大国历史上很罕见,说明宋朝工商业高度发达。与此同时,新兴市民、官员和一般农民也都较为富裕。宋真宗时的宰相王旦说:"京城资产,百万(贯)者至多,十万以上(者)比比皆是。"读者想必已经在张择端的《清明上河图》中看到了宋朝人的生活场景,在《水浒传》中看到了宋人元宵灯会的繁荣景象,在海量宋词中体会到了宋人富足、安逸、富有情趣的生活。综合来看,宋朝是历代王朝中经济最发达、人民生活水平最高的鼎盛朝代。

经济上的空前繁荣和政治上的相对宽松,使宋代成为一个文化异常发达、文质彬彬的朝代。宋词是宋代文学最辉煌的代表,苏轼、辛弃疾、李清照等词人成为后世难以超越的顶峰。明代著名文学家宋濂说："自秦以下，文莫盛于宋。"后世所称"唐宋八大家"，宋居其六。《全宋诗》的作者近万人，是《全唐诗》的四倍。此外，宋代的哲学、绘画、雕塑等，都达到了空前的高峰。以至"宋韵"被后来的中国文人津津乐道一千多年。"宋韵"不仅体现在宋词中、书法绘画上、宋瓷上，还体现在书房、茶楼、酒肆等市井生活中。英国历史学家汤因比说："如果让我选择，我愿意活在中国的宋朝。"日本汉学家内藤湖南也说："唐代是中国中世纪的结束，宋代则是中国近代的开始。"

宋代文化繁荣的一大特点是科学技术成就显著。这一点是其他朝代难以企及的。"四大发明"中的活字印刷、指南针出现在宋朝。有宋一代，瓷器烧制技术更是独步天下，精美的陶瓷产品大量出口海外。究其原因，还是得益于经济发展和政治清明。经济发展为科技研发制造提供了物质条件，政治清明又为工匠创新提供了较为宽松的环境。在各个专业领域里，人们敢于突破思想桎梏，发挥兴致。此外宋代对外贸易活跃，舶来品增多，推进了市场的活跃，也开拓了中国匠人的眼界。

宋朝的"强文轻武"方略，推动了文化发展，但也有一些弊端。在官方哲学方面，"程朱理学"登上历史舞台。北宋的程颢、程颐兄弟创立了理学，到南宋朱熹得以完善，因为讲究一个"理"字而被称为理学。"道"跟"理"其实有相同之处，都是指事物的规律和内在逻辑性。我们经常讲这"道理"、那"道理"，就是这层意思。不过，老子等先哲的"道"是朴素的唯物主义，而宋人所说的"理"则更多是强调"本心"，有了唯心主义的倾向。理学是中国传统儒家学说与古典哲学结合，并借鉴佛教心性修炼方法在宋代结出的果实。儒家的玄奥化、唯心化，进一步强化了中国人性格上的内敛性。蒙古人刚入主中原时不认这些东西,到了 1303 年,元朝统治者才把理学定为官学。

在国民性格塑造方面,宋人形成了重视经济、文化,不够重视军事的思维。或者说,其实两宋还是重视军队建设的,只不过由于西夏、辽、金、蒙古等北方政权相继勃兴,两宋的"对手"都异常强大,因而相比之下宋人就显得有些尚武不足。这种国民性格,从小的方面来看对军事和国防建设不利,从大的方面来说导致整个民族缺乏勇敢精神。从宋朝到明朝,中国人的身上开始缺少冒险精神。其实,在中世纪黑暗前夜的欧洲,人们更加愚昧懦弱。只不过不久之后,文艺复兴兴起,欧洲人的进取精神得到弘扬,历史的天平才开始向欧洲倾斜。有外国历史学家评价北宋的沈括,他精通的学科及涉猎的程度远远高于达·芬奇,可惜时代没有成就他的伟业。

宋代给当代中国留下的最大启示是:强文必须强武,文武都要兼修。

五、元、明、清:中华文化的"颠簸"发展

(一)元朝文化的动荡及其特点

1279 年,宋人的世界被颠覆了:元军与南宋最后的军队在广东崖山进行大规模海战,也是最后的决战,结果元军以少胜多,宋军全军覆灭。左丞相陆秀夫背着少帝赵昺投海自尽,许多忠臣追随其后,约有十万军民跳海殉国,场面壮烈。宋朝灭亡后,蒙古铁骑一路南下,直至踏上海南岛。元朝(1271—1368 年)成为中国历史上首个由少数民族建立的大一统封建王朝,从忽必烈定国号算起,共享国 98 年。

蒙古族是古代中国东北地区东胡语系室韦的一支,唐时被称

为"蒙兀室韦"。1206年,成吉思汗统一漠北,建立起大蒙古国。此后,他们不断征战,征服了亚、欧广大地区,并在这些地区先后建立起钦察汗国、察合台汗国、伊利汗国、窝阔台汗国。蒙古人1227年灭西夏,1234年灭金,完成了中国北方的统一。1260年忽必烈即位,1271年改国号为大元,升中都燕京为大都(今北京)。1276年,蒙古攻占南宋临安府(今浙江杭州),南宋剩余军政人员南下广东,坚持抵抗三年。崖山海战后,南宋灭亡,元朝再次实现中国统一。此前作为与元对峙的南宋,并不是一个统一王朝,而是偏安东南一隅。在北方勃兴的蒙元最终完成了中国的统一大业,奠定了中国现有版图的基础。

蒙古帝国崛起后,先后灭西夏、辽、金、南宋,几乎在此期间,西征到中亚、西亚乃至东欧。史学家已有公论:他们灭西夏、辽、金、南宋,属民族战争,而西征中亚、西亚和东欧,则属侵略战争。他们发动这些战争的目的开始时只是掠夺。每到一地总是把钱财抢掠一空。这其实也是世界历史上游牧强人对外征战的一般目的。蒙古帝国建立初期对周边民族国家发动的战争均以掠夺为特征。战争进行到第二阶段,如对中亚、西亚、东欧一些国家的占领,主要特征已是征服、称霸。第三阶段才开始讲究社会治理。特别是在打败南宋之后,仿照中原制度建都、立法、推行儒家学说等。其间赋税制的建立使他们对所占领地区的各族人民的利益剥夺方式由原来的抢掠转变为利用封建制度剥削。

元朝之所以能灭宋而一统天下,从深层次原因看,一是南宋政权长期"重文轻武",丧失抵御蒙古军队的能力;二是蒙古民族实现统一后,政治、军事实力不断增强,而且本身富有"战斗精神"。尤其是,经过西征、南征,蒙古统治者看到了草原之外的广阔世界,他们的思维早就跳出了安于草原的框框。

元朝其实是一个比较开放的朝代，基督教、伊斯兰教等在中国广为传播。中亚、西亚和欧洲的天文、地理、医药、化学、数学知识大量传入中国，中国的印刷术、火药制造等技术也在这时经中亚和西亚传播到欧洲。"丝绸之路"在元代最为活跃。

在民族政策上，蒙古人实行"四等人"制，一等是蒙古人，二等是色目人（包括突厥、粟特、吐蕃、波斯和阿拉伯人），三等是北方汉人和女真、契丹等人，四等是中国南方汉人和少数民族。刚开始时蒙古当权者对南方汉人比较歧视，北方汉人和南人地位低下，不能做官。随着元朝对汉文化的追崇，这种歧视逐渐减弱。另外，吐蕃在唐代时与唐朝结成甥舅关系，后来正式归顺元朝。

与宋朝相比，元朝的文化环境发生了巨大变化。由于社会经济、政治制度总体上是衰退的，文化上也必然是倒退的。元朝初年，士大夫文化地位下降，中下层庶民文化抬头，以元曲（散曲和杂剧）为代表的俗文化在中国历史上第一次超过以儒、释、道为代表的雅文化。当时社会上流行歌舞戏曲，供大众娱乐消遣。

元朝时期中华文化最重要的特征是多元化。蒙古统治者在政治上实行高压统治，但在文化上则推行相对宽松多元的政策。因元朝地域辽阔，境内民族众多、宗教复杂，元朝对各种文化并不抑制。元朝皇帝尊重儒学，原南宋理学家赵复受忽必烈之邀在燕京（今北京）讲授理学，使得理学北传。宋明理学后来成为官方哲学，这是蒙古原有文化向中华封建正统文化的一次重大转变。在治国方略上，蒙古族原本为游牧民族，但是受内地农业文明的影响，元朝统治者在中原地区鼓励人们"以农桑为急务"。蒙古统治者信奉传统萨满教，但是能够尊重藏传佛教，容忍道教等传播。值得写上一笔的是，出于选择人才的需要，元朝并没有废除科举制，中后期共举行过16次开科取士。

文化落后民族以武力征服文化先进民族和地区，必然导致两种文化的碰撞。碰撞的结果，要么是两者相对和平共存，各自找到生存空间，要么是前者逐渐吸收、同化于后者。尽管征服者在政治上占据统治地位，但是很难强求被征服者接受相对落后的文化。蒙古作为征服王朝，因地域辽阔，在文化上同时采用西亚文化和中华文化，原南宋地区的人们政治地位很低，但在实际生活中还是继续发展中华文化。正如马克思所说："野蛮民族的征服者总是被那些他们所征服的较高文明所征服，这是一个永恒的历史规律。"

（二）明朝文化的"光复"及其特点

元朝的统治不到100年便被来自安徽钟离（今凤阳）的朱元璋率领的军队推翻了。1368年，朱元璋在南京称帝，建立起大明王朝（1368—1644年），共享国276年。

明朝之所以反元成功，有其深层次原因。最醒目的一点无疑是元廷近百年的统治，唤醒了朱元璋等人"驱除胡虏"的意识。更为根本的是，近百年间，农业和手工业发展受到压抑，以儒、道为代表的主流文化受到排斥，不满的声音在这些领域响起。而元末的自然灾害和统治者的暴政，又激起了农民起义。造反队伍最初只代表底层农民的诉求，后来逐渐成为地主阶级乃至整个汉民族的代表，这个变化使得朱元璋集团最终成功推翻了元朝统治，建立起统一政权。

明朝建立后，唐宋以来的中华传统文化有所恢复和发展。有的学者曾表达，若不是明朝全面恢复汉文化，那么我们现在想要继承比较完整的汉文化是不可能的。这应算是明朝的功劳。

但有一个问题，实际上朱元璋的统治比元朝还要残酷。明初继承了元朝的户口世袭制，把全国人口分成农民、军人、工匠三大类，职业世袭，子承父业。朱元璋还实行文化专制主义，把"文字狱"发展到了一个新的高峰。此后，明朝的"特务政治"持续强化，中央集权专制特征更加突出，宽松的社会舆论成为稀缺物。

明朝前期政治清明，社会安定，国力雄厚，经济繁荣。郑和下西洋，带动了朝贡贸易的发展。但中后期，因受到沿海倭寇的骚扰，实行海禁，闭关锁国。这种极端化改变了明朝的国运，也改变了中华文化的命运。

闭关锁国表面上是为了防范沿海"奸民"与倭寇勾结，但深层次原因是明朝统治者的重农抑商思想、"天朝上国"思想在作怪，对海外贸易重视不足。按理来讲，两宋以来重农抑商的传统已经淡化了，但为什么到明朝又"复辟"了呢？或许是朱元璋等人出身于贫农，认识到保障农业的可贵，又或许是元朝时期农业的发展状况太让人揪心。总之，重农抑商思想、天朝上国思想的极端化，孕育出了闭关锁国政策，并带来极大危害。

根据日本学者田中健夫的研究，"倭寇"一词最初出现于404年的高句丽"广开土王碑文"。随着时间的推移，"倭寇"的概念范围不断扩大，有"高丽时代的倭寇""朝鲜时代的倭寇""嘉靖大倭寇"，还有"吕宋岛的倭寇""南洋的倭寇""葡萄牙人的倭寇"等。14—15世纪、16世纪两个时段倭寇规模最大。一部分倭寇在朝鲜半岛与中国东北沿岸活动，主要是日本人与朝鲜人的联合体；一部分是中国东南沿海一带的海上走私贸易群体，日本人数量很少，主要是中国人。"倭寇"头子汪直（1501—1559年）本是徽州商人，长期从事对日本的贸易。因海禁遭到明军围剿后，逃往日本，建立起一支庞大的船队，自称"五峰船主""徽王"，不时前往浙江、福建沿海进行大规模走私贸易和海盗活动。

他的队伍中确有一些"真倭",那是汪直集团雇用的日本人。汪直后来被围剿、诱降,并被斩杀。此前,他曾经向明朝当局提出"开港通市"的要求,希望放弃不合时宜的海禁政策,使海上私人贸易合法化,仿照广东事例"通关纳税",恢复与日本的朝贡贸易关系,这样东南沿海的"倭患"就可以得到解决。可惜朝廷没有采纳。汪直临死前说了这么一句话:"朝廷封海,渔民何以为生?官逼民反,民不得不反!"事实证明,他死后"倭寇"反而更加猖獗了。直到后来张居正改革,允许私人海上贸易,结果,倭寇不久就烟消云散了。

海禁的教训我们到今天还在承受:海洋被别人武装了,我们不知道;海权被别人瓜分了,我们不知道。现在东海、南海的问题大多与明清时期的闭关锁国有关。对海洋不了解、对海岸线不重视,特别是对制海权的无知,是中国明清两代的悲哀。

明朝文化还是比较繁荣的,尤其是文学艺术进一步平民化,诗歌、小说、戏曲等很有特色。明朝尊儒,朱元璋夺取政权后竭力模仿宋朝建制行政,以儒家理学为核心的传统文化得到恢复发展。在明朝,最能代表文化高度的是王阳明的"心学",最具医学价值的是李时珍的《本草纲目》,最具文学价值的则是中国四大名著中的《西游记》《水浒传》和《三国演义》。这三部小说以话本为特点,或写神话传说、或写军阀混战和政权更迭、或写农民起义,语言通俗,描写惟妙惟肖,并集中讴歌了下层民众的反抗精神。这三部作品的出现是在唐诗、宋词特别是元曲发展到一定阶段之后,社会需要更通俗、影响面更广的文学形式。而直接原因是明朝专制,文人们不敢写现实,只好写神话,写反抗也只能写三国时期和宋代的反抗。

被称为清初"三大儒"之一的顾炎武认为,明朝灭亡的原因有三：一是王室宗族势力衰弱，二是君主集权空前强化，三是社会伦理道德沦丧。顾是儒家的忠实信徒，自然而然把伦理道德看得很重。

（三）清朝文化的浮沉及其特点

清朝（1636—1911年）是满洲贵族建立的大一统王朝，从皇太极改国号为清（1636年）起，享国276年；从清兵入关（1644年）建立全国政权起，则享国268年。

满族本来偏居东北，最终能够灭掉明朝而一统天下，有其深层次原因。一方面，明朝腐败衰落，明末农民起义特别是李自成起义沉重打击了其军事实力，为清兵入关夺取政权创造了历史机会。另一方面，满族自身成长变化，具备了统一全国的思想意识和军事、政治实力。亦牧亦农的生产方式，使女真人既具有彪悍勇猛的尚武精神，又具备贴近农耕文明的先天情怀。他们与汉人交往较为密切，生产生活方式相通，文化上也易于交融，总体上并不排斥汉文化，而是拥抱汉文化。当明朝陷入危机时，他们又萌生了入主中原、雄踞天下的意识。努尔哈赤原本就跟东北的汉人关系密切，他们起事之后，其眼光从未止于夺取一城一池，安于一隅，而是试图推翻明廷，建立起由他们说了算的统一帝国。后金占领北方后，北方汉人的"大一统"思想对满族统治者也是有影响的。

清朝在政治上有两个特点：一是初期实行野蛮统治，事实上就是军事征服、政治压迫。要统治经济文化比自己发达、军事实力却不如自己的中原汉人，满洲贵族入关之初选择了残酷镇压。但政局稳定后，很快转变为满汉"和融"。在清朝统治的270多年里，除了入关初期的武力镇压、平定三藩之乱外，中后期大多数时间汉人和满人民族矛盾不算激烈。明朝遗民的反抗势力主要在民间。清朝对汉人做官也极少限制，中后期甚至明确要求各地官职配置必须要有汉人，以致后来中下层官吏大多数都是汉人。只有最高的职位满汉分权，例如：尚书（相当于部长）两个人，满人1人，汉人1人；侍郎（相当于副部长）4个人，满人2人，汉人2人。到了后期，如李鸿章、曾国藩、张之洞、左宗棠等汉官的权重位尊，甚至无满官可比。另一个特点是，清朝基本继承了明朝的各项制度，包括文教、科举制度等。

与政治统治相对应，清朝在文化上也有两个特点：一是对臣民进行奴化教育。清朝统治者一方面大搞"文字狱"，一方面竭力培养官与民的奴才性格。乾隆曾说过这样一句话："乾纲在上，不致朝廷有名臣、奸臣，亦社稷之福耳。"奸臣不需要，名臣也不需要，只需要奴才。与明朝相比，清朝的中央集权制度更加强化，国民性也更加奴性化，这在中国两千多年封建史上是前所未有的。另一个特点是，清朝中后期，满族从上到下全面接受汉文化，包括学汉语、用汉字、读汉书，甚至逐渐放弃自身的满语、满文。乾隆小的时候每天很早就起床读书做功课，赶上冬季，北方的寒冷可想而知。他像崇拜自己的祖先一般崇拜汉文化，如饥似渴地学习汉文化。康、雍、乾的文韬武略是高水平的。康熙、乾隆对诗词歌赋、琴棋书画无所不通，尤以精通词律、擅长书法令朝野满汉叹服。他们对奏折的批复，文字精练，言词隽美。也就是说，满人在政治上征服了汉人，而在文化上则被汉文化征服。

在清朝十二帝中，前六个即努尔哈赤（在位时并未称帝，卒后谥号为帝）、皇太极、顺治、康熙、雍正、乾隆均为很有才干的政治家、军事家。其中，努尔哈赤建立起后金政权，统一东北广大地域，而皇太极于1636年在盛京（今沈阳）将后金改为大清。顺治进京后，在多尔衮、多铎帮助下，扫平明军，并开科取士，允许满汉官民通婚。到了"康乾盛世",经济社会快速发展,全国人口竟然从清军入关时的5000万人增长到3亿人。从嘉庆到宣统,后六个清帝接连走下坡路,一代不如一代。

清朝在思想文化上留给现代人一个深刻的启迪:游牧民族的"战斗精神"在战争中往往发挥重要作用,在和平年代则容易消磨掉。入关前,清军在与明军作战中显示出游牧民族强悍的一面。入关后,清朝高压和怀柔手段并用,很快平定了南明和三藩之乱,稳定了政局。此后又南征北战,收复台湾、平定西北。而同样是八旗子弟,两百年后却在与列强战争中屡战屡败。这是为什么?有人说,是我们枪炮不如人、技术不如人。在作者看来,主要还是"思想不如人""制度不如人"。满人官兵甚至包括汉人官兵,承平日久,尚武精神缺失了,制度也严重老化腐败。历史告诉我们,没有清朝后期的腐败无能、尚武精神的缺失,就不会有一而再、再而三的丧权辱国。所以,"文治、武功"不能偏废,这是一个深刻的教训。

清朝改变了中国历史3000年以来的中心与边陲概念。"中国"一词的国土概念自夏开始一般指长城以南、以中原为主的广大地区。是元朝改变了这种状态,而真正在长城南北建立有效统治和管理体系的是清朝。到了康熙之后,"中国"的概念开始包括蒙古高原和东北地区。

辛亥革命前夕,孙中山领导的兴中会、同盟会先后提出"驱除鞑虏,恢复中华"的口号。其实,辛亥革命的胜利和中华民国的建立并未"驱除鞑虏"。从来没听说过哪个山海关内的满族人被驱赶回东北。只有明朝朱元璋算是实现了"驱逐胡虏,恢复中华",但到了清朝"鞑虏"也被视为中华一部分了。

朱元璋推翻元朝,实际上并没有杀死多少蒙古军政人员,蒙古族政权见大势已去，便败逃回蒙古草原。不过，朱元璋的子孙又把中华拱手交给了满族。当然，北京城是李自成打下的，但李自成只占领了北京城和西面至陕西的一片土地，中国的其他地方仍是明军占领。后来是多尔衮直至康熙才打下全境，清朝后期又收复了新疆西部。

辛亥革命后，全国各省纷纷宣布独立，最多时已达三分之二的省份。其实，此"独立"非彼"独立"也，没有任何一个省宣称自己脱离中国，也没有一个省自立国号，"独立"者只是对气息奄奄的清廷说不，"我不听你的了"。就算是东北的满族人，此时也基本认同自己属于中华。

这里，我们似乎应当理性评价晚清政府的明智。清皇室将政权和平交给民国政府，这对国家政权顺利更迭有利。当时袁世凯代表民国政府承诺"保留皇室，政府供奉"，直到1924年冯玉祥率军进入北京，把清皇室赶出了故宫。历史如何评价这件事，是子孙们的事。这里想说的是，中华民国成立后提倡汉、满、蒙、回、藏"五族共和"，已经不提"驱除鞑虏"了。这说明，经过不到三百年的民族融合，"满人""中国人""华人"的概念已经具备了很多相同的内涵，"满人"变成了中华民族大家庭的一部分，人们所理解的中国，其地域已大体等同于整个清朝疆域。这是很重要的转变。

在闭关锁国情况下，清朝文化的发展有些消沉，尤其是科技成果不多。这是长久以来中华文化"重文轻理"，加上清朝国民奴才化、人才匮乏造成的后果。但有些文化领域还是比较繁荣的。这种繁荣有两大表现：一是延续明朝以来的文化发展趋势，市井文化很繁荣。文学上产生了《红楼梦》《聊斋志异》《儒林外史》《老残游记》等名作。戏曲方面，乾隆、嘉庆年间形成京剧，后发展成为中国的"国粹"。二是清朝对前代文化做了大量收集整理工作。中华传统文化在元朝时已被损坏得不成面目,汉人当政的明朝虽然做了大量修复恢复工作,但整体传承给我们的则是清朝。康熙时期开始修纂的《四库全书》共36000余册,经、史、子、集囊括了中国古代主要典籍。

清朝继承了明朝的闭关锁国政策,因此错过了欧美正在轰轰烈烈兴起的思想启蒙运动和工业革命。这是清朝统治者盲目自大的产物,造成中国在一段历史时间内孤立于世界,后来给中国国运和中华文化造成了严重后果。任何时候都不要封闭自大、坐井观天,这是明清两朝留给今人的深刻教训。

以上,本讲论述了中国从远古至清朝的文化发展脉络及其土壤特征。"以史为镜可以知兴替",问题在于,什么样的"史"才能起到"镜"的作用呢?

在文人圈子里,提起历史就骂街的人很多,因为在不同的人眼里有不同的历史。其实,某些人所谓"看重历史"并非看重历史本身,而只是看重自己的历史观,试图以历史为论据去装扮自己的观点。1917年,意大利著名文艺批评家、历史学家、哲学家克罗齐提出一个很有名的论断:"一切真历史都是当代史。"他这样表达,作者揣度有两层意思:一是一切历史都是当代人"认识到的历史";二是历史是为现实服务的,否则研究历史就没有任何意义。但这种服务,应当建立在"真历史"之上,曲解历史很可能导致误判当代和扭曲未来。唯有"真历史",才能帮助我们清醒认识当代,科学把握未来。

斯塔夫里·阿诺斯说:"每个时代都书写自己的历史。不是因为早先的历史书写得不对,而是因为每个时代都会面临新的问题,产生新的疑问,探求新的答案。这在变化节奏呈指数级增长的今天是不言自明的。……因此我们需要一部提出新的疑问并给出答案的新历史。新世界需要新史学。"[1]

评史须百年。一位外国历史学家曾说:"历史就是现在与过去永无休止的问答交谈。"

当人们学会用客观、公正、理性的态度去分析看待"真历史"——包括思想观念的发展史,去研究和判断国家、民族等现实问题时,才能获得"真答案"。

六、"中国"怎么就成了"中国"

中华民族的子孙自称"中国人"。这个称呼是怎么来的?华夏人、汉人,以及后来的蒙古人、满人、壮族人等怎么就成为"中国人"了?其实,这不仅是一个区域概念、政治概念,更是一个文化概念,有其深厚复杂的文化渊源。

"中国"一词最早出现在西周早期青铜器"何尊"上。"何尊"上刻有这样一句铭文:"唯武王既克大邑商,则廷告于天,曰'余其宅兹中国,向兹乂民'。"古语讲定都用"宅"字,"乂民"指治理民众。这句话的意思是说,周武王在打败商朝后昭告天下:我要住在天下的中心治理四方民众。当时人们所理解的"中国",仅指伊洛河地区。稍晚数百年后的战国时期,齐国将疆域旁边的殷商故地与自己的统治疆域视作一个整体,称之为"中国",而夏之故地称为"诸夏",地位略逊"中国"一等。

"国"在夏商周时期的本义不是国家,而是"疆域""地域",后来引申为诸侯国——中央政权管辖下的次一级政权。到近现代,"国"字才被赋予"主权国家"的含义。夏、商、周的统辖范围

---

[1] 〔美〕斯塔夫里·阿诺斯:《全球通史》,北京大学出版社 2005 年 1 月版,新版"致读者"。

不同，他们所理解的"中国"也不同，后来逐渐延伸为"中原之区域"。

无论是中国现存最早的一部地理著作《山海经》，还是中国第一部纪传体史书《史记》，都将"中国"描绘成一个这样的结构：以中原"天子之国"为中心，向东南西北四方延伸。《吕氏春秋》中写道："古之王者，择天下之中而立国。"在这种"一点四方"的空间结构作用下，滋生出了"普天之下莫非王土，率土之滨莫非王臣"式的中原文化本位的历史文化观。《礼记·王制第五》也这样记载：中原和边远地区各方的民众，都有各自的风俗习惯和生活习惯，这是不能改变的。东方的民族叫夷人，披散头发，身上刺花纹，走路两脚相向，吃不经过火烧的生食。西方的民族叫戎人，披散头发，身穿兽皮，不吃五谷。中国、夷、蛮、戎、狄，各自有自己安定的住处，还有适合于自己的口味、服装和器具。五方的民众言语不相通，嗜好不一样。为了交流各自的想法和欲望，就有了通译语言的人，东方称之为"寄"，南方称之为"象"，西方称之为"狄"，北方称之为"译"。

中原文化本位思想之所以形成，正像上文所说，是因为中原地区农耕文明率先发展，形成"先发优势"。"先发优势"一旦形成，便在经济、社会发展上领先于周边地区，在文化上则影响、吸引周边地区。尤其是中原地区的"道""仁""善""和""孝""大一统"等思想和完善的政治、经济、文化、教育制度，在古代亚洲几乎是最先进的，在没有更先进的文明影响时，周边地区不可能不向往华夏文明。因此，夏、商、周、秦汉、隋唐、宋朝、明朝以来，中原地区持续对周边形成强大的文化向心力、内聚力，这也是中华民族强大凝聚力的根源所在。

并非人人所知，"中国人民"这一词汇在汉代就已经开始使用了。西汉时期的著名史学家、文学家司马迁曾在《史记·货殖列传》中这样写道："夫山西饶材、竹、玉石；山东多鱼、盐、漆、声色，江南出梓、姜、桂、金、锡、玳瑁、珠玑、齿、革，龙门、褐石北多马、牛、羊、裘、筋、角，铜、铁则千里往往山出棋置。此其大较也。皆中华人民所喜好，谣俗被服饮食奉生送死之具也。"现武汉博物馆收藏的汉代铜镜"五乳神兽画像镜"上就用篆字明确写了"中国人民"。不过，上述两例中讲的"中国人民"并非现代意义上的"中国人民"，此"中国人民"的词义是"中原百姓"。

中原地区的人，无论是夏人、商人还是周人，表面上看是基于军事、政治实力认为自己是"中国之人"，但本质上是基于文化优势而产生文化自信。当时还存在"夏夷"之别，所以，华夏人和周边一些部落国家强调"尊夏攘夷"，其核心思想是崇尚文化先进者。"中国"这个概念，随着中原王朝政治版图的扩张而往外扩散，以至于到了秦朝、汉朝、唐朝、宋朝、明朝，整个核心统治区的人都认同"中国"，对于核心统治区以外的人则自称"中国人"。

满族刚入主中原时并不认为自己是中国人。当时明朝遗民自称中国人，满族统治者也称呼他们为"中国人"而自称"大清人"。但是，对于外国人来说，别人可不管你中国是满人统治还是汉人统治，习惯上都把这个国家叫作"中国"。满族统治者没办法纠正其他国家的人这么称呼自己。况且，中国人自己也这样叫。随着满汉不断"和融"，满族人日益认同和使用中华文化，全面接受汉语、汉字，逐步放弃满语、满文，全方位认同儒家思想和体制。在这种情况下，"中国""大清""中华"日益成为一个同义词，"满人"也日益成为"中国人"，成为中华民族的一分子。正如有学者分析:"从康熙时代开始,'中国'作为与'大清'同义且更为西方人所熟悉的延续性国名,开始进入近代国际条约(如《中俄尼布楚条约》)。尤其是清中叶以后,'中国'或'中华'作为与'大清国'含义相同并可互换的另一个主权国家国名,更是直接与 China 等词对应……中美第一个不平等条约《望厦条约》的汉文文本开头称清朝为'中华大清国'。……当时最主要的西方强国在与中国签署条约的本国文字条约文本中,有时干脆就直接将'大清'二字译成'China'。晚清时期,不仅在平时的对外照会等外交文书中,'中国'作为国名使用早已成为常态,在各国对华照会、来华使节呈递国书等汉文本中,以'中国''中华'的国名来称'大清'的,也已经成为常态。"[1]

满族人从"大清人"变为"中国人"的现象具有典型性。其实,中国境内的蒙古族、藏族、维吾尔族人以及其他少数民族,也以类似方式认同中国,成为中国人。他们有的还保持本民族的语言、文化,但这并不妨碍他们成为中华民族的一分子。

也就是说,"中国"之所以成为"中国",主要是基于文化认同和文化向心力,而不是基于血缘或者其他因素。尤其是认同中华文化中的道、仁、义、礼、智、信、孝和"大一统"等文化观、政治伦理观。梁漱溟先生说过:"为什么中国历史统一而不坠,这是一种什么力量?非政治、非经济、非军事、非科技,而实乃文化也。"

经常听到有人说,美国是个多元化的国家。是的,美国建国比较晚,大多数人都是最近两三百年内去的,美国容纳了来自世

---

[1] 黄兴涛:《清朝时期"中国"作为国家名称从传统到现代的发展》,《光明日报》2018年1月22日。

界多个国家、多个民族、多种文化、多种信仰的人，的确是个多元化国家。但作者又觉得，中国才是一个真正多元化的国家。因为美国尽管包容性强，但毕竟70%多的人是基督徒。而中国容纳了各种宗教，而且多数人口不信宗教。中国有56个民族，在世界上是比较多的。中国还是世界上唯一保存下来的文明古国，保留不少传承几千年的多元传统文化，现在又拥抱、接纳世界现代文化。感性的、理性的，逻辑思维、形象思维，唯物主义、唯心主义……在中国国土上都能相处共生，取长补短。多元文化的融合又孕育出能量更大的新文化，所以说，中国的文化多元性特征比美国还突出。

七、简谈中国人的性格特征——兼说水文化

"一方水土养育一方人"，所谓"水土"既包括自然环境，也包括文化环境。无论你是哪个国家、哪里人，身上都有明显的区域文化标签，一接触就大概知道你的背景。

（一）传统中国人的性格特征

巴克尔讲过，有四个主要的自然因素决定着人类的生活与命运，这就是：气候、食物、土壤和地形。中国南北地区在这四个方面的不同，直接影响到南人与北人性格上的差异。鲁迅在《北人与南人》文中曾说："北人的优点是厚重，南人的优点是机灵。但厚重之弊也愚，机灵之弊也狡，所以某先生（指顾炎武，原文如此）曾经指出其缺点道：北方人是'饱食终日，无所用心'；南方人是'群居终日，言不及义'。"

北方人吃高粱米、玉米、大豆，南方人吃大米，"水稻栽培往往促进分散的离心力而不是合作的向心力"（乔伊斯·怀特语），林语堂在《中国人》一书中写道：吃大米的南方人不能登上龙位，

只有吃面条的北方人才可以。

李希霍芬是德国地理学家，就是他提出了"丝绸之路"的概念。他在1861年首次来到中国，1868—1872年第二次来华，一住就是五年。他得到上海英国商会的赞助，在中国内地做了七次考察，走遍大半个中国。最后他著《中国——亲身旅行和据此所作的研究成果》一书，比较详细地记载了清后期中国19个省的人的性格特点。其中讲到：一般浙江人性格柔软，其中宁波人勤奋努力，热衷于干大事业，商业中的宁波人可以与犹太人媲美，绍兴则是下级官吏辈出的地方。山东人专心于农耕、工业和陆上交通业，他们灵巧和善，就其精神来讲，能成为好官吏，学问也精湛。满洲女孩儿学习母亲的习俗，不缠足，勤于农事，不待在家里。与汉族女子不同，她们以开放的态度与别人打交道。湖南人忠实、正直，强烈的自我意识加上粗犷、反抗心，更显其性格特征。清末民初，中国最优秀的军人很多出于湖南，这里还是政治家的摇篮。山西人具有卓越的商业和大企业精神。江西人则热衷于做小买卖。四川人是原先居民与相邻省份移民子孙组成的混合体，有着高度发达的文化和强烈的自尊心。正如四川的山水是中国各省中最美的一样，其居民除局部以外，他们生活方式的精醇和性格的和蔼，都是卓越的。与一般的中国人相比，四川人穿着清洁，保有秩序和礼仪的人较多。李希霍芬尤其称赞广东人的"财感"和智慧，这表明作为沿海地区的广东，其居民很早就有重商主义精神了。

金丝猴为什么生长在南方，黑熊为何生长在北方？回答是，地理和气候条件使然。人，亦是如此，一切生灵都存在于其必然的客观条件之中。时至今日，人们还经常议论：东北人豪爽、北京人大气、上海人精明、成都人安逸闲适。这其实是千百年来当地自然环境、文化土壤共同发挥作用的结果。需要说明的是，随着社会发展变化，第二、第三层次文化土壤的影响已使各地人们的性格特征越来越趋同。尤其是现代教育的发展，人们接受比较统一的教学内容，培养出来的人，从思想、性格到行为方式越来越趋同。现在，北人的聪颖智慧者不少于南人，同样，不管在上海、江浙还是广东、广西、福建等南方省市，豪爽之士也处处可见。当然，中国太大了，各地的自然环境、社会环境、生活方式总会有差异，因此性格上难免还是存在地域差别。

历史告诉我们，形成传统中国人性格特征的文化土壤主要是农耕文明及其派生出来的各种伦理观念。农耕民族特别尊重自然规律，特别渴望安定和平、风调雨顺，也渴望统治者施行仁政，因此，"道""仁"一直是中华民族传统的核心价值观。这样的文化土壤，培养出人们安土重迁的观念，形成仁慈、内敛、智慧、勤劳等性格特征。此外，农耕民族的组织观念、集体观念比较强，守纪律、节俭、富有家庭责任感。

有一点要说明，性格是人性的外在表现形式，一个人善良与否、理性与否，豪爽直率也好，文雅内敛也罢，都是别人的客观感觉和评价。性格如何，本无可厚非，但对一些人来说，性格甚至决定命运，有时性格成就一些人的成功，有时又导致一些人的失败。

我们经常听到这样一种说法："善良、勤劳、智慧、勇敢的中国人。"确实，这是传统中国人的性格特征，也是亚洲中华文化圈人民的普遍特征。说中国人善良、勤劳、智慧，没错，他们是天下最善良、最勤快、最能吃苦耐劳、最聪明智慧的国民群体。至于勇敢，在汉朝及以前的中国人特别勇敢，特别是春秋战国时期，勇猛、尚武是那个时代的时尚。武士侠客们血气方刚，稍有争端便拔剑相向。后来，侠义之风和勇敢精神却渐渐远离许多中国人的性格，特别是元明清三朝。侠义之风和勇敢精神一旦丧失，必然导致国民性格偏柔弱，勤劳有余而进取不足。不仅勇敢精神缺失，在元明清三朝，因为专制主义和奴化教育的加强，一些人还形成了顺从、谗佞、自私、懦弱、自卑、狡诈等性格。

林语堂在民国时期曾写了一本《吾土吾民》，前些年出版时书名改为《中国人》。这本书对中国各地方人的性格进行了深刻贴切的分析，深刻揭示了文化土壤对人的影响。

或许可以这样说：深层次的文化土壤，塑造了中国人的形象——传统中国人是传统中华文化的产物，现代中国人则是传统中华文化与现代中华文化相结合的产物。在现代社会里，一个人要想成功，一个民族要想富强，勤劳、智慧、勇敢缺一不可，尚文、尚武也缺一不可。

（二）中国的水文化及其人格特征

水，是农业发展所必需，是农耕民族的命脉，也是农耕文明的重要特征。中国的农耕文化一定程度上也可称为"水文化"。

西高东低的地势，构成了中国以"大河向东流"为主要特征的水系。大江大河冲积出若干著名的冲积扇，如华北平原、长江三角洲、珠江三角洲、川西平原、松辽平原等。这些冲积扇平原不但是中国著名的农作物产区，滋养了千秋万代中国人，而且繁衍出各具特色的区域文化。黄河、长江、淮河、辽河、珠江等主要江河及其流域孕育了中华文明，生成了"水文化"，使中国人性格中蕴含"水文化"特征。

中华文明的起点其实就是从"水"开始的。"夏代国家的产生与禹治洪水密切相关，这与其他文明古国起源于对水利灌溉工程的兴修具有同样性质。夏王朝实际就是夏禹在领导治水的过程中，通过对参加治水的有关部族的人力物力的控制，并保持对他们集中统一领导的基础上，从而建立起来的。"[1]因此可以说，因为治水才有了中国最早的历史，才有了华夏，才有了中华民族。

作为农业型民族，千百年来中华民族注重治理水患、兴修水利，或者开凿运河以促进经济社会发展。中国不仅有大禹治水这样的传说，还产生了与此相应的古代政治结构。近现代以来，中国一直善于治水、用水，包括当代在大江大河上修建了三峡、葛洲坝、二滩、溪洛渡、向家坝、龙滩、锦屏、乌东德、白鹤滩等超级水利工程。这在外国人看来简直不可思议，因此有些西方学者甚至将中国称为"水利社会"。

中国古代水文化内涵丰富。在五千年前的良渚文化遗址，发现了迄今为止中国古人修建的最早的水坝。著名水利工程如京杭大运河、四川都江堰的修建，以及它们所体现出来的"制天命而用之""与大自然和谐相处"等观念，成为中华民族"水文化"乃至整个中华民族精神的重要代表。

都江堰的修建，是亘古以来以大禹治水为代表的"导水"文化的延续，或者说是"导水"文化的产物。在都江堰修建前，蜀人饱受岷江洪灾之苦，怨声载道，治水声音甚宏。公元前256年，秦昭襄王派李冰任蜀郡太守。任用一个水利专家作为一方最高行政长官，这在当时是少见的。李冰上任后，经过调研，认为岷江水患是影响成都平原发展稳定的第一难题，于是率人修建都江堰。当然，更主要的目的是出于对秦国的军事战略目标的考量。该工程之宏伟、灌溉受益面积之广阔，充分反映了我国古代劳动人民的高超智慧和改造大自然的雄伟气魄。工程建成后，成都平原很

---

[1] 沈长云：《论我国夏代国家的起源》，《光明日报》2020年11月14日。

快变成"岷江水旱从人，蜀人自此不知饥馑"（《华阳国志》语）的"天府之国"，繁荣了当地经济社会。都江堰刚竣工时，灌溉面积只有现在都江堰至温江一带的三四十万亩农田，到西汉时灌溉面积已达50万亩。几年前，成都市的一位专家告诉作者，现在都江堰的灌溉面积已近1100万亩。

面对水患，秦蜀人民没有消极等待、听天由命，而是想方设法"制"而用之。尽管都江堰的修建，主要是适应了秦国平定蜀国后酝酿统一天下，试图把蜀国建成继续征服其他诸侯国的"粮仓"的需要，但它所体现出来的劳动人民凭借科学力量战胜天灾、善于利用大自然的精神是非常宝贵的。秦国后来还在关中修建了郑国渠，在岭南修建了灵渠，体现的也是这种理念。

作者对都江堰的作用和意义，尤其是其文化价值，还有几点理解：其一，都江堰改变了中国历史的进程。打仗打的是经济实力，在冷兵器时代，粮草是作战的基础。英国经济学家威廉在1690年出版的《政治算术》一书的最后一句写道："战争的胜利属于手中还有最后一枚金币的人。"蜀是秦发动对六国战争的粮仓，没有都江堰灌溉的川西平原就不会有这个粮仓。从这个意义上讲，是都江堰促成了秦的统一。后来三国鼎立局面的形成，更是与都江堰有关。如果没有川西平原提供的人力、物力，蜀拿什么抗魏？没有蜀抗魏，也就没有三国鼎立了。其二，都江堰与长城的比较。20世纪里，中国有两位颇有名气的文人曾经著文，从多方面对都江堰与长城的功能与作用进行了比较。作者认为，长城与都江堰的功能与作用有三个重要区别：一是长城讨论的一直是战争与和平，都江堰讨论的一直是生存与发展；二是长城的功能与作用一直为历代统治者所关注，都江堰的功能与作用既被统治者关注，更被芸芸众生关注；三是两千多年来，长城记录的是民族矛盾，

"内中华，外夷狄"，都江堰记录的则是民族团结。李冰是来自秦国的魏人，他团结治水的则是蜀人、巴人、羌人和氐人。其三，都江堰的灵魂是"因势利导"和"顺其自然"。岷江水从岷山流出，一路奔腾，经过都江堰，完全凭地形地势自然引水。"因势利导"是都江堰工程的核心，体现了中国古人科学治水的最高智慧，"顺其自然"则诠释了中国道家思想的最高境界。其四，李冰治理都江堰六字诀"深淘滩、低作堰"体现出难能可贵的科学、务实精神。岷江水经过鱼嘴分流之后，有一股经过凤栖窝，沉淀下部分沙石后一部分进入内江流向成都，多余部分又经过飞沙堰排到外江。每到冬季岁修时，水工只要把凤栖窝里积存了一年的沙石淘出，尽可能淘深一点，来年就越能发挥作用。这种做法比后世的某些"面子工程""政绩工程"要务实多了。其五，李冰带人修的是一个物理意义上的都江堰，而今它已经从"物"化到"文"化。都江堰规划设计合理，鱼嘴四六分水，在枯水期和丰水期既能保证成都平原用水，又基本上不破坏大自然。这充分体现了科学治水、保护生态、与大自然和谐相处的理念。这些理念，成为中国文化的深层内涵，正在更宽广的领域影响当代中国人。

李冰做梦也没有想到，他带人修建的都江堰在2000多年之后居然变成了一个"文"化的都江堰。站在二王庙中，走在安澜桥上，2000多年来人们一直在俯视着都江堰。而站在中国历史文化的台阶上，站在世界治水历史的台阶上，我们应该仰视都江堰，它实在"太高"了。

与都江堰相比，大运河是更宏大的"治水""用水"工程，同样体现了中华文明高超的"水文化"。大运河最早的一段建于公元前486年，当时已雄霸长江下游一带的吴国为了北上伐齐，出于运送兵员和粮草的需要修建了从扬州经射阳湖注入淮河的

"邗沟",当时全长只有170公里。修建运河带来的好处很快为人们所认识,于是各地相继在中国东部的平原上建起多段运河。到了隋朝,大运河迎来第二次建设高潮。隋文帝、隋炀帝在执政的30多年内,动员大量人力物力,把各地的运河连接起来,贯通了海河、黄河、淮河、长江、钱塘江五大水系,全长约1800公里。从此,这条黄金水道沟通了中国南北地区之间的经济与文化,真正成了"大"运河。京杭大运河此后成为南北交通大动脉,极大推进了中国经济发展和历史发展进程。直到今天仍有部分河道通航。

隋朝贯通大运河的主要目的是军事和航运,即"南粮北运"和"北兵南运",这一点与都江堰的灌溉功能不同。但客观上两者有个共同点,就是发展经济、改善民生。从隋朝起,大运河的经济功能展示出巨大能量。在隋都洛阳之后,唐都长安(今西安)、宋都汴梁(今开封)、元都大都(今北京)与江南各地均由大运河连接起来,"漕运"随之红火起来,运输各种物资的船舶在运河上川流不息。可以说,没有大运河就不会有汴梁在《清明上河图》中描绘的那般繁荣,就不会有马可·波罗讲述的元大都商品市场那般丰富,扬州自隋起的兴旺发达更是直接受惠于大运河。"大运河的开挖、畅通与衰落,在一定程度上凸显了中国社会特殊的运行与发展轨迹。因此大运河既是一条河,更代表了一种制度、一个知识体系和一种生活方式。"[1] 今天人们徜徉在大运河两岸,依然能够体会到其深刻的经济价值、文化价值,感受到中华"水文化"的震撼力。

作为农耕民族,中国人长期以来与水打交道。中国"水文化"

---

[1] 吴欣:《大运河文化的内涵与价值》,《光明日报》2018年2月5日。

所体现的"制天命而用之""与大自然和谐相处"等理念，深刻影响着我们的国民性格。每当面对自然灾害和客观困难时，先辈们的经验传承、思想传承会告诉我们：不能靠天吃饭、消极等待、悲观失望，不能听天由命、怨天尤人，而是坚信事在人为，积极应对，凭借人的智慧和科学力量战胜灾害，并与大自然和谐相处。这是"水文化"中积极进取、力争上游的一面。同时，中国"水文化"中也有"不争"的一面。"上善若水"是老子的名言，意思是做人应当如水，水润万物却从不与人争高下。这是一种高超的为人处世哲学，是道家倡导的君子修心的一种境界。究竟该争或不争，其实，这两者都有道理，应兼而用之。

中国"水文化"的精神滋养，使中国人在天人关系上，具有与其他国家不同的特征。中华民族之魂的延续，仍然需要这些理念的发扬光大。

第五讲 文化的碰撞

文化的碰撞是客观存在的,但没有必要夸大文明的冲突。
　　　　　　　　　　　　　　——作者手记,2019 年 6 月 25 日

当文化并未成为征服者的阻碍时,没人强调不同文化之间的冲突;当文化的力量远远低于政治、军事、经济力量时,也没人看重不同文化之间的冲突。然而,随着时间的流逝,文化成为重要角色登上历史舞台以后,文化间的碰撞开始了。

一、关于种族与文明的争论

在长远的历史上,人类对于不同种族、不同文明的认识,尽管不尽一致,却从未引起什么轩然大波。但随着"优等民族"论调的出现,不少人对种族的区别、文明的区别开始争论了。

(一)"优等民族"论调的出现

世界近代史上的强势民族主要是欧洲一些民族,盎格鲁-撒克逊人创建了大英帝国,创建了美国,还建立起加拿大、澳大利亚、新西兰等国家。法兰西民族、德意志民族和亚洲日本的大和民族,

也曾在近现代史上崭露过头角。这些国家的领土和殖民地几乎占据了世界的一半，国民生产总值也超过世界一半。

历史上几次出现过这种现象：某一帝国在强大之时便强调自己的血统正宗、文化正宗，尽管这偏离了文化发展的规律。

以色列的尤瓦尔·赫拉利这样分析："大航海之后，不论生物学家、人类学家，甚至语言学家都提出了某些科学证据，证明欧洲人优于其他所有民族，因而有权力（或许也是责任）统治他人。

"自从琼斯提出所有印欧语言同源同宗，来自某一特定的远古语言，学者们便前赴后继，渴望找出究竟是谁曾经说着这种语言。他们注意到，最早的梵语族群是在大约3000年前从中亚入侵印度的，他们自称为'雅利亚'。而最早的波斯语族群则自称为'艾利亚'。于是欧洲学者推测，这些讲着梵语和波斯语（以及希腊语、拉丁语、哥德语、凯尔特语）原始语言的人，一定是某种雅利安人。会不会真这么巧，伟大的印度文明、波斯文明、希腊文明和罗马文明，都是'勤勉的雅利安人'所创？

"接下来，英、法、德各国学者开始把有关'勤勉的雅利安人'的语言学理论，与达尔文的物竞天择理论结合，认为所谓的雅利安人不只是语言族群，而是某种生物族群，也就是一个种族。而且，这可不是什么随随便便的种族，而是一个上等种族，身材高大，金发碧眼，工作勤奋，而且极度理性，他们就这样从北方的迷雾中走出来，奠定了全世界文化的基础。正因如此，欧洲人必须要征服世界，而且他们最适合担任世界的统治者。"[1]

还有学者分析："'白人至上'无外乎是想向世人宣布：他

---

[1] 〔以色列〕尤瓦尔·赫拉利：《人类简史》，中信出版社2014年11月版，第294页。

们的人种是纯正的，他们的血统自古以来就是高贵的。其实，这些都是人为的、有目的的胡说。历史从未有这样的记载。……在19世纪及20世纪早期，很多西方人认为是生理方面的原因使西方得以统治世界。他们坚持认为欧洲白人比其他种族进化得更快。他们错了，DNA测定已经证明，全球各地现代人的基因差别是非常小的。如果他们的基因是更优越的，为何在公元550年以后的1200年里落后于东方呢？"[1]

在历史的不同时期，英、美、德、法、日等国都有人讨论过民族人种的优越性，其最终目的，不是为了证明基因的优劣，而是为了实现提出这个命题的人和集团的目的，即以"优秀人种"为借口，实现其帝国梦想。值得玩味的是，过去在军事、经济两个领域向其他国家挑战的人，现在又从文化这个切口切入，胃口更大，目的当然还是由"我"来主宰世界。

这种对非白人族群的歧视是刻在白人骨子里的，单靠立法和媒体传播不能从根本上解决问题。只有真正形成人人平等的文化生态，种族歧视与肤色歧视才能远离人类。

"白人至上"论调如今在全世界已经不能引起共鸣了，以后也很难再引起共鸣，尽管它曾经引起过共鸣。原因极其简单，世界进步了，不再是昨天的世界，人们已经不再以肤色作为评定优秀与否的标准。更重要的是，一个国家的强盛离不开历史的选择，风水轮流转，不同的时代会有不同的选择。这与人种无关。

（二）人种有优劣吗

最早的人类由于生存环境不同而肤色不同。将人类区分为五

---

[1] 〔美〕伊恩·莫里斯：《西方能主宰多久》，中信出版社2014年5月版，第369页。

种肤色是西方学者在 18 世纪中期提出来的，此时恰恰是"白人至上"论调风靡的年代，而提出"白人至上"的背景则是大航海之后在世界各地到处建立殖民地的宗主国是清一色的白人国家。白人们忘了，他们与其他肤色的人种原本是同一祖先。

学者罗新对这个问题分析得较为透彻，特摘录如下：

"我们现在恰好有了一部反思种族思维的教材，这就是奇迈可的新著《成为黄种人：种族思维简史》。不难理解的是，'黄色人种'的本意是指皮肤为黄色的人种。可是，奇迈可此书一个令人吃惊的发现却是，把东亚人的肤色归类为黄色，并非经验观察的结果，而完全是一种近代科学的新发明。

"当以中国为代表的东亚被认为与西方一样是文明社会的时候，西方旅行者看东方人的肤色是白的，一点也不黄。但随着西欧工业革命的发展，古老的东方社会越来越显得落后，停滞与衰退，东方人的肤色也就慢慢失去了被描述为白色的资格。这个问题的解决，要等欧洲中心主义继续成长，超越经验观察，由近代动植物分类学、人类学和进化论主导，才最终实现了东亚人肤色由白向黄的历史性跳跃。

"18 世纪中期开始的人种分类，标志着近代自然科学中的种族思维取代了古典的经验描述，自然体系中的人类在科学上得以分门别类。人种分类学史上第一个重要的学者是瑞典植物学家林奈（1707—1778 年），他在 1735 年出版的《自然体系》中把人类分为四种，其中欧罗巴白种人、美洲印第安红种人和非洲黑种人都是那时已广为西方社会所熟悉的说法，只有亚洲人的肤色他用了一个并不明确的拉丁词'fuscus'，通常可以理解为深色或棕色。在 1740 年的德文译本中，这个词被译为德语的 gelbvich：'微黄'。奇迈可认为，这是亚洲人种的肤色从各种可选择的颜色最终走向'黄色'的重要一步。而更重要的一步是由林奈本人提出的，他在 1758 至 1759 年出版该书第十版时，把亚洲人的颜色由 fuscus 改为 luridus，而这个词可以译为黄、淡黄、蜡黄、苍白、死一般的颜色，等等。奇迈可强调，林奈并非简单地要在白与黑两极之间寻找一个合适的过渡色，他其实是在找一个暗示病态和不健康的词来指称亚洲人。

"18 世纪后期，所谓的科学种族论里程碑性的发展来自人类学家布鲁门巴哈（1752—1840 年），他把流行的肤色分类与他的头骨分类相结合，从而出现了白色高加索人种、黑色埃塞俄比亚人种、红色美洲人种、黑褐色马来人种和黄色蒙古人种的五大人种分类法。"[1]

世上有许多学者称布鲁门巴哈的人种分类为伪科学。这里不是简单地说学科创立者是带有"白人至上"的血统论者，而是冷静直白地表述：人类体质特征包括皮肤颜色的差异，不过是人类几万年来因生存于地球表面不同环境而发生的适应性变化而已。在历史较长的年代里，全世界几乎没有人认为不同肤色的人有什么区别。16 世纪起，欧洲的几个白人殖民国家开始强大，这种强大带来优越感，他们开始夸大与他人之间的区别。而其他人种从未有过这样的分类。

这还不是问题的全部。西方人不但人为"制造"出肤色的区别，还夸大了这种区别；不但制造出不同"肤色文化"，还夸大了不同肤色文化之间的差别。这其中，有对其他文明的不了解，还有对自己的不了解，高叫"我的民族比其他民族伟大"的人其实并

---

[1] 罗新：《殊方未远·世上本无黄种人》，中华书局 2016 年 8 月版，第 214—217 页。

不知道"伟大"二字的内涵是什么。

夸大肤色区别的国家如今正在品尝自己种下的苦果。以美国为例,由于美国的设计者曾经饱尝宗教歧视的痛苦,所以在建国时制定了比较成功的宗教政策。而且,在美国除了基督教(包括其分支天主教、摩门教等)之外的宗教没成什么大气候,因此宗教矛盾在美国并不突出。但是,种族矛盾特别是白人与黑人之间、白人与印第安人之间的矛盾则十分突出,时常发生激烈冲突。最近,"亚裔歧视"又有所抬头。这说明,"白人至上"主义依然在骨子里影响着不少美国人。

(三)"文明冲突论"的提出

美国哈佛大学教授亨廷顿于1993年发表文章《文明的冲突》,在世界学者和一些政要中引起争论。为了进一步阐述自己的观点,他于1997年出版了《文明的冲突》一书。亨廷顿认为:冷战之后,世界格局的决定因素表现为七大或八大文明,即中华文明、日本文明、印度文明、伊斯兰文明、西方文明、东正教文明、拉美文明,还有可能存在的非洲文明。他认为:冷战后的世界,冲突的基本根源不再是意识形态,而是不同文化圈之间"文明的冲突"。

"文明冲突论"在世界范围内引起广泛关注。像亨廷顿这样有较高知名度的学者似乎忽略了思考这个问题的出发点,即既然文明的冲突不可避免,那么究竟是欧美的文明不容忍别的文明,还是别的文明不容忍欧美文明呢?对此,不同的人可能会有不同答案。100多年来,"白人至上"已经成为一些人的思维出发点。在他们看来,西方文明站在高处是理所应当的,其他文明似乎不具备这个资格。

从历史上看,不同文化圈之间的交往大多相安无事,中华文化与两河文化、埃及文化、印度文化乃至希腊文化、罗马文化几乎没有交恶的记载。

"虽然我们还是英勇抵抗着种族主义，但却没发现战线已经转移，过去种族主义在帝国思想中所占的位置，现在都以文化主义借壳上市了。目前这个名词尚未明确定义，但差不多是可以提出这个概念的时候了。对今日许多精英分子而言，要比较判断不同人群的优劣对比，几乎讲的都是历史上的文化差异，而不再是种族上的生物差异。他们不再说'这就存在他们的血液里'，而是说'这就存在他们的文化里'。……现在的生物学家已经可以指出，'现有人类族群之间的生物差异，小到可以忽略不计'，从而轻松推翻种族主义的论调，而对历史学家和人类学家来讲，要推翻文化主义却没那么简单。"①

2004年，联合国发布《人类发展报告》，明确宣称："本报告否定文明差异必然导致文明冲突的理论。"

2019年5月31日《参考消息》登载了尼泊尔比姆·布特尔先生的一篇短文，他在文中写道："在我看来，西方文明既没有陷入危机，也没有崩溃。相反，西方正在背离它所宣称的价值观。我冒昧地为此发明了一个词——'西方对文明的抛弃'。"

这句话很耐人寻味。既然是"文明"，就一定会带有它出生的土壤特征，就一定会适应特定族群的需要，不同文明的存在都有其客观合理性。说是"文明的冲突"不如说是"文明的竞争"，这个竞争的终极目标不是谁执牛耳，而是不同文明之间的融合与兼容，共同给全世界的人民带来福祉。

二、较量与"冲突"

实际上，文化上的较量早已在世界上的不同领域展开。问题

---

① 〔以色列〕尤瓦尔·赫拉利：《人类简史》，中信出版社2014年11月版，第338页。

的本质不是"较量"和"冲突"两个用词的差异，而是使用者的用意。"文明冲突论"的要害在于持这个观点的人坚持"白人优先"，打压异己文化。

例如，"9·11"事件，19名事件制造者中有15人是沙特阿拉伯的富家子弟。他们受过良好教育，并不缺少富有的生活。他们为什么还要那样做呢？有人说是信仰差异，并由此导致仇怨。2019年春，《参考消息》登载了一则消息，一个美国女孩穿了一件中国旗袍走在街上遭到了周围人的非议，非议者认为这是"文化变异"，是高贵的文化受到了低档文化的冲击。从深层次上讲，还是"白人至上"的优越感在继续作怪，唯恐受到别的文化的影响。

我们依然尊重亨廷顿先生。他提出"文明的冲突"的目的也许并不是提倡"白人至上"，但他代言的利益集团的目的正是在这里。"文明的冲突"成了西方为自己所勾画的世界准备的一个理论工具。

在哥伦布"发现新大陆"之后的200多年里，殖民主义者借着资本、科技和军事的优势，雄气十足地占领了世界上的许多地方。

在1775年，亚洲经济占全球经济总量八成的比重，仅印度和中国就占了全球生产量的2/3。到1900年左右，欧洲已经紧紧掌握着世界经济和全球多数的土地。1950年时，西欧加美国的生产量占了全球一半还多。近现代以来，欧洲文化在全世界进行着有争议的推广，在差异化的发展中，资本主义在不同领域不同程度地影响世界。

马可·波罗不是第一个到中国的欧洲人，但他是第一个用游记文体把中国介绍给欧洲的欧洲人。马可·波罗回到意大利后，在监狱中口述并由别人代笔写的《马可·波罗游记》记述了中国人的市井生活，记录了中国繁华的商业，描写了皇帝宫殿的金碧辉煌。欧洲人对中国感兴趣的第一个高潮到来了，此时他们的兴趣点是传说中的中国的财富。此后，到中国来的欧洲人逐渐增多，他们开始全面了解中国。欧洲人对中国感兴趣的第二次高潮是17世纪以后，以老子、孔子为代表的哲学思想和优秀文化令欧洲人为之倾倒。这一次，欧洲人眼中盯着的是中国的文化。这个高潮一直持续到19世纪上叶。鸦片战争以后，欧洲人认为已经用不着向中国文化学习了，对中国的兴趣点再一次调整到利益上。

世界上不同地区之间的矛盾很多体现在贸易和军事上，而根本则是价值观的矛盾、信仰的矛盾。嘴里喊着"自由""平等"的人，真的希望地球人平等吗？历史上鲜见这种现象。某些人嘴里喊着某国、某种族"优先"，样样都想比别人优先，主观和客观上还能与别人平等吗？

人与人、群体与群体之间难免会有竞争与合作。争，是人类的天性，也是民族和国家的天性。关键是，争什么、怎么争。

以武力手段霸占、掠夺他人的土地和人口等资源，是一种"争"，以合法的、非暴力的、公平公开的方式竞争，换取各自想要的商品、财富等，也是一种"争"。千百年来，前一种"争"曾经很流行，给人类带来巨大灾难。随着人类文明的进步，后一种"争"如今已经成为时代潮流。不过，在世界范围内，前一种"争"所依存的土壤并未根除，还是有一些人试图"多吃多占"，处处争夺"我最优先""我最优秀""我最正确"。争夺的已不再是土地、人口等传统资源，而是话语权、领导权等深层次的东西，采取的手段、方式也更为隐蔽。

如今，西方人的文化观正在受到商业利益影响，这种影响有时是直接的，而更多的时候则是隐蔽的，表现方式极为复杂，不像战争那样赤裸裸地暴露出来。世界霸权者的最终目的，不是军事帝国主义，也不是经济帝国主义，而是文化帝国主义。

在日常生活中，细心者会发现有这样一种状况：时常提防别人的人常常是具有偷窃之心的人，而无偷窃之心的人，往往也少有防人之心。人们还记得现在在俄罗斯的斯诺登，他曾告诉世界：美国曾用计算机网络技术多年监视欧洲某些国家领导人的信息，美国政府还监视美国公民个人信息。而现在这个国家的官员正忙着坐飞机，满世界告诉人们：不要安装中国企业生产的通信设备和下载中国的使用软件，以免"中国人偷你的信息"。仿佛监视欧洲国家领导人和本国公民的信息不是他们干的，而是中国人干的。

无独有偶。前一两年，一些西方国家指责中国在非洲搞"新殖民主义"。翻开世界殖民史一查，说这些话的国家恰恰有过殖民的历史。中国没有殖民记录呀，只有殖民过的人才知道殖民是怎么回事。

"种族灭绝"，多么恐怖的字眼，2021年春，世界上一些貌似圣人者竟然往中国的头上扣这顶帽子。他们的伎俩之熟练令人想起当年欧洲的白人来到北美后对印第安人的驱赶和屠杀，以致仅美国的印第安人在15世纪末至20世纪初的400多年时间内，人口就由500多万人减少到25万人。人们还记得，自从库克船长到达澳大利亚和新西兰后，来自欧洲的白人们将这里的原住民几乎赶尽杀绝，毛利人数量锐减。2021年6月，媒体又传来加拿大白人对印第安儿童进行种族迫害的消息，原住民儿童群体墓的发现令人发指。难怪他们说起"种族灭绝"这样的字眼，口齿这般伶俐。

欧美的法制建设在世界上是领先的，在此，应当赞赏他们，学习他们。但滑稽的是，说中国搞"种族灭绝"以及说中国企业生产的通信设备不安全等，证据呢？

噢，他们只是需要这样说，并不需要证据。真相成了牺牲品。这究竟是谁的悲哀？

真是令人百思不解。睁着眼睛瞎说，竟然成为当前西方一些国家政客的一种时髦。难道这就是以民主为核心的"先进文化"吗？对此，一位德国政治家的见解一针见血。德国席勒研究所主席兼创始人黑尔佳·策普-拉鲁什在2019年11月8日出版的美国《行政情报评论》上写道："各种国际智库、主流媒体和政客们都试图抹黑中国形象，声称中国的成功仅仅归因于窃取西方知识产权。但是，中国是如何成为某些领域的世界领导者的？例如，中国建设了全球最好和规模最大的高速铁路系统，中国是唯一实现在月球背面登陆的国家。他们从哪里复制了这些成就的？"

三、文明并非必然冲突

不同的文明从形成之日起，尽管有差别，但从根本上讲，并不是排他的。一旦将一种文明或文化赋予利益的内容或意识形态的标签，文明或文化之间的矛盾便显现了。

从文化土壤角度看，亨廷顿认为的文明冲突不是发生在第一层次的文化土壤和第二层次的文化土壤范围内。第一层次的文化主要是生存文化，这种生存文化西方和东方有区别但无冲突。第二层次的文化以制度、艺术为特征。东西方的制度和艺术虽有不同，但也没有明显的冲突。他所说的文明冲突主要发生在第三层次，集中体现在信仰、价值观和宗教等意识形态上。

有分歧和矛盾是正常的，但为什么一定要势不两立呢？答案可能是，已形成优势的西方文化不能容忍其他文化向自己挑战，而其他文化包括中华文化并不认为自己一定要取代西方文化。不同的文明或文化，共同存在有何不好？

这个地球容得下你们，也容得下我们。

究竟是文明的冲突大于利益的冲突，还是利益的冲突大于文明的冲突？每天，全世界的人都在喋喋不休地谈论着。在家庭、族群与生存环境的对话中，在社会各种关系的协调中，在国际事务的交往中，人们都在试图说出自己的道理。

人类文化是全人类共同创造的，不是西方也不是东方独自创造的。对一个人而言，你看谁都不顺眼，试问，没有其他人，你一个人在地球上还能生存下去吗？同样，对一个国家来说，凡是与我价值观不一样、与我有矛盾的就不能容忍，请问，地球上只剩你一个国家，你还能生存下去吗？人类是共同成长起来的，今后也只有共同相处相助，才能共存。这个道理其实非常浅显。

大卫·兰迪斯在《几乎所有的差异都是因为文化》一文中说："厚道的改革者都知道要避免批评外人的文化。"

从历史角度看，中国没有"国强必霸"的基因。美国前总统卡特的国家安全事务助理布热津斯基在《大棋局》中就说过："在中国的全盛时期，中国在全球没有可以与之相匹敌的国家，这是指没有其他大国能够向中国的帝国地位挑战，甚至如果中国想进一步扩张的话，也不会有任何其他大国能抵挡中国的扩张。中国的体系是自成体系和自给自足的，它主要建立在得到认同的种族同一性的基础之上，对异族和地理上处于周边的附庸国，中央只比较有限地使用其武力。"明朝时期来到中国的意大利传教士利玛窦在中国居住了30年，他说："非常值得注意的是，在这样一个几乎具有无数人口和无限幅员的国家，而各种物产又极为丰富，虽然他们有装备精良的陆军与海军，很容易征服临近的国家，但他们的皇上和人民却从未想过要发动侵略战争。他们很满足于自己已有的东西,没有征服的野心。……西方国家似乎被最高统治权的念头耗得筋疲力尽,但他们连老祖宗传给他们的东西都保不住,而中国人却已经保持了数千年之久。"

在世界上耀武扬威不是中华文化。不是说他们在倒霉的时候没有这样的想法,即使在历史上最成功的时候,他们也不想在世界上扬威。史书记载,中国明代郑和下西洋,不但时间早于欧洲人,规模也有过之而无不及。

以色列历史学家尤瓦尔·赫拉利认为,郑和下西洋证明当时欧洲并未占有科技上的优势,真正让欧洲胜出的是他们无与伦比而又贪得无厌,不断"探索与征服"的野心。

明代的郑和船队拥有着比后来麦哲伦、哥伦布大好几倍的海船和船队,比他们多几十倍的人,为什么不去占领经过的地方?以至于与世界霸主擦身而过。他们已经拥有了这样做的实力,可是为什么没有这样做?外国人纳闷,究竟是什么原因?他们归纳的原因是:明朝人没眼界不开放,明朝人性格软弱,明朝人的思想意识落后……他们没有想到,还有一个十分简单的原因,就是当时的明朝人不想这样做——他们不想抢占别人的东西。而外国人从来没有这样猜想。不想抢占别人东西的思想根源,可能性有二:一是明朝受到浓厚的儒家意识影响,崇尚仁义,以善为本;第二可能是迂腐了,简单地认为自己国家好、社会稳定。当时的明朝皇帝朱棣既不像明太祖朱元璋那样好战,也不像后期崇祯那样软弱无能。朱棣的想法可能是,大明已经强大到不需要抢别人的东西了。"郑和的船队能远赴东非,理论上要到美洲也并非难事。

可见中国确实就是不感兴趣而已。"①从文化土壤角度看，明朝强大的远洋舰队出海施播"皇恩"而不去扩张，归根结底，与秦始皇修长城一样，其思想根源皆出于农耕文明的守土意识。

中国是个不需要对手的国家。英国著名哲学家罗素（1872—1970年）几十年前就在《中西文明的对比》一文中指出："如果世界上有'骄傲到不肯打仗'的民族，那么这个民族就是中国。中国人天生的态度就是宽容和友好，以礼待人并希望得到回报。假如中国人愿意的话，他们将是世界上最强大的国家。"对中国人的"不争"，有些人搞不懂，这是因为在弱肉强食文化土壤中长出来的是"争"，他们无法理解"不争"的内涵，也不相信"不争"能带来尊严。

英国剑桥大学教授马丁·雅克2019年2月底在美国第32届卡姆登年会上发表了题为"中国将成为怎样的全球性大国"的主旨演讲，他说："西方最致命的毛病在于，在我们思维深处是不理解中国的，我们的思维范式认为西方是具有普世性的，终有一天世界上所有人都应该、必须且必然变得和我们差不多，也就是说世界上只有一种现代性，这就是西方的现代性。老实说，这种提法已无法维持。因为世界上不光中国发生了巨变，许多发展中国家的历史、政治、文化根源都和西方不一样。在这一背景下，我们必须开始尝试理解中国与西方的不同之处。"

现在经常可以看到有文章唱衰美国，还有文章唱衰中国。"唱衰"并无实质性意义和作用，只表达了唱者的主观愿望。

平心而论，中西方文明各有所长、各有所短。文明之间真的

---

① 〔以色列〕尤瓦尔·赫拉利：《人类简史》，中信出版社2014年11月版，第188页。

没有必要冲突，和平共处，取长补短是最好的选择。

四、目标：提升文化软实力

中国与西方发达国家的两种发展道路有着截然不同的理论内涵。不同于西方发达国家所强调的自由主义、西方中心论，中国道路强调既尊重个人的权利、自由、平等，又注重社会和谐，注重正确处理国家、社会与人民之间以及政府、市场与社会之间的关系。

中国人需要认真研究和学习西方人的做法，虚心接受他人的优点和长处，但不能简单盲目听信西方人的说教。当今世界上，有许多人在称赞中国，还有许多人在辱骂中国。国人呀，务必要清醒：称赞的话别全信，辱骂的话可要认真听一听，哪些骂得有道理，哪些是我们需要改正的。

既坚守自我，又善于学习他人之所长并改进自身的不足，在此基础上提升自己的文化软实力，更好地向世界展示和诠释自己，这应该是中华文化应采取的最理性态度。

前些年，中国的一些作家青睐到国际上拿电影奖、文学奖。这些大奖无可非议，但作为一个中国作家，写中国人的生活、给中国人看的电影，无须外国人评价。诺贝尔奖（这里专指和平奖、文学奖）、奥斯卡奖、普利策奖，只奖给符合评奖人价值观的人。对此，我们不必褒贬，人家花钱设奖，怎么发是人家的事。我们没必要把这些奖看得太重，扎根于自己的民族文化土壤，写出自己的好作品便是。

如果我们按照外国人的评价标准去创作作品，再来影响我们的孩子，那反倒不是件好事。尤其是对中华文化而言。

中国人是排外的吗？当然不是，也不应该。从社会科学角度看，中国执政党的立党理论马克思主义就是从欧洲来的。从自然科学角度看，蒸汽机、大机器、计算机、互联网等以及物理学、化学、现代医学等学科也都是从欧洲学来的。洋种子一样可以在中国的土地上发芽成长。只不过，中国人是按照自己的需要来接受洋东西。

如今，中国的硬实力正在增长，而软实力却还有所欠缺。美国前中情局一位局长曾发明计算一个国家国力的公式：国家的经济力量、军事力量、人口、国土面积等所有物质国力加起来乘以精神国力。这里边，经济力量、军事力量、人口、国土面积都是定量，而精神国力则是从1%到100%的变量。所以，不管你的物质国力有多大，精神国力为零，你的国力就是零。精神国力就是软实力，这里边包括信仰、价值观、精神面貌、团结精神和对外影响力等。硬实力并不能自然衍生出等量的软实力，软实力需要精心打造和培育。这其中最重要的是建立属于自己的文化体系，并拥有在世界上发出声音的话语权。

在文化软实力上，一旦确立了上述的理性态度，我们就能认识古今中外的错误种种。例如，有的国家可能已经相当发达了，可是它们至今不知道公开悼念给世界人民带来灾难的战犯不是一件好事，不知道借贷全世界的金钱制造枪炮到处称霸不是一件好事……类似的事情很多很多。再看看中国的历史，宋朝自以为天下最大最强，连强文弱武的战略性缺陷都看不到，结果被金、元灭亡；大清自以为是万邦来朝的帝国，看不到西方已强大起来并武装到牙齿，看不到自己与人家的差距，结果先后被英、法、日和八国联军打败并签下丧权辱国的条约。现在世界上有些人仍希望中国能够像史上宋、明、清一样盲目自大，那就好对付多了。现在我们明白了，我们需要的不是高傲，也不是自贬，而是理性。

知道了自己的缺点、不足乃至劣根性，敢于承认并积极改正便是。

在一些人的眼中，骄傲的中国人不可怕，有钱的中国人不可怕，清醒的中国人最可怕。

不能因为爱国，人家的长处就不是长处，人家的优点就不是优点，人家的伟大就不是伟大。

日本明治维新之后，随着大工业的兴起，他们把欧洲的先进管理与本土文化相结合，创造了政府层面和企业层面的精细管理。虽然日本的企业和政府在战略层面上也犯错，但精细管理是他们的看家本领，其水平在全球范围内首屈一指。我们要学习日本人精细管理的精神。德国的工匠精神在世界上很有口碑，他们还在精准调控市场方面建立起一整套有效制度，其精益求精的精神也值得我们学习。英国在处理政治与经济的关系上方法独到，并取得成效。除了科技发达，法治精神是美国最宝贵的优点。小到拆迁，大到国家政策，争议往往止于法院判决。美国人的守法意识非常强，一件事情发生，首先想到的是是否合法。美国人总是在批评自己国家的毛病，批是批得狠，但在爱国问题上不会含糊。以上这些，我们真该好好学习。

前些年，经常听到有人讲，与咄咄逼人的欧美文化相比，中华文化显得有些软弱。当以蒸汽机、汽车为代表的大工业时代到来之时，中华文化显然不适应，但当这些大工业文化在全世界包括中国取得巨大成就，同时西方社会各种弊端又有所暴露的今天，在人类文化史上，还真不能说哪一种文化比另一种文化更具有生存权。正如引论中所说，对于中华文化来说，既坚守自我，又坚持开放和包容，继续"古为今用，洋为中用"培植中华文化新土壤，充分吸收人类文明成果而打造"新版"中华文化，就能迎来光明前景。

如何看待东方文化？如何看待西方文化？欧美并不乏有识之士，他们在很久以前就预见了今天人们议论的话题。他们根据文化发展规律作出了比较理性的判断。

仅以汤因比在《历史研究》的观点为例："西方和西方化国家走火入魔地在这条充满灾难、通向毁灭的道路上你追我赶，因为他们之中任何国家都不可能有眼光和智力来解决他们自己和全人类面临的问题……如果要使被西方所搅乱的人类生活重新稳定下来，如果要使西方的活力变得柔和一些，成为人类生活中依然活跃但不具有破坏性的力量，我们就必须在西方以外寻找这种新运动的发起者。如果将来在中国产生出这些发起者，并不出乎意料。"

今天，整个世界正在重新掂量中华文化的分量，思考它的厚度。

第六讲　文化的困惑

> 文化主体意识的缺失，会使一个人、一个国家的灵魂游荡不定。
> ——作者手记，2019 年 6 月 8 日

特定的文化土壤孕育出特定的文化，而不同文化塑造了不同的社会。但在同一社会结构之下，文化却又表现出千差万别，甚至反差极大。丹尼尔·贝尔曾在《资本主义的文化矛盾》一书中惊呼："现代社会的社会结构和文化之间存在着惊人的分裂。"

怎样看待文化给我们带来的各种困惑？

一、说明自己容易吗

在新闻界有这样一种说法：一件新闻客观上是什么不重要，重要的是人们怎么解读它。在国际舆论场也有类似说辞：一个国家或民族客观上是什么并不重要，重要的是你给人一个什么样的印象——这个印象或许与你的真实形象并不相符。

想在世界上客观地说明自己，并非易事。你得有话语权。

千百年来，世界上的强国说得最多的不是"我们的军事终将

在全世界取得胜利",也不是"我们的经济终将在全世界取得胜利",而是"我们的文明终将在全世界取得胜利"。

宣扬本民族文化优越论的人一般从三个方面入手:一是把文化产生的时间往早了说,以显示其有多悠久;二是把文化影响的半径往大了说,以显示其有多受欢迎;三是将文化的质量和水平往高了说,以显示其有多优秀。尤其是某些西方国家,他们对自己的文明是自信的,并坚信其文明的中坚是民主。但是,这种自信有时经不起推敲。民主是人类在社会进步到一定历史阶段以后的普遍诉求,但一些人兜售的"民主"可能并非一般意义上的民主(Democracy),而是另有目的。对于过分渲染本国或本民族文化的人来说,也许正应了中国古代文学家颜之推那句话:"山中人不信有鱼大如木,海上人不信有木大如鱼。"人们疑惑了:不了解世界其他文明,且没有从本质上进行比较,怎么把握和评判自己的文明?

美国著名未来学家奈斯比特曾以写作《大趋势》一书闻名世界,他在与中国学者赵启正的对话中说:"在讲述中国的故事时,另一个需要考虑的因素是西方不想听它。这些中国故事与深烙在他们思维中的中国印象大相径庭。中国崛起如此之快,以至于能够与伟大的西方相抗衡,看来就像西方自己那样,这使得西方甚为愤愤不平。这就是情绪的由来之处。西方人一想到中国正在取代西方成为世界上最重要的大国,就容易情绪激动。事实上,权力正在从西方向东方转移。"

然而,我们并没有在世界上把自己说得很明白。作者翻开20多年前的一则笔记,那是1996年1月11日下午在华盛顿国会大厦里访问美国《外交政策》季刊总编P先生,他曾任卡特政府的助理国务卿。他50岁左右,微胖,中等个儿,长得很白净。《外交政策》在美国是发表最权威外交政策的杂志。P先生对作者说："我对中美关系的前景不乐观，我认为中美两国正在慢慢地滑向越来越深的误解。许多美国人对中国的意图持怀疑态度，我预测中美关系前景不会太好。我说的不是一两年的事情，而是10年20年以后的事情。中国人很重要的一点，是应该向邻居解释自己的意图，有哪些想法。我认为现在解释得很不够。"

英国剑桥大学高级研究员、中国问题专家马丁·雅克说："中国现在是一个大国，国际社会并没有真正理解中国。如果中国真想打破西方联合反华，就必须更明智地思考和行动，不要老生常谈或因循守旧。"①

进入现代社会之后，一个国家是否拥有话语权愈发显得重要。中国应当理性地向世界说明自己。我们要使用中国语言，还要使用世界语言。仅用自己的语言，说服力不够。说明的内容应能体现中国文化。用别人的文化来阐释自己的文化，怎么能发出有说服力的声音呢？

目前在国内，一些地方正在大张旗鼓地做文化产业，而这其中做得更多的是"化"，很少研究"文"。对一个国家来讲，不能说文化产业上去了文化就上去了，这是两个概念。

中国文化习惯从中国的角度看世界，欧美文化则习惯从欧美的角度看世界。将来的人类，需要从全世界的角度看世界。

在公元500年至公元1300年之间，欧洲一直落后于中国，而这种落后使他们后来成为先进。从明至清，中国人沉浸在优越感之中，没有及时认识到应该向别人学习，这是一种不理智的傲慢。不理智的傲慢后来付出了沉重代价。

---

① 《参考消息》2021年5月20日。

中华民族当下最需要的是理性。在现实生活中，由于缺少自信，有的人从心理上正走向茫然；面对取得的成就，有的人则走向自我膨胀。适当展示成就是必要的，有助于提振国人士气，破除"外国的月亮比中国圆"心态。但是，过犹不及，不清醒认识自身短板，绝非理性态度。

19世纪以来，欧洲人产生了西方文明优越感，延续至今日。如今，一些国人又开始骄傲自满起来，这可不好。自媒体在中国很火爆，人人都可以在网络上传播自己的思想。有识之士希望一些自媒体能够克服片面性，能够针砭时弊而不是遇事便骂，更不是频频发出莫名其妙的"公知愤懑"。特别是面对国家大事和国际上发生的大事，极个别人甚至利用自媒体渲染自我膨胀的言论和情绪，这样做容易把部分国人的认知带偏，也不利于中国在世界上客观地说明自己。

我们要有文化主体意识，不管是在科学进步还是在教育发展上，都要很好地检讨、反思，进而提升这种主体意识。要向世界发出中国的声音，一方面反击他人的抹黑歪曲，一方面客观、真实、理性地向世界说明自己，塑造和平友好的国际形象。

二、传统与现代的辩论

在大数据时代，人人翘首等待新故事，微信、刷脸、5G等正陪伴我们或正在向我们走来，老故事离人们越来越远了。可是，若无老故事，何来新故事？

经常听到有人说，当今世风日下，传统美德沦丧，感慨今不如昔。于是问题便来了：第一，哪个"昔"好呢？是民国还是清朝，是宋代还是唐代，是秦汉还是战国？其实没有一个"昔"值得我们再去学习和效仿。第二，即便有很好的"昔"，时代变了，环境变了，一切都按照其发展的客观规律在向前走着，我们还回得去吗？后代还认可这个"昔"吗？答案都是否定的。

简单地贬斥中华文化腐朽或高喊中华文化伟大，都无助于中华文化的正常发育。

在传统与现代的争论中，中医是个不大不小的话题。梁漱溟说："中医打不倒也立不起来。"大概就是说，中医可以自己说得头头是道，却无法向外人解释其中医理。"中西医比较着看，西医最大之长而为中医最大之短的是西医能发现病菌，中医则未能。"①

"西医也切脉，但与中医切脉不同。中医切脉如人将死，一定知道，西医则否。中医切脉，是检验生命力量的盛衰，着意整个生命。西医则只注意部分机关，对整个生命之变化注意不够。中西医之不同，可以从许多地方比较，此不过略示一例。再如眼睛有病，在西医只说是眼睛有病，中医则说是整个身体失调。通俗的见解是外科找西医，内科找中医，此见解虽不高明，但亦有其来源。凡是学问，皆有其根本方法与眼光，而不在乎得数，中医是有其根本方法与眼光的，无奈普通医生只会用古人的得数。"②

当然，梁先生的上述观点只是那个时代的一种有代表性的看法，现在看来也许并不全面、不周延。西医与中医孰高孰低，近百年来的争论并无结果。在某个时期内，西医解决了疾病治疗中的难题，赞扬风起；在某个时期内，中医又展示了对一些疑难病症的特殊疗效，获得点赞。稍微细心者会发现，争论西医与中医孰高孰低的大多是西医和中医两个圈子内的人，两圈之外其实并

---

① 梁漱溟：《中国文化的命运》，中信出版社2016年5月版，第20页。
② 梁漱溟：《中国文化的命运》，中信出版社2016年5月版，第16页。

没有多少人争论和比较。中国著名科学家钱学森认为："中医的特点在于从整体、从系统看问题。从人体科学的角度，中医有许多比西医高明的地方，但将来的医学一定是集中医、西医和各民族医学于一炉的新医学。"

传统与现代之争，仅以中西医为例即可见一斑。其实，简单比较意义不大，建立理性思维体系才是最重要的。有了成熟的理性思维，我们便会科学判断，随时拿出解决问题的办法，不然，就只能去求教于传统，而传统并不能回答所有现代问题。只求助于传统，既是对客观世界的茫然无知，也是对当代人文化责任的逃避。

近年来，我们看到国内外一些评论家评论 20 世纪的一些世界伟人和中国伟人时，取材不同，判断不同，甚至经常出现截然相反的评价。应该认识到：评价伟人千万不要站在今天的台阶上，而要站在历史的台阶上，要从伟人所处的历史背景去看待伟人出现的必然性，更要从历史发展规律的角度去看待伟人出现的客观性。唯有认识传统，方可了解现代；认识传统不是为了向往传统、简单复古，而是为了古为今用。

三、雅文化与俗文化的博弈

高雅与通俗（乃至低俗），这两个概念正在中国文化界，尤其是电影、电视剧、小说等领域引起人们的广泛关注。在几年前举办的一次中国电影导演年会上，作者表达了这样的看法：

第一，当下商业电影充斥银幕和网络视屏，关于电影商业化，关于对孩子看商业片的忧虑，已经成了社会热门话题。商业电影的出现有其合理性。如果没有人投资，导演拿什么拍电影？不追求票房，投资人为什么去投资？所以，按投资人的意愿，按票房导向去选剧本、拍片子成为一种很实际也很时髦的追求。可是，总是拍一些虽有票房却无多少营养的片子，这是你从事这个行当的初衷吗？你觉得你自己是在走向高尚还是在走向低俗，甚或是在引导更多的人走向低俗？

第二，导演的价值观取向要与国家利益和民族文化方向大体一致。前些年，有部电影讲的是在抗日战争期间，几个热血青年决定刺杀一名汉奸头子。他们派一个女青年接近这个汉奸。然而，这名女青年在与汉奸头子的接触中产生了感情，以至于在刺杀的关键时刻救了这名汉奸。作者不知历史上是否真有此事，也许真有，人世间离奇古怪的事多着呢。奇怪的是，导演和制片人为什么要拍这样的片子，他究竟想告诉人们，告诉我们的孩子什么？这是一部典型的汉奸剧。如果当时的抗日志士都像这位女主人公一样，中国还有希望吗？编剧和导演也许会说，这是在揭示人性的扭曲与丑陋，与政治无关。怎么会无关呢？此类影片的流毒远远大于一般文学作品对社会的影响。

第三，导演的艺术水平要依附其思想观念来展示。这个思想观念就是中国传统文化与现代文化相结合的世界观、价值观、审美观。优秀导演的高超之处在于，他能把健康的"三观"融在影片之中。曾有媒体报道，针对商业化低俗电影充斥银幕的现象，一位著名导演解释说，是观众没文化、层次低，不拍此类片子迎合他们的需求，电影就没法活下去。

对此，我们不禁要这样说：第一，观众怎么了？不能这样埋怨观众。国民与国民性是客观的，你只能面对，这里要说的是，你应该发挥怎样的作用——是引导观众往高雅走之后再适应观众，还是简单适应低俗并在低俗的道路上继续走下去？第二，你的责任是改良文化土壤，而不是指责"植物"。所有这些植物都是在特有的文化土壤中长出来的，土壤中有什么样的养分，植物便带有什么基因。你也是这个土壤中长出来的植物。第三，电影庸俗化，人们当然有理由批评导演。法律为何对贩毒者比吸毒者判刑判得更重？你不能说是他们愿意吸，我才卖给他们的。事实是，你的行为诱导了更多的人吸毒，因此罪过更大。

另一个问题是，我们不能仅仅把眼睛盯在编剧、导演和演员身上，还要关注有眼光、有家国情怀的投资人。

不管在中国还是在美国、印度、俄罗斯、日本等国，真正决定拍什么片子的是投资人（少量由国家投资的重要题材除外）。意大利的文艺复兴最初就起源于大商人对哲学家、作家、艺术家的资助。没有他们的投资，但丁、达·芬奇、米开朗琪罗、薄伽丘等人说不定还在街头卖艺呢，哪里会创作出流芳后世的伟大作品？好的作品，对引导人们向往高雅文化是有引领作用的。没错，影视作品的质量取决于编剧、导演、演员的质量和水平，但更取决于投资人的情怀和眼光。投资人的档次低，影视作品的档次就低。前些年，人们只看到一些编剧和导演的低俗与平庸，却忽视了投资人的低俗与平庸。而投资人的投资倾向是非常重要的，他们如果普遍选择低俗，那么电影、电视剧就必然普遍低俗，高雅之作也就难以问世。一些投资人虽然有钱，却缺少对高雅的尊重、对高尚的追求。

当然，不应批评所有投资人，也有投资人投拍了许多优秀的电影电视剧。从长远来看，缺少有情怀、有眼光的投资人的现象，或许只是中国影视发展史上的一个短暂过程。随着经济的发展、社会的进步，人们对高雅文化的追求总体来说是向上的。我们有理由相信，这种"短缺"现象不会持续太久。

再换个角度来看雅文化与俗文化。近30年来，中国电影和电视剧的发展，大体经历了三个阶段：第一个阶段是不俗不行，只有俗才会有市场，才会有票房；第二个阶段是因为太俗而走进死胡同，人们从"喜欢"走向"讨厌"，呼唤雅影视；第三个阶段是现在，以雅为主，票房越卖越好。

在高雅文化中，博物馆占有很重要的位置。谈起世界著名博物馆，人们常常会提起美国大都会博物馆、英国大英博物馆、法国卢浮宫博物馆和俄罗斯圣彼得堡冬宫博物馆（又称艾尔米塔什博物馆）。有人问，哪个博物馆最好？作者以为，若论展品丰富、建筑气派，当属世界四大著名博物馆；若论藏品的鉴赏价值，则属中国和埃及、印度、土耳其、墨西哥的几个博物馆。此言的出发点是这些博物馆的藏品中没有抢来的、偷来的、强占来的东西。世界上一些著名博物馆与一些国家办的和民间办的博物馆中的文物，有许多是从亚洲、非洲和中南美洲抢来的东西。

强盗在作恶之外，更多的时间在干什么？当然是装绅士，装"文明"。他们认为自己已强大到足以能够把这些偷来抢来的东西变成一种"文明"。

有人认为，古代埃及、古代中国、古代印度的宝贝只有放到他们的博物馆里才能得到保护。他们甚至不了解这些文物是在什么样的文化土壤中长出来的，也不了解它们在新的文化土壤中是否还能继续生存下去，他们更没有想到他们的子孙后代会指着这些宝贝说：看，这是当年我爷爷抢来的东西。

到博物馆看什么？许多人认为，第一应该看"高级"的文物。什么叫高级？无非是价值高，能值多少亿元；影响大，国人洋人都点赞；独一无二，举世无双。第二是要看到"海量"的展品。文物的数量多到世人叹为观止，参观后足以向旁人炫耀。

其实不应这样。参观博物馆，第一应当要看博物馆设置国的历史，第二要看该国的文化，第三才是看文物本身，包括文物是什么年代的、它试图告诉参观者什么、在制作绘图上有何特点等。简而言之，我们要在这个博物馆看到这个国家的历史文化信息。还有一点很重要，就是你在参观时思考了什么。如若不然，就无法真正体会高雅。

我们再来看看雅文化与俗文化在美国的对话。

爵士乐于19世纪末20世纪初诞生在美国南部的新奥尔良，主要是在秘密酒店、酒吧和妓院为舞者伴奏。而今天，爵士乐在美国成了高雅音乐。这里，我们不应简单地认为是资本的力量推动使然。起初，文化在美国被简单地划为精英文化（高雅文化）和大众文化（低俗文化）。我们现在常讲文化娱乐，而在20世纪中期的美国，文化与娱乐是两个对立的概念。20世纪50年代的美国，以欧洲移民为主的文化精英们企图维护高雅文化与低俗文化之间的界限，抵制娱乐文化，捍卫精英文化。来自德国的社会学家泰奥德·阿多诺甚至拒绝用"音乐的"这个形容词来定位爵士乐。他以一种高傲的种族主义姿态，将爵士乐比作"无线电波声"。对大众文化的恐慌充满了20世纪50年代的美国。甚至到了20世纪60年代，美国的许多主流文人仍然不承认电影是文化，他们说那是低俗文化的泛滥。结果，没过多少年，美国人把文化上的欧洲贵族主义送上了祭坛，精英分子投降了。大众文化如洪水一般涌向美国大地，除了爵士乐登上大雅之堂，还出现了脱口秀的风行。在剧场里、在电视上、在广播中，人们到处可以看到、听到脱口秀。

在20世纪50年代时，美国上流人士认为"娱乐"一词的主要意义是消遣（法语的直译甚至就是"消遣"），而高雅文化不是消遣。有趣的是，几十年后，法国作家弗雷德里克·马特尔在其所著《主流》一书中写道："如今在美国,主流记者不再是艺术评论员,而是娱乐评论员。"1996年1月26日,作者在美国盐湖城与犹他大学人文教育学院教授弥尔顿交谈,他说:电视剧目前在美国很火,他对电视剧又喜又怕,喜的是电视剧受到了广泛的欢迎,很多人晚上都在家看电视剧,怕的是电视剧这种俗文化可能将来会降低国民的文化档次。

在中国,文艺演出界的明星有不少是"俗"星。其根源在于,俗的能红火,雅的往往受冷落。近几年来,文艺界一些作品水准不高却极为红火,制造了不少"俗"星。对此,我们的公众不要过分指责他们。这是因为,首先是他们来自"我们",是我们中的一员。没有"我们"的文化土壤,就不会有他们。其次是他们走到今天,责任不在他们,而在"我们",是"我们"捧红了他们——公众愿意捧他们。没有票房、没有点击率,明星也红不起来。再次,也是最重要的,是我们的文化捧红了他们。文化出了偏差,世风低俗,小品相声能否逗人一笑竟然成了唯一标准。"笑"是个什么样的内涵呢?能够引起人们静心思考的好作品难以问世,即便问世了也受不到应有的欢迎,得不到应有的理解和尊重。有一些人看节目,不是看内容深厚与否,不是看演员演技如何,而是看脸蛋、看点击率、听呼叫声。有一些文学艺术,特别是近几年出现的许多网络作品也越来越像街头的杂耍,此类杂耍的红火暴露出了一些人的浅薄。

总之,有什么样的文化土壤就会养育出什么样的文化消费市场,而什么样的文化市场又进一步催生了相应的文化。我们的文化土壤长出了这样的"植物",能怪谁?正如有的文化人所感叹:优秀的雅文化沉寂落寞,营养不高的俗文化却大行其道,我们精心打造提供的高雅文化却无人识货叫好。久而久之,文化将与文化人一块走向堕落。

关于雅文化和俗文化之间的纠葛、雅文化不敌俗文化的现象，或许还会困扰人们很多年。我们应当思考到，文化土壤是可以改良的。文化产品供应者作为重要的当事人，理应树立这样的态度：雅文化固然是好东西，但是需要耐心引导人们去理解、去消费，要懂得先引导市场再占领市场；俗文化或许营养不高，但那也是土壤中长出来的，有其合理性。面对文化市场中普遍存在的"劣币驱逐良币""消费者是上帝，但上帝很无知"等现象，正确的做法应该是积极培育优秀作品，引导人们从"无知"到"有知"。文化产品是特殊商品，如果只是盲从于现有市场而不加以引导，则可能会在"俗化"道路上一条道走到黑。整个社会的审美水平下降，这是一件很可怕的事情。

对于中华文化，要真正展现自信，必须经得起金钱的诱惑，让更多创作者静下心来，写出更多的有益于社会、有益于子孙的好作品来，久久为功。

林林总总，谈论了在国际舆论场上掌握话语权以理性说明自己、认识传统文化以助力现代文化、正视雅俗文化共存并引导人们向雅文化迈进的问题，这只是文化困惑的几个方面。文化的困惑还有很多。这里想说的是，破解文化的种种困惑，应注意掌握好"两把钥匙"，一把是"文化发展的基本规律"，一把是"文化主体意识"。不把握基本规律，就只能玩弄其皮毛，难以掌握其本质而驾驭之；缺乏主体意识，则整个民族的灵魂只能始终游荡不定，甚至在文化竞争中丧失自我。

第七讲　文化的趋势

> 一种优秀文化，应该具有影响世界的内涵。
> "古为今用，洋为中用"仍然是中华文化的不二选择。
> ——作者手记 2019 年 12 月 2 日

世界文化将走向何方？中国文化又将何去何从？或许，"各美其美，美人之美，美美与共"仍是正解。

一、世界文化的发展趋势

汤因比用西欧的基督教文化圈、东欧的东正教文化圈、从北非到东南亚的伊斯兰文化圈、南亚印度文化圈和东亚文化圈来概括今日世界文化的不同类型。这是否科学合理，还有斟酌的余地，但重要的一点是他指出了文化有兴也有衰。

"文化的兴衰以什么来衡量？主要看两方面：首先是看它对这个文化圈内部人民大众发挥的凝聚力和推动社会前进的作用；二是看它对世界人类社会前进作出的贡献。"[1]

---

[1] 〔荷兰〕彼得·李伯康：《欧洲文化史》，上海社会科学院出版社 2001 年 6 月版，上册译序，第 3 页。

今后世界文化发展的趋势是什么？有人认为，东方文化会屈从并继续学习模仿西方文化；有人认为，西方文化将向东方文化学习而变为世界文化；有人认为，东方文化经过充实西方文化后，发育成超越历史上东西方文化的新文化。

谁摸到真正的大象了？

2020年底，美国卡内基国际和平研究所资深研究员、韩国地缘政治问题专家李正民在回答法国《费加罗报》记者的提问时说："新冠疫情引发了一个以前没人敢提出的问题：西方到底怎么了？尽管美国曾从越南败退或者法国曾遭遇奠边府大败，但没有人质疑西方社会在技术方面的领先。现在，西方模式不再是世界其他地区人们眼中毫无争议的模式了。这意味着500年来世界历史中最重要的改变。"[①]

汤因比关于中国文化可能影响世界的观点在西方赞同者不多，然而，当"东西方文化必有一决"的论调出现时，在欧美博得了许多赞同声。许多年过去了，在伊拉克、利比亚、阿富汗和叙利亚等战争之后，欧美人自己也开始思考：所谓的"新自由主义"行吗？欧美的文化之路将来该怎样选择？东方文化也在思考：中国人正在进行新的长征，文化上简单复古绝对不行，照搬别人的也不行，下一步中国文化该怎么往前走？

既非东方也非西方的中南美人也存在这样的困惑。一些年前，作者几次去中南美，与巴西、阿根廷、秘鲁、墨西哥、智利、古巴等国的学者多次交流。在交谈中，他们普遍表达对本土文化的热爱，同时，亦几乎表达了同一种担忧，即欧美文化对本土文化的影响——他们赞成这种影响的正面效应，却又担心其对本土文

---

① 《参考消息》2021年1月4日。

化带来冲击与伤害。

我们认为,世界文化发展趋势的第一个特征是"合"。

谁都知道《三国演义》的开场白:"话说天下大势,分久必合,合久必分。"其内涵不必多解,读者心里都清楚。问题是,天下大势到底是"分久必合,合久必分",还是"合久必分,分久必合"呢?这不是个简单的语句排序问题,它关乎究竟哪一种说法更符合历史事实。与前期的东汉相比,三国当然是"分"的,尽管最后三国归晋,但这里主要写的是"分"的状态。所以《三国演义》开场白写的是"分久必合,合久必分",结论重点是在"分"上。现在却不一定这样思考问题。纵观世界历史和中国历史,"分"时多有之,然而最后还是以"合"为主线。当今的中国,当今的世界,是"合"出来的,不是"分"出来的。因此,应当说"合久必分,分久必合",用"合"来收尾。

以色列历史学家尤瓦尔·赫拉利认为:"如果从微观层面上来看,每次有几个文化融合成大型文化的时候,后来也可以看到大型文化的破碎解离。就像蒙古帝国,虽然曾经雄霸亚洲,甚至还征服了部分欧洲,但最后还是分崩离析。又像基督教,虽然信众数以亿计,但也分裂成无数教派。拉丁文也是如此。虽然一度流行中西欧,最后还是转化成各种当地的方言,演化出各国的国语。然而,合久必分只是一时,分久必合才是不变的大趋势。……想观察历史的方向,重点在于要用哪种高度。如果是普通的鸟瞰高度,看着几十年或几世纪的发展走向,可能还很难判断历史趋势究竟是分是合。要看更长期的整体趋势,鸟瞰的高度便有不足,必须拉高到类似太空间谍卫星的高度,看的不是几世纪,而是几千年的时间跨度,这种高度能够让我们一目了然,知道历史趋势就是走向分久必合。至于前面基督宗教分裂或蒙古帝国崩溃的例子，就像是历史大道上的小小颠簸罢了。"①

"合"是总的趋势，但最近几年，人们又闻到了一点"分"的味道。然而，这并不会影响世界仍然会按基本规律发展。中国有句老话叫"家和万事兴"，国与国之间的关系又何尝不是这样呢？"国和万事兴"。"和为贵"不是谁主观要讲，而是历史发展的规律。这也是文化发展规律的基本走向。

我们可以在很多国家看到，不管是当今世界霸主美国，还是跟中国有过宿怨的日本，还有经常相互大打出手的以色列和巴勒斯坦，在英国，在法国，在俄罗斯，在古巴，在越南，在朝鲜，在印度，不管走到哪里都会发现，那里的老百姓与中国的老百姓没有太大的差别。普通人都是和善的，和我们一样希望过安生日子，有工作干，学习知识，教育孩子，养家糊口，很多人也和我们一样讲礼节，和蔼对待客人。

人类历史经历过无数灾难，也出现过无数坏人和只图己利者，为什么仍然能发展到今天这种进步程度呢？这是因为在每个历史时期，都有一大批有责任感的人。一位美国学者这样认为。

一个有责任感的人能够约束自己的不检点行为，一个有责任感的国家也是这样。

研究文化，要在全球化的大背景下进行，不能仅就本民族的愿望研究。这样的做法不仅不大气，也不真实。在一定历史阶段内，文化之间的碰撞会越来越激烈，东西方文化（文明）都会努力展示出自己的实力来参与较量，但从长远历史看，二者将会逐步走向相互学习和借鉴。当然，各自的文化特点并不会消失。

---

① 〔以色列〕尤瓦尔·赫拉利：《人类简史》，中信出版社2014年11月版，第162页。

在"合"中，当然会有"沉"有"浮"。一个民族伟大与否，一个重要标志是它的文化土壤里是否含有公平正义、开放包容、向上向善等基因，这是民族腾飞的前提。一个国家的伟大不在于它有控制力，而在于它是否具有吸引力和影响力。一种文化优秀与否，首先要看它的内在价值是否健康，是否符合社会发展规律，是否有利于人性和社会公共关系的调整提升。其次要看它影响了多少人、被多少人接受，这里边指的是族群、地区、国家。最后还要看它影响的时间，即影响了多少年、多少个时代。

一个国家的人与另一个国家的人接触少了，容易看到的是差别，而接触多了，看到更多的则是共同点。一旦有了共同的思想认识，不管此前有多少差别乃至误会，不同国家、不同民族之间的理念终究会越来越接近。

几百年来，西方一直拥有话语权，他们对世界的解释有的地方解释得很好，有的地方解释得不怎么样。世界在变化，各国、各民族在变化，大家共同来解释，有何不好？"共享"，已成为人类文化生活的现代特色。融合与共享，是世界文化发展的趋势。

未来全球的和睦发展甭指望军事，也甭指望经济，只能寄希望于文化。只有文化有这个包容度，只有文化有这个力量。眼下最重要的是，有着不同价值观和不同利益的人们能否共同努力，使文化成为守护人类和平、推动世界发展的动力，而不是障碍。

二、中华文化的前景

30多年前，中国有一句口号"无工不富，无农不稳"，接着又有了"无商不活"。现在的一个新问题是：无文化当如何？准确的答案应该是"无文不兴"。一个国家或民族要繁荣昌盛，从根本上说先要发展文化和教育。文化强，国家才能强；文化兴，民族才能兴。

未来，中华文化的发展走向如何？

首先要传承优秀传统文化。这是个沉重的话题。不管如何借鉴、如何创新，具有几千年历史的传统文化是我们祖先创造的，它始终是中华文化的主体，也是借鉴和创新的基础和起跳平台。

为什么传统文化会在当代遭遇传承危机呢？因为它的相当一部分已经失去或者正在失去存在的基础。中国以前是农业社会，与之相适应的文化是农业文化，或曰农耕文明。今天的中国已经进入工业社会、信息社会，由来已久的农业文明已部分失去了存在的物质基础、社会基础，新的文明正在兴起。

显然，今日的中华文明已与历史上的中华文明大不相同。也许有人会问，前后的中华文明难道不是一回事吗？是的，它们是同一文明，但文明的内容已有所改变。

传承是必然的，但以为传统就是中华文明的全部，那中华文明可能就没有出路了。汤因比在《历史研究》中曾引用斯宾格勒的一段话："当一种长久处于蒙昧之中的原始精神，一种具有强大生命力的灵魂苏醒过来，开始解放自己的时候：从无形到有形，从无限和永恒到有限和短暂，一种文明（Culture）就诞生了。这个灵魂在界限分明的一个国家的土壤里开花生长，直至长成一株植物。相反地，一旦这个灵魂的潜力在民族、语言、信仰、艺术、国家和科学的诸多形式中衰竭，然后又回到它最初来自的原始精神状态，文明就死亡了。"[1]

接下来，就是学习外国先进文化。中华文化欲走强盛之路，

---

[1] 〔英〕阿诺德·汤因比：《历史研究》，上海人民出版社2020年1月版，第210页。

绝不能闭门造车。首先，外国文化里确有可学之处；其次，如同作者在引论中所表达的，我们自己传统的东西已经不够用了，不够自己用也不够别人用。尊重其他文明、学习其他文明并与之和睦相处，这是中华文明的一个老话题，亦是一个新课题。

许倬云先生在其著作《华夏论述》中认为："构建一种新的价值观，必须用全世界的文化资源来构建，要中西一盘化。"国家与民族之间分离隔绝的时代已经结束了，各民族的交往必然会促进多种民族文化精华的融合。正像中华民族的文化融合了国内各民族的文化一样，它也应融入世界其他国家"适我所用"的所有优秀文化。

改造我们的国民性，是历史赋予中国今后几代人的重任。我们当然不能按照西方的标准改造国民性，但也不能仅用中国传统的东西改造国民性。标准是什么呢？简单说，就是把祖宗的、洋人的精华都吸收进来，把糟粕都剔除出去。"古为今用，洋为中用"的基本态度，依然是我们的不二选择。

进入21世纪之后，一个更醒目的命题摆在了中国人面前——中华文化的前途在创新。这亦是中华民族复兴的重要内容。

文化创新包括两项内容，一个是要对传统优秀文化有新的开掘，对体现新文化的内容要有新探索、新发展；另一个是建树崭新的文化内涵。这些新的文化内涵是传统文化所欠缺的，比如推广"自由、平等、民主、法治"等价值观，比如建立全民族的"理性思维"体系，比如"人本主义"理念的确认和普及，比如现代科技、教育体系目标的完善和推进，等等。

中华文化与世界文化融合的趋势已经越来越明显。驱动融合的动力，来自地球上的所有人对优秀文化的推崇和追求，来自科学技术的发展和普及。欧洲和亚洲众多国家在奋力发展经济的同时，正在逐步显示各自的文化实力；非洲、中南美洲国家在追求国家独立自主的同时，正在发出民主进步的呼声；互联网技术的普及使不同国家的民众一步迈到了比肩并起的通信平台上……这一系列变化无不在告诉我们，世界文化发展的趋势是融合。

人们也许还记得，在20世纪六七十年代，中国东方歌舞团的艺术家以文化方式为国家外交做出了特殊贡献，并把外国艺术介绍给国人。作者更欣赏的是这种对外国文化的吸纳融合精神。在2008年北京奥运会开幕式上，一位中国男歌手和一位英国女歌手唱起了《我和你》："我和你，心连心，同住地球村。"这才是所有地球人应有的情怀。

在融入世界文化的过程中，中华文化也将会在世界文化的森林中看到自己。

三、理性走向世界

20世纪二三十年代，在当时的清华大学，师生们普遍意识到，科学技术可以从西方引进，但是民族精神是不能从外国引进的；"全盘西化"的结果只能使中国成为西方列强的附庸，而不可能有真正的自立与自强。

第一次世界大战后，梁启超到西欧考察，目睹了由于列强分赃不均所引发的战争给世界带来的深重灾难。他意识到，中国人不应该盲目学习西方制度。他回国后开始倡导中华本位文化，认为世界上存在东西方两大文明体系，两者并行不悖，各有优长，应该互相尊重，互相学习。

中国能走今天的路，不是政治家的冲动，而是历史的选择，是中华文化土壤中长出来的这种选择。1921年时如是说，1949年时如是说，1978年时如是说，现在仍如是说。

20世纪二三十年代的五四新文化运动是中国近代文化史上的重要事件。这一运动包括三个内容：第一是对于中国传统文化的否定，其中极端者更是标榜全盘西化，"将线装书丢进茅坑"；第二是推动普及白话文；第三是陈独秀等人提出的引进"德先生"（民主）与"赛先生"（科学），以救中华。前两项是扬弃过去，后一项是迎接现代。整个命题都是为了中国进步，但所倡导的依然是社会达尔文主义——中国为了自存于天地之间，必须发展与西方一样的模式，进而走向现代。这种思维方式，是在西方文化与现代化之间画上等号。到了20世纪中叶，"现代化"之说风靡全球，其思维方式也还未脱此窠臼。

究竟是走西方之路还是走中国之路？在过去的一些年月里，中国曾经犹豫过，也曾经摇摆过。然而，经过40多年的改革开放，特别是经过近30年国际形势的风云变幻，尤其是2020年以来的这堂大课，让中国人更清醒地认识了西方，也更清醒地认识了自己。今后，中国只会越来越"中国"，而不可能越来越"西方"。归根到底，这是中华文化使然，是历史发展规律使然。

中国人要感谢历史老人让来自四川的那个"小个子"在1966年至1976年这10年间吃尽苦头。他的一生是三落三起的一生，在艰难岁月中，他看到了中国的真正现实，读懂了中国老百姓，冷静地思考着中国历史应当怎样走下去。他吃的这10年苦头，对中国人民来讲真是太宝贵了。这10年让他有足够的时间、足够的空间思考足够的问题，促成后来的改革开放。若是没有40多年的改革开放，中国怎么会成为如今模样？

从这个角度讲，邓小平也是从"土"里长出来的。改革开放不仅仅是他认准的道路，更是中国大众认准的道路。站在历史的高处看，这是中国人在这个历史阶段最好的选择。不然，要么继续贫困，要么完全按别人的指挥棒走路。这不仅仅是邓小平一个人的功劳，是中国走到历史这个阶段的必然选择。一种发展模式是好是坏，衡量标准说到底是民众的满意度。

一个国家谦和了，可能是最强大的时候。在世界历史的大路上行走，大国应当从容些。中国现在正在面对着空前的压力，有国内压力，更有外部环境的压力。看看世界历史，许多民族恰恰是压力到来之时才迸发出激情和才智，走出一番新天地。中国要图强，真的需要压力，压力小了都不行。压力是客观的，只有勇敢面对，压力才有可能变为动力。

汤因比纵览了世界史上很多文明凤凰涅槃的过程，他在《历史研究》中写道："创造是一种遭遇的结果，文明总是在异常困难而非异常优越的环境中降生。挑战越大，刺激越大。"中国越是在发展速度快、发展势头好的时候，越需要冷静，千万不可犯大错误。

对外开放体现出一个大国文化的底气和高度。当我们的文化呈闭关自守的状态时，我们就落后、就挨打；当我们拥抱世界、实行改革开放时，国家就发展、就强大。中国的对外开放，首先是从经济领域开始的，招商引资、扩大进口和出口、外国企业到中国开办企业，后来又打开了服务业对外开放的大门。近年来，一些文化和金融领域也打开了对外开放的大门。改革开放方针已使整个中国发生了翻天覆地的变化，没有改革开放，就没有中国的今天。对外开放，是中国在20世纪下半叶最明智的选择。肯定对外开放的正面作用，是毋庸置疑的。中国有这样的需要，也有这种胸怀。

这里要说的是，对外开放要"小心点"。这既出于战略需要，也出于理性考量。十几年前，作者在国内一次经济研讨会上发言，讲了这样一个观点：坚定不移坚持对外开放，但绝不能全盘放开，更不能让别人掐住我们的命门。

中国的开放是自己主动的开放，不是被迫的开放，更不是别人设计的开放。一个国家的对外开放应该是有尺度的，有红线的。比如金融体系，开放之门不能打开过大，一定要保证金融安全，不能容许别人在这里发力；比如信息传输领域开放，主导权必须掌握在自己手里；比如社会保障领域开放，绝不能允许外人份额过大，一旦出事可不得了； 比如我们买外国的国债，要考虑到国家安全； 比如文化领域的开放，也要慎之又慎。

中国有14亿人口，民以食为天。"天"能任别人操纵吗？粮食、饮用水、蔬菜、食盐、猪肉、食用油等生活必需品的产销，可以允许外资进入，允许人家赚钱乃至发大财，但不能允许别人过量收购，拥有控制力。中国是个农业大国，种子握在别人手里怎么行？太平日子还看不出什么，一旦遇变，别人可就不会考虑你了。要提防那时他们会借"天"勒你的脖子。这些，今天就要考虑到。尤其是掌握宏观调控的人，心中更要有底数。

上述这些，都是国家的两肋、命门，不能掐在别人手里。国家安全，美国人常常把它挂在嘴上，我们也要把它记在心里。国家安全的重要性应当摆在改革、开放、发展之前。

此外，开放应该是对等的，有底线的。在过去一段时间内，一些涉及国计民生的重要企业被外国收购，政府没有出手阻拦，可能是怕别人说我们"国家干预市场"。但这种事，西方少干预了吗？我们收购他们的企业时，他们的政府少亮红牌了吗？有些国家口口声声要求中国全方位开放，他们自己全方位开放了吗？事实是，他们经常以各种理由限制中国企业收购其企业，限制中国通信设备进入其市场，限制其科技产品和军工产品出口到中国市场。他们并未对我们全面开放。

无论到什么时候，都不能把自己的全部命运押在别人手里。你全盘托出了，人家当然高兴，但不会感谢你，他们认为这是你应该做的。喊你全盘开放，只是他们的手段，不是他们的目的。他们的目的比这大，他们的目标比这高。

让我们回到此番议论题目的出发点。我们的一切决策，出发点都是国家和人民利益，这是底线。中国对外开放的大门正越开越大，这没有错。这里要提醒的是，门，是必须要开的。不过我们是"打开门"，不是"敞开门"。门若失去其功能，对外开放就会走进误区。挡住一些外国资本对我国的投资、合资以及对关键领域企业的收购，限制部分战略资源的对外出口，不会影响发展和开放的大局。减少点 GDP，减少点外汇收入，不是什么大不了的事。为了国家安全大局，必须有得有失。别人早就这样思考问题了。历史这样告诉我们，过度的开放比闭关自守还可怕。殖民地是最开放的，可主权在哪里呢？开放进行到今天，在复杂的国际背景下，中国人应有这种清醒，这才是中国应有的大文化观。

四十多年来的经验证明，成功发展不是单行道。在过去，有一种论调，认为只有走西方之路才会成功。中国以及另外一些国家的成功表明，这种论调未必站得住脚。只有走适合本国国情实际的改革开放之路，才会成功。

中国注定要负重前行，中华文化注定要负重前行。这是因为我们的实际国力与发展目标还有很大差距，而当今世界格局正在给中国带来前所未有的压力，这更是上天赋予中国人的历史责任。当下中国有一种倾向，一些人沉浸在中国快速发展的兴奋之中，然而真实情况是，我们有的地方行，有的地方还不行。既非我们什么都好，别人什么都不好，也非别人什么都好，我们什么都不好。

中国的发展需要喝两种"墨水",只喝一种,营养不全。

我们要创造优秀文化,但不要说我们的文化是最优秀的。这是因为,我们的文化不一定最优秀,即使做到了最优秀,别人与你的价值观不一样,人家也不一定这么看。此外,是时代选择优秀,而不是优秀选择时代。

在我们国家和民族处于危机时刻,应该擂起优秀传统文化的巨鼓,鼓舞信心,扭转局面;当我们取得成就的时候,要经常思考,经济还不够发达,发展也不平衡,文化发展尤其有短板。我们还有许多东西需要向别人学习,需要更加努力。

目前,我们需要的是认真、踏实地学习他人长处,补齐文化领域各项短板。在对外文化交往上,要更谦逊、更务实。积极引导文化发展,"振兴国学"之类是必要的,但真正的文化高潮有其自身规律,是后人评价的,人为掀起的那不是"高潮"。只有取长补短,自己真正发展好了,别人才会信服你。自我标榜,收获的只是虚荣,别人反而会反感你。

对外交往,要以平等、谦逊的心态开展。谦逊,不是不自信,恰恰是自信的表现。

中国最终的强大,有赖于文化力量的发展和强大,这其中包括我们对中国和世界的解说能力和阐释能力。塞缪尔·亨廷顿在《文明的冲突》一书中认真分析了世界主要文明之间的区别,字里行间可以看出,他显然持"文明之间必然产生冲突"的观点。然而即便这样,他还是在书中写道:"西方的力量相对于其他文明将继续衰落。随着西方老大的地位被侵蚀,它将丧失很多力量,其余的力量将在地区基础上分散给几个主要文明及其核心国家。最重要的力量增长正在并将继续发生在亚洲文明之中,中国正逐渐成为最有可能在全球影响方面向西方挑战的国家。这种文明间的力量转移正在并将继续导致非西方社会的复兴和日益伸张其自身文化,并摒弃西方文化。"① 这种预见有一定合理性。西方文化已经创造了四五百年的神话,然而现在这种神话似乎有点继续不下去了,其他人就更没必要将其当作自己的图腾了。

还有一点,一个国家、一个民族的文化要设定目标并推进,应多倾听本国民众的声音,大众是否认同是检验一种文化强不强的重要标准。同时还要听一听别的国家和民族的看法。全球化不仅给我们带来了全球经济视角,还给我们带来全球文化观。

让我们理性拥抱世界。

---

① 〔美〕塞缪尔·亨廷顿:《文明的冲突》,新华出版社2017年10月版,第79页。

第八讲　文化与地球

> 文化的最高点在哪里？有人说是哲学，有人说是艺术，有人说是宗教，有人说是价值观。作者认为，保护地球才是人类文化的最高点。
> ——作者手记，2018 年 8 月 28 日

"文化"是社会学概念，而"地球"则是地理学概念，两者似乎不在同一范畴，好像风马牛不相及。其实，两者距离并不远。地球孕育了人类，孕育了文化，如今人类面临的最重要问题是如何保护好地球。保护地球涉及生态文明理念，这属于深层次的思想文化。

一、神奇的地球

人类居住的地球在太阳系中算是个小弟弟，木星有 1321 个地球那么大，太阳相当于 130 万个地球大小。地球与太阳相比，不过是一块不大的石头，而与更大的天狼星相比，恐怕只能算一粒沙子了，天狼星的体积是地球的 650 万倍。太阳系虽大，殊不知，它在银河系中同样不过是一粒尘埃。若把银河系放到偌大的宇宙中，宇宙也会说："银河系，一粒微尘耳。"说到这里，人们或

许会问：我们还找得到地球吗？确实，宇宙有多浩瀚，地球就有多微小，甚至微小到在地球还未诞生之前，从宇宙中一些遥远星球上发出的光至今仍行走在射向地球的途中，人类至今还未见到。

1990年"旅行者"1号探测器即将飞出太阳系时，回过头来拍了一组地球的照片。其中一张照片上有一个比沙粒还小的亮点，它就是地球。

针对这幅照片，美国天文学家、天体物理学家、著名科普作家卡尔·萨根说了一段著名的话："在这个小点上，每个你爱的人、每个你认识的人、每个你曾经听过的人以及每个曾经存在的人都在那里过完一生。这里集合了一切的欢喜与苦难，数千个自信的宗教、意识形态与经济学说，每个猎人和搜寻者，每个英雄和懦夫，每个文明的创造者和毁灭者，每个国王与农夫，每对相恋中的年轻伴侣，每个充满希望的孩子，每对父母，每个发明家和探险家，每个教授道德的老师，每个贪污政客，每个超级巨星，每个至高无上的领袖，每个人类历史上的圣人与罪人都在这里——一粒悬浮在阳光下的微尘。"

地球是宇宙中一个普通的星球，但它又实在不普通。在我们已知的星球中，还没有一个有地球这样神奇。由于有了围绕太阳的公转，有了23.44度倾斜角的自转，太阳的直射点在北回归线和南回归线之间移动，所以就有了春夏秋冬。地球有大气层，有个距离不远不近的太阳，还有个不远不近的月亮。非常神奇的是，距离差一点都不会有人类。地球表面有高山河流、森林草原、白云阴雨、冰雪潮汐、溶洞温泉、晨雾晚霞。地球表面有71%是海洋，29%是陆地，比例合理，简直是鬼使神差。海水升高1米，人类都受不了。地球距离太阳约15210万公里，可是，即便在赤日炎炎的三伏天，你从平原向高山攀登4200米，便已在冰雪世界中了。

地球表面有土壤、地下有矿产，大自然真是太偏爱人类了。

秋天里，从加拿大蒙特利尔到魁北克 300 多公里的路上，两侧全是红红的枫叶，美丽极了。在中国的九寨沟、张家界，在美国的黄石国家地质公园，在莫斯科郊区，在挪威森林中，在马尔代夫、玻利尼西亚的沙滩上，在巴西的热带雨林里，在澳大利亚的海岸边……我们无时无刻不在感受大自然的恩赐。

世间万物和一切精神总和的母亲是地球。换句话说，地球是所有物质和精神的缔造者。地球的生命是所有物质生命和精神生命的本源。没有地球，我们什么都不会有。

我们应虔诚地说一声：地球，谢谢你！

二、地球遭遇人类"杀手"

有人无知地认为，对地球的破坏是工业出现之后的事。其实，人类从地球上出现之后就开始了对地球的破坏。这种破坏的直接表现就是杀害各种动物，破坏植被。从人类的角度看，灭绝动物一共有三次高潮：第一次高潮是 7 万年前"认知革命"后采集者的扩张。智人来到美洲后，美洲的 47 属各类大型哺乳动物消失了 34 属。第二次高潮发生在 1 万年前"农业革命"之后，人类扩大耕地，毁掉森林，杀死动物。第三次高潮，也是破坏程度最甚的一次是"工业革命"以后，仅仅几百年时间，人类对地球的破坏程度就远远超过了祖先。

第一次和第二次灭绝动物的高潮主要是在陆地上发生的，而第三次灭绝高潮则波及海洋，工业化使海洋生物锐减，海水也受到了污染。局势如果继续发展下去，很快，鲸、鲨、鲔鱼和海豚也会走上与双门齿兽、长毛象一样的灭绝之路。①

非洲的野生动物闻名世界。许多国家的电视台都在播放着肯尼亚、埃塞俄比亚野生动物园里那些充满原始激情的动物。殊不知，欧洲、亚洲、美洲和大洋洲在历史上也都是与非洲一样的动物王国，只不过由于人类的贪婪和残暴，过度捕杀，才失去了像非洲一样的野生动物世界。

人类和动物一样，除了地球没有别的地方可去。人类在砍伐了森林之后，庆贺自己成功地种植了小麦和稻子；在屠杀了无数动物之后，庆贺自己成功地养殖了猪、马、牛、羊。动物们疑惑：没了我们，人，还能活多久？

工业化的出现给地球带来了巨大威胁。人类开始挖掘煤炭并燃用，开采石油并用于产生动力，制造各种化工产品和农药，等等。现今的地球，几乎没有一处还保持着原生态的自然环境。美国得克萨斯大学的一项研究提供的数字指出，地球上30%~70%的植物将在今后100年时间内消失。

地球正在变暖。由于温室气体的大量排放而造成温室效应，越来越多的二氧化碳进入太空，令地球温度不断升高。气候学家证明，在过去的65万年里，全球大气碳浓度一直维持在百万分之180至百万分之300之间，但是从工业时代开始到2013年，全球大气碳浓度已经从百万分之280上升至百万分之400，而大气中另外两种温室效应气体——甲烷和氮氧化物的含量也呈现相同的骤增态势。美国航空航天局戈达德太空研究所前主任、美国政府首席气候学家詹姆斯·汉森预测：照此速度，到22世纪初，

---

① 〔以色列〕尤瓦尔·赫拉利：《人类简史》，中信出版社2014年11月版，第73页。

全球气温将上升 6 摄氏度，人类文明将由此终结。汉森提出，人类目前的首要任务是将大气中的碳含量从百万分之 385 降低到百万分之 350 以下。

新闻报道不断传来坏消息。据报道：2021 年 8 月中旬，格陵兰岛突然下了一场暴雨，造成大面积的冰川融化。而在过去的上千年中，即便是在三伏天，这里也是只下雪不下雨的。"2021 年 5 月，俄罗斯西北部北极圈附近的气温已经接近 32 摄氏度，法国气象学家塞尔日·扎卡说，这打破了此前 27.8 摄氏度的月度最高记录。"[①]2021 年 8 月 13 日，《参考消息》再次报道，意大利西西里岛的温度达到 48.4 摄氏度，这可能创造了欧洲的最高气温记录。

2022 年 8 月，高温警报继续传来。欧洲的法国、意大利、比利时、瑞士等国出现了历史上罕见的高温，其中许多国家的高温创下历史新高。干旱随之而来，英国、德国等许多国家降水之少跌破纪录，河水流量减少三分之一，有人惊呼：欧洲正在经受 500 年来最严重的干旱。人们普遍担心这种状况会越来越糟。与此同时，中国的重庆、成都、杭州等城市均出现了历史上少有的高温，且高温期提前，持续时间比往年都长。一位 70 岁的老成都人对作者说，从记事起，成都就没这么热过。8 月 23 日，中央气象台连续第 12 天发布高温红色预警，这是从来没有过的。

在人类已知的历史上，气候对人类提出的挑战从来没有像今天这样强烈。

科学家早已发出警示：2009 年至 2019 年，地球已经历了已知气候史上"最热的 10 年"，而未来 10 年很可能是"更热的 10 年"。

---

① 《参考消息》2021 年 5 月 22 日。

2023年5月19日,《参考消息》报道：联合国世界气象组织称，2023年至2027年将是有记录以来"最热的五年"。接着的7月和8月，美国、俄罗斯和欧洲确实出现了历史上从未有过的高温。人类正面临着来自自身的挑战。

德国《世界报》网站2019年10月20日报道：全球六分之一的人口死亡与环境污染有关。"报告称，影响最为严重的是空气污染——不管是在室内还是室外。一项大型国际调查显示：2015年的共计900万个死亡案例中，有650万个与空气污染有关，心血管和肺部疾病与空气污染的关联尤为明显。"[①]

"雾都"两字，现在的人们已经很陌生了，可是上了岁数的人还记忆犹新。世界著名的雾都是英国的伦敦，18—19世纪，这里是全世界著名的制造中心，蒸汽机车、机床、汽车、发电机、电动机等从这里的工厂走向世界。狄更斯的《雾都孤儿》写的就是那时的状况。中国著名的雾都是重庆。这里是全国著名的工业中心，从19世纪后半叶开始起步，发展到20世纪七八十年代，形成了机械、汽车和军工为特征的工业基础。说到这里，读者知道了，形成"雾都"的原因是工业粉尘污染，也就是人们近年来常说的"雾霾"。

我们现在到伦敦和重庆，已经很少能看到雾霾了，走在街头很少会感受到粉尘的侵害，没有人再称这两座城市是"雾都"了。随着城市的发展、产业的更新换代及环境保护法律和措施的实施，特别是人的生态意识的提升，过去隆隆作响的机械加工工业在城市悄然退出，冒着黑烟的大烟囱也渐渐看不见了。如今在伦敦，在曼彻斯特，在重庆，在沈阳等昔日的工业区漫步，人们只能到

---

① 《参考消息》2017年10月21日。

少数保留下来的工厂遗址参观，只能到已经被命名为"某某工业博物馆"的景观中去回忆昔日这里是怎样生产机床和发动机的了。2019年6月初，联合国秘书长古特雷斯呼吁各国政府采取强有力措施，通过征收污染费、取消对化石燃料的补贴、停止新建燃煤发电厂等手段，改善空气质量。他说，据估算，地球上90%的人口暴露于高于世界卫生组织指导数值的空气污染之中。导致的后果包括：我们的平均预期寿命降低，一些经济体受到了严重影响。"这些污染物的主要来源包括燃烧化石燃料、化工和采矿业生产活动、露天焚烧垃圾、森林火灾以及使用高污染燃料烹饪或取暖等。这些问题在发展中国家尤为突出。"①

在不远的将来，世界上最珍贵的东西将是新鲜氧气、净水和绿色植物。淡水将是下个世纪最紧张的资源。全世界目前有100多个国家缺乏淡水。

20世纪40年代，美国率先制造出原子弹，并且在1945年8月6日和9日分别在日本的广岛和长崎投下了两颗原子弹"小男孩"和"胖子"。此后，苏联、英国、法国、中国、印度、巴基斯坦也先后掌握了原子弹制造技术。人类终于有了迅速毁灭地球的能力，也终于开始为地球的安全担心了。2022年1月初，中、美、俄、法、英五国领导人发表声明，"防止核战争爆发并杜绝核武器国家之间发生战争"。这是维护世界和平的一个好兆头，也是献给地球的一个福音。

三、保护地球是人类文化的最高点

不同的文化土壤孕育了不同的生态观。人类在不同的历史阶段对地球的认知和感情是不一样的。人类的原始祖先并不知道保

---

① 《参考消息》，2019年6月6日

护环境，但是他们凭直觉能够与地球和睦相处。他们与其他动物一样，把地球看作自己的家，而现代人类更多地则是把地球看成是自己享乐的天堂。

人类与文化伴行已经上万年了，人类讨论文化亦有数千年了。有没有人想过，是谁给了人类的这个资格？答案是：地球。

人与地球应该建立怎样的关系？这个问题正在考验地球人的整体文化素质。我们应该知道，与地球的自身需要相比，人类更需要地球。人类的行为并不能影响地球的生存，而只能影响自己的生存。不要以为有了地球，人类就能继续生存下去。有专家说，现在正是地球的壮年，人类只不过是它巨量生命中的短暂过客，如果没有适合人类生存的环境要素如温度、氧气和水等，人类是无法在地球上生存下去的。

我们为什么要成功、要赚钱？回答应当是，为了过上更好的日子。可是，我们为什么为了赚钱而去破坏过好日子的基础呢？人类真的应该反思如何善待自己。人类中的一些人为了过好日子，正在干着南辕北辙的事情。人类本来应当关注生态，结果却只关心利益、关心政治。现代人类似乎还没有搞明白，说人类"居住"在地球上其实并不准确，你是哪里来的"居住"者？在地球上你是如何取得"居住"资格的？你"居住"的内容是什么，享受、破坏还是保护？真正能够形容人类与地球关系的词语，应该是"赖以生存"。人类的"生"与"存"只能有赖于地球。

毁坏地球很容易，现有的原子弹足以消灭地球表面的所有生物。到那时，地球还会以一个行星的身份继续绕太阳转动，而表面却已没有人类了，因为地球表面曾经有过的这类高级动物，为了满足自己的贪欲，破坏了自己的生存环境。

2014年11月，中欧香格里拉论坛在成都举行，作者在发言中表示：没有任何一种动物为了自己的生存而破坏后代的生存环境，而人类则做到了这一点。只要我们善待地球，只要我们珍爱大自然，只要我们保护生活环境的每一个细微之处，不管你生活在哪里，都会拥有自己理想中的香格里拉。

1981年，美国学者布朗在《建设一个持续发展的社会》一书中提出了一个崭新的可持续发展的观念："既满足当代人的需要，又不对后代人满足其需要的能力构成危害的发展。"

某环保产业公司宜宾基地，开始时，这家公司处理生活垃圾的做法是深埋，后来改为焚烧，2016年他们开始利用焚烧发电，并同时回收焚烧过程中产生的有害气体。现在，这家公司每天处理城市生活垃圾3100吨，年处理量达到106万吨，每年利用垃圾发电4.22亿千瓦时（$kW·h$）。关于生态问题，这家公司的负责人有一番非常精彩的见解："传统生存方式中有着极强的现代生态意识。在传统的生活方式中，人的粪便排出之后要用来做肥料，那时人们种地不使用化肥，所以也不存在土地板化问题。现在，人们用抽水马桶，既干净又方便，可是却把粪便排到江河里让下游的人饮用做饭。在传统生活方式中，人们的衣服破了，补了再穿，实在不能穿了，撕成布条扎拖布或者用糨糊粘起来纳鞋底儿，现在的塑料鞋、胶鞋穿破扔掉之后，在土壤中几百年都不能降解。……在传统生活方式中，人们的交通工具主要是自己的双腿，不像现在出门要坐车，于是就有了废气污染，就有了废轮胎橡胶污染。在早些时候，人们骑自行车是生存手段，而不是像现在更多的是用于体育锻炼。汽车多了，就要修更多的路，于是很多农田都被高速公路占用了。车多了，我们又开始为塞车烦恼。当代人类又想活得好，又想活得老，殊不知，这势必会加速消耗地球上的资源，势必会剥夺子孙的生存空间，使人类失去共同生存的基础。人类一边在走向天堂,一边又正在走向地狱。"

客观来说,现在的人类已经很难找到自然界的对手了。然而,如果地球表面环境继续遭到人类破坏,温度升高,其结果只能是地球不再适宜人类生存,人类的对手恰恰是人类自己。

早些年,全国人民还关心一度恶化的环境问题。空气质量变差,江河水质受到污染,土壤中的有害金属含量增加……究其原因,除了片面追求GDP,单纯追求利润之外,很重要的一点就是,干这些事的那些人,对"地球是人类赖以生存的环境"缺乏认识,缺少"天人一体"的起码良知,目光短浅。例如,在人口集中的内陆大城市附近不能建设大型化工厂,这是作为智人的常识,难道还用再重复吗?

某一国家没粮食了,可以向别国购买,可是一旦全球都没粮了,还向谁购买呢?粮食问题首先是粮田的问题。现在各个国家或因城市发展或因其他原因都在减少粮田,而且由于已知的和未知的气候变化、战争、疫情等因素,全球缺粮的那一天或许真的离我们不远了。一旦遇到全球性的这些灾害,粮食短缺,就会出现严重问题,搞航天的、办网络的、写书的、研究基因的斯文人都会去抢夺粮食吃。

作者有一个江苏朋友20世纪80年代中期办了一家乡镇企业,搞来料加工,赚了不少钱,但也污染了当地的水源和空气。十几年前他放弃了原来的行当,办起旅游,搞古街修复,治理水源。作者对他说,你这是在还债,在赎罪。他一笑默然。

整个社会正在向前发展,但物质增长与文化进步具有同样的内涵吗?从一定意义上讲,物质增长确实给人类带来了享受,但是同时也带来了环境恶化、战争和不平等。控制物质增长,地球和人类的寿命也许会更长久。要青山绿水,还是要快速增长的

GDP？这是"地球村"村民目前面临的最大问题。

现在，人类已经是个共同体，谁也没有单独的未来。当今世界科技发达、经济发展，人与人之间、国家与国家之间更应当和睦相处。人类不仅面临着和平发展，还要共同承担保护地球的重大责任。比如旨在应对全球气候变化的《巴黎协定》确定的各国减排目标，当事国均有责任落到实处。

生态优先的重要原则在于发展与保护发生矛盾时，毫不犹豫地选择保护。发展慢了，以后还有机会赶上；错过了这班车，后边还会有班车来。而一旦生存环境遭到不可逆转的破坏，就万劫不复了。

生态文明是人类文明的高级形态，"保护地球"应当成为世界各种文化的一项共同基因。能否进行有效的国际合作保护环境，是地球考验人类是否真有文化的大课题。我们都在一条船上，只能同舟共济。

保护地球，是人类文化的最高点。

趙下

下篇 分论

XIAPIAN FENLUN

第九讲　文化土壤与民族

世上没有单一来源的文化，也鲜有单一血缘的民族。

——作者手记，2019年1月7日

截至 2021 年 1 月，全世界共有人口 75.8 亿，分属于 2000 多个民族，其中人口超过百万的民族有 300 多个。世界上人口排前 10 名的国家分别是印度、中国、美国、印度尼西亚、巴基斯坦、巴西、尼日利亚、孟加拉国、俄罗斯和墨西哥。从以国家文化概念命名民族的角度来讲（比如中华民族、美国民族、俄罗斯民族等），这 10 个国家的主要人口分别构成了本国的主体民族。中华民族是世界上人口最多的民族。

民族是人类发展到一定历史阶段的产物，它与人种、血缘、文化有着千丝万缕的联系。从文化土壤的角度来看民族，我们更能认识世界民族中的"你、我、他"。

一、何为民族——以文化为视角

(一)什么是民族

民族的概念较为复杂。综合国内外专家的观点,从一般意义上讲,民族是特指具有共同语言、共同地域、共同经济生活以及表现于共同文化上的共同心理素质的人的共同体。有的民族在四五千年前就已经形成,有的则刚形成几百年,大多数民族形成于距今 3000—1000 年之间。

关于民族的概念,不同的人有不同的理解。总的来说,"民族"是人们用来区分不同人类群体的概念。

早在中国周代,就有了"民"和"族"的概念,但合成"民族"一词并具有现在通行含义,则始自 1899 年梁启超的《东籍月旦》一文,他把西方的民族概念介绍到中国。1901 年,梁启超发表《中国史绪论》一文,首次提出"中国民族"的概念。在这个基础上,1902 年,他在《论中国学术思想变迁之大势》一文中正式提出"中华民族"的概念。关于中华民族的概念,大体来说,是指生活于中国疆域内外、有中华民族血统、使用或认同中华文化的各族群的总和,是一个广义上的中国的代称。

(二)民族的形成

放眼世界,民族产生的文化土壤通常为:地理环境、生产生活方式、语言文字、习俗、早期或后期形成的宗教信仰。不同的文化土壤孕育了不同的民族。

"民族是在原始社会向阶级社会过渡时期形成的。但并不是说迄今为止的一切民族都是那个时期产生的,也不是说从此以后不会再产生新的民族了。……新的民族形成的途径,既有同源异流,也有异源同流。例如,现居住中国南方和西南地区的几十个民族，他们的先民，追溯其根源都跟古代濮人、越人、氐羌人有渊源关系。在漫长的历史变迁中，古代的南方各民族经过不断分化、融合而发展成现在的单一民族。如贵州的仡佬族、布依族均同古代的'濮人''骆越人'等有着密切的历史渊源。这是民族形成的'同源异流'。而'异源同流'的实例则更多。如哈萨克族是由古代的乌孙人、突厥人、契丹人等经过长期的融合而形成的；东乡族是由色目人、蒙古人与当地的汉族、藏族逐渐融合而形成的，等等。"[1]

　　欧洲的主要民族有四支。其一是日耳曼人，包括德国人、英国人、挪威人、荷兰人、瑞典人、丹麦人、冰岛人及一部分瑞士人。这主要是从目前这些国家的民族构成而言，其历史上多有民族融合。如近现代的英国人虽然继承了日尔曼人的一支——盎格鲁·撒克逊的血统，但也有凯尔特人和罗马人的血统。其他不少国家的民族构成，情况亦是如此。其二是拉丁人，有法国人、意大利人、西班牙人、葡萄牙人和罗马尼亚人。其三是斯拉夫人，有俄罗斯人、白俄罗斯人、乌克兰人、斯洛文尼亚人、波兰人、捷克人、塞尔维亚人、保加利亚人等。其四是凯尔特人，现今的爱尔兰人、苏格兰人、威尔士人、英格兰的康沃尔人和法国的布列塔尼人都是凯尔特人。这四个民族（族群）的人口占了欧洲总人口的九成以上。欧洲还有一些人口只有100万至几百万的民族，如匈牙利人、芬兰人、犹太人和土耳其人。另外还有希腊人、阿尔巴尼亚人、立陶宛人、吉普赛人等，其中希腊人在古典时期人口众多，他们的祖先也是由多民族组成的。

---

[1] 吴世民主编：《民族问题概论》，四川人民出版社1997年8月版，第14—15页。

非洲的民族构成十分复杂，原因首先是尼格罗人在热带非洲多次迁徙。其中最大的是班图族，它经过迁徙逐渐分散到东非和南非。其次是从7世纪起直至11世纪，大量阿拉伯人从亚洲进入北非，直接导致当地人的阿拉伯化。此外，随着殖民主义的出现和拓展，很多欧洲白人来到非洲，使非洲的民族构成更加复杂。

　　由于非洲的民族构成异常复杂，至今无人进行比较清晰的分类。人类学家和民族学家通常用语系、语族、语支来加以区分。非洲人通常被列入四大语系，即闪米特-含米特语系、苏丹语系、班图语系、依桑语系，操四大语系的人分布在非洲不同地区的不同国家，他们又分属不同的民族。

　　在亚洲，大和民族是构成日本的主体民族，占日本总人口的99%，分布在日本列岛。"大和"一词来源于公元3世纪时日本政权所在的大和地区。和族主要由原先居住在东北亚大陆的日本海沿岸居民和东亚大陆居民融和而成。一个"和"字，恰恰是和族形成的重要特征。

　　日本只有两个少数民族——阿依努人和琉球人。阿依努人现有人口只有2万多人，他们是日本的最原始居民，属蒙古人种和欧罗巴人种的混和类型，在旧石器时代晚期或新石器时代早期曾广泛分布于日本列岛，现在则主要集中在北海道。阿依努人崇拜祖先，信仰万物有灵。琉球人现在大多数居住在日本本土，只有10多万人还居住在日本南部的列岛上，他们是那里的原住民。有史学家认为琉球人是构不成一个民族的，但也有史学家不同意这种观点。

　　再看中国的民族。现在我们对外统称中华民族，对内则分称汉族、蒙古族、藏族、维吾尔族、壮族、瑶族等56个民族。如今的中华民族是中国历史发展的产物，是多民族融合发展的结果。

有人说，没有其他民族不断地融入中华，中国就不会有今天这般模样的疆土、今天这般模样的人口和今天这般模样的民族。正如许倬云在《万古江河》中所说："中古时代，中国经历七八百年的民族重整过程，原有'汉人'接纳无数北方、南方的外族部分，形成一个新的庞大而多元的民族。这个民族不是由血统界定，而是认同于一个文化传统，却又显现多元性的人群。"

"中华民族"这个概念近代才开始使用，就连"中国人"的概念也是到了现代才开始普遍使用。两者的内涵大体重合，但并不完全一致。"中国人"这个概念并不特意强调民族特别是汉族，其准确的含义应该是"生活在中国或外国的、拥有中国国籍的人"，也包括原是外国人现在加入中国国籍的人。"中华民族"则是生活于中国疆域内外、拥有中华民族血统，尤其是使用并认同中华文化的各族群的总和，其中包括汉族和其他少数民族。而现在我们所说的各少数民族，也是在各个历史进程中不断变化、不断与其他民族包括汉族融合后才形成的。

有人说"中华民族"是一族，各民族是这个大民族中的分支族群；有人认为，不能说中华民族是一个民族，因为其中有不少人血统、族源、语言、宗教、习俗不同。其实这两个说法都有一定道理，只不过角度不同罢了。费孝通的说法令许多学者折服，即中华民族是多元一体的格局。

（三）民族是平等的

2014年4月28日，作者从摩洛哥的马拉喀什出发，在向西撒哈拉行进的过程中，当汽车翻越阿特拉斯山时，发现山间的民居竟然与中国羌族的民居几乎相同。噢，同纬度的人几乎有着相同的生活方式。看着这些生活贫困的人，作者心想，一些比我们强大、比我们富有的人用鄙视的眼光看我们时，我们会愤愤不平地呐喊：我们是一样的。同样，在看到一些人比我们落后和贫困，在我们面前露出敬仰和畏惧时，我们应该平静地告诉他们：我们是一样的。

四海之内皆兄弟，世界各民族是平等的。世界上有些国家，由于政府对某民族资源倾斜而引起其他民族不满的事情，至今仍时有发生。这是一个所有国家的领导者都必须认真重视的问题，切不可顾此失彼，"平等""平衡"，是处理相关民族问题的首要选择。发展教育、文化、卫生等事业，恰恰是为了更好地实现民族平等。

在民族平等问题上，应当防范"民族优越论"。过度美化本民族的历史，是极为有害的。世界上曾有几个民族这样做过，比如盎格鲁－撒克逊人，比如日耳曼人，他们甚至得出本民族血统比其他民族血统更加优良的结论；日本人曾经对和族也有过类似的宣扬。历史上还有一些民族这样尝试过，主要集中在欧洲。非洲和中南美洲的国家似乎没有过这样的尝试。

这好像形成了一条规律，美化本民族历史的国家和民族都是处于强盛阶段的国家和民族，弱小的国家或民族从未抢过这个"光环"。

细细分析一下曾在世界上标榜自己民族有多优秀的几个国家的历史，可以有这样的发现，即他们对自己民族的基因形成并不清楚，标榜自己民族优秀的目的只是显示自己高人一等。过度美化本民族的结果，只能是欺骗子孙和疏远别人。

比较不同国家、不同民族之间的文化差别，如果是进行发展程度"快"与"慢"的比较，一般来说是学术性的；若从"高"与"低"、"优"与"劣"的角度去比较，则可能是别有用心的，甚至是民粹主义的。

我们要有民族精神，但不要有狭隘的民族主义，要懂得民族平等，和平共处。民族精神体现的是骨气，是一种勇敢，而狭隘民族主义则表现出对其他民族的歧视，是一种莫名其妙的傲慢。每个民族都有优秀性和劣根性。文化强大才是一个民族强大的基础。

中国过去曾存在"大汉族主义"和"地方民族主义"，现实生活中也还留有一点痕迹，其宣扬者并不太了解"民族"是怎么回事。过度渲染民族意识，无论在外交上还是对国内各民族团结而言，都没有什么好处。历史这样告诉我们，未来也将这样告诉我们，我们的民族自信是指整个中华民族的自信。

二、从远古走来的中华民族

中国是世界上民族较多的国家，经官方统计和认可，现在共有 56 个民族，其中多数民族都有着比较悠久的历史。

中国古代北方地区曾出现过许多少数民族，主要有匈奴、东胡、突厥和蒙古等四大族系，他们大都过着游牧生活。到了战国后期，出现一些拥有人口较多的大型部落联盟，主要有匈奴、东胡、乌桓和鲜卑，其中匈奴的规模最大。

到了辽宋夏金时，契丹、党项、羌、女真等民族在北方和东北地区活跃起来。后来，蒙古族开始崛起。有学者这样分析：

"自古以来，西域和联结西域的河西走廊（主要在今甘肃省境内）就是多民族的聚居之地，塞、诸羌、月氏、乌孙、匈奴、鲜卑、吐谷浑、柔然、嚈哒、铁勒、突厥、吐蕃、回鹘、契丹、党项、蒙古和西蒙古诸部先后活跃于这个地区。

"13 世纪初，崛起的蒙古势力到达新疆，高昌回鹘汗国（亦都护政权）归顺于成吉思汗，此后蒙古人在西辽属地上建立察合台汗国，建都于伊犁河谷的阿力马里，同时在阿尔泰地区建立窝阔台汗国。

"明代时，新疆地区的察合台后王信奉了伊斯兰教并传播开来。在这个时期，除了从回鹘发展起来的维吾尔族之外，在新疆和中亚先后形成了哈萨克、乌孜别克、柯尔克孜等与今天新疆地区民族有历史渊源的部落。"[①]

唐朝诗人王维有一首《渭城曲》非常著名，其中"劝君更进一杯酒，西出阳关无故人"令中国文人吟诵至今。其实，从人类学和民族学的角度看，王维可能说错了，阳关以西甚至包括现西部国土疆界以西，有不少人与唐代的中国人和现在的中国人同祖同宗。如哈萨克斯坦的国民与中国的哈萨克族在历史上就是一个族群，乌兹别克斯坦、吉尔吉斯斯坦等一些中亚国家的民族与我国西北一些少数民族也有着血缘关系。因各种历史原因划分的现国界，是另外一个概念。例如 2000 多年前的匈奴，其后代已经大部分融合在中亚和中国黄河以北地区。怎么会是"西出阳关无故人"呢？即便从唐朝的汉人角度讲，也不是这样。因为唐朝的汉人中有很多原本就是北方来的少数民族。唐太宗李世民的母亲不就是鲜卑人吗，鲜卑也是胡人。王维所说的"故人"只局限在中原的亲友，只局限于他自己的故人。

在久远的年代里，我国西南地区生活着众多少数民族，他们主要分为氐羌系部落、百越系部落、百濮系部落和苗瑶系部落四大群体。

"中国辽阔的疆域和富饶的土地是中华各民族人民共同开拓

[①] 徐庭云：《中国文化史三百题》，上海古籍出版社 1987 年 11 月版，第 115 页。

和共同守护的。在古老的中华大地上，从夏、商、周到春秋战国时代以至秦汉的漫长历史时期，华夏、苗蛮、百越诸族开拓了黄河流域、长江流域和东部沿海一带，其他各民族开拓了辽阔的边疆地区。肃慎、东胡、乌桓、鲜卑、匈奴、狄等族开发了东北地区、蒙古草原和华北北部的广大地区；戎、羌、氏诸族开发了青藏高原地区；乌孙、月氏、塞种诸族开发了新疆及其以西广大地区；濮、越等族开发了长江中下游以南地区；西南夷开发了西南边疆广大地区。以后相继又有更多的少数民族陆续在开发祖国的历史中贡献力量，如敕勒、吐蕃、突厥、回纥、契丹、党项、女真、蒙古、朝鲜等很多民族。中华民族的各民族先民辛勤劳动，艰苦创业，共同开拓了祖国辽阔的疆域。"①

现在我们来回顾一下几个在中国历史上有很大影响的少数民族的发展过程，并分析一下三个层次的文化土壤对这些民族的形成与发展的影响。

羌族的名称在中国56个民族中是较古老的，羌族是目前中国北方和西部许多民族的祖先。羌族原为西北一带的姜族，姜族属蚩尤三苗姜姓的一支。《后汉书·西羌传》中记载："西羌之本，出自三苗，姜姓之别也。"三苗是我国上古时期一支部落族群，聚居在现湖南岳阳、湖北武昌、江西九江一带。现在我国西部地区的一些羌族人仍在内部自称为"苗"。羌人的祖先也是在冲积扇上生存繁衍的，后来才迁徙到山区和高原。

少数民族从平原走上高山，除了觅食、自然灾害、战争、瘟疫四个主要因素外，还有政权的更迭、移民和气候变化等原因。

---

① 吴世民主编：《民族问题概论》，四川人民出版社1997年8月版，第160—161页。

羌，初为"羊"字，是殷人对西部"牧羊人"的称呼。中国近代史学家范文澜认为，炎黄二帝都出自远古的羌族。炎帝首先从西戎游牧区进入中原，黄帝则随后从黄土高原进入黄河流域。直到如今，许多汉字仍带有羌人的游牧血统胎记。如汉字以羊为"美"，以羊为"善"，以羊为"祥"，以羊为"羲"，以献羊为"羞"。有人据此设想，如果在"美"字形成的时代，羌人不是牧羊人而是农民，"美"字就不是"大羊"，而可能是"大米"了。

羌在商周时期开始出现在我国的历史记载上。羌人的迁徙路线很多。范文澜在《中国通史》中写道："羌族在青海建立起吐谷浑国，是社会发展的一个重要标志。羌族一部分自青海入西藏，一部分迁徙到蜀边境内外，也陆续进入西藏。"我国西南地区许多少数民族的血缘中都有羌人的基因。彝族的祖先中有一支是从甘青高原沿岷江、大渡河、雅砻江河谷迁徙而来的古羌人，云南的哈尼族、白族的祖先也有羌人的血缘。现在我国羌族人口居住最集中的地方是四川的阿坝和北川，他们的祖先是从河湟地区顺岷江而下迁徙来的。

三星堆遗址比金沙遗址早约300年。从出土文物的特征来看，二者有很大的相似性。可以断定，金沙遗址与三星堆同属于一种文化。这种文化不是单纯的当地文化的崛起，而是顺着岷山、岷江来的羌氐文化与当地文化融合的结果。

蜀人何来？如今的岷山古称蜀山，岷江古称蜀江，四川人的祖先被称作蜀山氏。何为蜀山氏？重要的一支就是顺着岷山下来的羌人、氐人。

作者在四川什邡的湔氐镇采风时发现，这里的人填写登记表时大多填"汉族"，而历史记载这里一直是氐人的活动区。湔氐自古以来就是羌人和氐人的聚居区。其实氐与羌的祖先是同族。

在古汉语中，"氐"与"低"通假使用，《尚书》记载，"氐"为"居低之羌"，也就是说，居住在高处的被称作"羌"，居住在低处的被称作"氐"。还可以具体点说，居住在松潘、汶川、茂县以北包括今川北、青海、甘肃相当一部分高原地区的为"羌"，居住在松潘、汶川、茂县以南丘陵平原地带的则为"氐"。有史料证明，四川阿坝南部的白马藏族就是氐人的后代。史载，"白马"本就是氐人的另一称谓，如《北史·列传·卷八十四》云："氐者，西夷之别种，号曰白马。"而历史上的氐人经过长期与汉族及其他民族在一起生产生活，大多数已经相互融合了。湔氐地区的原始居民就是这样从历史走来，他们的祖先有一支是氐人。

在战国时期的地图上可以清楚地看到，今天四川、重庆包括一部分藏、滇、黔地区被标以"氐蜀"。在2000年中国地图出版社出版的中国各历史阶段地图上，我们看到现在的西藏地区在战国时期被标作"发羌"。

在汉朝建立之后，那些没有融入汉族的氐羌、羌戎、西羌人便成了汉人眼中的羌人，他们与汉人时有战争，时有和平相处。西晋结束后，十六国中的蜀政权就是氐人李雄建立的，也称作"成"或"成汉"。

鲜卑族现在已经融合在黄河以北的各民族之中，族名不存在了。东汉至魏晋时期，鲜卑在当时的北方称雄。公元386年，拓跋珪趁前秦四分五裂之际在牛川自称代王，重建代国，同年4月，他改称魏王，公元398年6月，正式定国号为魏，史称北魏。这是南北朝时期的第一个王朝。鲜卑强大之后，朝中的"鹰派"主张把汉人杀光，"鸽派"则主张让汉人成为奴隶。当然，这只是鲜卑最初取得政权时的情况，随着地域不断扩大，政权逐渐稳定，拓跋氏开始热衷于汉化。

拓跋珪十分羡慕中原灿烂的汉文化，鲜卑人也像汉人一样崇信佛教。北魏文成帝时，在首都平城（今山西大同南）开始凿建云岗石窟。后来，孝文帝迁都洛阳，又凿建了龙门石窟。中国三大名窟竟有两个是拓跋氏所凿。鲜卑执政者中热衷于汉化的一个突出人物是冯太后。冯太后是一个很有才干的女政治家。她其实是汉人，嫁给了鲜卑人，临朝亲政的20年间采取了许多改革措施，如实行官员俸禄制，使官场风气好转。她倡导汉化，移风易俗，禁止同姓相婚，并与南齐修好。后期，她还与孙子孝文帝共同设计和推广均田制。她执政期间，国内政治局面比较稳定，但也有人指责她滥用刑和奢侈。

公元490年，冯太后离世，她的孙子拓跋宏亲政，是为孝文帝。孝文帝在那段历史上最突出的成就是推行"均田制"，其要点在于按人口分配土地。"均田制"不仅在政治上缓和了地主与农民之间的矛盾，减少了土地纠纷，还在经济上使土地与劳动力结合起来，扩大了无主土地的开垦，土地不再荒废。公元493年，孝文帝率众离开平城南下至洛阳，并在洛阳定都。此后，孝文帝开始大规模推进汉化运动。他说："我们在军事上是胜利者，但是在文化上我们是汉文化的学生。"在公元494—496年之间，他先后采取了六项措施：一是禁穿胡服，他本人穿着汉族帝王衣冠，一般士民也须着汉装；二是禁说胡语，俱从汉语，并规定30岁以下者不准说鲜卑语；三是改变度量，尺斗均依汉制；四是推广汉文化教育，设国子学、太学及小学；五是禁止归葬，北人死哪儿葬哪儿，不准还北；六是改变姓氏，改拓跋氏为元氏，其余功臣旧族亦均改之。如鲜卑人原姓拓跋者改为姓长孙，原姓达奚者改为姓奚，原姓乙旃者改为姓叔孙，原姓丘穆陵者改为姓穆，原姓步六孤者改为姓陆，原姓贺赖者改为姓贺，原姓独孤者改为姓刘，原姓贺楼者改为姓楼。当时改的有118个姓。

作者以为，拓跋氏的"汉化"运动并非仅仅是仰慕汉文化、虚心学习汉文化。拓跋氏全面学习汉文化的着眼点很可能是，北魏当时已是我国北方最强大的政权国家，统治了大片汉人地区。而且，他们的胸怀更大，眼光更高，他们希望打下更大面积的汉人地区，统治更多的汉人人口。拓跋氏原来的游牧文化显然难以支撑实现这样的战略目标。因此，可以说，拓跋氏的汉化运动体现的是拓跋氏当权者雄心勃勃的大局观，而不仅仅是你优秀，我学习。

孝文帝的汉化运动在中国历史上具有重大意义，中国黄河以北民族现状的形成也与此有重要关联。

藏族在很长的历史时间内被称作吐蕃。藏族与其他民族在第一个层次和第二个层次文化土壤上有区别但并不大，而在第三个层次文化土壤特别是宗教方面形成了与其他民族较大的区别。公元前3世纪，秦国开始在现在的甘肃、陕西、宁夏等地设立郡县，居住在这些地区的大部分羌人又往西走，来到甘肃西部和

松赞干布的后代在哪里？西藏阿里高原上留下这1000多年前的王朝遗址
图14：西藏阿里古格王朝遗址

青海一带，并逐渐流居到四川西北及西藏地区，进而成为藏族先民的主要组成部分。公元7世纪，松赞干布统一各自相对独立的部落，建立起吐蕃政权，吐蕃的辖地主要是现在的青藏高原。吐蕃政权延续200多年，至朗达玛结束，其后代又在阿里建立起地方政权——古格王朝。

吐蕃的历史如今已淹没在传说之中，从松赞干布开始才有了明确的编年记载。在卫藏地区进入有文字记载的历史之前很久，阿里地区就有了本教，这是卫藏地区最早的原始宗教，影响逐渐扩展到全藏。松赞干布时期，佛教开始在西藏地区传播，到了公元9世纪，藏传佛教开始盛行。"吐蕃"的概念从松赞干布之后一直在西藏地区存在。元朝时，元室崇拜藏传佛教，赋予喇嘛对吐蕃的统治权。那时，"吐蕃又称乌斯藏，乌斯指今前藏，藏指今后藏。明代乌斯藏一词更为流行，至清始称西藏"[1]。

历史上的契丹族，今天已经融合在诸多民族之中。五代初年，耶律阿保机在东北的草原上建立起契丹国，这是统治中国北方200多年的辽王朝的开始。辽国在其兴盛时版图相当大，东临日本海，西达阿尔泰山山麓，北到贝加尔湖，南至山西、河北一带。契丹人原来信奉萨满教，在辽代，受汉文化影响开始接受儒、佛、道等，其中佛教在辽国最为兴盛。白山黑水间出土了很多全国独有的辽代时期文物，其中很多与佛教有关。

辽代社会是比较包容开放的，他们将西域的玻璃器皿、瓜果蔬菜引进了中国，西瓜便是他们引进来的。同时，他们也把中国的科学技术传入亚欧多地。内蒙古自治区赤峰市敖汉旗文物部门保存的80多幅辽代壁画，生动反映了1000多年前中西交往的

---

[1] 傅乐成：《中国通史》，中信出版社2014年10月版，第608页。

情景。

1125年，辽灭亡后，契丹人大多与当地蒙古、女真、汉等民族融合，也有少数部落出走西北与西南。"云南施甸县陈忠莽蒋氏是契丹的后裔已经是毋庸置疑的事。"①

蒙古族在历史上曾经威风八面，这一点无须赘言。"蒙古人种"这个概念是欧洲人在18世纪后期提出来的，专指生活在亚洲的黄色人种。蒙古人种在人类史上已存在数万年，而蒙古族则是成吉思汗建立大蒙古国之后才出现的民族称谓，只有800多年时间。这两者是不同的概念。多数学者认为：蒙古人源起室韦，属于东胡族，与鲜卑、乌桓源流相同。蒙古人原本臣属于辽国，在女真人兴起后，转而臣服于金朝。由于金朝注目的重点是南宋，塞外草原上的各部族势力因而有机会各自发展，蒙古人就是在这种背景下崛起的。

游牧民族的迁徙与向外扩张直接与气候有关。气候湿润时，水草肥美，他们能够安居乐业，而一旦气候干旱，牛羊缺草吃，他们只好四处迁徙寻找适宜的牧场，甚至不得不与农耕地区争食。有历史学家考证，世界历史上游牧民族向外扩张，几乎都是在干旱季节进行的。恶劣的气候，对游牧民族的"性格"是有影响的。

1206年初，铁木真统一了蒙古各部落，同年春天建立蒙古汗国，他被尊为"成吉思汗"。蒙古汗国创制了自己的文字，并多次对外发动战争，征服东到太平洋、西到黑海海滨的广袤地域，在中国西北、西亚、中亚和部分欧洲占领区先后建立起窝阔台汗国、察合台汗国、钦察汗国和伊利汗国，建立了世界上最大的横

---

① 刘凤翥：《殊方未远》，中华书局2016年8月版，"寻找契丹后裔"，第149页。

跨欧亚大陆的大帝国。1271年，蒙古汗国改称"大元大蒙古国"，这也是元朝的正式开始，成吉思汗之孙忽必烈成为元朝皇帝。元朝创设了行省制度，中国的内蒙古、新疆、广西、云南、贵州等民族地区都在行省的管辖之下。元朝把云南、四川、华北、东北广大地区纳入中央政府的有力管辖之下，设宣政院直接管辖西藏，设澎湖巡检司管理澎湖、台湾，同时在云、贵、川、康等民族地区设土司制度，加强了中央对边疆地区的统辖。此举在中国多民族统一国家的形成和发展史上具有至关重要的意义。

现在国内的蒙古族和蒙古国人普遍信奉藏传佛教。那么，藏传佛教是怎样传到蒙古地区的呢？16世纪中期，即明朝嘉靖中后期，跑到漠南的蒙古土默特部首领、成吉思汗后裔俺答汗率领土默特部统一了漠南蒙古大部分地区。1578年，他在青海会见了西藏的宗教领袖索南嘉措。俺答汗认为索南嘉措是八思巴转世，送给他"达赖喇嘛"的称号。索南嘉措则回赠俺答汗"忽必烈转世"的称号。索南嘉措获得了藏传佛教至尊的位置，俺答汗也获得了与传统大汗同样的威望。随后，俺答汗开始在蒙古地区大力推广藏传佛教，并打压原有的萨满教。从此，藏传佛教格鲁派（黄教）便在蒙古地区传播开来。

清朝是我国最后一个封建王朝，这个王朝是由满族人建立起来的。满族的祖先曾先后被称作肃慎、挹娄、勿吉、靺鞨、女真、满洲，他们都是在东北的黑土地上繁衍生存的。努尔哈赤的出现，使满族突然迸发出勃勃生机，并在中国最后的封建历史阶段演绎了一出先是波澜壮阔后是气息奄奄的近300年的历史剧。满族人于17世纪上半叶在中国历史舞台上登台表演，一是因为其本身正处于兴盛期，二是明朝末期腐败无能。

总之，中华文明能够延续至今的一个重要原因是历史上少数民族不断融入，为中华民族输入了新鲜血液。

满族人的汉化并不是清代的发明，他们的祖先金人在开国之初就曾奉行全国二元治理，也就是满、汉文化共存，但十几年后便转为接受汉化的一元治理。从金熙宗开始便放弃二元治理，到海陵王迁都北京（金中都），汉化程度进一步加强。这种做法，使金朝丢失了草原的野性，最终被蒙古帝国所灭。

满人并不太排汉，因为他们从小就与东北的汉人生活在一起。努尔哈赤年轻时就在汉人的军队里当兵，继而在明朝军队里做军官。他的子孙乾隆做皇帝时曾有一句排外的名言"非我族类，其心必异"，但他说的"非我族类"是指金发碧眼的西洋人。至于汉人及非满族的其他大清子民，满人则视为同类。

满人入关后，迅速扩张版图。最著名的是康熙帝收复了福建之后，1683年收复台湾，解决东南国土问题；1685年，平定"三藩之乱"，稳定西南国土；1689年，经过几年的雅克萨之战，签订《中俄尼布楚条约》，稳定东北国土；康、雍、乾三朝经过60多年征战，1757年彻底平定准噶尔葛尔丹叛乱，稳定西北领土。即便后来鸦片战争失败后，清朝已国力大衰，左宗棠还是率大军收复了新疆西部。清朝在鼎盛时期，拥有1297万平方公里以上的陆地版图。虽然后来部分版图丢失，但这不影响我们说：清朝对中华民族最大的贡献就是这个版图。

清朝还留下了一个民族统一的中国。一些少数民族在清朝刚执政时同汉人一样抵制满人，但是很快他们也和汉人一样主体上接受了满族统治者。满人在入关前后杀了不少汉人和少数民族，主要是军人和抵抗者，也有平民。在取得政权一段时间以后，他们从天下大局出发，不但不再伤害汉人和其他少数民族，而且还制定了民族平等的政策。中国现有55个少数民族，其中许多不是清之前的明朝团结进来的，也不是清之后的民国政府团结进来的，而是满族人团结进来的，特别是蒙古族、藏族和维吾尔族这三个主要少数民族。17世纪的汉人看满人是异族，而20世纪的汉人已把满族看成是中华民族的一分子了。实际也确实是这样，他们已融入中华民族大家庭。

在历史的长河中，波涛荡起了一些新的民族，也送走了一些曾经辉煌的民族。天道难违。

现在，一些少数民族说汉语，写汉字。作者猜想，今天的许多汉族人是因为在汉朝之后其祖先改说汉语、写汉字才成为汉族人的。至于其祖上原来是什么民族，已无从考证。汉族的血缘概念不像有的民族那样清晰，汉族的姓氏中有许多原来是少数民族姓氏。也就是说，汉族之所以成为汉族，主要不是因为血缘，而是因为共同的文化。同样，中华民族的血缘更加复杂，而大家能够成为一个共同的族群，主要是大家都认同中华文化。

20多年前初到西藏，一位身着藏服的教师告诉作者，他是"团结族"。"团结族"？看到作者脸上的疑惑，他说：我父亲是汉族人，母亲是藏族人。其实，他说的"团结族"现象即不同民族通婚，不仅在藏族聚居地区到处可见，在中国各个地区几乎处处都可以看到。

"我们"并不是原来的我们。"我们"是在数千年里融合了多种血缘、多种文化后的我们。

三、汉族是怎么来的

现在中国疆域内生活的56个民族共同创造了中华文化，其主干是汉文化，而汉文化也是多民族文化融合的结果。

我们现在常说自己是华夏的后代、汉的后代,而"华夏"与"汉"

的概念是有区别的。

先说说"汉"。

汉族在中国历史上是个古老的民族。据史书记载,早在4000多年之前,尧帝之长子监明受封于今陕西汉水一带建立起汉国(一说监明早逝,其子刘式建汉国)。不管怎么说,远古时代,这里就居住着一支被称为"汉人"的族群。

为何曰"汉国"?许多学者认为,因其处于汉水之畔而得名,也有人认为,乃取"天"之意。因为在中国古代,"汉"就是指银河。《诗》云:"维天有汉。"任乃强先生在《华阳国志校补注》中写道:"《东西汉水辨》云:汉字,在西周之前只做银河专称。"后来三国时的曹操在《观沧海》中写的"星汉灿烂"之"汉"也是指银河。

那么"汉水"的名称又因何得来?这里,绝非把话题扯远了,只有把"汉水"的起名来源弄清楚,我们才有可能进一步探寻"汉"之源。关于"汉水"最早的记载见于《书·禹贡》"幡冢导漾,东流为汉"。《华阳国志·汉中志》中这样记载:古代的汉水有两个源头,东流出自秦岭南麓的漾山,因此名漾,又叫东汉水;《书·禹贡》曰:"流漾为汉。"西源出于陇西,始源曰"河",又叫西汉水。现代水文考察对汉水的发源表述得更准确更详细了,但这并不影响我们沿着古人的思考前行。有人认为,"汉水"得名于远古时期的汉人在这里生活居住,也有人认为,汉水(又称汉江、汉江河)从陕西流入湖北,古楚人因其从北方高处呼啸而来,如同天降,故以银河"汉"称之。

"汉"的概念在中国历史上经历了三个重要阶段。以上讲的是第一阶段。

第二阶段,秦亡之后出现的"汉国"。推翻秦帝国后,项羽自称霸王。公元前206年正月分封"十八诸侯王",刘邦被封汉王,为十八王之首。另外还有楚王、越王、齐王等。汉王统管三郡,即蜀郡(现四川中部、南部)、汉中郡(现川北、陕南一带)、巴郡(现重庆一带和部分川东及湘鄂西地区),共41个县。汉国人主要由汉中人、蜀人、巴人构成,其中包括羌氏等一些少数民族成员,他们也是历史上多种血缘族群的后代。从地缘上看,此"汉国"与远古"汉国"具有明显的血缘和文化上的传承关系。从鉴明到秦末,"汉人"主要居住在陕西西南和川东北一带。

第三阶段,汉朝的建立。公元前202年,刘邦打败项羽,他要建立一个像秦那样的帝国。也许刘邦认为"汉"是老祖宗的旧国之地,也许出于"维天有汉"之意,也许他想起了自己刚刚当了4年的"汉王",于是就把这个新建的王朝称为"汉"。"汉国"的国民只当了4年,此时一并并入西汉王朝,而汉朝中大多数人又不是刘邦当汉王时的汉国人。西汉王朝的国民于是成了后来汉族最主要的人口构成。据《资治通鉴》等史书记载,东汉时期的"汉人"之称已是"汉朝之人"。这时的汉人概念范畴与人口数量均远远大于前两个"汉人"。可以这样说,从西汉开始,"汉"这个字才有了现在意义上的人文概念和民族概念。也就是说,从刘邦起,西汉王朝开始把中国人祖先的文化概括成了"汉"文化。"汉"的概念之所以形成今天如此规模的文化含量,从广义上讲,源于中国远古以来的丰富文化;从狭义上来讲,则起自汉朝的强大,继而带来汉族的繁盛,并由此产生越来越大的文化影响效应。

再说说"华夏"。

夏包括现在河南的东、中、西部,山东的西部,山西的西南部,从考古角度讲,二里头夏文化具有一定的代表性。商代的发源地以前有青州、冀州、幽州等几种说法,分别指今山东、河北和东北境内。从考古发掘材料来看，商的文化主要是夏文化的继承和发展。周的地界更大了，其文化受商的影响很大。华国是西周时的一个封国，位于现在的河南新郑一带。在历史学家看来，夏、商、周三朝，逐渐形成了一个总称，叫作"华夏"。夏、商、周人称四边的少数民族为（南）蛮、（东）夷、（北）狄、（西）戎。中原民族自称华夏。

人体基因调查结果表明：中国北方汉族同北方少数民族基因相近的程度超过了中国北方汉族与南方汉族相近的程度；同样，中国南方汉族同南方少数民族基因相近的程度远远超过了南方汉族同北方汉族相近的程度。

学者夏敬颜先生认为："一部先秦史，从某种意义上讲，就是中国上古的民族形成史。说得更明确一点，则是夷夏形成史或由夷变夏史。华夏是蛮、夷、戎、狄异化又同化的产物。"汉人的祖先有一支重要的血缘来自羌。炎帝、黄帝都是羌人，大禹也是羌人。然而，羌并非汉人唯一的血缘祖先，在古羌人所到之处，当地并非没有其他民族。公元前202年是一个非常重要的节点，这一年刘邦建立起了西汉王朝。在此之前，是多民族组成了汉族。在此之后，汉族开始融合多民族。

所以，中华民族的历史，既不应简单看作是汉族的历史，也不能简单看作是华夏族的历史。中华民族的历史是现在居住在中国境内的各民族共同拥有的历史。

中华历史诸帝国的更迭，包括汉政权取代少数民族政权及少数民族政权取代汉政权，都是一个政权对一个政权的更迭，不应简单看成是不同民族之间政权的更迭。

我国历史上一共出现过三次较大规模的民族大融合。第一次发生在春秋战国时期，第二次发生在魏晋南北朝时期，第三次发生在辽宋夏金元时期。在这三次民族大融合中，魏晋南北朝的规模最大，融合的民族和人口也最多。

两次少数民族入主中原，并先后建立起元朝和清朝政权，此前还有北魏、辽、金等建立的少数民族政权，局部统一过中国北方，结果不是民族分裂，恰恰促进了中国的统一和中华民族大融合。我们读《木兰辞》，有"可汗大点兵"一句。可汗是谁？某少数民族的最高统治者。他点兵不是打汉人就是打其他少数民族。历史上的鲜卑哪儿去了？建立辽国的契丹哪儿去了？羌，也不仅仅是现居住在四川汶川、茂县、松潘一带的30余万人的羌，其余的人都去哪里了？全都融合在中华民族大家庭中了。

经常有人把以上所讲的，说成是少数民族被汉族同化了。这种说法是不准确的。准确的说法应当是"融合"。

费孝通说："中华民族作为一个自觉的民族实体，是近百年来中国和西方列强对抗中出现的，但作为一个自在的民族实体，则是几千年的历史过程中所形成的。"这也就是说，中华民族已存在几千年了，但其中之人知道自己是中华民族一员则只是最近一百多年的事。这主要是因为现代的民族学科概念 19 世纪末才传入中国。更重要的是，中华民族的文化内涵直到抗日战争爆发时才最后形成。

有学者提出不同看法："所谓近代意义上的民族认同，就是中华民族认同。中华民族不是一般意义上的民族，就像美利坚民族一样，是与近代国家一起打造的国族。国族意义上的中华民族有可能出现在古代中国吗？显然不可能。中华民族作为一种国族想象，只是'倒放电影'式的今人对古代的理解框架，是一个晚清之后被重新建构的、想象性的'民族虚体'，而非有实证依据的、有自觉意识的'民族实体'。虽然中华民族以华夏——汉民族为主体，但华夏——汉民族不等同于中华民族。古代中国有华夏——汉民族，却没有国族意义上的中华民族。费孝通先生将中华民族视为多元一体，这一经典性观点很有道理，'多元'意味着中华民族由汉、满、蒙、藏、回等多民族组成，所谓'一体'就是与近代民族国家具有同一性的中华民族，就像美利坚民族是由不同的种族、民族和族群所共同构成的那样。然而，费孝通先生认为中华民族有一个从自在到自觉的发展过程，在古代是一个自在的民族，到了近代产生了民族意识之后，成为自觉的民族，这一看法却有值得讨论的空间。我们不能将历史上的华夏——汉民族直接等同于中华民族。"①

这里可以探讨一下，中华民族与美利坚民族并不一样。第一，构成中华民族的人群主体是存在的，而美利坚在建国之前的民族主体人群是不存在的，其人员构成主要是原住民印第安人、欧洲来的基督徒、冒险家和殖民者以及黑人奴隶，他们此前在主观上均无"美国族"的认知。第二，美国建国之前并没有相对认同的民族文化，而中国古时的大多数族群已经在华夏文化影响下了。这一点非常重要，也就是说，晚清之前"中华民族"的叫法虽然不存在，但构成中华民族的基本元素早已经存在了。费孝通先生对中华民族从自在到自觉的表述是有道理的。

中国人常称自己是华夏族、汉人、唐人的后代，欧洲一些人也经常说自己是尼安德特人、雅利安人、日耳曼人的后代。显然，这都是标榜自己是成功者的后代。而历史的真实情况是，你很可能是失败者的后代。因为，失败者被胜利者征服之后，大多数平

---

① 许纪霖：《殊方未远》，中华书局2016年8月版，"多元脉络中的中国"，第36页

民已经融合在胜利者的民族之中了。

中华文明之所以能够绵延久远,除了此前讲过的各种原因之外,更重要的是几千年形成的统一的语言和文字。共同的语言和文字,对维持一个多元民族的存在和延续是至关重要的。

一些徜徉在汉文化雨露之中的现代中国人,时常欣赏汉武雄风、唐朝盛世,赞扬北宋创造了中华古代文化的顶峰,还有人称颂明朝恢复了汉文化并传给了我们。不过请不要忽略:如今中国的版图有相当一部分历史上就是少数民族居住区,许多汉族人的祖先也曾是"少数民族"。

从历史的角度看,世界上所有人包括中国人,从来就没有什么纯正的血统。我们是多民族融合后的"我们"。最重要的是,"我们"都孕育在"中华文化"这个博大的文化土壤之中。从这个角度来理解中华民族是个大家庭,意义既深刻又明了。

第十讲　文化土壤与宗教

由最初的神灵崇拜发展而来的宗教，是文化土壤中"长"出的人类最早的信仰。

——作者手记，2017 年 8 月 8 日

宗教是人类的精神产物，是一种不折不扣的文化形态。宗教思想源于人类早期的自然崇拜、万物有灵等观念，经过理论化改造后上升为系统性的哲学思想。以今天的眼光看，宗教不是科学，只能说是"虚幻的科学"，但它属于哲学范畴。

宗教是特定文化土壤的产物，它产生后又对人类社会产生巨大影响。不了解宗教就无法了解人类社会的历史和现状。

一、宗教漫谈

由于生产力发展水平低下、科技落后，人类的祖先对大自然的认识、对自身的认识并不清晰，于是便出现了鬼怪观念、神灵崇拜等，这是形成最早宗教的文化土壤。

恩格斯在《反杜林论》中这样界定宗教的本质："一切宗教都不过是支配着人们日常生活的外部力量在人们头脑中的幻想的

反映，在这种反应中，人间的力量采取了超人间的力量的形式。"

《论原始基督教的历史》是恩格斯运用唯物史观研究和阐述宗教问题的重要著作。在这本书中，恩格斯将宗教放在人类历史的进程中考察其历史根源、演变过程及阶级属性。他认为，在宗教产生的历史初期，神的力量首先是自然界的力量，后来则是社会力量参与进来。"最初仅仅是反映自然界的神秘力量的幻想的形象，现在又获得了社会的属性，成为历史力量的代表者。"这些人间力量为什么会采取神的幻想的形象在人面前出现呢？恩格斯认为，一方面它们"对人来说是异己的"，以"表面的自然必然性支配着人"。另一方面，它们对人类来说是神秘的，对于人们当时的智力水平来说尚不能用唯物主义的方式去加以解释。因此，这种异己的、支配人的神秘力量构成"宗教反映活动的事实基础"，而人们智力水平低下所造成的愚昧，则成为宗教反映活动的认识论基础。

佛教、基督教和伊斯兰教是当今世界的三大主要宗教。其中，佛教诞生于公元前6世纪；500多年后的公元1世纪，基督教出现；又过了600多年，伊斯兰教诞生。它们的出现都有其特定的文化土壤，都是在特定的自然、社会环境下，尤其是在特有的社会观念基础上形成的。例如，佛教就有着古印度婆罗门教的痕迹。在印度参观婆罗门教神殿遗址，人们会发现里边许多石雕像其实是后来佛教崇拜图腾的造型原身。比婆罗门教更早的宗教，大体类似于现在非洲和南美洲以及中国的一些少数民族地区仍然存在的萨满教，它们是人类最早的宗教。基督教出现之前的所有宗教，包括婆罗门教、耆那教、佛教、印度教和各种巫教都是多神教，公元元年之后出现的基督教和7世纪出现的伊斯兰教则是一神教的代表。宗教发展到今天，甚至成为一些国家和民族的文化标志，阿拉伯地区和欧美最为典型。

宗教是一种文化现象。从广义上讲，它是人类所创造的虚幻化的、有形物质财富和无形精神财富的一部分；从狭义上讲，宗教作为一种社会意识，它既密切地体现在人类生产生活之中，以及哲学、政治、法律、道德、文学、艺术等领域，又游离于这些领域之外，是一种相对独立的、无形的精神形态。

人们比较熟悉的基督教、伊斯兰教、佛教、道教、犹太教以及不太熟悉的更多的宗教派别，无不产生于特定的文化土壤之中。它们有一个共同点，即诞生于生产力发展相对落后、人民生活苦难的历史时期。

宗教是一种信仰。什么叫信仰？"信"是相信、笃信，"仰"是从低处往高处看，有崇敬之意。基督徒说"我信仰基督教"，穆斯林说"我信仰伊斯兰教"。似乎可以这样问：是你自己决定自己的信仰吗？自己选择自己的宗教信仰，这样的人确实有，但数量很少。一般来说，是你的长辈、你周围的人、你的民族、你的国家、你的生存文化环境，影响了你的信仰。

20多年前，作者在美国肯尼迪机场曾看到一幅标语，上面写着"任何信仰在这里不受特殊尊重"。能不能真正做到这一点是另外一回事，这句话的本意是好的，即平等对待任何一种信仰。作者当时想，美国的建国者基本上是从英国来的清教徒，他们饱尝宗教战争苦果并遭受宗教挤压，因而防止美国再度发生宗教冲突也就成了一项国策。这句话要说的是，谁也别想搞特殊。

无论是《圣经》《古兰经》还是《金刚经》，其内在的思想和表面的文字都是告诉人们：要做个好人，要做好事，要消除内心的邪念和不良习惯。在这一点上，世界上许多地区的文化是相通的。《古兰经》上说：当孝敬父母，当优待亲戚，当怜恤孤儿，当救济贫民，当亲爱近邻，当款待旅客，当宽待奴仆。《圣经》中说：当孝敬父母，不可杀人，不可奸淫，不可偷盗，不可作假证陷害人，不可贪恋别人的房屋，也不可贪恋别人的妻子、奴婢、牛驴，并他一切所有的。中国的儒、释、道在这方面的阐述就更多了。

中国人笃信"真、善、美"。一个国家、一个民族、一个人真正懂得这三个字的含义那可了不得。"真"，对一个国家、对一个人来讲就是真实，不虚伪，它在宗教经典中占有重要位置，几乎所有宗教都不容忍"假"。"善"，即善良，为人处事出发点要好，它是佛教、基督教、伊斯兰教的重要内容，各种经文连篇累牍解释对"善"的理解。"美"是人心中的境界，一个不懂美的民族、不懂美的人，想被别人看得起是很难的。"美"在宗教的教义中更多地体现在对客观事物的认识及追求心灵的美好。

作者记得以前曾经看过这样的表述，宗教有四个标志：一是要有教义，比如《圣经》《古兰经》《金刚经》；二是要有传教人，比如牧师、阿訇、住持；三是要有固定的传教场所，比如教堂、修道院、清真寺、庙和庵；四是要有宗教组织。从这四点可以看出，儒不是教。这不仅仅因为儒家讲的是伦理不是神，更直观的是它不完全具备上述元素。

从世界范围看，宗教是怎样传播的呢？一是战争。宗教随着帝国军队的铁蹄延伸而得以扩大影响，比如罗马帝国一边扩张疆界，一边传播其宗教理论。奥斯曼帝国也是如此，版图延伸到哪里，清真寺就修到哪里。二是国家政权的更迭。新的统治者决定采纳或改变某种宗教信仰，这一点在西亚和中亚一些国家的历史上记载尤多。三是大批移民所致。比较典型的是16世纪以后，大批基督徒从欧洲来到美洲，以至基督教现在已成为这个洲众多国家的主要宗教。四是文化的影响和追求。例如佛教从印度传到中国，主要是中国人自己的追求。16 世纪后，欧洲的传教士到世界各地传教，表现出的则是基督教主动传播的意愿，其背后主要是一些国家利用宗教作为传播其文明的抓手。

大航海之后，欧洲人来到美洲，开始用宗教维护自己的统治秩序。"由于这些环境因素，美洲的新兴社会出现了另一种种姓阶级：欧洲白人的统治阶级，以及非洲黑人的奴隶阶级。但是没有殖民者会承认，他们把另外一些种族和出身的人当做奴隶，只是为了经济利益，就像征服印度的雅利安人一样，欧洲白种人希望自己代表着虔诚、正义、客观的形象。于是，这时就要利用种种宗教和虚幻的科学故事来找借口了。这都是'主'的旨意。"[1]

蒙田说："人类是狂妄的，制造不出一条小虫，却造出满天神佛。"

有了宗教才有了传播"信仰"的信念，有了宗教才有了排他的思想出发点。这个世界，并不缺少宗教信徒，真正缺少的，恰恰是各种宗教一直提倡的善良、和平、慈悲。

从文化的角度来说，宗教极大影响了人们的思想观念、行为方式，进而影响了人类社会、人类历史进程。这种影响有时具有积极、进步的一面，有时又有消极、落后的一面。现代人应当学会理性看待宗教。

二、最初的宗教

在旧石器时代，北京人已经开始在贝壳上、珍珠上、骨头上雕刻做成装饰品，并作为陪葬品。应该说，那时候神灵崇拜已出

---

[1] 〔以色列〕尤瓦尔·赫拉利：《人类简史》，中信出版社 2014 年 11 月版，第 138 页。

现了，人们认为自己是有魂灵的。神灵崇拜是人类最初的宗教思想。

最初的宗教都是多神教，崇天、崇地、崇日月、崇山水、崇动物、崇生殖、崇祖先等。多神教的持续时间最长。一神教出现后，多神教仍然存在。

婆罗门教是亚洲较早的成型宗教。3500多年前，雅利安人离开亚洲中部即现在高加索一带的老家，开始迁徙。他们分成两支队伍，一支队伍向西行进，后来定居在欧洲。另一支队伍则向南行，穿过兴都库什山和喜马拉雅山之间的山口，来到了印度河、恒河及布拉马普特拉河流域。接着他们继续向南进发，最后来到锡兰岛。大约在公元前1500年左右，雅利安人进攻印度半岛上的原住民达罗毗荼人。雅利安人武器精良，几次较量后当地人不再反抗。在接下来的统治中，雅利安人感受到了原住民人口众多的威胁。为了维护统治秩序，他们把整个社会上的人分成四个等级，即第一等级婆罗门，主要是高层神职人员和拥有皇权的统治者；第二等级刹帝利，主要是武士和贵族；第三等级吠舍，是商人和一些拥有一定资产的平民；第四等级首陀罗，主要是贱民和奴隶。贵族、教徒、武士、农民以及手工业者之间都有着严格的界限。紧接着，雅利安人把婆罗门教与等级制结合起来，利用种姓制度，牢牢地把被统治者束缚起来。大约在公元前8世纪的时候，印度又出现了耆那教。后来，婆罗门教派生出两个宗教，一个是佛教，一个是印度教。佛教反对把人分成等级，认为众生生来是平等的，而印度教则保留了婆罗门教的等级制，所以也有学者认为印度教是婆罗门教的转世。

在亚洲的东北部，原始宗教信仰是萨满教，这是一种出现在新石器时代的神灵崇拜，也可以说是一种原始渔猎部落的信仰形态，比世界上任何一个有组织的宗教都要早，距今差不多有1万年。在古人眼中，大自然中充满了各种各样的神灵。祖先亡故之后，灵魂又转为鬼。神鬼观念以及人世间对各种天灾、疾病与死亡的恐惧共同组成萨满教的核心观念。巫师不断提醒族人，绝对不能违拗、触犯神灵与祖先，以免被惩罚或遭受报复。

萨满教和世界各地的原始宗教，都有灵魂观念，普遍认为天地之间的万事万物都有灵魂。不但人与动物有灵魂，树木也有灵魂，甚至日月星辰、山川雷电、云雾风雨也都被赋予灵性而神化，拥有主宰大自然和人间的巨大力量。通古斯语称巫师为萨满，巫师是各部落萨满教活动的主要领导人物，通常是世袭。历史上的匈奴人、鲜卑人、蒙古人、女真人以及突厥人的祖先，莫不信奉萨满教。中国在商朝以前的部落信仰，基本上也都类似于萨满教。现今中国东北的一些少数民族，如满族、赫哲族、鄂伦春族、达斡尔族、鄂温克族、锡伯族等还保存着这种信仰。南美洲和非洲的许多古老民族也同样保留着类似的原始信仰。在欧洲，基督教出现之前，许多地方供奉太阳神，在欧洲、北非、中亚、西亚的一些国家，至今仍留存有太阳神庙。

三、不同宗教的文化土壤特征

世界上共有1万多种宗教，它们分别产生于不同的文化土壤之中。这里，仅选几个人们熟知的主要宗教，探索一下各自产生的文化土壤特征。

佛教是世界三大宗教之一，它产生于南亚大陆，当时古印度发展滞后，种姓制度带来人为的不平等，百姓生活于苦难之中。倡导"众生平等"的佛教诞生在这样的时代背景下，其学说深受中下层人民欢迎，成为他们的精神寄托。

公元前 565 年，佛教的创始人释迦牟尼出生在现今尼泊尔的释迦部落，其血统属蒙古人种，他的父亲是喜马拉雅山脉脚下婆罗卫国的君主净饭王。释迦牟尼原名乔达摩·悉达多，他看到身边的人世世代代深陷在苦难之中，而人又有无尽的贪欲，于是思索：怎样才能跳出这个轮回呢？经过反复思考，他采取了避世态度，认为只有通过苦修才能求得到达彼岸的途径。29 岁时，释迦牟尼在一天夜里撇下家人和财富，开始流浪，走遍印度北部。他入禅六年，苦苦寻找意念上的出路。释迦牟尼认为，人一遇到事情，通常会产生欲念，而欲念总会造成不满。他提出，痛苦来源于欲望。后来他在尼连禅河左边菩提树下终于悟道，时年 35 岁。

此后数十年中，释迦牟尼把自己思考的成果归纳成佛教规范。他要求信众不杀生、不邪淫、不偷盗，没了欲火就可以达到涅槃。释迦牟尼不懈地说法布道，遂使佛教逐步传遍了印度各地。释迦牟尼 80 岁圆寂。其弟子迦叶、阿难等人及再传弟子继承其遗志，传教不辍。

从那以后，佛教经其自身几次分化，形成多种教派。约公元前 1 世纪，大乘佛教兴起，不久几乎传遍印度全境。大乘佛教在产生与完善过程中，吸收此前各教派的思想成果，教义渐成严密体系。

什么是佛？如果回答是"人物化了的神"或"神化了的人"就错了。"佛"开始时是个动词，本意是"出世"即"跳出凡尘"。梵语"波罗密多"是"度"的意思，也就是"到达彼岸"。到达彼岸也就跳出凡尘了。

笼统讲，佛教在印度一共存在约 1500 年，第一个 500 年是小乘佛教，小乘求自度；第二个 500 年是大乘佛教，大乘不但求自度，更追求度他；第三个 500 年是大乘的继续，以菩萨乘思想为中心，传到西藏以后与当地的本教和东来的大乘佛教结合在一起，形成藏传佛教。已故著名藏学家、中央民族学院（现中央民族大学）藏学院教授王尧称佛教的第三个500年为金刚乘。佛教的三个500年，每一个500年都有主要信奉，后一个500年不是对前一个500年的完全取代，大乘时期也有小乘，金刚乘时期也有小乘和大乘。

岁月将古塔装点得更加古朴，徘徊此间，
真想问佛：何谓般若？
图15：尼泊尔首都加德满都保存最早的佛塔

佛教在中国形成今天这般模样，是印度佛教与中国文化融合的结果，印度佛教从汉代传入中国之后逐渐适应中国文化的土壤，成活、成长。或者说，中国的文化土壤导致了佛教的传播和演变。

在汉朝时，宗教的传播可分两个阶段。西汉前期，人们信奉道家学说，那时道教还未出现，"黄老学"是上层人士的思想源泉。东汉时期，随着佛教的传入，一些人开始信奉佛教。佛教传入中国的最早年代，一般认为是东汉明帝（57—75年）期间。佛教发展到东晋、南北朝时期，深入影响和融入中国文化，也融入人们的日常生活中。此后，佛教在中国本土化，中国的伦理观念也受到佛教影响，一些具有中国文化特征的佛教宗派开始创立。比如隋唐时期出现的天台宗、华严宗、净土宗、唯识宗、三论宗等许多非常重要的佛教宗派，它们的一些理论是印度原来的佛教里面没有的。

佛教的盛行出现在北魏拓跋氏时期。原因有三：一是长期战乱造成民不聊生，人们寻找精神寄托。二是门阀制度与文人导向。十六国和南北朝时期的社会动乱和政治秩序的崩溃，使得士族名流寻求一种避世态度。三是北魏皇家大力推进。在这个时期，不但佛经得以传播，佛窟也受到推崇，云冈石窟、龙门石窟都是拓跋氏的杰作。

讲起禅宗，有两个人非常重要，一个是达摩，一个是六祖惠能。达摩又称菩提达摩，南印度人，通晓大乘佛法，北魏时在洛阳嵩山一带传授佛法，被誉为禅宗的创始人。六祖惠能法师则在禅宗的推广上发挥了重要作用。

持戒为何被佛家看重？"戒"与"律"是"三藏"的重要内容，提倡管住自己，不该动心的别动心。从现代角度讲，财、官、色，是你的就是你的，不是你的，一动心就恶了。"三藏"是大乘佛教给经书分的类，一藏是"经"，指释迦牟尼说过的话；二藏是"律"，指释迦牟尼给信徒制定的规矩、戒律；三藏是"论"，指释迦牟尼圆寂后其弟子写的关于佛陀言行举止的回忆录。当年，唐太宗李世民接见玄奘，玄奘把"三藏"讲得头头是道。唐太宗大喜，说：你既然经律论全通，朕就赐你个"唐三藏"吧。

佛教哲学中蕴藏着极深的智慧，对宇宙、人生的洞察，对人性的反省，对概念的分析，均有着深刻独到的见解。《般若波罗密多心经》中有一句经很有名，"色即是空，空即是色"，色即是空指物质（色）可以打破而变成能力（空），空即是色指能力（空）可以转变为物质（色）。这一观点现在已经得到现代科学界的一致承认，而在当时则迎合了文人的认知需求。信佛者以信奉大乘佛教为多，而大乘佛教对佛法理念的解释，与小乘、金刚乘相比，在中国影响最大。

佛教对中国文学的影响也很广泛。在南朝（梁）时期的文学评论家刘勰写著的《文心雕龙》中，再粗心的读者也会发现佛教思想对作者思想的影响。对于刘勰而言，对于当时信奉佛教的其他士人而言，真正吸引他们的不是佛教中的宗教理念，而是佛学中的哲学理念和美学理念。魏晋以后，佛经翻译给中国文学带来了新的意境、新的文体、新的命意遣词方法。中国语言也受到了佛教影响。如今流行的许多用语，如世界、觉悟、如实、实际、平等、现行、刹那、清规戒律、相对、绝对等最初都是佛教词语。

伴随佛教而来的还有天文、医药等科学技术的传习。唐代高僧一行创《大衍历》并测定子午线，对我国天文学做出了卓越贡献。隋唐史书上记载由印度翻译过来的医书和药方就有十余种。佛教的刻经促进了我国印刷术的发展，至今被保存下来的世界上最古老的版刻印本，很多是佛教典籍。

我国古代建筑保存下来最多的是佛教寺、塔。寺、塔也是从印度传到中国的。公元67年，东汉时期建造的河南洛阳白马寺是我国第一座佛教寺庙。现在，许多历史上的佛教建筑已成为我国各地景点的突出标志，如河南嵩山嵩岳寺砖塔、山西五台山南禅寺、应县大木塔、福建泉州开元寺的石塔等都是研究我国古代建筑史的宝贵实物。敦煌、麦积山、云冈、龙门等石窟则作为古代雕刻绘画艺术的宝库而举世闻名。

再说说藏传佛教。藏传佛教的真正兴起是在吐蕃时期，其文化背景是吐蕃政权正在寻找一种新的信仰。

吐蕃时期，佛教传入西藏。原本信奉本教的藏民对佛教刚开始是抵触的，他们认为佛教信奉的东西都是外国的，而他们此前已有信仰——山有山神，河有河神，水有水神。西藏的拉萨、四川的黄龙都是昔日本教盛行的地方。于是，佛、苯双方发生冲突。这时，佛教徒们请来莲花生大师。传说莲花生大师不只精通佛法，对于天文、地理、阴阳五行、医术等也一一精通，能够降服诸魔。他说，这好办，把本教信仰的诸神都请进佛殿来做护法神吧。信仰的东西都进来了，本教的教徒也就不闹了，本教和佛教的信徒们都很高兴，佛教就这样在藏族聚居区发展起来。

引佛教进藏之事，要说到松赞干布的两个妻子。一个是文成公主，她是公元641年从长安（今西安）远嫁给松赞干布的，另一位是来自尼泊尔的犀尊公主。这两个人为吐蕃人做了不少好事，后来的藏族人把她俩分别称作绿度母和白度母。文成公主嫁给松赞干布，在路上走了整整三年。她是信佛教的，一行携带了大量

多么端庄，多么安详。融合了印度、波斯和中国文化艺术精华的云冈大佛，1500多年来一直这样炯炯有神地看着世间变幻

图16：山西大同云冈石窟第五窟三世佛坐像，民间俗称云冈大佛

经书。她还同时带来了李世民送给松赞干布的释迦牟尼的12岁等身像，现在摆在大昭寺正堂。

第一座藏传佛教寺庙是山南的桑耶寺，是公元779年建的，一共建了12年。有了庙才有出家人，第一批出家的人叫"七觉士"，即七个有觉悟的人。他们是贵族，也很聪明，他们的出家带动了后来很多人出家。

藏传佛教在历史上有很多教派，现在主要有五大教派——格鲁派、萨迦派、噶玛噶举派、宁玛派、噶当派。格鲁派又被称作黄教，现在在藏族聚居区的势力和影响最大，达赖和班禅都是格鲁派。

藏传佛教与小乘佛教、大乘佛教的区别，除了崇尚的经典佛经不同、对佛经的解释不同之外，最突出的区别是它直接进入社会，进入生产生活。这是佛教思想与藏族聚居区政治、经济、文化相互结合的产物，是佛教适应了藏族聚居区文化土壤的结果。藏传佛教的"入世"，突出标志是在很长一段历史时间内"政教合一"，宗教参与政权建设。新中国成立之前的藏族聚居区教育几乎都是寺庙办的。在生产生活方面，它的影响就更广泛了。医疗、修路架桥、房屋建造、农作物种植、动物养殖等所有生

大佛的盛装，工匠的遐想
图17：敦煌莫高窟大佛殿，俗称九层楼

产生活的技术指导，在相当长的历史阶段一直由喇嘛主持。新中国成立后，大量工程技术人员、教师、医生进藏，情况才有所改变，但藏传佛教仍在很大范围内指导藏族聚居区生产生活。说来也合乎情理，藏传佛教的高僧及子弟不仅学习佛经，还学习天文、地理、农耕、饲养、建筑、工艺美术和医药学等知识。作者曾在大昭寺、扎什伦布寺、哲蚌寺、五明佛学院及另外几个藏传佛教寺庙看过年轻僧人辩经，问者弯站，答者半蹲，两人问答均以击掌开始，问的话除了"《金刚经》开始讲的是什么""《心经》的要义是什么""布施除了用钱财帮助别人，还要布施什么"之外，还有"青稞什么时候播种呀""盖房子怎样打地基呀""牛肚子疼了应该怎样治疗"等。

游客到藏族聚居区，车行至高山的山口时便可看到五彩缤纷的经幡迎风飘动；见到有藏民的地方，便可看到老老少少的手中

经在塔里，塔在经中
图18：四川甘孜藏传寺庙的经塔

都拿着一个转经筒在摇动；进入寺庙还没踏进门槛，便可看到庙堂两侧各有一排很大的转经筒，经常有人在那里拨动。按照藏传佛教的说法，经幡每被风吹动一次，手中的转经筒每转一圈，寺庙的大转经筒每被拨动一次，都是念一遍"六字真言"。

六字真言又叫六字大明咒，分别为唵（On）玛尼（Mani）叭咪（Bami）吽（Hong）。其中玛尼（Mani）是如意宝的意思，叭咪（Bami）莲花的意思，隐为圣洁之意。从字面上看，六字真言梵语的意思是"如意宝哟""莲花哟"。藏传佛教认为，念此咒时，口、身、意念与佛结合为一体，才能获得成就。六个字引申义为六种智慧，六种光，是用来对治六种烦恼的。

在佛教中，《金刚经》是一部影响很大的佛经。它的全称是《金刚般若波罗密经》，主要讲的是大智慧，智慧的梵语直译是"般若"。《金刚经》里主要讲的是实相般若、境界般若、文字般若、方便般若、眷属般若。《金刚经》有五六种译本，其中鸠摩罗什译得最为高妙，不仅境界好，语言也精准流畅，玄奘的译本也不如鸠摩罗什译得好。在藏传佛教信奉的经典中，所有佛经的全集被称作《大藏经》，比如乾隆时期修纂的《大藏经》（《龙藏》）有5600万字。在藏传佛教信诵的佛经中，最重要的是《金刚经》，王尧先生称藏传佛教为"金刚乘"，取意大概就是来自《金刚经》在藏传佛教中的重要地位和影响。其次是《心经》，也就是《般若波罗密多心经》。再就是《华严经》，还有多为觉姆子也就是藏族聚居区女僧人学诵的《莲花经》。佛教经书太多，世间无人看全，作者也只看了点皮毛，作此排序不尽周延。

基督教是世界三大宗教之一。犹太教与基督教都信奉耶稣，基督教是从犹太教中分离出来的。因民族苦难而产生"救世主"观念，是这两个宗教的显著特征。

犹太原来是希伯来人一个部落的名称，后来被用来指古代巴勒斯坦南部的希伯来人王国，再后来泛指所有的希伯来人。"古典希伯来宗教"和"犹太教"是两个不同的概念，前者是指从摩西（约前1290年）到"巴比伦之囚"这一时期希伯来人的宗教，以耶路撒冷的神庙和祭司为中心；后者是指公元前586年新巴比伦国王尼布甲尼撒二世攻占耶路撒冷，流放当地居民于巴比伦以后希伯来人的宗教，以《律法书》的研读和犹太人会堂组织为中心。有的犹太学者为了强调上述两个时期的连续性，只使用"犹太教"这一名词。犹太教比其他两大一神论宗教——基督教和伊斯兰教都要古老得多，对后两者有着深刻的影响。

希伯来人是古代闪族的一支，原来居住在两河流域的乌尔城（今伊拉克穆盖伊尔），因不堪忍受汉谟拉比的迫害，约在公元前21世纪，在亚伯拉罕的率领下，来到迦南（即今巴勒斯坦地区）。为防止被强盛的迦南人征服和同化，亚伯拉罕便借助宗教的力量团结部众。他坚称希伯来人的部落神耶和华是万能的神，初步创立了犹太教的雏形。

亚伯拉罕之后，因大旱灾，希伯来人进入埃及，遭受法老奴役400年，公元前1290年在摩西带领下返回迦南。据传，在西奈山上，耶和华授给摩西十条戒律，这就是《圣经》中著名的"摩西十戒"。此后，希伯来人经历了大卫及所罗门时代的鼎盛后，分裂为以色列和犹太王国。以色列先被亚述灭亡，公元前6世纪，犹太王国被新巴比伦王国所灭。国王、祭司、贵族和工匠数万人被押往巴比伦，在那里度过了半个世纪的囚徒生活，史称"巴比伦之囚"。

在"巴比伦之囚"时期，沦为异族囚房的希伯来人酝酿着新的宗教思想。他们祈求耶和华派遣救世主弥赛亚来拯救他们，以摆脱异族的统治,复兴他们的国家。这种思想最先由"先知"(其实就是一些知识分子)在服苦役的希伯来人中间传播。公元前538年,波斯灭亡新巴比伦,波斯国王居鲁士允许希伯来人返回巴勒斯坦。据说,首批回到故土的约有4万人。希伯来祭司在耶路撒冷建立了政教合一的神权政体,臣服于波斯帝国。公元前516年,重建的圣殿竣工,与此同时,希伯来人着手编订《圣经》,制定教规教义,这标志着犹太教最终正式形成。从这段历史来看,犹太教产生的时代背景是希伯来人遭遇民族苦难,因此,渴望和平、摆脱苦难的诉求成为犹太教生成的思想根源。

《圣经》最早的根据来源于在死海发现的2300年前的羊皮书卷。包括《新约》在内的《圣经》是公元后才出现的。

"当时的《圣经》很可能只有《摩西五经》,即今天人们所知的《旧约》开头的五卷。后来又加上不少独立成篇的书,如编年史、赞美诗、箴言等,才是现在的希伯来《圣经》。

"在这动荡不安的500年里,闪米特人忍受着侵略者的践踏和蹂躏,而被居鲁士遣回耶路撒冷的犹太人却紧紧团结在一起,始终保持自己民族的传统,重建自己的家园。全仗那部他们编纂于巴比伦的《圣经》,他们才完成了这样的伟业。如此说来,更像是《圣经》塑造了犹太民族,而不是犹太人创作了《圣经》。"[1]

从公元前6世纪起,犹太教徒在波斯人和其他一些统治者的宗教的影响下,改变了自己的一些宗教观念。此外,他们还受到许多居住在巴勒斯坦以外地方的犹太人的影响,这些犹太人长期受希腊文化的熏陶,试图用希腊哲学术语来解释犹太教。因而,犹太教逐渐汲取了有关"来世"的观念。

---

[1] 〔美〕威尔斯《世界简史》,江西美术出版社2018年6月版,第81页。

犹太人的历史情结比任何民族都明显。在以色列首都耶路撒冷的"哭墙"下，作者看到有许多衣冠齐整的犹太教信徒手捧一本《圣经》，头抵在哭墙上，像座雕塑一样旁若无人几小时不动。他们是在倾听上帝的教诲，还是沉浸在痛苦的历史岁月中？不知该怎样猜想。

最初的基督教其实是犹太教内部的一个宗教团体，其追随者信奉耶稣为基督（希伯来文，"救世主"的希腊文译名），并接纳了大批非犹太人。这一运动在公元1世纪演变成独具特色的新宗教。耶稣的生平和基督教的起源都记录在《新约》的四部福音书里，即《马太福音》《马可福音》《路加福音》和《约翰福音》。

一开始，基督教对世界各地持不同信仰的人群并没有直接的吸引力。在耶稣生前至他被钉死在十字架上这段时间里，基督教仍只是犹太人的宗教信仰，后来是保罗使基督教广为传播。保罗生于小亚细亚的塔尔苏斯城（位于今土耳其南部），是一位希腊化的犹太教教徒。他大胆地否认耶稣仅仅是犹太教教徒的救世主，认为仁爱的上帝差遣他唯一的儿子耶稣来人间是为了要他替全体人类赎罪。这样，基督教就从犹太教中的一个教派发展成为一个新的宗教，一个既为犹太人信奉又为非犹太人信奉的宗教。保罗的做法使基督教从此以后不仅能够吸引少数犹太人，而且能够吸引整个罗马帝国千百万人，后来，基督教的信徒们尊称他为"圣保罗"。

从公元元年开始到公元3世纪末，罗马人对基督教一直采取迫害政策，而从4世纪初开始，也就是从罗马皇帝君士坦丁登基宣布信仰基督教开始，整个罗马成了基督教的积极推广者。公元313年，君士坦丁发布《米兰敕令》，结束了罗马帝国范围内对基督教的迫害。325年，他在尼西亚召集了教会的第一次普世公会议，这次会议肯定了耶稣基督的神性。

罗马大帝君士坦丁在公元 306 年即位时，可以用各种方式解决宗教问题，也可以坚持传统，维持多元的多神论环境，但他回顾过去一个世纪间无休止的宗教纠纷，觉得如果能有一个单一宗教和明确的教义，将能够有助于他统一各种族。比较了多种宗教信仰之后，君士坦丁觉得还是选择基督教比较妥当。《圣经》里不是有这样一句话吗，"当有人打你的左脸，那你把右脸再递上去"。这样的宗教当然有利于罗马帝国维持统治秩序。

公元 1054 年，基督教世界发生分裂，产生了对立的两大教派，即罗马天主教与希腊东正教。俄罗斯是在拜占廷帝国时期引入基督教的，所以自然而然地站在君士坦丁堡的立场上，与罗马天主教形成对立。东正教不是"东正—教"，而是"东—正教"，即东罗马正教。当时拜占廷被称作东罗马。西罗马的天主教说自己是正教，拜占廷也称自己是正教。现在的东正教信徒主要集中在斯拉夫地区。

到了 16 世纪，基督教出现了两个不得不提到的分支，一个是新教，一个是清教。新教产生于 16 世纪 20 年代马丁·路德在德国发起的宗教改革运动。几十年后，到了 16 世纪下半期，新教中又分出一支清教。当时的清教教徒主要集中在英国。新教以及清教后来对英美等国的政治、经济、文化和宗教产生了深远影响，美国的创建者中，相当一部分就是在英国受到天主教挤压而来到北美的清教徒。

16 世纪首先在德国兴起的宗教改革以及后来发生的其他欧洲国家的宗教改革，第一个重要特征就是宗教不再像中世纪那样野蛮残暴了，开始向理性和温和方向发展，而更重要的标志则是权力由教会向政府转移。在 16—18 世纪这段时期，欧洲的宗教理

是倾听上帝教诲，还是回忆起"巴比伦之囚"？
图19：耶路撒冷哭墙

论进入更加复杂、更加缜密的发展阶段。各个宗教派别形成了更为系统的宗教理念。

不同的宗教产生了不同的信仰，甚至衍生出不同的哲学思考和生活方式。即便是在信奉基督的人群中，也分别有人信奉耶稣教、天主教、东正教、新教、清教、摩门教等，对基督和《圣经》均有着各自的解释。新教是在16世纪宗教改革中出现的经新团体解释的基督教派别。德国著名政治学家、社会学家马克思·韦伯（1846—1920年）甚至发现天主教徒和新教教徒在对社会的理解方面有着明显区别。他在《新教伦理与资本主义精神》一书中说："在天主教徒的毕业生中，毕业于专门培养技术研究型和工商业专业人才的学院的人数，以及毕业于培养资产阶级的商务性人才的学院的人数，都远远落后于新教教徒的毕业生在这些学院的比例。另一方面，天主教教徒更倾向于走进人文主义的殿堂，接受人文主义的训练。"[1]他还引用作家奥芬巴赫对天主教和新教对于经济生活的不同态度进行了这样的阐述："天主教更为恬淡，较少营利冲动；天主教教徒宁愿选择一种收入较少但非常安稳的生活，也不愿意选择一种充满冒险和刺激却可能带来荣誉和财富的生活。"[2]

马克思·韦伯没有从文化土壤影响的角度分析天主教教徒与新教教徒有着如此区别的原因，却清楚地告诉人们：天主教由于长期处于养尊处优的位置，关注人文显然成了他们的嗜好，而新教教徒因长期受到天主教的压制，闯荡社会和博弈市场则成为他们谋生和实现理想的不错选择。

这里，似乎可以进一步分析这种现象。从生活条件来看，天主教教徒的富裕程度显然超过新教教徒，天主教教徒富裕的一个原因是他们中的许多人掌管着企业，而管理企业需要人文知识。从更高的层面看，国家政权的管理者又多是天主教教徒，所以关注人文也就成了他们的必然选择。

伊斯兰教是世界三大宗教之一。公元 7 世纪，伊斯兰教诞生在阿拉伯半岛。伊斯兰教产生的文化土壤是这个地方西面是强大了几百年的基督教，中东与小亚细亚受够了基督教的歧视；东面是佛教，其文化与教义又不被这里的人接受。

被穆斯林尊为"先知"的穆罕默德，其生活年代正逢公元 6 世纪下半叶和 7 世纪上半叶。这期间，罗马帝国给予阿拉伯世界巨大的压力。穆罕默德一生的事业就是要将罗马的宗教和制度本

---

[1] 〔德〕马克思·韦伯：《新教伦理与资本主义精神》，北京大学出版社 2012 年 8 月版，第 30 页。
[2] 〔德〕马克思·韦伯：《新教伦理与资本主义精神》，北京大学出版社 2012 年 8 月版，第 33 页。

土化。他的作为分为两部分，一是在"蛰伏"阶段，创建和推广伊斯兰教，一是公开成为阿拉伯世界的政治领袖。

犹太教、基督教以耶路撒冷为圣地，伊斯兰教则以麦加为圣地。

在伊斯兰教产生时期，中国唐朝文化对伊斯兰地区已有很大影响。《古兰经》中有句名言："知识虽远在中国，亦当求之。"

13世纪至15世纪，是穆斯林世界最为强盛的时期。奥斯曼帝国是由土耳其建立的多民族帝国，其中心一直设在伊斯坦布尔。17世纪初建造的蓝色清真寺被誉为世界十大奇景之一。伊斯兰教随着奥斯曼帝国的战争铁蹄向外扩展，至今仍是许多中亚、西亚和部分欧洲、北非国家的国教。到了16世纪，欧洲迅速发展，经济、科技、军事突然领跑世界，基督教进入了一个新的强势期，伊斯

在晚霞的衬托下，大清真寺展现了欧亚建筑艺术完美的结合
图20：伊斯坦布尔蓝色清真寺

兰教则明显萎缩。

中国大约在唐初开始接触伊斯兰教，正式传入是在唐肃宗至德二年（757年）至唐德宗贞元年间（785—805年）。按《唐书》记载，为平安史之乱，唐肃宗向大食帝国（这里的大食，泛指与阿拉伯帝国相邻的民族和伊斯兰化的波斯人）借兵3000人。到唐德宗贞元年间，这些人都已在华娶妻生子，自愿为唐帝国臣民。当地人称他们为"蕃客"，他们的聚居地被称为"蕃坊"。

五代十国时期，在我国西部，由西突厥人建立的喀喇汗王朝强大起来，它在信仰伊斯兰教的君主萨图克·博格拉汗执政时期，占领了喀什噶尔（位于今新疆喀什市）一带，至其孙哈桑·博格拉汗即位后，强迫占领地居民信仰伊斯兰教，伊斯兰教就这样传入了新疆。成吉思汗起事之后，他和儿孙们东征西讨，大批中亚和西域的穆斯林被补充到蒙古军中。这些军人及其家属，成为后来回族形成的源流之一。

目前，伊斯兰教是中国回族、维吾尔族、哈萨克族等10个民族群众普遍信仰的宗教，其人数约为1000万。他们大多数聚居在新疆、宁夏、甘肃、青海、云南等省份。

道教是中国土生土长的宗教。道教虽奉先秦道家代表人物老子为教祖，其实都是后来才加上去的。老子创建了道家学说，但他并不知道自己离世600多年后，中国会出现一个打着他招牌的道教。老子生活的年代，除了零散的巫教，还没有像样的宗教，他本人也不相信神灵。

道教奉老子为教祖和最高天神，同时承袭了中国古代社会的巫术和求仙方术，约在东汉晚期逐渐形成宗教。早期道教有"太平道"和"五斗米道"两派。太平道主要流传于河北一带，因信奉《太平经》而得名。河北巨鹿（今邢台市辖县）人张角曾利用太平道组织黄巾起义，徒众达数十万，坚持斗争20多年，于公元207年彻底失败，太平道从此销声匿迹。五斗米道主要流传于巴蜀一带，创始人张陵，又称张道陵，沛国丰县（今江苏丰县）人。汉顺帝时他客居于蜀，赴大邑鹤鸣山学道，永和六年（141年）作道书24篇。翌年五月初一夜半，自谓遇老子等五人，授以国师称号，遂奉老子《道德经》为经典，并加注释，名《老子想尔注》。张道陵创建的道教因入道者须交五斗米，所以又叫五斗米教。

道教产生的文化土壤，一是春秋末期出现的道家思想经过五六百年的归纳整理，一些士人从不同角度提炼出其精髓；二是西汉至东汉的几个皇帝企盼长生不老，以至炼丹术兴起，方士们显赫起来，他们需要一种共同的信仰做支撑；三是佛教的催生作用。道教出现之前，佛教已经进入中国。佛教作为外来的成熟宗教，有着完整的教义、教规及组织形式，为当时的方士创立道教提供了启示和借鉴，成为道教产生的催化剂。

魏晋时期，道教出现分化并得到发展。一部分道教徒受到统治者赏识，奔走于权贵之间，而一批权贵也成了道教的信徒。民间的道教仍以通俗方式传播，有时甚至成为民众反抗统治阶级的思想武器和组织形式。这时期出现的葛洪是道教著名的炼丹家，他的思想多受神仙学说影响。他擅长对矿物药物的研究，并认为不同的矿物质对人体会产生不同作用。

道教的思想来源主要是道家思想，同时博采诸子百家之所长，还受到儒家、墨家、名家、神仙家、阴阳家、兵家、医家及古代巫术等多流派的影响。以老子、庄子为代表的道家思想崇尚自然，有辩证法的因素和无神论倾向，主张清静无为，反对斗争。道家思想的核心是道，认为道是决定宇宙万物存在和运动的固有性质，是指导客观事物运动的规律。道教将这些理念奉为宗旨，其最主要的经典是《道德经》和《庄子》，即后来被道教综合整理而成并被奉为经典的《南华经》。

此外，《周易》的变革思想也影响了道教的政治思想。

道教宗教思想与道家哲学思想是有显著区别的。一是道教追求肉身不死，把长生不死的可能性与重要性视为核心原则；道家重视精神超越，对生死的态度采取自然、无为的超然态度。二是道教尊崇并配合世俗君主和儒家的理念与作为；道家主张清静无为，反对斗争，批评君主和儒家的政治理念与作为。

道教的成就主要体现在"方""法""术"上。"方"是其奉行的老子、庄子的思想，"法"是道教的行事规则，"术"是看星辰、破八字、炼丹、制药等实际操作方式和经验。放到今天讲，"方"是战略，"法"是策略，"术"是解决问题的手段、方法。

道教是中国传统文化土壤的产物，吸收了中国传统文化的基因，在中国民间有较大影响。

第十一讲　文化土壤与神话

> 神话的出现是人类史上的第一个文化高潮。
> ——作者手记，2019年1月11日

大多数民族的文化都是从神话开始的。不同的文明有着不同的神话，不同的神话产生于不同的文化土壤。

"'神话'系外来词，原意指那些产生于原始社会的各种口头故事。在我国，'神话'一词一般包括两方面的内容：一是原始神话，即原始先民在与自然斗争的过程中创造出的各种解释自然现象、人类起源以及追述祖先活动的幻想故事；二是新神话，原始社会解体以后各历史时期陆续产生的以人神结合为中心的各种幻想故事，由于这类故事在形式上和内容上都与原始神话有着许多相似之处，因此通常也被称为神话。不过学术界习惯上所说的神话，特指原始神话。

"原始神话是出现在世界各民族初成时期的特殊文化现象。它通常采用超现实的幻想来反映人们对周围世界及自身生活的认识。原始神话的中心，往往是神和神性英雄们一系列非凡的活动。

通过这些浪漫的活动，曲折地反映出人们对自然界的初步理解、对自身起源的探索、对祖先业绩的歌颂等等。按其内容，原始神话大致可分为创世神话、说明神话、祖先神话、自然神话、图腾神话等类。这些神话，构成了原始文化的理论体系，深刻地影响到原始文化的许多方面，诸如观念、信仰、风俗、艺术、历史、文学等等，甚至一直到进入阶级社会后的相当一段时间内，原始神话都还给民族文化的发展以相当大的影响。因此，原始神话在人类文化发展史上占有非常重要的地位。"[①]

一、古希腊神话

在许多人眼中，一个民族的心中装满了神话和诗歌，才会产生无限的幻想和情感。而恰恰是这一点奠定了文化艺术发展的基础。尼采在《悲剧的诞生》一书中写到："唯有凭借神话，才能免于漫无边际的游荡，年轻的心灵在它的庇护下成长，成年的男子用它的象征解说自己的生活和斗争。"

古希腊神话的产生和发展，经历了漫长的岁月。而这个"漫长岁月"恰恰是古希腊民族形成的过程。在古希腊神话产生之前，希腊地区与其他地方一样，早已有了神祇崇拜。到了公元前9世纪，古希腊的民间传说中开始出现人格化的神，这其实是将自然力量和社会力量人格化。由于古希腊也是多民族融合而成的，所以，这些人格化的神祇有许多来自古希腊本土之外。这些神话故事主要靠行吟诗人和民间艺人的口头传播，一直发展到公元前6世纪，古希腊神话才形成一个比较完整的系统，并实现了由口传为主向以文字传播为主的跳跃。在这近400年中，神祇的人格化一直环绕在古希腊人的精神世界里。

---

① 周明：《中国文化史三百题》，上海古籍出版社1987年11月版，第418页。

古希腊神话中装的主要是"英雄",围绕着"英雄"的是优美的人物和故事。为什么会是这样?是因为时代需要"英雄"。汤因比认为,古希腊"英雄故事和史诗的兴起是为了满足一种新的精神需求。因为人们此时意识到鲜明个性和非常功业的重要性。"①

在古希腊神话中,共有 12 个主神。宙斯是众神之王,掌管着整个宇宙,12 个主神大多是他的兄弟姐妹和子女:宙斯的妻子赫拉被誉为天后,掌管婚姻和生育;灶神赫斯提亚,同时还是圣火之神;酒神狄俄尼索斯;海神波塞冬;女神德墨忒尔,掌管农业和丰收;智慧女神雅典娜;光明之神阿波罗;月亮女神阿尔忒弥斯,掌管狩猎;战神阿瑞斯;爱情女神阿芙洛狄特,在古罗马又被称作"维纳斯";火神和工匠之神赫菲斯托斯,神界的所有宫殿、武器和工具都是由他修建和锻造出来的;赫尔墨斯是众神的使者,并掌管着商业、畜牧和旅行。

在希腊神话中,泰坦神普罗米修斯创造了人类。普罗米修斯为人类辩护时触犯了宙斯,宙斯拒绝把火种给人类。但普罗米修斯有办法,他摘取一枝木本茴香,走到太阳车那里,当太阳车从天上驰过时,他将树枝伸到火焰里,然后把火种带给人类。宙斯为此大怒,把普罗米修斯锁在高加索山上。普罗米修斯被秃鹫啄食肝脏达三万年,最后是赫拉克勒斯将他解救出来。古希腊悲剧《被缚的普罗米修斯》就是一部写这段故事的戏剧。

在古希腊神话中,女神具有崇高的地位。例如智慧女神雅典娜和爱情女神维纳斯,不但端庄美丽,而且心怀怜悯,深得人心,

---

① 〔英〕阿诺德·汤因比:《历史研究》,上海人民出版社 2010 年 1 月版,第 108 页。

几千年来被人们尊到诸神的最高位置。在欧洲特别是在希腊的雕塑和绘画中，人们至今仍能领略到她们的美丽和高贵。

又过了几百年，基督教产生之后，开始"改造"和"装修"古希腊神话。人们察觉到，古希腊神话经过基督教修改、阉割、充实，有的已经明显有了后来填充的痕迹。"上帝创造一切"，这本来是基督教诞生之后的说法，竟然也挤进了欧洲的神话里。

古希腊神话显然占据着欧洲神话的高峰，在它之后出现的还有凯尔特的德鲁伊神话和北欧神话（又叫挪威神话）。其中凯尔特神话曾与罗马神话融合，而罗马神话不过是古希腊神话的翻版。

二、古代中国神话

今天，生活在网络时代的中国人有时可能忽略了，中国古代神话是十分丰富多彩的，只不过我们讲给孩子们、讲给外国人的太少了。

远古时候，中国人的祖先生存环境恶劣，人们没有能力认识大自然的规律，他们渴望上天的恩赐和部族首领与英雄的护佑。于是，祖先们把日月山川和动植物等自然物以及自然现象与首领、英雄进行神化，神话就在这样的背景下产生了。

在中国，著名的神话故事有盘古开天地、女娲补天、夸父追日、精卫填海、后羿射日等。这里有始祖神话，也有英雄神话。还有一些神话经过长期流传加工，已经成为美学经典，比如嫦娥奔月和牛郎织女的故事等。夜空下，当人们指着皓月讲述月宫中嫦娥和玉兔的故事，指着牛郎星和织女星讲述七夕相会的故事时，老老少少的中国人不论其受教育程度如何，都会沉浸在古代神话所营造的美好气氛之中。

在中国常听到关于土地爷的神话，土地爷一般称"土地"，人们在遇到自己无力解决的难题时，求官无助，便会自然喊来土地。土地爷不摆谱，本事也不大，但会告诉你解决问题的办法，然后遁地而去。最令中国人耳熟能详的神话是《西游记》，神猴子孙悟空有七十二变的本事，一个筋斗就是十万八千里，他不惧权威，敢犯天条，驱恶扬善，是孩子们心目中的大英雄。《西游记》中还有玉皇大帝、二郎神、哪吒、托塔李天王等神话人物，如来佛、观世音菩萨在这里也被神化了。明朝的吴元泰还写了本《东游记》，里边记载了汉钟离、张果老、韩湘子、铁拐李、吕洞宾、何仙姑、蓝采和、曹国舅等八仙的神话故事。由于八仙分别代表男女老幼、贫贱富贵，与平民百姓较为贴近，所以流传甚广。

中国的神话故事有许多体现在乡间市井的民间传说之中。例如《白蛇传》，白娘子与许仙的恋爱故事美妙动人，法海和尚的形象反倒不怎么样；还有家喻户晓的灶王爷、哪吒闹海等。

中国人在相当长的历史时间内是供奉灶神的。灶神俗称灶王爷，无论是在民间还是在历代宫廷，灶神都是人们十分熟悉、十分亲近的神灵。关于灶神的来历，史书记载颇多，炎帝、黄帝、祝融、先炊老妇、种火老母、张单（张禅）、苏吉利都曾作为灶神被人们信奉。在较近的历史内，民间供奉的灶神多为黑面长须的张单。灶神在中国古代神话中原来一直是主管炊事之神，关注人们是否有饭吃，是否吃得健康。汉代以后，在民俗文化中，灶神成了上天下凡的监察使，其职责不再是掌管炊事，而是掌握黎民百姓的寿夭福祸。家家户户企盼灶神能够"上天言好事，下界保平安"。是神灵关心百姓吗？不是。是老百姓自己关心自己的命运，这才经过多次杜撰制造出保佑自己衣食无忧、健康长寿的神灵来。长久以来的祈福思想、朴素的是非善恶观念等，是中国神话诞生的深厚文化土壤。

中国古代神话还蕴含着智慧与抗争。最早的神话往往鼓励人们奋争，如后羿射日、愚公移山等，而汉代以后流传下来的神话则往往表现人的智慧。与古希腊神话比较，中国古代神话对于人性的描写更显东方特色。清末的蒲松龄创建了一种描述神话的新方式。《聊斋志异》以写鬼神为主，在他的笔下，女鬼男鬼，个个栩栩如生，特别是女鬼。其中最动人、最具人性的女鬼是聂小倩，她年轻貌美，与书生宁采臣的人鬼之恋至今仍在打动读者。

《聊斋志异》也是从"土"里长出来的。很多年前，作者到蒲松龄的家乡山东蒲家庄采风。在村头古井旁，当地文人介绍，当年井旁有座亭子，蒲松龄在亭子里施茶与过路行人，茶白喝，但喝茶者要讲述沿途听来的故事。从这个角度讲，蒲松龄其实是个归纳整理者，鬼的人性是当时社会很多人的感觉反映，但他将其提升到了一个超越民间传说的文学高度。

现在的孩子从小就开始玩手机、看电视、背唐诗、学英语，而在过去较长的年代里，孩子们一般都是从外婆或祖母口中讲述的神话故事开始认识崭新世界的。除了古代神话，一些现代神话如《宝葫芦的秘密》《狼外婆》《神笔马良》也在告诉孩子们从小要知道什么是美丑善恶。

中国民间关于妈祖的神话传说有很多，她也是人造出来的"神"。其实，妈祖真有其人，她叫林默，后被人称为林默娘。何谓"娘"？会意字，左边是"女"，右边是"良"，好女子也。林默于北宋建隆元年（960年）农历三月二十三日出生在福建莆田，于宋雍熙四年（987年）农历九月初九因救助渔民殉海。林默聪颖灵悟，识天文，懂医理，善舟楫，扶危助困，济世救人，尤善海上拯溺救难，深受家乡民众的爱戴和尊敬。林默去世后，人们怀念她，称其为妈祖。妈祖文化是宋朝之后渐渐形成的，而且对妈祖的尊崇不断升级。清朝皇帝封妈祖为"天后",现在全国各地的"天后宫""天后庙"便是为妈祖所设。"天后祭"与"黄帝祭""孔子祭"共同成为中国三大祭。2009年,妈祖信俗被联合国教科文组织列入人类非物质文化遗产名录。目前,妈祖文化在中国东南沿海一带影响较大,尤以福建、台湾、浙江、广东突出。除了中国大陆,世界上还有45个国家设有供奉妈祖的庙堂。纪念妈祖的活动多为林姓人氏主持。

林默娘本是个普通女子,为何被神化?答案是,人们将自己对仁爱和平安的希望与祈祷集聚在林默娘身上,而妈祖一旦成为一种象征,便以文化的力量再来影响人。妈祖文化的核心要义是立德、行善、大爱、平安、和谐、包容。纪念妈祖本身不是封建迷信活动,但也确有一些地方、一些人将其涂上了迷信色彩。

关于中国古代神话,周明先生分析道:"中华民族的原始神话,对中华文化的形成和发展,起了相当重要的推动作用,主要表现在下列几个方面:

"第一,它是中国哲学的发端。哲学观念的形成,首先在于对周围世界的认识,特别是对宇宙天体及人类起源的思考,如盘古开天辟地的神话说。

"第二,它是我国科学的萌芽。原始神话虽说是以非科学的幻想为特征的世界观,但它毕竟是建立在客观现实之上的,因此在这些超现实的反映中,也不乏科学的见解和认识。如共工神话说,共工与天帝争斗不胜,撞坏天柱不周山,指出了我国地理形势西高东低,江水东流的客观事实。羿射九日的神话,则是人们当时对太阳黑子的观察。我国人民最早注意到太阳黑子这一天文现象,神话中的描述比《汉书·天文志》的文字记载要早许多年。原始人用神话表现自己对自然界的认识,正是科学发展的先声。

"第三，它是历史的先河。任何民族的远古史，实际上就是一部神话史。在文字出现之前，口耳相传的祖先和世系，就是人们了解自己历史的主要资料。我国远古史中的炎帝、黄帝、尧、舜、禹等人，现在都没有实物资料来证明确有其人，但有关他们的大量神话，却使我们能够间接地了解到中华民族的祖先曾在中华大地上生息，并且，通过大量的神话细节，我们还能了解到当时的生活状况、社会组织、生产力水平、婚姻关系等等。

　　"第四，它是文学的摇篮。文学起源于神话。原始时期无论是探索自然现象，还是描述社会活动，人们都习惯用讲故事的方式来表现，这样，就形成了最早的口头文学。从楚辞、汉赋、唐诗、宋词到元明小说戏曲，随处可见神话传统的深远影响。没有原始神话，就没有今天的文学艺术。"①

　　很多学者把古代神话当作人类早期文明的标志。中国人的祖先在他们生活的年代里是不乏神话的，时至今日为什么缺少神话了呢？一个重要原因是中国的伦理形成太早，中国早期神话恰恰是因为伦理的形成而提前告别了繁荣期。

三、神话告诉我们什么

　　德国哲学家尼采在其所著《悲剧的诞生》一书中写道："一个民族拥有什么样的早期神话，甚至可以在今天告诉人们，他们站在哪一级的文明台阶上。"尼采认为，一方面，神话作为民族早期生活的无意识形而上学，给民族和个人生活打上永恒的印记；另一方面，神话又是一个民族文化的天然土壤和有机纽带。因此，一个民族一旦毁弃神话的家园，其文化也会丧失健康的天然创造力，神话的衰亡也就有了必然性。

---

① 周明：《中国文化史三百题》，上海古籍出版社1987年11月版，第419页。

神话作为上古时期的人类智慧遗存，是世代相传的集体记忆。我们要真正了解本民族的传统文化，就要从神话的源头开始。古代文明与现代文明是紧密连接在一起的，不能失去这种联系。失联了，那就不是你的文明了。

不同的文化土壤孕育了不同的早期神话。这些神话，体现了人们在不同生存状态下的不同思考。中国历史多灾多难，中国人多灾多难。对待灾难，中国人只有两种态度——忍耐和抗争，从未害怕过，也未屈服过。美国哈佛大学神学院教授大卫·查普曼在一场讲座中解读中国神话，他观察和思考的角度十分新颖。他这样说：

"在我们的神话里，火是上帝赐予的，希腊神话里，火是普罗米修斯偷来的，而在中国的神话里，火是他们钻木取火坚韧不拔摩擦出来的。这就是区别，他们用这样的故事（钻木取火）告诫后代，要与自然作斗争。……面对末日洪水，我们在诺亚方舟里躲避，但在中国人的神话里，他们的祖先战胜了洪水（大禹治水）。看吧，仍然是斗争，与灾难作斗争！

"如果你们去读一下中国神话，你会觉得他们的故事很不可思议。抛开故事情节，找到神话里表现的文化核心，你就会发现，只有两个字：抗争。假如有一座山挡在你的门前，你是选择搬家呢还是挖隧道？显而易见，搬家是最好的选择。然而在中国的故事里，他们却把山搬开了（愚公移山）。可惜，这样的精神内核，我们的神话里却不存在，我们的神话是听从神的安排。

"每个国家都有太阳神的传说，在部落时代，太阳神有着绝对的权威，纵览所有太阳神的神话你会发现，只有中国人的神话里有敢于挑战太阳神的故事：有一个人因为太阳太热，就去追太阳，想要把太阳摘下来（夸父追日）。当然，最后他累死了——

我听到很多人在笑，这太遗憾了，因为你们笑这个人不自量力，正好证明了你们没有挑战困难的意识。但是在中国的神话里，人们把他当作英雄来传颂，因为他敢于和看起来难以战胜的力量作斗争。

"在另一个故事里，他们终于把太阳射下来了（后羿射日），中国人的祖先用这样的故事告诉后代：可以输，但不能屈服。中国人听着这样的神话故事长大，勇于抗争的精神已经成为遗传基因，他们自己意识不到，但会像祖先一样坚强。因此，你们现在再想到中国人倔强的不服输精神，就容易理解多了，这是他们屹立至今的原因。"

纵观世界文明史，每一种文明在初期阶段都是信奉神灵的。与其他原始文明不同的是，中国人的祖先敬神而不惧神，更没有把神灵装点成一种宗教来笼罩自己。也许正因为如此，世界上有一些人，其中包括一些黄皮肤的同胞说中国人没有信仰。

没有信仰的民族能延续5000年吗？

孕生中国古代神话的文化土壤，是早期农耕文明的生产方式、生活方式和思维方式，其内涵深处体现的是与其他文明不同的一种精神，这就是不屈不挠，即便忍辱也要奋进。正是这种精神，不但演绎出中国古代的神话，还在演绎着新的神话。

第十二讲　文化土壤与哲学

哲学是文化的灵魂。

中国哲学需要培植逻辑思维，这也是整个中华文化土壤中最应充实的基因。

——作者手记，2018 年 6 月 18 日

为什么在"轴心时代"欧洲出现了以苏格拉底、柏拉图、亚里士多德为代表的唯心主义哲学，而在中国出现的却是以老子、孔子、庄子、墨子、荀子为代表的朴素唯物主义哲学？归根结底一句话——哲学是从"土"里长出来的。欧洲古典唯心主义哲学和中国古代朴素唯物主义哲学均受到所处历史环境的政治、经济、文化影响。不同的文化土壤长出了不同的哲学。

一、哲学的起源与差异

哲学就是"明白学"。哲学是告诉人们怎样认识世界、怎样分析问题、判断问题的大道理和大学问。

叔本华说："世界的本质是人的意识。世界一旦进入到人的意识，便成为人的意识所认定的表象。"亚里士多德在《形而上学》中的第一句话是："每一个人在本性上都想求知。"他用这一格

言来说明哲学的起源。另一句类似的格言是:"哲学起源于闲暇和诧异。"亚里士多德解释说:"人出于本性上的求知是为知而知、为智慧而求智慧的思辨活动,不服从任何物质利益和外在目的,因此是最自由的学问。"哲学的思辨起于"诧异",诧异就是好奇心。还有一个原因是"闲暇"。试想:如果一个人每天都在为生计而奔波,哪还会有时间去"诧异"?若连饭都吃不饱,哪还会有心情去探究近乎奢侈的哲学问题?

古代欧洲的唯心主义哲学与古代中国的朴素唯物主义哲学,是在各自特定的文化土壤中产生的。它们的区别,实际上是一种思维方法与另一种思维方法的区别。唯心主义哲学更能体现逻辑思维的特征,而逻辑思维有利于调动人的空间想象力。化学方程式的矩阵式、元素周期率、"狭义相对论",还有哲学本身的一些概念都是逻辑思维的产物。朴素唯物主义哲学虽然也有空间想象力,但主要特征却是形象思维,火药、指南针、造纸术和印刷术的发明,无不是形象思维的产物。有人说:祖冲之不是也推算出了圆周率吗?是的,祖冲之确实思考到圆的直径与周长之间的关系,他在刘徽割圆术的基础上精算出小数点后7位数,但这种靠逻辑思维来取得科学成就的做法,在古代中国并不多见。

我们似乎产生这样的印象:欧洲古典哲学的思维特点是"推",推理求证,从已知推未知,而中国古代朴素唯物主义的思维特征是"演",循序渐进,探索规律和事物本质。

德国哲学家雅斯贝尔斯认为在公元前500年前后,在亚洲,印度出现了以释迦牟尼为代表的佛教哲学,中国出现了老子、孔子、庄子、墨子、荀子以及他们所代表的朴素唯物主义哲学。几乎同时,欧洲出现了苏拉格底、柏拉图、亚里士多德以及他们所代表的唯心主义哲学。他称这个时期为"轴心时代"。

历史似乎有个分工。

二、欧洲古典哲学

欧洲古典哲学的诞生地在古希腊。

古希腊哲学产生的文化土壤首先是古希腊神话。从历史背景看，古希腊神话的特点是自然力量和社会力量的人格化。到了公元前5世纪，古希腊人在借助神来解释自然与社会中，脱胎出一种崭新的思想体系，即哲学思维的萌芽。从文化条件看，由于希腊当时是连接东西方的交通要塞，东西方文化在这里出现大撞击，这种撞击对古希腊哲学的诞生无疑起到了催化剂的作用。从对外交往情况看，古希腊此时已开始航海。古希腊人在与埃及人、古巴比伦人的交往中学习到了新的科学知识，在借鉴他人文化并与自身文化的结合中，他们开始改变用神来解释世界的传统方法，探索用经验观察和理性思维的方式来解释世界。

从公元前5世纪开始，古希腊有一批人对政治、伦理和辩论术之间的关系产生了极大兴趣。这批人被称作"智者"。在这些"智者"的眼里，没有什么是"不可能"的。

苏格拉底的出现使古希腊哲学出现了一道亮光。他将希腊哲学导向一个新的方向——对人的内在道德的强调。苏格拉底的学生柏拉图修正了老师的观点，他认为：世界上没有绝对的美德，人们用感官体验到的一切美德和品质都是相对的。他在《理想国》中提出了一种新思想，即哲学，理念的超验代替了荷马诸神。他在公元前5世纪创造了唯心主义哲学。柏拉图最优秀的学生是亚里士多德（约前384—前322年）。他跳出了柏拉图的思想框架，强调人的感觉。他是个百科全书式的思想家，可以说是一个集希腊哲学思想大成者，对后世学者特别是中世纪时期的学者影响很大，是西方科学和哲学领域划时代的人物。他最大的贡献是创造了以科学调查的方式去研究自然界，创建了严密的逻辑系统，提出了归纳和演绎两种方法。他还首次开创了学科分类，而且对生物学、医学、解剖学、心理学等各学科都有深入的研究。亚里士多德认为宇宙万物的生成有四个根本原因：形式、质料、动力和目的。在这四个根本原因中，动力是第一原因或叫第一推动力。他对时间、空间、运动、变化这些概念的理解对后人很有影响。亚里士多德可以说是一个伟大的哲学家，但他更出色、更出名的则是他创建了逻辑学、物理学、生物学等学科。

稍晚一些，数学和几何开始在古希腊兴起，其中的代表人物是毕达哥拉斯。欧几里德的出现，使逻辑思维达到一个新的阶段。他写的《几何原理》概括了古希腊人对客观事物的认识，形成了一个完整的形式逻辑体系。这套思维体系，在接下来的历史中渐渐影响了西方世界的思维模式，文艺复兴后更是成为推动人类进步的思想力量。人类今天的创新成果，绝大部分仍然是逻辑思维推导的产物。

与希腊古典哲学相映，现代哲学的摇篮在德国。歌德、莱布尼兹、康德、黑格尔、尼采这些大师的哲学理念不仅影响了德国，也影响了世界。有意思的是，对中国古代哲学最感兴趣的也是德国人。他们对老庄哲学肃然起敬。在欧洲众多国家里，德国人是接触到《老子》最早也是最多的。他们汲取了老庄哲学的精华，创立了新的哲学理论。17世纪，德国伟大的哲学家莱布尼兹（1646—1716）第一次看到中国《易经》拉丁文译本以后，结合他对老子思想特别是阴阳学说的长期研究，发现"这是一个宇宙最高的奥秘"，并据此提出了"二进制"，还给太极阴阳起了一个西洋名字——"辩证法"。老子的学说，其实是辩证法的源头。

莱布尼兹关于辩证法的论述影响了康德。康德搭构了辩证法的理论框架，成为现代哲学辩证法的奠基人。黑格尔师承康德，并影响了马克思，使辩证法成为马克思唯物主义哲学的内核。

在莱布尼兹之前，法国文艺复兴运动的代表人物之一蒙田（1533—1592年）创建了"随笔"文体。他写的《蒙田随笔》提出"不怀疑，毋宁死"，集中概括了其哲学思考状态。公元1637年，勒内·笛卡尔在《方法谈》中提出"我思故我在"，开创了启蒙运动的"主体性转向"。他将理性奉为确定真理的道路，以取代此前人们所接受的权威的启示与教会教育。叔本华也说："思考比读书更重要。"这些思想无疑成为后来者前行的明灯。

德国著名哲学家康德（1724—1804年），是西方哲学史上最重要的人物之一。他在哲学认识论上的建树，被他自己认为是哲学领域的"哥白尼革命"，其著作《纯粹理性批判》《实践理论批判》和《判断力批判》虽以艰深著称，却也是公认的名著，当时和今天都受到人们普遍关注。"三大批判"中的许多思想对18世纪末和19世纪初的欧洲浪漫主义运动产生了很大影响。

《悲剧的诞生》是尼采第一部较为系统的美学和哲学著作，写于1870年至1871年之间。从书名及内容来看，该书主要是对作为文学形式之一的悲剧的探讨，但实际上包含着比较丰富的思辨内容，阐述了作者许多重要的哲学思想。

在文艺复兴和欧洲的思想启蒙运动中，哲学特别是德国古典哲学的出现是欧美工业革命的文化前提。哲学形成的新的文化土壤，推动着人类向更高的思维境界前进。

三、中国古代哲学

中国春秋战国时期出现古典哲学即朴素唯物主义哲学的背景

是，这时期已形成丰富的文化土壤。从历史渊源看，传说伏羲时期就产生了阴阳学说，后来又有了八卦和易经，发展到春秋战国阶段，阴阳学说与道、儒、墨学说中已体现了朴素唯物主义哲学的主要元素。从当时的社会文化环境看，春秋战国时期，社会结构发生重大变化，贵族势力走向颓势，原来地位较低的士阶级受到重视，平民百姓也可以受到教育。由于士阶层获得了从未有过的自由，开始创建学说，并游说于各诸侯国之间，遂成"百家争鸣"。

学者张岂之在《中国古代社会与朝代更替》一文中写道："'诸子百家'各个学派的流传分布带有其地域的特点：儒、墨以鲁国为中心，而儒家传播于晋、卫、齐，墨家则向楚、秦发展。道家起源于楚、陈、宋，后来流入齐国。楚人保留着比较原始的'巫鬼'宗教，对齐、燕有影响。后来阴阳家在齐国发展起来。法家主要源于三晋。如果说在春秋时代文化中心偏于邹、鲁，战国时代的文化已无此种局限，文化交流和影响蓬勃开展起来。"

在这个时期，出现了以老子、孔子、庄子为代表的朴素唯物主义哲学家。正像汤因比说："几乎所有希腊哲学学派的思想都可以在印度和中国的哲学家那里找到对应的东西。"[1] 如果那时有一位超越时空的观察家将当时的希腊哲学与中国哲学归纳并比较一下，一定会对后来2000多年欧洲哲学和中国哲学发展大有裨益。

老子的思想不能仅仅用一个"道"字概括，孔子的思想也不能简单用一个"仁"字概括。今天我们把孔子称为儒家学说的创始人、儒家的代表人物，把老子说成是道家学说的创始人、道家

---

[1] 〔英〕阿诺德·汤因比：《历史研究》，上海人民出版社2010年1月版，第378页。

的代表人物，这样的表述虽有道理但不全面、不公正。准确地讲，老子、孔子、庄子、墨子等人，是中国古代最伟大并且对日后中国和世界产生巨大影响的哲学家和思想家。

他们首先是哲学家，其次才是各学派的代表人物。胡适曾将老子定位为"中国哲学的始祖"。

老子的阴阳学说是朴素唯物主义哲学的巅峰。阿诺德·汤因比在《历史研究》中这样写道："在不同社会不同的观察者用来表示静止状态和活动状态这一宇宙规律的各种符号当中，阴阳是最贴切的。因为它们不是通过心理学、机械学和数学的某些暗喻方式，而是直接表现出了交替的韵律。在我这部书里，我要用一种什么符号表示历史的规律呢？我选来选去，我选择了中国的阴阳。中国人传统的世界观，已经受了中国3000多年的经验的考验，其中一个主要观念是阴阳的辩证交替。无论'阴'还是'阳'，只要发展到极端，就会变成另一端，从而自动地恢复自然的平衡，因为另一端发展到自然所能容忍的最大限度，就会最终回到这种交替模式。"

阴阳学说的核心实际上就是朴素辩证法。老子哲学中具有自发的辩证法因素。他认为，事物中总包含着有无、大小等对立的两个方面，彼此互有联系又可相互转化，"祸兮福之所倚，福兮祸之所伏"。老子还认为"反者道之动"，即矛盾的运动是事物发展的推动力。"道法自然"既是老子哲学的精髓，亦是中国古代哲学的高点。

老子的哲学思想深奥绝伦。"天道自然""大象无形""天人合一""道可道，非常道""物极必反""无为无不为"，以及"有"与"无"的相互转换，每一句话都可拓展成一部经典，其中对宇宙、对客观规律、对人的认识和把握，尤其高屋建瓴。

老子在《道德经》中提出以"道"为核心的哲学思想体系，开创了中国古代哲学的新时代。它以道为宇宙的根本，阐述了道的本质、特点及其运动变化的规律，认为万物都生于道；道是没有形象，不可被感官感知的；是不断运行变动的，有着自己的规律。道虽产生万物，却不占有和主宰万物，是自然无为的。

《道德经》最早提出的"道"，主要有以下几层意思：一是不可言说。"道可道，非常道；名可名，非常名。"大意是：凭感性认识到的规律，并不是基本规律；凭感性认识命名的概念，并不是本质概念。二是衍生万物。"道生一，一生二，二生三，三生万物。"大意是：在规律的作用下，"道"生成了最初的物质元素；最初的物质元素又生成了对立统一的阴阳二气；阴阳二气相交作用，生成新的物质；推衍开来，形成了世间万物。这里，老子提到了宇宙发源形成论。三是源于自然。"人法地，地法天，天法道，道法自然。"大意是：人的法则在地里头，地的法则在天里头，天运行的法则是遵循规律的，规律是自然而然的。

有学者认为，"道"的含义是"天地之本源"，还有人提出"化"是天地万物的表象，而"道"则是"大化"，更多的学者趋向于"道"应作"规律"解。庄子在《知北游》中讲了个故事：东郭子问他"道"在哪里，他回答：道，无处不在。

海德格尔说："老子的'道'能解释为一种深刻意义上的'道路'，即'开出新的道路'，它的含义要比西方人讲的'理性''精神''意义'等更原本，其中隐藏着'思想着的道说'或'语言'的'全部秘密之所在'。"

"有与无"是道家创立的一种哲学上的辩证关系。有了经历，有了经验，有了思考，有了悟性才能问道，才能论"无"，才能达到"无"的境界。没有"有"就不会达到"无"，"无"之后才"有"。没了纯朴率真,就有了智慧和思考能力;没了童年与青春,就有了成熟、威信、事业与荣誉;没有了绿地和沼泽,就有了开发区、科技园。

《汪注老子》一书作者汪致正先生与作者对话。两人均认为,老子《道德经》中的"无"字有三种含义,第一种是指"存在的隐性生成模式",第二种是否定词"不、没有"等,第三种是指"空间"。其中,"无"的第一种含义是老子哲学的基本概念。以往的《老子》注本中,对第一种含义都没有明确说明。事实上,"存在的隐性生成模式"才是《老子》的"无"的哲学概念。"有生于无"是说具有显性模式的"有",产生于已经存在的但暂时还处于隐性生成模式的"无"。"有"不可能从完全不存在的"没有"中产生。

《道德经》更多的是从客观的角度论证人的主观与客观的关系。有学者分析说:"在哲学上,老子的思想要深邃得多,而且可以说是古代朴素唯物论辩证法思想发展的一个高峰,并广及政治、伦理、科学、经济、军事、医学、养身、气功等方面。庄子说:'关尹老聃乎!古之博大真人哉!'这并非夸大溢美之词。托尔斯泰称老子是'巨大',孔子是'很大',这是很恰当的。老子的伟大体现在其朴素唯物论辩证法思想的精髓。老子第一个提出'道'作为哲学的最高范畴,这不是什么'上帝''绝对精神',而是宇宙的根本规律;'天道自然无为'的思想,在中国哲学史上起了划时代的作用。而且,老子胜过西方古代原子论哲学的地方,在于他朴素地猜测到了今天看来是基本粒子的规律特点,他超出了古代唯物论者用某些具体物质来说明世界本源那种低级阶段朴素直观唯物主义,而抽象出了事物内在的本质规律,达到了思维能力、理论根据的较高水平。老子认为'道'是物质的、精微细小的、不断运动的世界万物的总规律,但又是视之不见、听之不闻、搏之不得、无形无象、混沌恍惚的。老子的辩证法已经达到了相当高的水平。他看到了事物的联系,相辅相成,对立统一:'有无相生、难易相成';发现了一切事物无不向它的对立面转化;'物壮则老''物极必反''祸兮福之所倚,福兮祸之所伏'。所以他主张'曲则全、枉则直、洼则盈、敝则新、少则得、多则惑','将欲取之,必固予之'。'无为而无不为',自然也是对立统一的。他认识到事物从量变到质变的规律:'合抱之木,生于毫末;九层之台,起于累土','图难于其易,为大于其细',以及事物分化发展的规律。老子的道德已经达到了很高的境界,'上德不德,是以有德。下德不失德,是以无德。上德无为而无以为。下德为之而有以为'。老子已达到上德的境界。'生而不为,为而不恃,长而不宰,是谓玄德'。这比仁者爱人、克己复礼的境界高多了。"[①]

《道德经》哲学体系的创立,标志着我国古代哲学思想达到了很高的程度,在中国哲学发展史上占有重要地位,并产生深远影响。要了解中国哲学,不可不读《道德经》。

日本物理学家、诺贝尔奖得主汤川秀树赞赏道家的现代性:"老子是两千多年前就预见并批判今天人类文明缺陷的先知。老子似乎用惊人的洞察力看透个体的人和整体人类的最终命运。"

中国古代朴素唯物主义哲学的另一个代表人物,也是继老子之后的道家学说的第二个代表人物是庄子。庄子的万物"无动而不变,无时而不移"的思想充满辩证法。庄子的"道"与老子的"道"稍有差别。老子的"道"更多的是强调"客观",而庄子的"道"则着意强调"主观"的感觉。他的哲学思想主要体现在《逍遥游》

---

① 孙凯飞:《文化学》,经济管理出版社 1997 年 5 月版,第 122—124 页。

上。庄子用讲故事的方式阐述他的哲学思考，展示他的哲学观点，即便是今人看来，仍然为其思考的角度和深度所折服。

最著名的是那段"子非鱼"典故。庄子和惠子一起在濠水的桥上游玩，庄子说："鲦鱼在河水中游得多么悠闲自得，这是鱼的快乐啊。"惠子说："你又不是鱼，哪里知道鱼是快乐的呢？"庄子说："你又不是我，怎么知道我不知道鱼儿是快乐的呢？"惠子反驳说："我不是你，固然不知道你（的想法），但你本来就不是鱼，你不知道鱼的快乐，这是可以完全确定的。"庄子说："请你回归最开始的设定，你说'你哪里知道鱼快乐'这句话，就说明你其实很清楚我是知道（鱼儿快乐）的，所以才来问我是从哪里知道的。现在我告诉你，我是在濠水的桥上知道的。"

庄子继承了老子的天道自然无为的无神论思想，但又走向了神秘主义宿命论一端。他的辩证法也走向了相对主义齐物论一端。他练气功大概是练到"离形去知，同于大通"，与天地万物浑然一体的精神境界了，所以逍遥到"乘天地之气，以游无穷"的自由境界。庄子知道自己快要死了，弟子要将他厚葬。庄子说："不用那么麻烦，我以天地为棺椁，日月星辰做装饰，万物为我送别，这不就很好吗？"弟子说："怕鸟儿吃您的遗体啊。"庄子说："不是天上的鸟儿吃，就是地下的蝼蚁吃。你抢鸟儿吃的给蝼蚁吃，是不是有些偏心？"

庄子浪漫豪放的思想，优美生动的文笔，气象万千的散文，对中国后世文化影响很深，风行于西汉初期的黄老学实际上就是老庄学。

孔子同样也是一位伟大的哲学家。他的哲学重点是讲怎样做人，集中体现在《论语》和经他校正的《大学》《中庸》中。他主要是从主观的角度论述人与客观的关系。孔子哲学的核心是

"仁"，认为"仁"就是"爱人"。孔子的后继者孟子接传了孔子的哲学。"人之初，性本善"是孟子哲学的基本观念之一。

孔老庄建立的是一种哲学思维方式，并采用这种方式探索和解释他们关注的思想内涵。

在"百家争鸣"中涌现出来的名家，代表人物有公孙龙、惠施、邓析等，他们是与古希腊哲学家亚里士多德同时期的、创建了逻辑思维的哲学家。名家在中国开创了逻辑思维的先河，对人的思想活动中最基本的元素"名"（概念）和"实"（实质）的关系以及相关的概念和关系进行了比较系统的阐述。可惜的是，他们的逻辑思维在当时因儒、道两家学说影响过大，而没能在中国哲学发展史上产生更大影响。

大家知道，孙子是中国春秋末期著名的军事家，可一细看，《孙子兵法》论证的是关于敌我、攻守、进退等诸多对立关系的思辨，全书的最高点恰恰不是胜战而是"止战"。从这点来看，孙子也是与老子、庄子、孔子并列的中国古代哲学家。

总的看来，春秋战国时期中国人的逻辑思维还不够发达，但老子的《道德经》、庄子的《逍遥游》、墨子的《墨经》则已达到相当高的水平。

佛教传入中国后，儒、释、道相互影响，中国的古代哲学中又增添了佛教的哲学基因。现在佛学教学中相当于大专的课程是"五明"，即内明、因明、声明、工明、医明，其中的"因明"就是佛学中的逻辑学。"菩提本无树"本身就是个哲学概念。

中国唐代有一本书叫《化书》，作者是谭子，名谭峭。他学道又学佛，《化书》讲了"化生"的道理，从自然科学讲到哲学，又从哲学讲到社会学、政治学。谭子认为坏的时代、坏的世界是可以变化过来的。

明代王阳明创建了"心学",使他成为明代绝无仅有的哲学大师,他倡导的"知行合一"亦使传统理学达到了一个哲学高度。

有人说,中国传统文化中没有"逻辑"的概念。冷丁一听,似乎是这样的,但细想则不然。中国的历史、中国的文化、中国的语言从来就没有过颠三倒四,这里边装的难道不是逻辑吗?

哲学并不是哲学家的专利。哲学不仅出现在书本中,出现在讲坛中,更多地体现在人类社会生活的方方面面。在关于人生意义的讨论中,在对股市变化的分析中,在对贸易战的不同看法中,在对新冠肺炎疫情的认识中,甚至在地摊购物的讨价还价中,处处都体现出哲学的身影。

在"轴心时代",东西方出现了不同的古典哲学。记得有位学者曾经有过这样的表述:希腊哲学家主要思考人与物的关系,印度哲学家主要思考人与神的关系,中国哲学家主要思考人与人的关系。产生不同哲学的文化土壤是东西方不同的文化环境和生存环境。

逻辑学、辩证法,这些哲学名词在西方也是近100多年才时髦起来的,而这100多年恰恰又是西方对中国哲学由崇拜转为轻视的100多年。西方人对中国哲学膜拜也好,轻视也罢,关键是我们自己要清醒。中国哲学需要增添新的内涵,最主要的是逻辑思维,这也是整个中华文化土壤中最应充实的基因。逻辑思维是在新一轮历史进步中产生理性、产生科学、产生创新的最重要的思想武器。一旦我们对万事万物的内在机理有清醒认识,梳理清晰它们的内在逻辑关系,我们的哲学将会登上一个新台阶。以此为基础,中华文化也将焕然一新。

在不同的人眼中有着不同的客观,追求和探索事物的真相和客观规律是人类进入高级阶段之后形成的本能。如果我们对问题看得还不透彻,只能埋怨自己学习哲学的功夫还不到家。这是因为,哲学可以把客观与主观联系起来。

任何一种自然资源都有最后枯竭的可能,这没什么,人类总会找到新的资源。然而,文化资源一旦枯竭,人类赖以生存的文明就结束了。而哲学,是文化资源中的中坚。一个国家,一个民族,一个人,最可怕的是没有思想。胜者,胜在有思想上;败者,败在没思想上。不同思想的碰撞是寻找真理的第一步,所有的竞争最终是思考质量的竞争。

哲学,是人类历史上真正的文化盛宴。

第十三讲　文化土壤与语言文字

> 语言、文字是文化最重要的载体。
> 思想是文化的心脏，而思想要借助语言和文字来表达。
> ——作者手记，2019 年 1 月 16 日

语言是人类交流的基础，人与人之间通过语言来表达意思、交流信息、传达思想情感等，没有语言就没有文化。文字则是"无声的语言"，它依托一定的载体，运用符号来传播信息与知识、表达思想情感、传承文明。

世界上大多数民族都有自己的语言，但并不是每个民族都有文字。语言和文字同为文化的根基，构成不同地区、不同民族文化土壤中最深层次的内核。

一、语言

（一）语言的产生与发展

语言是文化产生的一个先决条件。在语言产生之前，人类的生存方式类似于动物，此时人类的一切活动还不具有文化性质。

人类最早的语言与动物无异，甚至可以说，那就是动物的语

言。动物的语言只有几项简单的内容,如求偶、觅食、避险、迁移等。作者猜想,人类最早的语言应该是产生于求偶。我们现在依然可以看到,许多动物的基本叫声不是出于寻找食物或避险,而是求偶,如狼嚎、驴叫、猫叫、鹿鸣等。大家知道"鹿鸣春",还知道"杨八姐游春"。鹿鸣的是春天吗?杨八姐游的是春天吗?不是,这个"春"一开始是动词,是求偶。

人们可以在出土文物中找到人类最早的文字,却无法寻找到人类最初语言的踪影。到了近代,有了录音及播放设备之后,人们才可以听到昨天的声音。

语言产生的文化土壤是人类进化到一定阶段,伴随着生产力发展而形成的。在语言产生之前,人类只会用肢体动作进行交流。我们从电视节目中经常可以看到,在发布重要信息时,配有同步手语翻译视频,这显然是让聋哑人也能看得懂。诚然,现代的手语与远古时期人类的肢体语言已不可同日而语,但手语确实是从肢体语言发展而来的。人类的肢体语言比口语要早得多,人类祖先使用肢体语言的时间要比使用口语语言的时间长得多。

在进化中,人类开始进行集体劳动,这时便产生了交流的客观环境。开始的交流只是"咿""啊""呀""哇""哈"等单音节叹词,后来发展成双音节,再后来才有了初级的语言,并慢慢发展,内容不断丰富。在"农业文明"出现时,人类开始在江河冲积扇定居,产生了集群和部落,连贯的语言在那时正式诞生了。

语言产生后,就在特定群体、特定民族中相对稳定地使用和传承,成为这个群体、这个民族区别于其他群体、其他民族的重要文化特征。相对于后来派生出来的文化,语言本身成为了一种土壤。我们说不同民族的文化土壤不同,其中就包括语言及其含义的不同。目前全世界共有 2000 多个民族，近 7000 种语言。世界上所有语言分属于 11 个语系，分别是印欧语系、汉藏语系、尼日尔－科尔多凡语系、南岛语系、非亚语系、达罗毗荼语系、阿尔泰语系、南亚语系、尼罗－撒哈拉语系、乌拉尔语系、高加索语系。中国共有 56 个民族，地方语言不算，共有 15 种民族语言仍在使用，尽管有的使用范围不大。若连一些支系语言都计算在内，大约有 80 种民族语言。

《格林童话》的作者雅名·格林说："有一种比骨骼、武器、墓穴更为生动的东西可以证明民族的历史，即就是他们的语言。语言乃是人类精神的呼吸。"作为科学意义的语言人类学研究，始于上世纪的德裔美国人类学家弗朗茨·博厄斯。语言是更幽微更执拗的历史，语言调查，通过词语语源及其变迁，可以看到文化遗存和流变；从造词心理看到民族文化，从借词看到文化接触，从地名看到民族迁徙踪迹，从姓氏别号看到氏族来源和宗教信仰，从隶属称谓看到婚姻制度……[①]

由于人类的族群分散在地球表面的各个地方，历史上各个族群曾长期独自发展，语言千差万别。后来各地的族群开始了相互交往交流。语言不相通的人一旦接触，便仿佛见到了外星人，无法沟通，但后来还是逐渐出现了公共用语。

在很长的历史时间内，欧亚大陆上战争频繁，城头变幻大王旗，胜利者的语言很快便成了占领地区的推广语言，不同民族的语言相互影响，不断形成新的通用语言。当年罗马人占领希腊之后，允许希腊语继续使用，但接下来的情况是，拉丁语逐渐占了

---

① 岱峻：《一个地图上找不到的地方·发现李庄》，四川人民出版社，2023年 6 月版，第 220 页。

上风。世界性的公共语言的普遍使用,始于殖民地的出现。15世纪到17世纪,西班牙、葡萄牙、荷兰、法国先后在非洲、美洲开辟殖民地,占领者利用军事手段、行政手段和教育方式推广宗主国的语言,以至于现在这两个大洲的国家普遍使用的是西班牙语、葡语和法语。这是语言的第一次大规模输出。第二次大规模的语言输出是在大英帝国崛起之后。16世纪,英国舰队打败了西班牙无敌舰队,取得世界海上霸主地位。英国由此靠船坚炮利继续向澳洲及亚洲推进,英语也因此得到广泛传播。如果当年是法国舰队打败了英国舰队,那么现在世界通用语言恐怕就不是英语而是法语了。

英语的广泛使用还会持续一段时间,再往后就很难说了。20世纪,由于美国的强大,美式英语不是也流行起来了吗?过去的中国人学英语,说"不必客气"时说的是伦敦话"not at all",而如今的年轻人学英语,都说美式英语"you are welcome"。类似的语言现象很多。第三次语言输出的高潮也许很快会到来,但这次不会伴随殖民,而是伴随经济影响和文化影响而来。谁的经济和文化强大,谁的语言就会走向更大的空间。经济影响和文化影响将决定语言传播的强度。当然,到那时一些中小民族的语言也还会保留下来。梵语就是一个例子。梵语本来是亚洲游牧民族雅利安人的语言,3500多年前雅利安人拥入印度,梵语成了印度语言的一部分。世事沧桑,随着古印度文明的解体,梵语失去了使用价值,但仍在少数领域(如佛教)使用,成了文化遗产。如今,人们已经掌握了能够沟通的多种语言,沟通不再像过去那么困难。特别是翻译机的问世给不同语言之间的交流带来很大便利,人们只要随身带个小巧的翻译机,不论在世界上任何国家、任何时候,都可以和任何人对话。现在的智能手机也有语言翻译功能了。

（二）中国语应该叫汉语吗

汉语是世界上使用人口最多的语言，也是最古老的语言之一。现在，普通话使用面很广。什么是普通话？其实，普通话就是汉语。但作者觉得"汉语"这个概念并不准确。汉语与汉字一样，"语"形成的时候还没有"汉"的概念，"语"的历史最少比"汉"的概念出现要早几千年。从长远的历史发展角度看，汉语与汉字并不是真正的汉人之语、汉人之字，而是汉朝以后人们对自己使用的语言和文字的称谓。

汉语大致在汉代才正式被称为汉语，实际上它的发音方式在此前早已出现。

西晋末年，北方少数民族南下，扰攘战乱，大量北人迁徙到江浙一带，中原语音与当地吴越语音融合，形成金陵官话。后来唐朝夺取天下并执政近300年，长安音与金陵音形成南北两大语音系，由于帝都在长安，长安音渐渐占据了上风。在宋代，开封音成为正统语音。到了明朝，又以南京一带的方言为基础形成官方语言——下江官话。清入关后，开始学习汉语，受他们所使用的阿尔泰语音影响，汉语的入声渐渐失去，却增加了原来汉语里没有的翘舌音和儿化音。

有一些人嗟叹，由于西晋至南宋的北人南迁，特别是由于满人入关，汉语的读音发生变化，正宗的唐音、宋音只有在江浙的一些地方话中才能找到痕迹。话里话外，有对唐音、宋音的留恋，亦有对满语口音的不屑。殊不知，语言本来就是历史进程中的产物，在世界历史上，战争、移民、贸易和文化的交流等因素对语言变化的影响是具有普遍性的。似乎不应仅仅站在"汉族"的角度看待"汉语"语音的形成。语言的变化是客观的，况且从人类语言的发展史上看，现在也很难说得清哪一种语言更优秀，哪一种读音更优美。中华文化的所有表现形式和特征，均为多民族文化融合而成，即便是"唐音""宋音""明音"也是多民族语音融合的产物。

尽管历经坎坷，汉语的发音几经变化，但基本语音和语法结构保持了汉语的传统轮廓。我们现在读王之涣的《登鹳雀楼》、李白的《将进酒》以及更多的唐诗宋词，"韵"和"辙"并无多大变化。

1955年，全国文字改革会议决定把中国语正式称为"普通话"。1956年，国务院宣布将"普通话"定义为：以北京语言为标准音，以北方话为基础方言，以典范的现代白话文著作为语法规范的中华不同民族进行沟通交流的共同通用语言。

2018年1月，作者曾向国家有关方面提出建议，此后在很小的范围内提议：将"汉语""普通话""华语""国语"等关于中国语的叫法统一规范为"中语"。理由如下：中国人现在使用的语言在很多情况下被称作"汉语"，在国外一些国家被称作"华语"，20世纪50年代国家正式定义为"普通话"，而新中国成立之前民国政府曾推广过"国语"。这些词语，从词根概念上讲可能都不够准确。

首先是"汉语"。公元前202年，刘邦建立西汉王朝，此前四年他曾被项羽封为十八王之首的"汉王"，统管蜀、巴、汉中三郡，史上谓之"汉国"。河南安阳殷墟出土的甲骨文已有3400多年的历史，中国人的祖先使用语言的时间比使用文字的时间要早得多，中国人祖先的主体语言被称作"汉语"的时间还没有未被称作"汉语"的时间长。因此，用"汉语"定义中国的国家语言，不够周延。况且，谓之"汉语"容易造成政治和文化上的被动。例如国家在新疆、西藏、内蒙古等少数民族地区推广汉语，当地青年或许会疑惑：我是维吾尔族、藏族、蒙古族，需要学的是国家通用语言，为何却教我们学"汉族的语言"？热衷学习中国语言的外国人也疑惑，我学的是中国话，为何叫"汉语"？其次，"普通话"的定义缺乏科学性。"普通"是什么意思？有学者认为，"普通"包括"普遍""通用"的含义，这种解释当然可以，但太牵强，人们对"普通"二字的理解是"一般""平常"而不是"普遍、通用"。"普通话"词面上的对应词是"特殊话"，而实际上它对应的是方言和少数民族语言，因此"普通话"这种叫法全世界都没有。中国语教员怎么向外国学生解释：我们教你的是"中国普遍通用的话"而不是字面上所理解的"普通的话"？再次，"国语"的叫法早已成为历史，我们不可能恢复旧时的叫法。"国语"实际是个通用词，任何国家的语言都可自谓国语，它不应成为一国语言的称谓。最后，"华语"的叫法从概念上比上述三个用词要好些，但也不完美。中国的文字叫"中文"，语言叫"华语"，犹如日本的文字叫日文、语言叫大和语，英国的文字叫英文、语言叫大不列颠语一样别扭。

"中语"这个叫法，最突出的长处是它能明确表示是"中国语"。世界上主要国家的语言一般用国家的简称命名，如英语、法语、德语、俄语、日语，中国的简称是"中"和"华"，在不同场合下分别使用。"中"这个概念很好，很大，也很准确，我们一直在使用，如"中美""中俄""中方""一中"等。中国语言最科学、最准确、最有生命力的叫法似应为"中语"。中国的文字叫"中文"，语言若叫"中语"，正好对应。"中文中语"能与世界通行叫法，如英文英语、德文德语、日文日语等接轨。

也许有人会说，中国历史上从来就没有过"中语"的叫法。是的，但这不妨碍我们根据新情况使用新词语。请问，1949年以前，中国有过"中华人民共和国"的叫法吗？现代意义上的"中国"一词的正式出现也不过100多年。

使用"中语"，或许会引起人们不习惯。其实不必担心，一旦采用"中语"的叫法，全球媒体传播三个月，整个世界就都习惯了。"汉城"改"首尔"，"锡兰"改"斯里兰卡"不都是这样吗？用多了、久了，我们就可以享受使用"中语"带来的好处了，包括明显的五大好处：一是有利于提升中国国家形象。"汉语"容易给人以"民族语言"的印象，而"中语"给人的第一印象就是"中国的国家语言"，有利于国际交流和国家概念的提升。二是与世界主要国家语言文字的叫法接轨，规范化了。三是有利于外国人学习，扩大中国语言、中国文化在世界上的影响。四是有利于在全国使用少数民族语言的地区推广普及。政府尊重和保护少数民族使用自己语言的权利，但作为中国人，学习使用国家语言"中语"是必须的。基于民族情感，一些少数民族同胞或许不愿学"汉族的语言"，但能够接受学习"国家的语言"。五是有利于反分裂，尤其是制衡"台独""港独"。中国政府可以明确讲，有史以来你们说的一直是"中语"，为何要闹"独"？在国际上，人们普遍认同"中语"后，有利于对同样使用"中语"的台湾、香港地区从属性质的认定。所以，提倡使用"中语"一词有利于维护国家统一。

几千年来，中国语言（这里暂且叫汉语），对中国保持统一和民族融合发挥了重要作用。许多史料证明，中国的汉族人口中有许多人原先是其他民族，正是因为说了汉语才成为汉族的。如今中国正在建设一个崭新的大国，从某种程度来说，文化比政治、经济、军事还要重要，要排在它们前面。唯有文化强了，其他才能跟上。作者在此呼吁：我们要从一个大国、一个大民族的角度，站在历史和世界的台阶上考量,将"汉语"改称"中语"。此乃国家大事,一旦实现,中国语言将会展示出前所未有的优势。

十几年来,作者在上海、北京、沈阳、南京、成都等地的大学和一些机构讲课时曾经表述过上述观点,得到大多数人的理解和支持。其实,在其他领域,我们也应少讲"汉"多讲"中",这样思考更大度,做事更大气。

二、文字

(一)文字的产生

在文字还未诞生之前,语言曾经历过一个漫长的时代,人们的文化传承主要通过口口相传,其中不乏神话故事,甚至可以将这个时期称为神话时代。即便是在文字诞生之后,神话时代仍在继续。公元前1000多年的欧洲凯尔特人认为口传的神话才是神圣的,当时的德鲁伊特教的祭司们相信,只有口耳相传才体现对神灵的虔诚,而用笔记录则是一种亵渎。所以那时的历史传说几乎都是靠游吟诗人口头流传,尤其是在爱尔兰和苏格兰地区。

然而,口口相传的效果远不如有文字记载的传承。文字是文化之子。人类进化到一定阶段,文化土壤中便"长"出了文字。可以说,文字的产生是一次重大的文化革命。

人类最早的文字产生是从记数开始的。英国作家汤姆·斯丹迪奇在《书写的故事》一文中写道:"推动书写发展的不是传话的人,也不是讲故事的人或诗人,而是会计。最早的书写制度起源于新石器时代,那时人类刚刚开始从狩猎和采集的游动式生活转向以农业为基础的定居生活。这一过渡始于公元前9500年一个被称为'肥沃月湾'的地方,这个地方从今天的埃及向北伸展到土耳其东南部,又折转向南到伊拉克和伊朗接壤的地方。在这个地区，书写似乎是从使用小筹码计算粮食、绵羊、牲畜这类农产品交易的做法发展而来。最早发现的一批文件是在公元前3400年写成，来自美索不达米亚的乌鲁克城，它们用刻在黏土板上的简单形象和记号记录了面包和啤酒的配给、税款的交付，以及其他的交易。……开始时，这种原始的书写形式不够灵活，无法记录人的话语，只用于记账。最常见的符号用来代表面包、啤酒、绵羊、牲畜和纺织品。每一块黏土板不像是一篇文章，更像数据库中的一份记录。但是在后来的500年间，书写发展成为一种更加有力、表达能力更强的媒体。刻在黏土板上的精微的象形文字很快让位于更抽象的符号，或称表意符号，它们是用铁笔写下的许多楔子形状的符号（'楔形文字'）。"

在埃及国家博物馆、南非历史博物馆、中南美洲的墨西哥国立人类学博物馆和秘鲁国家历史博物馆以及中国国家博物院，参观者可以看到人类早期文字的多种雏形。由于社会环境不同，世界各地各民族文字的出现和发展形态也各不相同。

汉字是在中国文化土壤中"长"出来的特殊植物，是其他文化土壤中长不出来的植物。与大多数国家使用的拼音文字不同，汉字是表意文字。汉字的产生与中国古人的生存环境、生活状态有着紧密联系。中国亘古以来的农耕文明，山川、田野、池塘、茅屋等客观环境，甚至连花鸟鱼虫、鸡鸣狗叫都为搭构汉字的字型体系提供了丰富而且形象贴切的先天条件。海洋民族的先人不具备这个环境条件，所以一般不会创造出类似的象形字。这里没有一点贬低海洋文明的意思，海洋文明自有其特长，这是文化土壤所致。

生活在黄河流域的中国人的祖先大约在10000多年前发明了原始的符号文字。在燧人氏时代，中国古人类已有了较为连贯的语言，但文字还没有出现。开始时，祖先们靠堆石子、摆树枝记数，随着记数的增多和人脑的进化，"结绳记事"出现了。这时记载的主要是数字，例如打了多少只兔子、采了多少野果，都用绳子打结记载。绳结的大小和先后记录了事情的大小和发生的顺序。到了10000年前左右，"符号文字"出现了。最初只有"○""△""米"三个符号，后来陆续出现了几十个不同的符号。生活方式的转变、社会生活的需要、古人智力的提高，是中国远古时代产生最初文字的主要原因。

符号文字大约使用几千年以后，人们开始用图画代表文字，"图画文字"出现了。画座山代表"山"字，画个弯月代表"月"字，这样不但提高了识别度，也有利于传播。随着社会的进一步发展，图画文字不能满足生产、生活的需要，于是，人们把图画加以简化和充实，逐渐改造成为代表语言的符号，并有了读音。

中国人祖先的图画文字大多转化为后来的象形文字，中国人的历史开始被文字记录下来。国外也有象形文字，但后来大多改用字母文字。

关于汉字的起源，几千年来存在这样几种说法：

一是"结绳说"。《易·系辞》："上古结绳而治，后世圣人易之以书契。"东汉许慎在《说文解字序》中认为："及神农氏结绳为治而统其事，庶业其繁，饰伪萌生。"直到今天，中国西南一些少数民族以及南美等一些地区仍有人在用结绳记事。但结绳不能表达有声的语言，所以它既区别于文字，也不可能发展为文字。

二是"八卦说"。《易·系辞》中记载了庖牺氏（即伏羲）作八卦记事，汉代的《易纬乾坤凿度》一书中明确地把天、雷、泽、火、风、水、山、地等八字作为八卦。后有人考证，八卦文字的产生晚于甲骨文，所以八卦文字作为汉字的源头也就不成立了。

三是"仓颉造字说"。此说对确认中国文字的产生时间非常重要。仓颉造字，在《韩非子·五蠹》《荀子·解蔽》《吕氏春秋·君守》等书中均有记载。据史载，仓颉生于炎帝神农氏期间，其父系为伏羲氏，母系为史皇氏。仓颉的母亲是史皇氏部落的一位女首领，为伏羲女后裔，其先祖是燧人莽兹氏。史皇氏感应天地灵气，在洛水衙邑（今陕西渭南市白水县东南）生下了仓颉。今天的河南省洛宁县仍留有仓颉造字台，当然了，那是后人为纪念他而建造的。我们的大学课本在讲到汉字的起源时，一般会介绍"三说"——结绳说、河洛说、仓颉造字说。"河洛"指的是河图和洛书，是中国古代流传下来的两组神秘图案，是阴阳五行术数之源。河图本是星图，其用为地理，故在天为象，在地成形也；"洛书"之意，其实就是"脉络图"，是表述天地空间变化脉络的图案。一般理解，"三说"是并列关系，其实将它们看作是递进关系可能更符合实际，即先有结绳，继而有"河洛"，最后才是仓颉造字。"仓颉造字"是在前二者的基础上发展起来的。

传说仓颉是一个很聪明的人，他对洛书上的符号文字进行了深入研究，并吸纳了部分从民间搜集来的图画文字，从而创立了独特的象形文字。炎帝神农氏的第四任帝姜明对此很不满，派军队征讨仓颉。仓颉亲率本族迎战，一路取胜，随后以阳武为都，自立为帝，号仓帝。后来北方的轩辕氏击败了仓颉。在轩辕氏建立黄帝政权后，仓颉成为黄帝的左史官，他不仅是我国原始象形文字的创造者，同时也是我国官史制度及姓氏的草创人之一，堪称人文始祖。黄帝以其居功奇伟，赐以"倉（仓）"姓，意思是君上一人、人下一君。仓颉死后，他的后人也被封为典史官，负责记录和整理历史典籍。

作者在这里猜测，仓颉可能只是一个汉字的整理者。在中国历史上，关于三皇五帝的记载基本是神话传说，并没有明确的史证记载。文字的最初形成在结绳记事之后、甲骨文出现之前，仓颉造字的传说就在这个过程之中。《通鉴外纪》上说："仓颉见鸟兽之迹，体类象形而制字。"《说文解字》记载："黄帝之史仓颉，见鸟兽蹄迒之迹，知分理之可相别异也，初造书契。"可以猜想，仓颉不是一个人造字，以"六书"（象形、指事、会意、形声、转注、假借）为特征的庞大复杂的文字体系不可能是一个人造出来的。而且，汉字用它的长相和生命特征告诉我们，它的童年要比一个人的生命长得多。因此，可以断言，不是仓颉一个人，而是许多人在漫长的岁月里创造出中国人祖先的文字。是后人将众多造字先贤的造字成果集中在仓颉身上，并把他神化了。但仓颉作为一个文字的整理者和整理工作的管理者，功劳无疑是巨大的。仓颉是与黄帝同时代的人，如把仓颉造字作为一个时间标志，那么汉字应有近5000年历史。

谈到中国古代文字的成文书写，有必要讲到甲骨文。甲骨文的历史可以追溯到公元前1500年以前，很可能是中国最早的"成文的文字"。请注意，这里说的是"成文的文字"。不成文的文字，当然比甲骨文更早。

考古学家在西安半坡遗址出土的彩陶上发现一些类似文字的刻划符号，郭沫若在《古代文字之辩证的发展》中认为："彩陶上的那些刻划记号，可以肯定地说就是中国文字的起源，或者中国原始文字的孑遗。"1972年，中国科学院考古研究所实验室用同位素C14测定半坡遗址的年代，其结果表明距今已有6000年左右的历史。这也可以看作是汉字源起的大致年代。考古学家还在山东大汶口遗址发现陶器上刻有原始文字。经考证，其时间约为公元前3000—前2500年。这时已有文字萌芽，但尚无"成文的文字"。

甲骨文自身也在告诉我们，在它之前就已有文字。文字学家研究了在全世界发现的所有资料之后，发现了一个几成规律的现象，即各个文化区发现的远古文字最开始都是象形字，这也就是说，均起源于图画。中国文字发展的规律是先象形后形声。我们现在看到的甲骨文不但有象形字，还有大量形声字，这说明在这之前，已存在一个文字发展的过程。

中国最早的、体系较为完整的成文古代文字，公认的是商代中后期的甲骨文和金文。甲骨文所记载的内容，涉及中国商代和西周早期(公元前16世纪至公元前10世纪)社会生活的诸多方面，不仅包括政治、军事、文化、社会习俗等方面，还涉及天文、历法、医药等科学技术。

中国商代和西周早期以龟甲、兽骨为载体的文字，在中国文字发展史上具有里程碑意义。中国的古人认为把有关生育、疾病、作战、狩猎和有关梦幻的记述刻在龟甲或兽骨上，然后用火烧烤，根据烤出的裂缝形状和走向就可以占卜吉凶。甲骨上的文字除了少数记数和记事外，大多数是卜辞。迄今为止，中国已经发现15万片有字甲骨，有近5000个字，而被解读出来的只有2000多个。

甲骨文可分为卜辞和刻辞两类。刻辞专门记事，卜辞则是专门对卜筮情况的记述。卜筮的人和记卜的人行为性质不同，目的自然也不同。卜筮者的目的在于求吉问凶，而记卜者对占卜的记述则是为了参验。

中国国家博物馆藏有一块著名的甲骨文，上面的卜辞写着"妇好娩，嘉？"（商王武丁的妻子名叫妇好，即将临盆，是否吉利？）而答复是："其惟丁娩，嘉；其惟庚娩，引吉。"（若在丁日分娩，那是吉日，若在庚日分娩，更是大吉之日。）卜辞最后的验辞是："三旬又一日，甲寅娩，不嘉，惟女。"（31天之后，妇好在甲寅日分娩，不是吉日，只会生女孩。）受男尊女卑思想影响，那时候人们认为生女孩不吉利。

（二）文字的发展

世界各地人类祖先创造的象形文字，如今大多数已随着历史的变迁荡然无存，只有中国的方块字作为当今世界唯一在使用的自源性文字，依然充满活力。

中国的文字为何没有像许多国家那样开始时使用象形字，而后普遍使用字母文字呢？原因恐怕是中国字使用时间太长久，根深蒂固，且普及程度高、影响人口多，这样人们很难再接受另外一种文字。还有，中国总体上没有沦为外国的殖民地，字母文字自然也就无法以强大的力量取代汉字。

甲骨文之后，中国古代文字进入金文、钟鼎文、石鼓文时代。"商周是青铜器兴盛的时代，很多铜器上铸有文字。铭文的这种功能应与书写者的创作意图密切相关。这些意图可由多种事件引发，比如战功、封赏、嘉奖、宴饮等，甚至还有单纯出于炫耀或追念祖先的目的。西周时期的铭文具有很高的叙事独立性，虽然与典册文相比仍然有所局限，但其内容确已大大丰富。这种变化给铭文书写带来了多种可供选择的样式，包括可以融入复杂的书写技巧或丰富的情感。……与一般书写不同，铭文的书写可能是多人合作的过程。通观铭文的历史，它兴起于商代中期（商早期例证较少），在商晚期获得发展，产生了能够叙述完整事件的长篇铭文。至西周前期达到成熟，并逐渐走向鼎盛，西周中晚期铭文多有数百字者，'毛公鼎'达499字。随着西周灭亡，特别是春秋中期以后，铭文便走向衰落，多数类型渐次消亡。"[1]

紧接着进入大篆时代。秦朝统一天下后，秦始皇采纳了李斯"书同文"的建议，将字的书写一律规范为小篆。到了汉代出现隶书，经历了西晋、东晋、南北朝、隋、唐、五代十国，宋代时楷书形成高潮，一直延续至今。这只是汉字形体发展的一个大概轮廓，实际上有几种书体是交叉发展的，如秦朝时，隶书已经产生，唐朝人写的字已有大量是楷体。

"在漫长的文字转化过程中，大部分的字已经丧失了画面性。如果不是专业人士指导，我们即使认识了这个字，会写这个字，也很难知道它的原始意义。谁能想到，'虹'的原意是一条横贯天空的双头蛇，'身'的原意是腹中有孕的女子呢？当我们拂去古老汉字身上厚重的历史尘埃，用一颗重新认识世界、发现美的心来审读，才会发现，原来每一个汉字背后，都有一个或充满想象，或血腥残忍，或温馨有趣的专属故事。这些每天被我们使用，好像已经丧失了新鲜感的文字，其实有着我们从未发现的新鲜一面。重新发现这些字，更多的时候是发现古人的生活，他们的悲喜歌哭，他们的生死离合，他们的爱恨喜恶，通过汉字，一丝一缕与现在的我们产生连接，让人觉得，时间并未逝去，一切曾存在的，依然存在。"[2]

汉字能够形成今天这般模样，主要是经过几千年的不断书写实现的。虽然在汉字的发展中，也曾有过石刻、木刻、铜铁铸范、排版印刷等过程，但进步的主要动力是书写。

中国汉字的书写可能是在沙、土上开始的，但真正具有"书写"

---

[1] 姚苏杰：《青铜器的铭文与"特种书写"》，《光明日报》2018年10月22日。
[2] 杨树增：《中国早期的简笔书写》，《光明日报》2018年10月22日。

意义的书写是在木牍竹简上开始的。有学者认为，在木牍竹简上书写是从春秋时期开始的。其实在商代和西周时期，人们使用甲骨主要是用作卜辞预测凶吉，一些书写已经在木牍竹简上开始了。古人发现在木牍竹简上写字，比石刻骨刻更容易，于是开始使用碳灰水在木牍竹简上书写。牍简通常宽约半寸到1寸，长有2寸、5寸的，最长的有5尺，但一般常用的约1尺长，既方便写作又方便携带。北方树木多，一般用木牍；南方竹子多，一般用竹简。一般来说，牍比简大，要长些宽些，因此南方也有竹牍，北方也有木简。当然，在这期间，特别是在春秋战国时期，宫廷及富贵人家还在丝帛上书写，称作帛书或缯书。我们今天经常在电影电视剧中看到射箭投书，木牍和竹简太沉，不可能绑在箭上，绑在箭上的是帛书，或丝质或布质。那时，人们还不会造纸。在木牍竹简上书写的历史从商开始一直到汉代发明造纸术结束。

其实,造纸技术并非蔡伦发明。20世纪中叶,考古学家在陕西、甘肃和新疆的考古发现证明，在2000多年前的西汉时期，也就是东汉蔡伦造纸之前200多年，中国人已经开始用麻造纸。当然，蔡伦依然功不可没。蔡伦造纸实际上是改进了造纸工艺，由西汉以麻为原料改为以树皮、破麻布、废渔网等为原料，大大降低了造纸成本，并明显提高了产量，从而使纸走出宫廷和富贵人家，成为一般家庭也能用得起的书写材料。

汉字的字体变化在楷书之前先是在木牍竹简上，后来是在纸张上完成的。我们现在看的书籍、报纸及其他印刷品，绝大多数使用的是宋体字。宋朝时期，由于印刷术的进步，宋体字迅速发展起来。此后，随着社会经济文化的不断发展，宋体字的影响越来越大。宋徽宗独创的"瘦金体"一直为历代文人喜爱，已故的当代著名书法家启功先生就以"瘦金体"闻名书坛。宋体字真正形成气候其实是在明朝弘治年间（1488—1505年），首先在苏州地区兴起。宋体字的叫法主要是明清两代文人仰慕宋朝文化，追捧宋刻书而致。宋体字在1000多年前就传到日本、朝鲜和越南等国。

现在，中国人使用计算机与外国人使用计算机，从操作程序上来讲并没有太大区别。然而，在"王码"出现之前，汉字是无法输入计算机的，即便使用拼音的书写形式也无法代表汉字进入电脑，使用汉字的中国人被隔离在电脑之外。

"王码"是中国科学家王永民在20世纪80年代发明的。他首先创立了汉字键盘设计三原理及数学模式，1983年发明了五笔字型汉字输入法和汉字字根周期表，一举解决了汉字输入难题。在此后十多年内，王永民和他的公司又开发了一系列软件，引发中国汉字输入技术的数字化革命，成为中国汉字迈入数字时代的里程碑，古老的汉字一步踏上现代化的列车。可以说，"王码"的发明促进了汉字进入计算机世界，也推动了计算机在中国的普及。如今，智能手机的手指输入和语音输入也是在此基础上形成和演进的。有人评价，这是汉字发展史上继甲骨文刻书、竹简与纸帛书写、活字印刷术之后的又一次重大革命。

汉字是由几千年前生活在黄河中下游的中国现今多民族的祖先共同创造的。如同我们不能简单将中国传统文化用一个"儒"字来代表一样，也不能将中国历史形成的文字用一个"汉"字来概括。

作者以为，最好的叫法应该是"中国字"或者"方形字"。18世纪时有欧洲学者把古代苏美尔人创造的文字称为楔形字，现在我们把中国文字称作方形字，应该是比较科学的。或者，按中国人的习惯说法叫方块字。最科学、最经得住历史考验的叫法应该是中国字或中文。与前面语言部分一样，这样命名益处颇多。

在赞美中国方块字的时候，千万不要轻视字母文字。公元前8世纪初叶，最早的字母在古希腊出现。由于字母书写方便，记忆简单，在此后的岁月里，许多国家相继使用字母书写。特别是在大航海之后，欧洲强国在全世界建立殖民地，加快了字母文字在全球的普及。目前除中国、日本、朝鲜等少数国家外，世界上多数国家都使用字母文字。客观讲，字母文字取代象形文字是世界文字发展史的一大进步。使用字母文字的明显好处是易学易记，认全所有字母不过是几十分钟的事情，接下来就是拼写单词和造句了，而掌握2000个常用汉字则需要几年的时间。

更重要的是，字母文字的表达能力一点儿也不输于方块字。字母文字与中国方块字表述的内容无丰简之别，表达的境界无高低之分。在世界文学史上，莎士比亚、托尔斯泰、泰戈尔等文学泰斗用字母文字写出了人类历史上的文学巨著，人们耳熟能详的世界著名哲学、历史学、经济学、数学、化学、物理学等许多学科的著作，也是用字母文字书写的。蒸汽机、卫星、计算机等现代科技的发明创造，最初的设计蓝图也都是通过字母文字完成的。

（三）汉字的神奇

汉字是笔尖下流淌着的中国文化。汉字延续着中国文化的血脉，延续着中国人祖先的一切。许多汉字有田字旁、雨字旁、米字旁、水字旁，为何？只有一个答案，即文字产生的时代是农耕时代。

中国文字的魅力在于其形体美妙，进一步深入思考后发现，中国文字的内容更重要。你写"好"字时，应该知道，有女有子才叫好；你写"从"字时，应该想到，一个人跟着一个人就是从；你写"孝"字时，应当知道，儿子把老人顶在头上才是孝。如果对中国文字的内容缺少理解，又怎么能品味出它的形体美呢？

汉字与其他文字的不一样之处是里边装了太多的内涵：历史、文化、生产、生活、人、家、动物、植物、情感等。

东汉许慎是我国古代伟大的文字学家。他在《说文解字》一书中将汉字形成的原因和方法归纳成"六书"，即象形、指事、会意、形声、转注、假借。在"六书"中，历史最久远的是象形字，它是直接从图画发展而来的最早的字。但若论文化内涵最丰富的字，作者认为是会意字。会意字是指由两个及两个以上的独体汉字，根据各自的含义所组成的一个具有新含义的汉字。如"日"加"月"为"明"，双"木"为"林"，三"木"成"森"，"人"拿起"戈"就是"伐"，眼睛里的水就是"泪"。还有一个未必准确的例子，权当一家之言。"赢"字上边是个"亡"字。"亡"在古文中是逃跑、丢失的意思，如"亡羊补牢"。后来，"亡"引申为"走"，指有路可走，人生有路走不是大事吗？下边是个"口"字，浅显的意思是有饭吃，引伸之义是有话语权。下边的左边是"月"字，古文中既当"肉"解，亦作"时间"解，这里指时间；中间是"贝"字，有钱花；右边是个"凡"字，平凡。一个人有路走，有饭吃（含话语权），有时间（含休闲），有钱花，还有颗平常心，这不就"赢"了吗？

中华文明之所以能够延续至今，汉字发挥了不可替代的作用。虽然语言的产生早于文字，但语言对文明形成和传承的作用却远比不上文字。文字的力量太伟大了，同一文明内部不同地方的人虽然可能由于高山与河流阻隔语言未能相通，却可以使用共同的文字进行交流，统一的文明也才能够形成和传承。

三、语言文字乃民族文化之根基

语言及其对应的文字，是文化最重要的载体。在漫漫历史长河中,有很多民族消亡了,它们的语言也跟着消亡,或者发生了很大变异。当然也有一些民族,语言文化传承得比较好。总的来看,语言本身的生命力强大、有成熟文字作为支撑,并且在此基础上派生出更为成熟而繁荣的文化的民族,其生命力更显强大。哪怕这个民族曾经政权更迭、分裂而治,甚至被外族入侵、统治或控制,但终究会走向统一,或者以自己的成熟文化改造同化外来征服者。这,就是文化土壤的力量,尤其是语言和文字的力量。换句话说,只要语言文字不亡,民族就不会亡。犹太人、亚美尼亚人成功复国,很能说明这个道理。

庆幸的是,中国的语言文字生命力也是很顽强的。世界上除了中国,很少有国家还基本保持着2000多年前文字的读音。在世界四大古文化圈中,美索不达米亚、古埃及、古印度当时的文字和语言都已经失传,只有中国的文字和语言基本保存了下来。千百年来,汉语语言的发音曾发生过变化,形成的方言也很多,但基本的语法结构完全一样,几乎没有变化,本质上仍是一种全国通用的语言。现今汉语诸多方言中,粤语、川语、吴语、湘语、客家语等语音差别很大,但使用的汉字则完全一致。

中国儿童背诵的"床前明月光,疑是地上霜"是1200多年前的唐诗,"关关雎鸠,在河之洲。窈窕淑女,君子好逑"是2500多年前的《诗经》里的,这里是指孔子整理出《诗经》的时间,实际时间比这更久远。现代儿童与古人相隔一两千年,诵起诗来竟然没有隔阂,只因其音韵类同,语法结构一致。两者隔着历史时空对话,仿佛就在身边。这就是语言文字的力量。

中华民族之所以能够发展壮大成今天这般模样,一个重要原因是汉语、汉字的传承和普遍使用。作者在"民族"一节中讲过关于"汉化"的问题,认为"汉化"这个词不太准确,应该是"融合",而融合最主要的媒介就是语言和文字。少数民族接受中原文化,外在表现形式就是说汉语、用汉字,或者不说汉语但使用汉字。同时,汉语、汉字也吸收了少数民族语言和文字的精华,从而更加成熟完善。

中国的语言太神奇了。由于中国地域广阔,民族众多,各地区语言发展程度不同,东北话、北京话、上海话、四川话、广东话等都极具区域特征。"大哥你干啥呀""走好了您哪""阿拉要一碗阳春面""气死老子了""毛毛雨啦"……一听就知道你是哪里人。各种方言和少数民族语言,彰显其地域特点或土壤特征。中国的普通话以北方话为基础,以北京话为标准音。北方语言有着活泼、直率和幽默的特点,林语堂先生曾在《吾土吾民》一书中写到"天下文章数三江,口头文学在北方"。北京的相声、东北的小品长时间火爆便是一例。

中国的语言和文字,把庞大的中华民族紧紧维系在一起。守护好中华民族的语言文字,是当代中国人的一项责任。或许,未来它们还能成为世界通用语、通用文字,亦未可知。

第十四讲　文化土壤与习俗

> 习俗是如今人们看到的人类原生态文化的最直接表现形式。
> 风俗习惯无高低贵贱之分，任何人都没有资格贬低他人的习俗。
> ——作者手记，2017年9月10日

习俗是一种文化形态，是从不同的文化土壤中"长"出来的。不同国家、不同民族、不同群体、不同地区的人们风俗习惯差别很大，素有"十里不同风，百里不同俗"之说。当然，也有跨越地理界线共有一种习俗的国家和民族。

风俗习惯随着族群的产生而形成，正如《中国风俗史·序例》所说："至有人类，则渐有群，而其群之多数人之性情、嗜好、言语、习惯，常以累月经年，不知不觉，相演相嬗，成为一种之风俗。而入其风俗者，遂不免为所熏染，而难超出其限界之外。"纵观世界，风俗习惯的产生和发展均受到特定自然环境、生产力发展水平、宗教观念等多方面的影响。换句话说，风俗习惯是文化土壤尤其是思想观念的产物，特定习俗背后折射出的是特定社会、特定人群的思想文化观念。

一、习俗概说

风俗习惯自从人类开始群居以后就广泛存在。英国的约翰·雷曾因著《亚当·斯密传》而扬名,他有句名言:"有多少国家,就有多少习俗。"鉴于民族的数量远远多于国家,这里可以接着说:有多少民族,就有多少习俗。

(一)部分国家和民族习俗

印度是个古老的国家,其习俗也古老多样。印度大多数习俗的形成,深受其文化土壤中的宗教思想影响。恒河是印度的母亲河,被视为圣河,印度人认为用恒河水洗澡可以净化身心。印度夏季高温,人们喜欢洗澡降温,有时一天洗几遍。许多人甚至酷爱晨浴,每天天还没亮,就拎着包袱赶到河边洗澡。

受宗教信仰的影响,印度很多地方的人素有包头巾的习俗。最典型的是锡克人,年轻的、年老的,每个男人都包着硕大醒目的头巾,他们从小必须尊从家教,留胡须,蓄头发。

俄罗斯的习俗多与歌舞和饮酒有关。俄罗斯是个能歌善舞的民族,很多小伙子都以能拉着手风琴、跳着半蹲舞为自豪。俄罗斯的皇家芭蕾舞团在世界芭蕾舞台上独领风骚 100 多年。俄罗斯男人多好饮烈性的伏特加,女人也爱喝一些含酒精较少的格瓦斯之类的饮料。这些习俗的形成与历史上俄罗斯人的农牧生产方式以及当地的气候有很大关系。这个与舞和酒为伴的国度,有其豪放、勇猛的一面,同时又盛产世界一流的画家、文学家和诗人。

有一种说法,俄罗斯历史上曾经严重缺盐,所以在许多庄严的场合,人们常以面包加盐的方式迎接贵宾,既表示欢迎,又表示敬意。

资产阶级革命和工业革命使英国在世界近代史上崭露头角。

英国人的习俗包含传统习俗和现代习俗。因社会发展程度较高，英国的男人讲究绅士风度，"女士优先"在英国已成为风气。英国人讲究礼节，约会准时，在正式场合下十分注意服饰仪表。英国人对人友好、热情，有时稍带点傲慢。他们诚实、厚道，偶尔又玩一把幽默。在英国，人与人之间一般不会吐露心里话，都把自己藏得很深，并且羞于打听别人的隐私，以不管闲事著称。女人则严守年龄秘密。与英国文化同宗的美国由于建国较晚，人口又多是移民，所以传统习俗特征不鲜明，很少有禁忌，倒是有许多现代习俗。

南美的阿根廷人现在大多信奉天主教，由于西班牙人的融入，他们的风俗习惯已是古南美文化与欧洲文化的结合物。阿根廷人喜欢风情音乐，能歌善舞，并创造出闻名世界的"探戈"。外国游客初到这里，当地人都会把"探戈"作为一张文化名片向外人介绍。阿根廷人穿着简练，并以宽大的披风为特色。他们喜欢喝红酒，而且自己也能酿出味道相当不错的"新世界"红酒。他们经常喝的饮料是马黛茶。

（二）中国古今部分习俗

中国是全世界习俗最多的国家之一。许多习俗呈现出鲜明的中华文化土壤特征。

其中看风水比较引人注目，它源于中国传统深厚的鬼神文化土壤。风水学古称堪舆学，堪者关天、舆者关地，天地之学也。搞建设动土之前要看风水，这个习俗始于汉代，盛于唐代。风水学的理论概念形成于晋代。看风水，最早是从看阴宅开始的，这种习俗反应出古代中国人相信阴世主宰阳世，因此要为逝者选一块好地方安葬，后代才能平安。这时的风水学迷信味道很浓。

后来，阳宅也被列入了看风水的范围。设计和建设家庭住宅、宫殿、大型公共场所等，开始注重风水。这里面体现的仍然是鬼神文化，但在实际运作中也讲究一些科学道理，科学与迷信并存于风水学。看风水的主要内容，首先是看位置。古人认为，最好的位置是坐北朝南，北靠山势，南临河流。建筑所处位置的两侧山峦最好往里收一收，正如人的双臂往中间抱一下。无论是城市规划，还是家庭院落房屋设计，均讲究前朱雀、后玄武、左青龙、右白虎，其中朱雀主前程，青龙、白虎主安全保障，玄武即龟和蛇组成的灵物，主健康长寿。其次是看环境，要选无污染、无毒害、空气好、水质好的地方——尽管那时的人还不会这样表达。尽管风水先生不会轻易将自己的看家本事说出去，但这无疑是看风水的重要内容。再次是将地形地貌与人的生辰八字结合起来，迎合主人图吉利的出发点，以相生相克讲述利弊及发展势头。这就使得风水学更加玄妙起来。

中国人还讲究风水要与人的德行相结合，客观上对倡导道德修养有一定裨益。道德高尚，被认为比"好风水"更重要。

中国的鬼神观念、祖先崇拜、阴阳五行学说起源很早，并且理论化、体系化。在这种文化土壤之下，中国古代城市的布局设计很讲究阴阳五行。帝王所居之地，崇天敬祖是必须考虑的，总体设计讲求与五行搭配。

一位朋友与作者谈起沈阳的城市风水。他这样说：请看，一元（中心庙）生两仪（钟楼、鼓楼），两仪生四象（东西南北四塔），四象生八卦（八门八关），八卦生万物（黎民万象昌盛）。北有靠——棋盘山（长白山余脉），南临水——浑河（辽河支流）。沈阳的名字也吉利，沈水之阳；曾经叫过盛京，即兴盛之京，也叫过奉天，即奉天承运。清代皇族一直称这里是"龙兴之地"。说来也怪，在人们知道的历史上，地震、瘟疫没挨过沈阳的边，几百年里这里没发生过战争，有两次大战役也是在其周边打的。

何止沈阳？中国许多城市都有这样的布局和类似的说法。我们当然不认同这种风水理论，但可将其视为一种普遍的文化现象认真研究之。

中国人十分重视"五服"的习俗。何谓"五服"？中国历史上曾出现过三个"五服"。第一个"五服"是周朝封建制的疆土表现形式，即以周天子的首都为中心画五个圈，每一圈是一服，每一服与另一服之间的距离是500里。这"五服"分别是甸服、侯服、绥服、要服、荒服。第二个"五服"是指春秋战国时期统治阶层的五个等级服饰，即天子之服、诸侯之服、卿之服、大夫之服和士之服。第三个"五服"则是我们现在通常所说的"五服"的含义，即五种丧服，并引申出五代血缘关系。

第三个"五服"说的是，一个人去世后，其后人在送葬时穿着不同的五种服装：一是斩衰（cui）。用最粗的粗麻布缝制，不码边，不系扣，裁布不能用剪子，须用刀或斧斩断，斩断处外露，因而称"斩衰"。古代时，诸侯为天子、臣为君、男子及未嫁女为父、长房长孙为祖父、妻妾为夫等送葬时，均"斩衰服孝三年"。二是齐（zi）衰。也是用粗麻布缝制，但是码边，系扣。在中国古代，齐衰的服制与穿着时间不一，唐与周时就有很大区别。到了清代，凡夫为妻，男子为庶母、为伯叔父母、为兄弟及在室姐妹，已嫁女为父母，孙男女为祖父母送葬，均服齐衰一年。三是大功。用粗熟麻布制成，斩边。清代时，凡为堂兄弟、未嫁堂姊妹、已嫁姑及姊妹，以及嫁女为叔伯父、兄弟送葬，均服大功，服期九个月。四是小功。也是用粗熟麻布制成，码边，系扣。清代时，凡为伯叔祖父母、堂伯叔父母、未嫁祖姑及堂姑，已嫁堂姊妹，又外亲为外祖父母、母舅、母姨等送葬，均服小功，服期五个月。五是缌麻。缌麻是五服中最轻的一种，无下身，用细麻布制作。清代时，凡男子为本宗之族曾祖父母、族祖父母、族父母、族兄弟，以及为外孙、外甥、婿、妻之父母、表兄、姨兄弟等送葬，均服缌麻，服期三个月。

"五服"最重要的意义是保证繁衍健康，穿上述五种丧服者之间不准通婚，出了"五服"才可以婚配。常听人说"他是我的远房亲戚，还未出五服"，"那一对男女青年虽是同姓，已出五服，可以通婚"，均指血缘关系。

中国历史上流传下来一张"五服图"，其中不但详解了"五服"之间的关系，还厘清了"我"这一辈与上四代、下四代"九族"之间的关系，进而梳理出"六亲"和"祖宗十八代"的来由。"五服"体现的不仅仅是血缘关系，更重要的是，它是中国古代社会建立家族体系和宗法制度的文化基础。

重视"五服"的习俗大约从先秦开始，一直延续至今。

在各种场合下，我们看外国人和少数民族同胞，第一印象是其服装。服装本身作为一种物质产品，可视为器物文化；与服装有关的设计理念、风格特色、穿着场合、使用禁忌等，因体现出人们的思想观念，属于思想意识文化。

服装是怎样起源的呢？有学者指出："服装，从狭义上来理解，就是平常所说的衣服，从广义来讲，它还包括头、手、颈、脚、胸等佩戴的各种饰物。原始人使用服饰的最初动机，不少人类学家认为是装饰，虽然服装的保护作用和遮羞作用在现代人看来似乎是最基本的，但是对原始人来说却不一定是第一需要。在至今还处于原始生存状态的部落中，曾经发现过不少不穿衣服的原始民族，却从来没有发现不戴装饰品的原始民族。……在人类原始时期，曾经出现过几次冰河时期，气候的冷热有过很大的变化，由于气候的变冷,衣服的保暖作用凸显出来。衣服有了御寒的实用价值后,装饰的作用仍然被原始民族所重视。"[1]

进入阶级社会之后,服装被赋予等级功能,不同等级的人要穿相应的服装。后来,由于宗教和军队的出现,又有了宗教专职人员和军队官兵的专门服装。

现在中国佛教出家人穿的袈裟,实际上是明朝时平民的服装样式,朝鲜与韩国的传统服饰也多受中国明朝服装的影响。如今在中国,人们已看不到唐朝时的服装是什么模样,而日本、韩国以及越南等一些东南亚国家,则保留下了中国唐朝服装的样式。

说到服饰习俗,不得不提缠足。"妇女缠足是中国封建时代后期的一种陋习。关于它的起源……'五代说'较为可信。五代时,缠足之风大约还只是在宫廷中流行,至北宋中晚期时在贵族妇女中已较为普遍。"[2] 到了明清两代,一般平民女子中缠足者十分常见,未缠足的女子多是一线劳动者,因为缠足影响劳作,脚大了却又不好嫁人。"三寸金莲"的出现,源于封建社会男尊女卑的思想土壤,体现男性主流社会的喜好,这是封建制度对女性身心的摧残。作者小的时候,常见周围亲属和邻居老年妇女有的缠足,有的不缠,渐渐发现缠足者多是汉族人,不缠足者多是满族人。

佩玉是中国人的另一种服饰偏好,东亚、东南亚一些国家也受到中国影响。在中国古代,佩玉者多是贵族,现在平民佩玉已十分普遍。"玉"是个会意字,王者腰中佩挂的美石就是"玉"。由此可见,人们对它的爱好应该是在阶级产生之后。

在世界文化大花园中,玉文化是中国独有的。作者分析,玉

---

[1] 张良仁:《中国文化史三百题》,上海古籍出版社 1987 年 11 月版,第 245 页。
[2] 顾静:《中国文化史三百题》,上海古籍出版社 1987 年 11 月版,第 261 页。

的使用功能在中国历史上大体经历过三个阶段。第一个阶段是用具。司马迁在《史记》中写道："黄帝以玉为兵。"这个"兵"是名词，在这里是兵器的延伸，泛指用具，即黄帝时用玉做工具、用具。在红山文化遗址出土的文物中已有玉针、玉杵等，它们已有近6000年历史。第二个阶段是礼器。商朝时，祭祀成为人们生活的重要内容，玉作为高贵祭器出现在社会活动中。根据信仰和对大自然的认识，人们用璧（圆形扁玉，中间有孔）祭天，用琮（柱形方玉，内为通透圆孔）祭地，此外还有祭神祈求平安的璋、珪、戈、璜等。后来，有些玉器脱离祭品成为专用礼器，如玉璋、玉如意等成为官员上朝的手中持物。第三个阶段是饰品。随着历史文化的发展，用玉制作的项链、手镯、胸佩、戒指等受到人们喜爱，玉开始被专门用于佩戴。人们把品德和审美观附在玉上，咏玉、爱玉、藏玉，反过来又以"玉德"养人。中国古人与外国古人不一样，外国古人看莲花、竹子、牡丹、玉就是莲花、竹子、牡丹和玉，中国古人看莲花品其高洁，赏竹子敬其有节，看牡丹赞其富贵，喜美玉慕其德馨。他们试图在玉中看到自己，尤其看到自己的志向情趣。佩玉习俗源自中国文化土壤中的祈福思想，主要出于表达美好、圣洁的心愿及避邪、祈求平安等。

中国幅员辽阔，各民族在适应生存环境的过程中，形成了自己独特的风俗习惯。例如，在服饰方面，生活在不同地区的各民族，在服饰的样式、缝制工艺上都表现出不同，北方民族多穿皮棉长袍和靴子，南方民族则多穿短袖上衣、短裤和筒裙，脚穿拖鞋、凉鞋，甚至光脚。四川一些地方有个习俗叫"打丧火"，就是为去世的家人办丧事时，除了设灵堂外，必不可少的要准备打麻将的地方。露天搭个大棚，在灵堂旁边摆上麻将桌，来吊唁的亲友白天黑天不停地打，一直打到出殡。特别在冬天，穿着羽绒服，烤着火盆，也要打麻将。这种独特的习俗，体现当地人看淡生死的超脱心态。

中国各地的风俗习惯很多。比如到了除夕，各家各户都要贴春联，初一拜年，祝福新一年发财、成才，正月十五吃元宵、闹灯会，端午节赛龙舟、吃粽子，中秋节吃月饼、赏菊花。一些地方的节庆活动中，还举办祭神祭酒仪式、婚礼仪式，以及踩高跷、斗鸡、斗蟋蟀、跑旱船、看皮影戏、剪纸等。北京的"泥人张"、天津的"泥人常"，捏出来的泥人有卖糖葫芦的，有拉洋车的，有踢毽子的，有抽冰陀螺的，有烤红薯的，有炸油条的，有喝大碗茶的，有点爆竹的……一眉一眼、一招一式，处处显示着十足的北方人习俗。这些习俗的产生与当地的文化生态有着千丝万缕的联系。

对对子是中国传统文学的一种民间表达形式，亦是一种极具中国文化特色的习俗。对子又叫对联，是楹联的民间说法。据考证，对联在中国已有2000多年的历史。汉朝时，中国已有了对联，不过那时不叫对联、春联，叫桃符，语句也较后来的简单，主要内容是迎神驱鬼。已知最早的春联出于五代十国时期后蜀王孟昶之手，"新年纳余庆，嘉节号长春"，被认为是最早的春联。在此后的岁月里，大年将近，家家户户都要在门口贴出寓意幸福吉祥、多福发财、人和家兴的大红对联。对对子，则是根据已有上联即时对出下联。明末清初的李渔根据文人常用的对仗词句，归纳出《笠翁对韵》："天对地，雨对风，大陆对长空，山花对海树，赤日对苍穹……"成为后来文人学习对对子的基础课本。久而久之，对对子成为中国文人墨客的一种偏好，高深的见于文场比试，更多的则是雅士们酒间茶余斗趣，逐渐形成具有高雅、幽默、深刻、生动等特点的文字游戏。例如清朝时，一群江南才子看不起新来的北方官员，先设上联说江南"千山千水千才子"，这位大人立言山东"一山一水一圣人",众人惊服。在中国南北大地,好的对联太多了,随便走到哪里都会有人拿出令人耳目一新的"绝对"。当然,名气较大的是明朝顾宪成的"风声雨声读书声声声入耳,家事国事天下事事事关心"。还有成都武侯祠的那副名联"能攻心则反侧自消,自古知兵非好战;不审势即宽严皆误,后来治蜀要深思",作者是清人赵藩。对对子习俗的形成,反应出中国人的文化素养随着时代发展不断提升,人们以这种方式表达自己多方面的精神需求。

综上所述,风俗习惯是特定社会土壤的产物,有什么样的文化土壤就会产生相应的习俗。习俗形成后大多稳定地传承,但并非一成不变。随着社会发展和人们思想观念的改变,尤其是世界观、人生观、价值观等深层次观念的改变,以及科学素养的提高,一些旧的习俗逐渐改变并退出历史舞台,一些新习俗逐渐诞生。

很多年前,中国出现君子兰热、武侠热,接着出现收藏热、孔子热、老子热,继而出现茶道热、中医热,近年来又出现旅游热、拍照热,近来最时髦的是养生热和微信热。这些"热"既有时尚的一面,也有盲目跟风的一面。一些"热潮"兴起,持续很久、很广泛,成为社会新风尚,有的则犹如一阵风一吹而过。

"文明"与"野蛮""不开化"似乎相对立,但风俗习惯本身是无高低贵贱之分的,任何人都没有资格去贬低其他国家、其他民族和地区人民的习俗。要移风易俗,也得由人家自主选择。

二、别具特色的饮食习俗

民以食为天。历史告诉我们,人类饮食习俗的千差万别源于文化土壤的不同,包括环境土壤、社会土壤、意识土壤的差异。刚开始时,地理环境和自然条件对世界各地饮食文化的影响最大,后来健康养生理念、宗教信仰观念等对饮食习俗的变化也产生深远影响。

(一) 饮食习俗概说

如今，几乎每个国家都有极具特色的美食，诸如中国菜、法国大餐、日本料理、意大利菜、印度菜、巴西烤肉、韩国菜等。在2019年5月举行的亚洲文化节上，中国的特色小吃、印度的飞饼、日本的寿司吸引了不少美食家。

时下许多人喜欢吃烧烤。人们到新疆吐鲁番，除了品尝葡萄，一定不会忘了吃这里的烤羊肉串。到了乌鲁木齐，时间再紧也要吃上一顿烤全羊。在四川凉山，邛海岸边有不少烧烤店，烤鱼、烤鸡翅、烤猪排，甚至还有烤韭菜。新鲜的食材抹上花椒面、辣椒面、芝麻、食盐等佐料，一摆上火炉，香味便飘荡出来。到了西双版纳，尝一尝具有酸辣特色的傣家烧烤，亦别有一番滋味。国外的巴西烤肉、土耳其烤牛肉、阿拉伯的烤羊腿等，同样令人垂涎三尺。

中国菜以"炒"为特色，其实，意大利菜、德国菜、俄罗斯菜、日本菜、韩国菜、巴西菜中也有许多是炒制的。人类吃炒菜是在学会冶炼金属并用来铸造铜铁锅之后，最多只有三千多年历史，在此之前大多是用陶器煮着吃，而在更久远的年代里，人类吃熟食的主要制作方式是烧烤。自从古代先人在雷火或森林火灾中偶然发现烧熟的动物肉或草籽更好吃、更容易消化以后，人类就开始吃烧烤了。特别是学会人工取火之后，几乎顿顿吃烧烤。这个历史过程很漫长，有几十万年。如今，各地的人们吃烧烤的习俗，大多是各自祖先流传下来的，"烤着吃"是一种人类饮食共性。但由于各地气候、物产和生产生活方式的不同，"烤什么""怎么烤""烤出什么口味"则成为各地的饮食特点。

饮食习俗开始时主要体现第一层次文化土壤特征。由于受地理地形和气候环境影响，生活在不同地方的人，养成了不同的饮食习惯。他们的饮食材料是在当地采摘或种植的。比如，中国的东北人吃饺子，西北人吃羊肉泡馍，山东人吃煎饼，四川人吃火锅，江苏人、上海人吃大闸蟹，扬州人吃"狮子头"。想改变饮食习惯并不容易——西部人吃生海鲜，多吃一点就容易闹肚子；两广人到华北吃窝头，也要有个适应过程。过去的上海人和江浙人吃一口辣椒就辣得乱叫，现在那里的年轻人已经接受四川火锅了。东北人不怕辣，但是怕麻，所以到四川、重庆吃火锅时要把花椒挑出去。牧区少数民族爱吃牛羊肉和奶制品，喝奶茶和酥油茶，朝鲜族和南方许多少数民族则喜欢吃大米。中国有句俗话叫"一方水土养一方人"，首先讲的是饮食习惯。

作者在伊斯坦布尔参观土耳其国家博物馆，看到几件直径有二尺多的中国青花瓷大盘，这是元、明时期由景德镇瓷窑专为中亚和西亚国家经销商生产的，国内已少有留存。中亚和西亚人为何用这么大的盘子？很多人围在地上吃羊肉呗。在用餐时，西方人惯用刀叉，这是因为他们的祖先过的是游牧生活，切肉是刀的主要功能；中国人惯用筷子则是农耕文化使然，夹菜、往嘴里扒米饭，用筷子当然更方便。

伊朗人在饮食上十分注重菜肴的色香味形，讲究量少质精。他们的主食多是面食，最为常见的是烤饼。他们特别爱吃中国的饺子。副食则喜欢吃牛羊肉，还有鸡、鱼和奶酪。常食的蔬菜有土豆、胡萝卜、西红柿、辣椒、鹰嘴豆、黄瓜、洋葱等。他们口味清淡，又偏爱微辣菜食。在比较庄重的宴会上，烧烤、煎、炸、炒的食品比较受青睐，而调料则爱用胡椒粉、盐、橄榄油、醋等。对于水果，伊朗人爱吃当地盛产的葡萄、西瓜、哈密瓜和草莓等，即便是在吃饭时也免不了吃些核桃仁、杏仁、葡萄干等干果。受伊斯兰教影响，他们有某些肉食禁忌。

2017年10月，在阿塞拜疆巴库市，作者参观了地毯博物馆。这个博物馆展出的藏品有1万多件，其中最多、最醒目的是地毯。有羊毛的，有丝绸的，五颜六色。这里展出的地毯最早的产于17世纪。地毯编织不但进入阿塞拜疆人民的生活，还成为国家文化的象征。地毯为何在这里出现？一是这里盛产羊毛，有原材料；二是这里的人有坐着吃饭、坐着会客的习惯，这是最主要的；三是周边国家有需求却没有生产能力。由于周边市场大，所以这里的地毯业发展起来了。地毯的产生是客观使然，席地而坐用餐、会客便是这里的习俗。

现在有的东南亚国家还保留着这样的习惯：饭菜做好了一定要等僧人来化缘后，全家才开始用餐。很多地方的人不吃某些肉食，这显然是受到佛教和伊斯兰教的影响。

（二）茶文化与酒文化

"饮"的习俗世界各地多有不同，中国茶文化和酒文化对周边国家影响很大。

中国是茶的故乡，全世界的种茶、制茶、饮茶，都起源于中国。中国的茶文化博大精深，仅茶道就经历过三个历史阶段。

第一阶段是煮茶喝，从远古时期一直到南北朝末期。在远古时期，人们最初把茶叶当作一种药材使用，称之为"茶"（tu）。当时，从野生茶树上采下鲜叶，直接煮成羹汤饮用，味道甚苦，所以称茶为"苦茶"。以后，人们认识到茶叶不仅可以治病，还可以止热解渴，于是大量种植，逐渐养成饮茶习惯。

茶是从何时开始作饮料的，历来众说不一。据《华阳国志》记载，周武王伐纣后，巴蜀等西南小国曾将其所产茶叶作为"贡品"

献给武王。公元前 59 年王褒的《僮约》（买卖奴隶的一种契约）中提到，家僮要在家里煮茶，又要去武阳买茶（武阳即今四川眉山市彭山区东，是当时有名的茶叶市场），这是我国最早和最有价值的关于茶叶的记载。三国两晋时期，饮茶的风气渐盛，文人以茶待客成为风气。到了南北朝时，佛教盛行。饮茶可以使中枢神经系统兴奋，驱除睡魔，利于清心修行，于是饮茶之风在各大小寺庙流传开来。随着佛教兴盛，饮茶日益普及，时人称之"禅茶一味"。中国人喝煮茶的时间已有数千年。煮茶的味道比不上后来的抹茶和沏茶，但取材容易，加工方便，尤其是茶碱较重，有助于帮助消化胃里未熟透的牛羊肉。我国一些少数民族因食用牛羊肉较多，至今喜好煮茶喝。

第二阶段，从隋朝开始中国人开始喝抹茶。抹茶就是将春天的茶叶嫩叶蒸制杀青后，做成茶饼烘干，食用前再磨成粉末，加水煮开饮用。

"唐朝时，饮茶之风尤为兴盛。陆羽的《茶经》也在此时问世。书中对茶的起源、历史、栽培、采制、煮茶、用水、品饮等作了精湛的论述。这是我国茶史上一部重要著作，也是世界上出现的第一部茶书。陆羽被誉为'茶圣'。唐代人喝茶佐配很多可以选择的'茶点'，除了传统吃食，还有各种胡饼和同样来自西域的葡萄、西瓜等。不难猜测，作为宫廷饮品的茶与种类繁多的水果点心一起搭配的'下午茶'，唐人的时尚比英国人早很多。"[①]

到了宋朝，好茶的品种多了起来。宋朝人喝抹茶讲究"斗茶"，将煮好的茶倒在黑瓷盏里看谁的茶颜色好。从宋代开始

[①] 张郁：《中国文化史三百题》，上海古籍出版社 1987 年 11 月版，第 280 页。

至今，日本人一直喜爱福建建窑生产的兔毫黑釉盏，称之为天目盏，就是因为宋代时用它来品抹茶、斗茶。在京都，在广岛，在札幌，作者几次领略日本的茶道。日本在中国宋代时向中国学习了饮用抹茶。现在，他们把抹茶的茶道做得很好。什么茶好，采取什么样的方式喝才好呢？没有一致的答案。不同的文化有不同的理解。

日本人饮茶的礼节多，外国人也很感兴趣，却没有几个国家也没有多少人学习模仿。因为许多人认为，喝茶用不着演绎那么多动作，啰唆。日本的其他一些礼仪也是这样。这些礼仪是在日本的文化土壤里"长"出来的，无可厚非，但别的国家的文化土壤不容易接受这些繁文缛节。

第三个阶段，明朝的一个皇太子发明了沏茶，中国人便开始喝起沏茶，直到今天。现在的中国人认为，沏茶比抹茶更讲究营养，更有品味。

古人饮茶，既讲究茶叶的品质，也讲究煮茶、抹茶或沏茶用的水。陆羽认为"山水为上，江水居中，井水最下"。

中国人现在喝的茶有绿茶、红茶、黄茶、白茶、青茶、黑茶六大类。这些茶的差别其实只是制作方法的差别。一箩刚刚采摘下来的新鲜茶叶，通过不发酵、半发酵和全发酵等不同的制法，茶叶因黄烷醇类氧化程度、快慢、先后不同而呈现出不同的色泽，人们根据茶叶的色泽将加工后的茶分为绿、红、黄、白、青、黑六大类。其中，绿茶、红茶、青茶的品种最多。许多品种如龙井、碧螺春、六安瓜片、太平猴魁、信阳毛尖、铁观音、大红袍、竹叶青、黄山毛峰等，都是中国人耳熟能详的名茶。关于这些茶的种植、加工和饮用，外国人很难学，制茶经验和饮茶感觉就不用说了，仅就丰富多样的地理气候和土壤，就无人能比。若是能买到纯正的龙井、六安瓜片、太平猴魁、大红袍和竹叶青，按照不同的方式沏上一壶或一杯，细品之，就知道沏茶的美妙了。

酒文化在世界范围内很流行，中国饮食文化的一个重要特征是以酒为伴。"人生得意须尽欢，莫使金樽空对月"；"烹牛宰羊且为乐，会须一饮三百杯"；"古来圣贤皆寂寞，唯有饮者留其名"；"五花马，千金裘，呼儿将出换美酒，与尔同销万古愁"。李白一首《将进酒》，陶醉了千年饮酒人。

很多人认为酒是人类发明的，而现代科学研究证明，酒出现是一种自然现象，它与天地同在，是先于人类产生于这个星球上的。

酒的核心成分——酒精的生成过程极其简单，有了适当温度，糖或淀粉在酶的作用下即可转化为酒精。所以，当地球上诞生了含糖或含淀粉的植物时，在合适的温度、必要水分和发酵菌的作用下，酒就在自然条件下产生了。一些国家声称自己的祖先发明了酒，其实在人类还没有出现的时候就已经有了酒。有这样一个小故事：树上的果子熟了，掉在树下的水洼中，经过太阳暴晒后便产生了酒精，一群猴子来饮水，喝着喝着便都醉倒了。不过，用粮食和水果酿酒确实是人类发明的。

人们在距今6000多年前苏美尔人的贸易站遗址里发现了双柄啤酒陶罐，这说明当时啤酒酿造技术在两河流域已经发展到相当高的程度，这可能也是人类最早酿造的酒。历史记载，苏美尔人在很早以前就开始种植葡萄并酿造葡萄酒了。希腊人首先从苏美尔人那里学会酿造葡萄酒，继而传入欧洲。法国及周围几个国家因其地理气候优势，逐渐成了葡萄酒的著名产区。葡萄酒分两类，"老世界"指的是拥有千年以上酿酒史的葡萄酒牌子，"新世界"指的是酿造史不足千年的葡萄酒牌子。

中国是白酒的发明地，白酒的产量与消费量一直居于世界之首。中国人是何时开始造酒的？有人说黄帝时代已开始造酒，也有人说始于尧舜禹时代，尤其是大禹造酒的说法流传较广，如《孟子》中便有"禹恶旨美酒"的记载，而《战国策》和《吕氏春秋》中更是写明，"仪狄作酒"，因此许多古人称仪狄为"酒祖"。由此看来，中国人造酒的历史最少已有4000多年。此后，酒越来越多地出现在中国古人的生活之中，甲骨文中就有多处记载商朝人以酒祭祖。

与世界上所有地方开始造酒一样，中国人最早造的酒也是水果酒，这是因为祖先发现水果最容易发酵。后来，中国古人发现用黍和稻等糯性较强的粮食经过蒸煮、加曲发酵制造出来的酒更醇厚，味道更好，于是便开始使用蒸馏法或酿造法制造粮食酒。

关于烧酒、蒸酒在中国的问世，最早的记载出现在唐朝的文献中。四川现在是我国第一产酒大省，名酒之多也雄居各地之冠，而在古代，最早制作烧酒、蒸酒也可能是从四川开始的。公元762年（唐宝应元年），诗圣杜甫到四川瞻仰先贤陈子昂，在陈的故乡射洪写下"射洪春酒寒仍绿"的诗句。李肇在公元806年写的《国史补》中便有"酒则有剑南之烧春"（唐人称酒为"春"）之说，雍陶在公元834年诗云："自到成都烧酒热，不思身更入长安。"可见在唐代，四川烧酒已广为流传了。不过，由于那时的人们尚未掌握较高的提纯过滤技术，酒液浑浊，类似现在的米酒、黄酒，许多文人在诗中称之为"浊酒"。名气较大的有东晋末期陶渊明的"何以称我清，浊酒且自陶"。到了唐代，白居易叹息"可惜莺啼花落处，一壶浊酒送残春"，杜甫亦悲："艰难苦恨繁霜鬓，潦倒新停浊酒杯。"宋代的苏轼、陆游亦以"浊酒"为诗大发感慨。元末明初罗贯中所著的《三国演义》,后人在开卷之处添加了明代才子杨慎的《临江仙》"……一壶浊酒喜相逢,古今多少事,都付笑谈中",意境之高远,醉倒古今饮酒人。

大约到了明代,人们掌握了较高的造酒提纯过滤技术,类似现在"茅台""青花郎"的蒸馏酒,类似"五粮液""国窖"的酿造酒才开始出现,至今也已有数百年了。

三、信仰不同的节庆习俗

节庆活动是人类社会一种普遍的文化形式,其间常常伴有各种仪式,这些仪式与相关的习俗活动承载着丰富的文化内涵。

世界各国、各民族的节日较多地表现为庆祝和纪念。中国和亚洲一些国家的不少节日与天文、历法、农业生产有关,明显带有农耕文化的土壤特征。而欧美、中南美、西亚、中亚一些国家的节日如圣诞节、复活节、宰牲节等,则体现宗教特征,大多源于宗教土壤。

(一)中国部分节庆习俗

春节是中国最隆重、最盛大的传统节日。春节起源于殷商时期的祭神祭祖活动,至今已有3000多年历史。在漫长的岁月里,新春贺岁围绕祭祀祈年为中心,以除旧布新、迎禧接福、拜神祭祖、祈求丰年等活动形式展开,内容丰富多彩。在传承发展中,逐渐形成了一些较为固定的习俗,如置办年货、扫尘、贴对联、吃团圆饭、包饺子、守岁、给晚辈压岁钱、拜年、舞龙舞狮、跑旱船、放爆竹烟花、祈福、逛庙会、赏花灯等。在历史的长河中,春节的内容也在不断发展变化。祭神祭祖之后,人们开始在春节驱鬼拜年,辞旧岁迎新春,这一阶段时间较长。在近几百年的春节祝福中增加了"恭喜发财"的内容，而在最近几十年，"健康""快乐"又成了人们祝愿的主题，贴切地显示了时代性。

清明节，又称祭祖节、踏青节，是中华民族礼敬祖先的传统节日。清明节源自上古时代的春祭活动。清明是干支历法中表示季节变迁的二十四个节令之一，清明节期在仲春与暮春之交。这一时节，气温升高，万物复苏，大地呈现春和景明之象，正是郊外踏青（春游）与行清（墓祭）的好时段。清明节的习俗归纳起来为两大传统内容：一是礼敬祖先，慎终追远；二是踏青郊游、亲近自然。清明节兼具自然与人文两大内涵，既是自然节令又是传统节日，"天人合一"的传统理念在清明节中得到了生动体现。

八月十五是中国传统的中秋节，一切活动均围绕着月亮这一主题展开。吃月饼、拜月亮、供兔儿爷等。中国人在远古时期开始崇拜月亮，周朝时，便建立起了周天子春天祭日、秋天祭月的制度，月坛由此产生。北京的月坛就是明清两朝皇帝祭月的地方。中秋正值秋高气爽，是一年中最舒服的季节。中秋节的象征食物莫过于月饼。月饼含有全家团圆之意，吃月饼的习俗在明代已经开始了。除了汉族，中秋节在回、壮、彝、朝鲜、侗等20多个少数民族中也非常流行。

三月三，是在中国许多少数民族中流行的节日。其实，三月三最早在华夏族中出现。在古代，农历三月初三被称为上巳节。说起"三月三"的来历，可推到追念伏羲氏。在传说中，伏羲和其妹女娲抟土造人，繁衍后代，豫东一带尊称伏羲为"人祖爷"，在淮阳（传说中的伏羲建都地）建起太昊陵古庙，从农历二月二到三月三为太昊陵庙会，善男信女，南船北马，云集朝拜人祖爷。魏晋以后，上巳节改为三月三，代代沿袭，成为水边聚饮、郊外游春的节日。如今，中国的许多少数民族同胞都喜欢过三月三，不过在传承中加入了各自民族的文化内容，形成别具特色的民族节日。如壮族的"歌圩节"、云南瑶族的"干巴节"、黎族的"孚念孚"、布依族的"聚会日"、侗族的"花炮节"、畲族的"谷米节"等。

除了上述的民俗节日，中国的文化土壤中还"长"出了元宵节、端午节、藏族的藏历新年和展佛节、蒙古族的赛马节、傣族的泼水节等各具文化特色的习俗节日。

（二）外国部分节庆习俗

在西方，复活节是基督教国家的重要节日。每年春分月圆之后的第一个星期日，基督徒认为是耶稣基督被钉死在十字架之后第三天复活的日子。在基督徒眼中，复活节象征着重生和希望。到了这一天，不同国家的基督徒们都会准备各具特色的美食，火腿、火鸡、羊肉、牛肉等，举行纪念仪式。俄罗斯的复活节彩蛋更是走出了东正教，被许多不信奉其宗教的人们所喜爱。

圣诞节是宗教节日，也是世界上许多国家孩子们喜欢的节日。这一天，圣诞老人把美好的祝福和礼物带给人们，人们相互之间赠送礼物。圣诞节又称为耶诞节，是纪念耶稣诞生的日子。其实，圣诞节与耶稣没大多关系，《圣经》中并没有准确记载耶稣的生日。"圣诞节"本来是古罗马神话中迎接新年的农神节，随着罗马帝国崛起、强大并在征服的国家中推行基督教，教廷便把这个民俗节日纳入基督教体系。近些年，有些中国人也过起圣诞节，主要是青年人。他们不一定喜欢这个节日的文化内容，也可能对节日的内涵一无所知，却喜欢其文化形式。

英国丰收节的起源可以追溯到公元5世纪。借助米迦勒教的传播，现在许多基督教国家的人都要在每年秋天的9月29日庆祝丰收节。这个时候，农作物的收割告一段落，人们在粮垛旁边大摆宴席，感谢上帝赐给他们食物。教堂通常要举办丰收节礼拜仪式，信徒们用麦穗、玉米棒装饰教堂，并唱诵赞美诗。中小学校则在这一天组织专项活动，向学生和家长讲授农作物的生长过程和相关知识。去教堂和学校的人们一般要带上几份自己制作的食品，送给需要的人们。

感恩节在美国是个重要的节日。这一天，人们集会唱歌、跳舞、做游戏，举行体育比赛和戏剧表演、化装游行。许多家庭还准备了以火鸡、南瓜派、蔓越莓酱和土豆泥为主的晚餐。关于感恩节的由来说法很多，最普遍的一种说法是：1620年11月，乘着著名的"五月花"号木制帆船来到北美的102名英国人（其中有35名清教徒）到达马萨诸塞州后，几乎没有任何食物可吃，加之气候寒冷和环境生疏，他们陷入了饥寒交迫的境地。这时，当地印第安人给他们送来火鸡、鸭子、鹿肉、小麦、南瓜、玉米以及水果和海鲜等食品，还有御寒衣物。印第安人教这些白人捕鱼、狩猎，春天来了，又教他们种植粮菜。收获的日子到了，白人移民确定了感谢上帝的日子，并感谢印第安人对他们的真诚帮助，邀来印第安人举办感恩宴会。"感恩节"由此产生。

感恩节是个感谢上帝的节日，可其他基督教国家并没有感恩节，这个节日是美国独创的，看来还是与感恩印第安人有关。然而，创立感恩节的人在之后的100多年里，对感恩的对象——印第安人进行了史无前例的驱逐和杀害，占领了印第安人世世代代居住的土地。随着更多白人移民的到来，1703年，白人设立的立法会甚至出价悬赏杀取印第安成年人和儿童的头颅。随着建国后的美国逐步强大，美国的国家机构、基督教团体和媒体开始渲染感恩节，并以此做大美国文化。1863年，时任美国总统林肯宣布感恩节为全国法定假日。

住棚节是以色列人最欢快的节日，每年9月23日节日开始，历时1周，9月30日结束。住棚节是为了纪念以色列人的祖先走出埃及进入迦南（大约位于今约旦以西巴勒斯坦一带）后漂泊的40年，也是为了感恩上天赐给以色列人丰富的物产，为人民带来安稳的生活和保障。开始时，住棚节的宗教味道更浓一些，而现在，住棚节在以色列已有着宗教和祈盼农业丰收的双重意义。

宰牲节在信奉伊斯兰教的穆斯林中一直占有神圣地位。

非洲、南美洲特别是原住民居住的地区还有许多丰富多彩的节日。这些节日均彰显着当地的文化土壤特征。

以上，作者对风俗习惯进行了概述，并分述了饮食习俗、节庆习俗。不同的文化土壤"长"出不同的习俗。三个层次文化土壤中，环境土壤、社会土壤、意识土壤的作用各有千秋。从世界各国风俗习惯看，风俗背后更多体现的是人们祈福、感恩、庆祝、纪念等情感，这表明意识土壤对社会风俗习惯的影响极为显著。

正如前面所说，习俗并非一成不变，许多国家的习俗都在发生变化。历史上的日本有许多人是信奉神道教的，拜谒天照大神成为一种习俗，而今这种习俗已经淡化。与此同时，日本的茶道却做得越来越精致，茶道习俗越来越吸引人。中国人过去讲究拜灶王爷，如今已很少看到有人再拜了。一些年前盛行的既烦琐又铺张的送葬仪式，如今正在走向节俭。剪纸、皮影戏、赶大集等老习俗增加了新内涵，新的习俗正日益兴旺起来。中国许多少数民族的传统节日不断增添新的内容，越办越热闹。例如，设立没多长时间的丽江东巴文化节所展示的东巴人习俗令参观者如醉如痴。

一些传统习俗衰落了，一些新习俗诞生了。其实，传统习俗衰落的根本原因是习俗所依存的文化土壤发生了变化——时代使然。如何引导人们尤其是年轻人既尊重传统，又破旧立新？哪些习俗似旧而实新，哪些似新而实旧？哪些该破、哪些该立？这是一个老话题，也是一项新课题。

第十五讲　文化土壤与伦理

> 西方文化偏重于宗教和法律，东方文化则偏重于道德和伦理。
> ——作者手记，2018 年 7 月 5 日

伦理，即人伦之理，是人与人相处的各种道德准则。伦理与法律一道，共同规范和约束着人类社会。没有伦理，人类行为就会失范。

放眼世界，人类的很多伦理观念是相同的，但伦理在不同历史时期、不同国家和民族之间存在不小差异。这种差异，源自不同的文化土壤。

一、伦理的形成

人类的伦理观念起源很早。人类进入群居和集体生产阶段，每个人都需要处理同本群体成员、其他社会成员之间的关系，而处理这些关系时不能随心所欲，必须依据一定的道德理念。这就是伦理。在原始社会，同一家庭或家族成员之间因为有血缘关系和共同利益，必须相互亲近，不能通婚；长辈的采集和狩猎经验

一般比较丰富，晚辈必须尊重长辈；在同一部落或部落联盟里，全体成员和各个家庭都要尊重首领、服从首领安排，等等。这些就是最初的伦理。人伦之理，是人类基于血缘关系和利益关系，在长期的社会实践中形成的。

东西方文化有一个明显的区别，就是西方文化偏重于宗教和法律，而东方文化偏重于伦理与道德。中国文化是典型的东方文化，其伦理特征极为明显。

中国伦理的源头在哪里？《周易·序卦传》认为：有天地然后有万物生，有万物然后有男女，有男女然后有夫妇，有夫妇然后有父子。有父子然后有君臣，有君臣然后有上下，有上下然后礼仪有所错。这些人伦之理，植根于中国农耕文化及其农业社会土壤，体现着远古以来中国社会的文明和秩序。据《尚书》记载，在夏还未建立之前，中国古人就已经很讲究伦理了。到了春秋战国时期，中国形成了以孔孟为代表的伦理学体系，对男女、夫妻、父子（长辈与晚辈）、君臣以及其他伦常关系，做出了较为严格的规范。伦理产生的文化土壤是当时中国古代社会的经济和文化有了新发展，特别是人的品德受到重视。在夏商和西周期间，已经形成初步的伦理观，到了春秋末期至战国，随着封建制度崛起，人际关系发生变革，更是呼唤与之相适应的新的伦理观。后来，封建制度确立，并且日益巩固。渊源久远的人伦纲常理念，诸如君君、臣臣、父父、子子等，有利于维护封建社会的秩序，尤其是有利于维护统治者的利益，逐渐成为整个中国社会的主导理念。

宗教通常都会涉及伦理问题，但商周直至战国初期，中国还没有像样的宗教。比孔老庄早一点诞生的佛教，东汉时期才开始传入中国。后来宗教虽然在世界盛行，但想要进入中国人的信仰，已经没有多大空间了。2000多年来，伦理在中国人的信仰中一直占有统治地位。中国古代思想的主体,似乎不应简单地说是"儒家思想",归纳为"伦理观"可能更为准确。

华夏人很早就重视"礼"。"礼"字给人的印象是礼仪、礼节,事实上中国传统文化中的"礼"更多是指纲常伦理,礼节、礼仪等只是纲常伦理的外在表现形式。从某种程度来说,"礼"就是伦理,它是中国传统文化的核心内容。正如有学者所说:

"'礼'起源于祭祀,与原始宗教有着密切的关系。然而'礼'在中国传统文化的发展历程中,则越来越富于人文的内涵,乃至最终成为体现中国传统文化人文精神的主要载体之一。

"广义的礼,是指一个时代的典章制度,比如夏礼、殷礼就是指夏代和商代的典章制度,周礼就是有关周代的政治、经济和社会制度。狭义的礼,则专指人们的行为规范、规矩、仪节。中国古代有三部最著名的礼典:《周礼》《仪礼》《礼记》,它们总称'三礼',是关于各种礼制的百科全书。其中《周礼》偏重政治制度,《仪礼》偏重行为规范,而《礼记》则偏重对礼的各个分支作出符合统治阶级需要的理论说明。由这'三礼'所涉及的各种礼制的总和就是中国传统'礼'的全部内涵。

"尽管礼仪三百,繁杂万分,但每个人只能按着自己的社会地位,去选择相应的礼,而不允许贱用贵礼,卑用尊礼。所谓'君君、臣臣、父父、子子、兄兄、弟弟、夫夫、妇妇',即是说,君、臣、父、子、兄、弟、夫、妇,都有着自己特定的行为规范。礼绝不意味着放任一部分人,管束一部分人,'刑不上大夫,礼不下庶人'的意思只是说,对大夫和庶人适用和不适用某些规范。从任何人都在一定规范的约束下生活这一点来说,礼并不偏颇。《礼运》写得很详细,'父慈、子孝、兄良、弟悌、夫义、妇听、长惠、幼顺、君仁、臣忠',可见人各有其礼。经此规定,礼也就绝不是抽象教条而成为每个人具体的行动指南了。为了实现君仁臣忠、父慈子孝等总体要求，还有一系列更具体的细则，这些细则的总和，就构成了等级制社会全部政治、经济、文化生活的外在框架。"①

"孝"是中国伦理的主要内容之一。在《论语》中，子贡问孔子：老师，什么叫孝？孔子说：父母在的时候，你要敬养他们，父母去世的时候，你要用礼仪葬送他们。子夏也问孔子，何为孝？子曰："色难。""色"物资（物质）也，在这里作"钱物"解。孔子的境界太高了，"色难"的意思是说真正的孝并不在于只履行对父母的服侍之责，满足其财物之需，而在于以什么样的态度、用什么样的精神去对待老人。

"不孝有三，无后为大"出自《孟子》。东汉赵岐的《十三经注疏》这样认为："于礼有不孝者三事，谓阿意曲从，陷亲不义，一不孝也；家穷亲老，不为禄仕，二不孝也；不娶无子，绝先祖祀，三不孝也。三者之中，无后为大。"赵岐认为，除了无后，另外两种不孝，一是做人曲意逢迎，诬陷亲人；二是家中贫寒父母年迈，不肯出去做官。此外另有别的解释："不孝有三"中的"三"只是个虚数，并不是指只有三件。按照孟子的《离娄章句下》解释，"不孝有三"其实有五件："世俗所谓不孝者五：惰其四肢，不顾父母之养，一不孝也；博弈好饮酒，不顾父母之养，二不孝也；好货财，私妻子（只顾老婆孩子），不顾父母之养，三不孝也；从耳目之欲（放纵情色享乐），以为父母戮（让父母受到耻辱），四不孝也；好勇斗狠，以危父母，五不孝也。"

当然，这只是顺应历史传统的解读。今人尽孝，主要指尽子

---

① 钱杭：《中国文化史三百题》，上海古籍出版社1987年11月版，第352页。

女之责,尊重老人,赡养老人,无后不再是"大不孝"了。

在唐之前中国人的核心伦理观还是"三纲五常",并没有把"孝"放在很重要的位置。直到宋代朱熹归纳出"忠孝节悌,礼义廉耻"八个字,才把"孝"提到了仅次于"忠"的位置。在世界各国,中国人最重视"孝",这是封建宗法观念和等级制度体现在人际关系上的产物。

在中国传统伦理观中,"德"是另一个重要观念。德是什么?儒家认为,"得道于己之谓德""以道率身之谓德"。大意是说,"道"是万事万物都遵循的客观规律或大道理,一个人做事情合乎规律、遵从人伦秩序,就是"得道""有德"。古人曾有"九德"之要求。中国传统伦理观既倡导个人修身养性,提高品德,又倡导统治者仁德爱民,以德治民。君君、臣臣被视为合乎"礼"、合乎"德","德治为先"成为中国社会一项传统政治伦理。

中国的士人注重修身,有很高的道德追求。《大学》相传为曾子所著,宋代程颢、程颐兄弟把它从《礼记》中抽出,单独成章。该书着重阐述了提高个人修养、培养良好道德品行与治国平天下之间的关系。"大学之道,在明明德、在亲民、在止于至善",此被称为《大学》的三纲领,另有八条目,即"格物、致知、诚意、正心、修身、齐家、治国、平天下"。这三纲八目成为封建士人的崇高道德追求。

中国历代知识分子深受孔子关于修身思想的影响,因而在人际关系上形成一套理论学说和方法论。

有这样一则故事。唐太宗问宰相许敬宗:"我看满朝的文武百官中,你是最贤能的一个,但还是有人不断地在我面前谈论你的过失,这是为什么呢?"许敬宗回答说:"春雨贵如油。农夫因为它滋润了庄稼而喜爱它,行路的人却因为春雨使道路泥泞难行而嫌恶它；秋天的月亮像一轮明镜辉映四方，才子佳人欣喜地对月欣赏，吟诗作赋，盗贼却讨厌它，怕照出了他们丑恶的行径。无所不能的上天且不能令每个人都满意，何况我一个普通人呢。我没有用肥羊美酒去调和众口是非。况且，是非之言本不可听信，听到之后，也不可传播。君王盲目听信臣子的，可能要遭受杀戮；父亲盲目听信儿子的，可能要遭受诛杀；夫妻听到谗言，可能会离弃；朋友听信谗言，可能会断交；亲人听信谗言，可能会疏远；乡邻听信谗言，可能会生分。人生有七尺高的身躯，要谨慎对待听到的传言，舌头上有龙泉剑，杀人不见血。哪个人在人前没有说过别人，哪个人背后不被别人评说？"

唐太宗说："你讲得很好，我会记住的！"

"四书""五经"是中国传统伦理的代表作。但在"四书""五经"成书之前，中国传统伦理早已成为中国古人的正统观念，如《书》《礼》等介绍的尧、舜、禹的行为举止，无不体现着后来"四书""五经"所宣扬的理念。"四书""五经"是对中国传统伦理观念的系统总结和提升，对后世产生极为重大的影响。甚至可以说，没有它们，人们很难再从别处寻找到中国传统伦理的理论根据。

读了《诗》《书》《礼》《易》《春秋》以后，会产生什么样的后果呢？孔子有一段精彩的论述。他说：到一个国家以后，只要看看那里的风俗就可以知道这个国家的教化了。如果人们言辞温柔，性情忠厚，就是《诗》教出的结果；通达政事，了解历史，就是《书》教出的结果；宽广博大，平易良善，就是《乐》教出的结果；圣洁平和，明察隐微，就是《易》教出的结果；恭顺节俭，端庄谨慎，就是《礼》教出的结果；撰写文章，借鉴历史，就是《春秋》教出的结果。《诗》教化的失误在于容易随便，《书》教化的失误在于容易导致诬妄不实,《乐》教化的失误在于容易导致奢侈过分,《易》教化的失误在于容易导致悖谬不正,《礼》教化的失误容易导致烦琐细碎,《春秋》教化的失误在于容易导致战乱频仍。为人如果既温柔忠厚而又不愚笨迟钝,就是深通《诗》的教化了;宽广博大,了解历史又不致于诬妄不实,就是深通《书》的教化了;宽广博大,平易良善而不奢侈过分,就是深通《乐》的教化了;圣洁平和,明察隐微而又不致于悖谬不正,就是深通《易》的教化了;恭顺节俭,端庄谨慎而又不烦琐细碎,就是深通《礼》的教化了;撰写文章,借鉴历史而又不煽动战乱,就是深通《春秋》的教化了。

"四书""五经"产生的文化土壤,最为重要的是从商代开始至春秋期间中国传统伦理的形成,加上生产力发展,文化不断成熟,士阶层成为整个社会的重要政治力量。"四书""五经"适应了统治者稳定政治秩序的需要,也适应了以士为主的知识分子阶层的文化需要。

将"仁德""忠孝"等观念归纳成伦理体系,有几个人发挥了重要作用。第一个是孔子。其思想核心是"仁"即"爱人",他倡导"儒"政,提出"正名"主张。中国的多数朝代都把孔子尊为"圣人",东汉许慎在《说文解字》中解释道:"圣人,人伦之至也。"也就是说,圣人是品格最高尚的人。第二个是孟子。孟子是孔子的孙子子思的再传弟子,后人把子思与孟子称为"思孟学派"。《孟子》一书的核心思想是"仁义",主张"仁政",强调"民贵君轻",重视民心向背。孟子与子思整理出《论语》,把孔子的思想传播至今。第三个是董仲舒。汉武帝提出"罢黜百家,独尊儒术",始作俑者是董仲舒。儒术不但由董仲舒首倡,而且新儒学的思想内容也是由他奠立基石。董仲舒认为人君受命于天,进行统治应当"屈民而伸君"。他主张"道之大原出于天,天不变道亦不变"。第四个是宋代的"程朱"。北宋的程颢、程颐兄弟提出理学的天理是道德神学,同时成为儒家神权和王权的合法性依据。此理念传承到南宋朱熹,经朱熹创造性发展,最终形成程朱理学。中国古代的伦理体系到此基本构成框架。

最后还有一个人要提到。明朝的文人出众者不多,王阳明却出类拔萃。他倡导的心学,尤其是"致良知"理论,在伦理观上有重要创新之处。"王守仁……把'心'作为哲学思考的出发点,巧妙地将朱熹所谓绝对至上的'理',移植到每个人的'心'中,所以他的学说被称为'心学'。王阳明提出'心外无物''心外无理',一切的'物'和'理',都是从'心'中派生出来的。"①

王阳明把存在于每个人心中的理叫作"良知",主张人人"致良知"。所谓"致",就是去掉人欲,恢复良知的本性,然后才能"知行合一"。什么叫良知?他在"心学四绝"中说到,"知善知恶是良知",即知道什么叫善,什么叫恶,什么叫好,什么叫坏,就是良知。"心学四绝"是:无善无恶心之体,有善有恶意之动,知善知恶是良知,为善去恶是格物。

阳明心学为后人处理个人与自身、个人与外部世界包括各种人伦之间的关系,提供了一套完整的哲学理论。

二、中国伦理的内核及其对外影响

既然中国文化偏重于伦理与道德,那么这种伦理与道德的核心到底是什么?简单回答似乎是"道""仁"二字。

说中国人没有信仰的人其实是对中华文化缺乏了解。中国人自古以来就信"天"。这个"天"里容纳了很多概念,其中最为

---

① 樊树忠:《国史十六讲》,中华书局 2009 年 3 月版,第 163 页

显著的是"道"和"仁"。

　　《道德经》开篇第一句就是"道可道，非常道"。"道"是客观规律。王国维先生曾指出，殷周之际是中国政治与文化变革最为剧烈的时期。古代中国文明在此时发生突破，即人间伦理及其秩序开始占据本来由自然宗教秩序占据的显要位置。人的地位逐渐从匍匐于神的状态中脱出，人开始将瞻仰神的世界的目光转而投向自己，运用自己的理性思考面临的问题和整个客观世界。老子在讲"道"的同时，还提倡关心民众，"圣人无常心，以百姓之心为心"。

　　对于老子提出的"天人合一"，钱穆先生晚年在其《中国文化对人类未来可有的贡献》一文中曾断言："'天人合一'观是中国古代文化最古老最有贡献的一种主张。"所谓天人合一，关注的是人本身与外部世界之间的关系，倡导人类的行为合乎客观世界的规律。钱穆的说法得到了许多中国现当代学者的认同。

　　孔子倡导的"仁"就是爱人，包括立德、行善。《论语》先是提出"礼"，接着就是"仁"。最可贵的是"礼"和"仁"都是以人为本。汤因比曾用"人文主义"形容孔子的儒家学说。也就是说，中国的人文主义是世界最早的。文艺复兴以后，一些欧洲启蒙思想家发现东方在此处有超过他们的智慧，就学习吸收了，后来我们把它翻译成"人文主义"。

　　"己所不欲，勿施于人"，《论语》中最早出现这样的表述，后来的《圣经》《古兰经》中也都有这样的内容。美国著名学者杰里米·里夫金称"己所不欲，勿施于人"为"轴心时代的黄金法则"。伏尔泰也认为，人生下来就是平等的，在阐述这个观点时，他多次引用孔子的"己所不欲，勿施于人"。

　　有意思的是，"道"与"仁"的结合在中华文化中产生了"中庸"。"中庸"是一种哲学思维，为人们处理万事万物提供了基本态度和方法。从伦理学角度看，中国人在处理个人与自身、个人与外部世界包括各种人际关系时，很讲究"中庸之道"。

中国人的外在文化特征其实就是中庸，这个中庸也是从"土"里长出来的。在森林中生存的人不中庸，与野兽战斗培养出"弱肉强食"的特征；在草原上生活的人不中庸，面对风沙、严寒和豺狼等恶劣的生活条件，缺乏野性不行；在大海上找活路的人也不中庸，面对风暴、鲨鱼、暗礁，要活命就得拼搏。只有丰衣足食，拥有良好生存环境的人，例如历史上的黄河冲积扇水土丰润，长江三角洲鱼米充足，生活在这种环境下的人才会中庸。他们一碗面、一杯茶、一首诗，享受着自我感觉良好的生活；他们不想拼命，不愿冒险。久而久之，"中庸"就成了古代中国的文化特征之一。

"中国"二字的原意是中央之国，但从文化角度看，也可理解为"中庸之国"。中庸之道的主要原则有三：一是慎独自修，二是忠恕宽容，三是至诚至仁。"不偏不倚""非攻""不争"都是"中庸"的内涵体现。

仅以"不争"为例。《道德经》曰："水利万物而不争。处众人所恶，故几于道。"从"故几于道"可以看出，老子赞扬水的上善之处，不是"利万物"，而是"不争"——我往低处流了，这样就接近"道"了。结合老子称道的"知高守低""知荣守辱""知白守黑""抱朴存真"来看，"不争"才是"上善若水"的真谛，也是中国最令人尊敬的为人处世之道。自老子以后，"不争"影响了中国历史文化2500多年。《史记》中写蔺相如与廉颇的故事，其实就是写"不争"。从古到今，中国人处理国事、家事时也多显"不争"。

2018年夏，作者受邀参观了安徽桐城著名的"六尺巷"。六尺宽的巷子不长，没啥新奇，它之所以著名在于里边讲述一个"不争"的故事：清朝康熙年间，大学士张英在桐城老家的府第与吴家相邻。吴家欲盖新房，修院墙占了两家之间的三尺宽隙地，双方发生纠纷，告到县衙。因两家都是高官贵族，县官难以定夺，便推辞说，凭相爷作主。张家便把吴家占地之事修书一封驰送京都。张英阅罢，回诗一首："一纸书来只为墙，让他三尺又何妨。万里长城今犹在，不见当年秦始皇。"张家接信，遂即让地三尺，吴家深受感动，也让出三尺，于是在两家之间便留下了一条六尺宽的巷子。

由此可见，包括"不争"在内的中庸思想深刻影响着中国人的为人处世。人们处理各种人际关系，讲究中庸。而"中庸"的背后体现的是更为深层次的"道"与"仁"思想。

要成为一个"守道""仁德"之人，需要修身养性，提高境界。一个智者给人留下刻骨铭心的印象是他的思考能力。他无时无刻不在思考，而且是在高尚纯粹的思维空间腾挪。龌龊的东西他也了解，但从不在那个世界徘徊。

老子、孔子、释迦牟尼都很注重修身。作者结合自己的理解，把他们的一些思想用文言文归纳成三句话，第一句叫"善人者善己，恶人者恶己；善人者己善，恶人者己恶"。第二句叫"与人者，众人与之；私人者，众人私之"。第三句叫"无我乃我"。用白话来表述，第一句就是：对别人好就是对自己好，对别人不好就是对自己不好；总对别人好自己会逐渐变成好人，总对别人不好，自己就会变成不好的人。第二句就是：常把东西（包括财物和思想）给别人的人，大家也愿意给你；总想占别人便宜的人，大家也都想占你的便宜或大家不让你占着便宜。第三句则是，"忘掉自己"是对"自己"这个概念的最深理解。"无我"才会成就真正的"我"。作者最喜欢"善人者己善""无我乃我"两句——总对别人好，你自己就修行成好人了；别处处总想着自己，"无我"才是大"我"。

哈佛大学的一项研究表明：一个人的精神层次越高，心理越健康，内心也越善良。米列也说："越是善良的人，越觉察不出别人的居心不良。"

一个人聪明睿智，是不是就可以说是资质很高了？明朝晚期的思想家吕坤不这么看。他在其著《呻吟语》中写道，人的资质分为三个等次，第一个等次是深沉厚重，第二个等次是坦诚豪爽，第三个等次才是聪明睿智。可见，对一个人来讲，深沉厚重和坦诚豪爽，远比聪明睿智更重要。

从政的、写文章的、经商的，不论其官阶区别、学问高低、贫富差距有多大，近3000年来，中国人评价一个人的最高标准一直是"君子"，这二字的分量实在是太重了。

如今，在官场上，常会听到这样的消息：某人高升了，某人犯科了。在商场上，也会常听到这样的传言：某人发大财了，某人亏惨了。听到这样的消息，人们一般有三种反应：第一种，听者动情——这样的人也配升官发财？接下去又四处议论。此为不"静"。第二种，"噢，此人提拔理所应当""噢，那个人商战失败太可惜了"，此为中"静"。第三种，听到了像没听到一样，此为人心大"静"，也是心中大"净"。做一个心"静"的人很不容易，而能做到心"净"就更不容易了。中国伦理历来都讲修心，修的就是这个"净"。

对于中国古代士人而言，对于当今的知识分子而言，"苟日新，日日新，又日新"（《礼记·大学》第三章）不是指生存状态的改变，而是，心灵每天都在净化，境界每天都在升华，精神面貌每天都在更新。"诗三百,一言以蔽之,思无邪。"(《论语·为政第二》用白话谓之即:"《诗经》三百首,用一句话概括,那就是无邪念,不虚假,都是真情流露呀。"

这实际上是一种悟性,虚怀若谷的人才会感觉到。佛家不是讲"悟空"吗?这里的最高境界就是"空"。想明白了是懂道,活明白了是知佛。

总之,中国伦理的价值在于它是以人为本的哲学,坚守人格尊严、强调个人对社会的责任和人文精神。19世纪前的欧洲,对中国的伦理顶礼膜拜。歌德说:"在他们那里一切都比我们这里更明朗、更纯洁,也更道德。"伏尔泰通过《中国孤儿》的台词这样表达他对中国人的看法:"我们的国朝是建立在父权与伦常的信义之上的,是建立在正义、荣誉和守约的信义之上的。孝顺、忠信、礼义、廉耻是我们立国的大本。"

"中式"伦理观是中国独有的文化概念,但并不等于别国没有过此类概念,古希腊就曾有过对伦理的记载,只不过后来没有像中国人一样把它归纳成体系。

希腊文明中的个人主义和世界主义倾向,在哲学领域有突出的表现。在古希腊,哲学家普遍注重个人幸福的追求,强调个人的内心修养。影响较大的有三个学派:斯多噶学派、伊比鸠鲁学派和犬儒学派。斯多噶学派的创始人是齐诺(前335年—前263年),他的主要观点是:在世界和宇宙理想面前,一切民族、国家和个人都是平等的,理性是人类追求幸福的重要基础,人类根据理性做事就是"善行",通过理性和心灵才能理解宇宙的神性;人应该修身克己,只有当个人肉体的欲望和弱点被克服之后,人才能有清明的知觉。斯多噶学派注重现实和实践。

欧美的伦理是道德和法律的结合物。从公元前334年马其顿东征一直到罗马征服埃及的这段时间里,希腊文化随着欧洲人的足迹扩散开来,并与东方诸文明进行了广泛的融合,形成新的文化。后来在欧洲产生了著名的"洛克文明底线",它认为:人类从自然状态走出来进入契约社会,必然把人的一部分权利交给政府,但人的三个基本权利不能交,即生命、财产、自由。政府存在的目的,不是追求政府的既得利益,而是为了公共福祉。公共福祉之一就是要保障公民的生命、财产和自由,政府不得以任何名义侵犯。

欧洲文化人的许多经典名句为中国人所熟知,例如罗素的"不自由,毋宁死"。这些名句从不同角度向我们展示了欧洲人的人性观和价值观。美国人很少讲伦理,但十分强调人生不能有不良记录。在美国,一个人若有了不良记录,干什么都面临信用危机。这体现出其伦理观不太注重私德,但很注重公德。

总之,西方文化偏重宗教、法律和公德,中华文化偏重伦理与个人道德。比较了两者差异之后,看来中国的伦理观在坚守优良内涵的同时,也应该增加新的内涵了。不但要坚持"仁义礼智信",还要提倡"自由、平等、博爱"。我们的传统伦理观长久以来缺乏尊重个人权利方面的内涵,有必要张扬"自由、平等、博爱"等人类文明的优秀成果。

"自由、平等、博爱"的理念在法国思想启蒙运动中提出,在西方社会广泛传扬。但它并非西方原创,原创者实乃中国古人。早在春秋战国时期,中国人就提出了这些思想。《墨子》曰:"今天下无大小国,皆天之邑也;人无幼长贵贱,皆天下之臣也。"也就是说,人不分老幼贵贱,在上天面前一律平等。有人可能会说:墨子的平等思想不彻底,干吗需要一个"上天"?你看人家美国的《独立宣言》多好,"人人生而平等"。有朋友发给我这样一段话：严格说来，"人人生而平等"是一个翻译上的错误。"All men are created equal, that they are endowed by their Creator with certain unalienable Rights"是美国《独立宣言》中一段关键的话，传统的译法一直是"人人生而平等"。请注意"created"是个被动式，严格翻译应该是"人人因造出而平等"。被谁造出？下面讲了"by their Creator"——造物主，其实就是墨子说的"上天"。墨子还提出"兼爱"思想，兼爱就是均爱、全爱，如果当初"博爱"的英语一词进来时被译成"兼爱"，我们大家现在说的就是"自由、平等、兼爱"了。至于"自由"，中国封建社会确实缺乏个人自由，但在理论上，《墨子》对此也有非常精辟的阐述："官无常贵，而民无终贱，有能则举之，无能则下之。"当下人们理解"自由"，首先想到的不也是选举吗？重选举权，就是重自由。欧洲人的创新之处在于将这三个概念提炼后并列在一起提出来，深刻、简单、易记。

遗憾的是，墨子关于"自由、平等、博爱"的思想后来受到儒家学派的打压，也不被历代统治者所喜欢，以至一直未能成为中国人普遍接受并传承的价值观。

三、关于中国伦理的思考

一些国学派把中国伦理捧上了天，一些崇洋者又把中国伦理说得一无是处，这都有失偏颇。中国伦理与中国人一样是从中华文化土壤中长出来的，弃之就等于断了中华文化的腰骨，然而它亦有不合潮流的一面，不创新不行。

最喜欢孔子和儒家文化的是历朝历代的封建统治者。孔子的学说对稳定封建社会秩序真是个好东西，尤其是后来不断完善的三纲五常理念，太符合统治阶级的需要了。但是，孔子的"仁政""爱民""德治为先"等思想,其实也是对统治者的约束——当君不君时,臣可以不臣。只是后来统治者有意强调"忠君""孝悌"等方面。李大钊就曾发表《宪法与思想自由》《孔子与宪法》《自然的伦理观与孔子》等文章,抨击历代统治者利用孔子作为专制统治的工具,倡导还原一个真实的孔子。

年轻人读《论语》,知道其中的精华足矣,不必全读。一旦全读,你不但会领略孔子的优秀思想及至理名言,还会领略到一些消极的东西。孔子告诉我们,如何培养道德、如何做人、如何与人相处,但是他还表述了如何侍君、如何圆融、如何狡辩。

孔子甚至也有虚伪的一面。《论语·雍也》中记载:子曰,敬鬼神而远之。同篇还记载着一个故事。孔子去见一个叫南子的女人,他的学生子路不高兴了。孔子便伪善地对子路发誓说,如果我做了什么不道德的事情,让上天谴责我吧。束缚女人一直是中国古代上层社会家庭里的事情。因为在为生存而奔波的下层家庭中,女人是要劳动的,因此也就不太受约束。男尊女卑也有理论来源,孔子就曾说:"唯女子与小人难养也。"

西方文化和中华文化各有精华与糟粕。西方文化注重个人权利,有人还要求别人向他们的"民主""自由"看齐,而中华文化并不要求别人向我们的"道""仁"看齐。

人性观是伦理观的深层次思想内核。对于中国人的人性,国内外不少名人发表了不同的见解。

作为政治家,孙中山先生根据政治形势与现实要求,时而以赞美的态度论述中国人,时而又以批判的眼光评价中国人。从1890年至1924年,孙中山屡屡提及过中国人的性格:没有排外精神;勤劳、和平、守法;恒守古法,不思变通;尚鬼神,不敢行;知识程度不足,不敢为主人;一盘散沙,自大,凝滞不前,不尚自由；忠孝、仁爱、信义、和平、智慧；家族主义和宗教主义；世界主义；重道德，主张民权，易走极端；生于忧患，死于安乐。这些评价可谓褒贬不一。

对中国人的人性弱点，鲁迅"哀其不幸，怒其不争"。在他的笔下，中国人的弱点有些血淋淋——自欺、自大，要面子，惰性，调和，破坏欲，眼光不远，奴才主义，自利、卑怯。

当代英国著名汉学家李约瑟一生致力于中国科学技术史的实证研究。他认为中国人有以下特征：

一是道德感。中国人一向服膺崇高的道德观念。这不仅体现在日常生活中以生活简朴为公认的美德，而且在政治上中国人的精神一向反对无原则的权谋、不正直的行为。

二是人道主义精神。中国人从来不把人看作脱离社会的人，儒家学说是最富于社会意识和人道主义精神的。有一句话很能体现中国人的这种精神："抱敌意而来者，兵戎相见；怀友情而至者，兄弟相待。"

三是自谦性。中国人是世界上少有的从不以傲慢态度待人的民族，"三人行必有吾师"渗透在每个中国人心灵的深处。

四是世界主义与大同思想。中国人是世界主义者，从"大道之行也天下为公"到"君子敬而无失，与人恭而有礼，四海之内皆兄弟也"，表现的都是大同主义、世界主义。同时，中国人还反对文化扩张主义与文化帝国主义。

历代中国知识分子长期受封建伦理影响，崇尚"不争"，却不得不面对"入世""出世"之惑。与欧美的知识分子相比，中国的知识分子自春秋以来一直具有三个明显特征：一是忧国忧民，富有家国情怀。代表人物很多，如战国时期的屈原、北宋名臣范仲淹、南朝末年的文天祥、现代的鲁迅等。忧国忧民不是少数精英的性格特征,而是整个中国知识分子的群体人格特征。在他们眼里,"先天下之忧而忧,后天下之乐而乐"(范仲淹语),"位卑未敢忘忧国"(陆游诗)。在他们心中,坚守"国"与"民"的理念不仅是自身的职责所系,更是可为之献身的事业。二是清高。中国历代知识分子大多重气节,不媚不攀,"中通外直,不蔓不枝"(周敦颐语),"世事沧桑心自定,心中海岳梦中飞"(龚自珍诗)。他们中的一些人不屑于世俗,甚至有些与当时社会格格不入,乃至有些酸气。三是易于文人相轻。中国知识分子普遍追求人格独立,乐于与志同道合者为伍。但心胸不宽广者,对道不同者则往往轻视乃至鄙夷,以至于造成文人相轻。

中国知识分子的忧国忧民情怀大多表现在国家遭难、人民涂炭、社会不公的历史时段,而清高又多是被"不尽人意"的社会现实逼出来的。历史上的很多名士,如"竹林七贤""渡江名士"等,得意时也积极入世,满心出仕做官;遇到世风不正、丑恶当道时,则不与世俗同流合污,情愿出世,归隐山林。他们大多得意时崇孔孟,失意时崇老庄。

2000多年来形成的伦理观,构成了中国传统文化的主干。这些伦理观念,内涵是比较丰富的,足够我们用来调整主观与客观的关系。然而在现实生活中,我们又时常看到伦理的缺失。

作者很多年前在国外访问时,去过一些外国朋友家做客。有个明显感觉,外国人有钱的买套庄园,一眼望不到邻居,愿怎么装修就怎么装修;一般收入者则在环境好的社区买套有邻居的房子,装修时有的突出生态特征,有的突出文化特征,但很少有人故意露出有钱、豪横的样子,不敢露出对法律的无知和对邻居的不敬,更不会千方百计挤占公共和邻居的一点儿空间。但在中国,这种现象很常见,有的修个围墙总想往外扩一扩,有的连自家的垃圾袋在扔掉之前也要放在公共走廊里。这就让人很困惑：中国传统文化原本最注重道德修养，"礼""德"本是我们的一项优势，但如今为什么却有一些人无德、无礼呢？

此外，几十年来我们的社会还有这样那样的问题。例如：一些人缺乏公德心、喜欢占公家或他人便宜、法制观念淡薄等。甚至有人伦理观念扭曲、道德沦丧，或贪污腐败，或坑蒙拐骗等。或许可以这样理解：近现代以来中国社会变革、制度变迁，在封建时代纲常伦理被打破的同时，一些好的伦理也被"误伤"了；二十世纪人口激增，而道德教育却一时跟不上；在经济发展的起步阶段，社会资源缺乏，一些人为了争夺利益、满足自己生存上的更高需求，把道德规范扔在了一边。

"仓廪实而知礼节。"随着经济发展、社会进步，上述问题终究会逐渐减少，社会关系终究会更加规范有序。但是在这过程中，需要发挥文化的力量，加强教育和引导。办法嘛，一是加强法制约束，二是加强思想道德教育。"法""德"并举，不可偏废。

伦理、道德、法律，均是规范和约束人类行为的有效手段。中国传统伦理确实有其优秀的一面，但是在现代社会条件下，真的需要果断扬弃，最突出的一点就是要充实"法"的内容。我们曾经长期缺乏法治观念，现在已经进入法治社会，要把法治基因培育起来。过去，我们过多地在道德范畴内讨论问题，有些既不中的，又浪费时间。2018年10月末，重庆万州发生公交车坠江事故，车上15人全部遇难，事故原因已查清，是一刘姓女子因公交车到站未停车（因修路）与司机发生口角而用手机袭击司机，司机与其殴斗，导致客车冲出桥栏坠入江中。这件事本质上是法律问题，很多人却只是在道德层面反复争论。这些没有意义的争论，只会让我们离法治越来越远。

再以食品安全问题为例，这是一个重要的民生话题，也是一个重要的道德问题。极个别生产者和经营者为了自己赚钱，置同胞生命于不顾、置法律于不顾、置伦理于不顾，掺毒使假。对这些人必须绳之以法，但法律的手段有限，为此还必须重视道德教育。

能够做到法、德并举，或许更能体现中国的优势。西方国家重法，虽然可以约束坏人、阻止不法行为，但因为"立德"的文化体系不健全，造成人与人之间的关系缺乏温暖，甚至冷漠。中国若能以法为基础，倡导注重道德修养，则既可以规范社会秩序，又可以涵养道德源泉。

常听人讲，中国有其他大国所没有的举国体制优势，国家认准干什么就一定能干成，举国扶贫、修高铁、建航母等就是充分例证。那么，我们是否应该采用举国体制，以"法""德"并举的手段治理食品安全，以及其他类似社会问题？这样既能体现法律的力量，又能发挥道德规范的作用。

与法律结合，恰恰是中国现代伦理的特征，中国社会当前需要涵养形成这样的文化土壤。

第十六讲　文化土壤与文学艺术

文学与艺术是文化的精致表现形式。

——作者手记，2018年9月21日

不同的文化土壤里"长"出了不同的文学艺术，这种"文化植物"生动活泼、多彩斑斓，与其他"文化植物"相比，它们的土壤特征更为显著。

我们阅读世界名著如雨果的《悲惨世界》、托尔斯泰的《复活》、巴尔扎克的《高老头》、曹雪芹的《红楼梦》、巴金的《家》《春》《秋》，欣赏世界名画如达芬奇的《最后的晚餐》，观看小仲马的名剧《茶花女》等，不仅能从中感受到人物的性格和悲喜命运，还能透过作品了解作者身处的不同国家、不同时代、不同社会环境，揣度作者思想的宽度与深度。换句话说，作品展现出其所处时代、所处国度的文化土壤特征。没有特定的历史环境、文化基因做养分，就不会有这些作品的问世。

一、不同文化土壤孕育多彩的世界文学

古希腊留下来的最早文学作品是《荷马史诗》和《伊索寓言》。

《荷马史诗》产生于公元前 12 世纪。由于多年战争造成经济萎缩，为了争夺财富，希腊发生了对特洛伊的战争。战争结束后的许多年里，一些民间艺人把希腊人在战争中的英雄故事（其实还包括古希腊更早的一些神话故事）编成歌词演唱。经过代代相传，其间不乏增补和修改，到了公元前 7 世纪由盲诗人荷马删定为《伊利亚特》和《奥德赛》。这时的《荷马史诗》仍以口传唱词为主。又过了两个世纪，到了雅典执政时期才固定成为文字书写的作品。

《荷马史诗》几乎记录了古希腊奴隶制的全过程，它已具备了史学的一些性质和特征，甚至可以说《荷马史诗》孕育了古希腊史学。"有人说如果你一开始把《伊利亚特》当作历史来读，你将会发现它充满了虚构；同样，你一开始把它当作虚构来读，你将会发现它充满了历史。"[1] "这些史诗也是整理国故的学术活动，因为它们是在感人的英雄时代过去之后，才由'荷马'以文学形式创作出来的。"[2]

值得提出的是，《荷马史诗》在间接反映古希腊奴隶制残酷一面的同时，也描绘了希腊史前社会的许多生活风貌。不仅描写了古希腊的男女神祇，还描写了国王和贵族们的狩猎、宴饮和豪华的音乐会等，反映出古希腊在那时已成为所在地区的文化中心，奴隶制文化发展到了一个比较繁荣的阶段。

《伊索寓言》产生的文化土壤是：在古希腊，奴隶主压迫欺

---

[1] 〔英〕阿诺德·汤因比：《历史研究》，上海人民出版社 2010 年 1 月版，第 47 页。
[2] 〔英〕阿诺德·汤因比：《历史研究》，第 154 页。

凌底层平民和奴隶，而底层人民并未屈服。在公元前6世纪，一个名叫伊索的被释放奴隶，将此前已流传多年的一些民间故事集纳成《伊索寓言》。伊索出生在古希腊，相传小时候是个哑巴，后来才会说话。在此后的流传中，《伊索寓言》又添加进了一些古代印度和阿拉伯故事。在《伊索寓言》众多故事中，动物故事为多，还有一些植物的故事，极富童趣。《伊索寓言》中的故事比较简短，通俗易懂。它用拟人化的方式讲述人们在生活中寻常可见的现象和道理，引导人们要正直、勤勉，不说谎，不傲慢，敢于反抗压迫。《伊索寓言》诞生的年代，古希腊文化已很繁荣，《伊索寓言》体现的不仅仅是文学成就，还向后人提供了一种文学范式，即用拟人化的方式反映平民的呼声和诉求，讴歌真、善、美。

在公元前6世纪，雅典出现了古希腊悲剧。其产生的社会背景是生产力发展、民主精神得到倡导，而统治者施行虚伪的民主政治。在这样的社会文化背景下，创作者关注大众命运悲欢，以悲剧形式表达人们内心哀伤。德国著名哲学家、西方现代哲学开创者弗里德里希·威廉·尼采在他的开山之作亦即他一生最有影响力的作品《悲剧的诞生》中，高度赞扬古希腊悲剧，表述他对古希腊酒神和歌剧的理解。他针对当时有人对希腊酒神文化产生的抵触，这样说："我们明白这样一种羸弱的文化为何仇恨真正的艺术，因为他害怕后者宣判他的末日。"

14世纪至16世纪的文艺复兴是当代欧洲文学艺术的摇篮。这个摇篮出现的文化土壤是：在大航海出现之前，地中海是连接欧亚的重要枢纽，商贸的繁荣促进了佛罗伦萨、威尼斯等城市的文化繁荣，出现了有能力资助文化发展的大商人，并吸引大量文化人云集这里创作思考。

文艺复兴是一场新兴的资产阶级思想文化运动。这场运动基本上是自发的，它的中心最初在意大利，后来扩展到德国、英国、法国、西班牙等地。"文艺复兴"这个概念，最初是由意大利的艺术家们提出来的，意思是主张复兴古希腊、古罗马时期的古典文化。人们在这场文艺变革中总能看到古希腊罗马的影子。汤因比认为，文艺复兴的出现是"逝去的希腊文明在一个特定时期的特定区域即中世纪中晚期的意大利中北部，对西方基督教世界的影响"。而接下来的发展证明，文艺复兴并非单纯地复古，而是一次反封建的新文化创新。所有文艺复兴的参与者并不知道"文艺复兴"这个说法，运动结束200多年之后，法国学者德莱克吕泽（1781—1863年）才开始使用该词语形容那段历史。

文艺复兴运动以人文主义为思想核心，主张尊重人的尊严和价值，歌颂爱情，追求个性解放，发挥个人才智，张扬人权，反对神权，提倡冒险精神。这些都反映了新兴资产阶级的要求。

但丁（1265—1321年）是文艺复兴运动的杰出代表。他的长诗《神曲》无情批判了中世纪封建社会的种种罪恶，表达了人们对理想世界的追求，使人们看到了新文化的一缕曙光。

薄伽丘（1313—1375年）是意大利文艺复兴的先驱，与但丁、彼特拉克（1304—1374年，意大利诗人，著有大量抒情诗）并称为文艺复兴时代的"文坛三杰"。他的代表作《十日谈》直接向封建制度下的禁欲主义开刀。

拉斐尔与达·芬奇、米开朗琪罗被誉为意大利文艺复兴时期的"艺术三杰"。三位大师的艺术风格各具特色。有人形象地比喻说，达·芬奇的作品犹如深深的海洋，米开朗琪罗的创作就像险峻的高山，而拉斐尔的手笔仿佛是明朗开阔的原野。其实，在"三杰"之前，彼特拉克就已经成为用人文主义观点研究古典文化的最早代表，因此被称为文艺复兴"文学之父"。

莎士比亚（1564—1616年）是文艺复兴时期英国最伟大的剧作家、诗人，也是这场运动中人文主义的集大成者。他的四大悲剧作品《哈姆雷特》《奥赛罗》《李尔王》和《麦克白》至今享誉全球。他还著有四大喜剧《威尼斯商人》《仲夏夜之梦》《第十二夜》《皆大欢喜》。他写的悲剧《罗密欧与朱丽叶》被译成上百种文字，至今还在世界各地流传。

法国人类学家所罗门·雷纳克说："艺术本身起源于信仰。"作者心想，更直接的应该是起源于宗教。当然不是起源于佛教、基督教、伊斯兰教，而是源于比这更早的神灵崇拜。但是，真正把"人性"而不是"神性"或者其他虚妄的东西作为文学艺术的永恒主题，则是从文艺复兴开始的。上述贤达的作品中无不以描述人性的善与恶、美与丑而感人至深。

经过文艺复兴至17世纪开始的思想启蒙运动，到了19世纪，欧洲出现了现实主义文学高潮，杰出代表人物有雨果、托尔斯泰、巴尔扎克、普希金、小仲马、儒勒·凡尔纳、陀思妥耶夫斯基、果戈里、莫泊桑、司汤达等享誉全球的作家。他们的作品针砭时弊，揭示人性，充满了鲜明的爱与恨。每一部作品都有很强的人物特征，都有着十分明显的历史时代背景，仿佛在诉说着它们是在怎样的文化土壤里"长"出来的：雨果《悲惨世界》的创作背景是19世纪前期法国资本主义制度黑暗，法律残酷，道德虚伪，下层平民生活悲惨；司汤达《红与黑》的创作背景是法国大革命失败后，封建王朝复辟，司汤达用"红"来象征热血与革命，用"黑"来形容教会势力猖獗的复辟王朝；伏尼契《牛虻》的创作背景是19世纪在意大利警察专制下，教会虚伪，人民要求革命。

普希金是俄罗斯文学中的神话。在莫斯科一家咖啡店里聊天时，俄罗斯国家电视协会秘书长对作者说，一个外国访问者若能在与当地人的对话中把普希金讲得头头是道，他将会受到特殊的尊重。

普希金的作品知名度最高的是《老渔夫与小金鱼的故事》，有味道的是《驿站长》《暴风雪》，但是最能体现其作品时代水平的是《叶甫盖尼·奥涅金》。该作品讲述的是地主的女儿达吉雅娜偶遇贵族青年奥涅金便爱上了他，奥涅金却追求浮华拒绝了她。后来，达吉雅娜显赫了，奥涅金又来追求她，达吉雅娜告诉他："我此刻仍然爱着你，但是，你已经晚了。"该作品的创作背景是19世纪上半叶的俄国，沙皇实行专制统治，经济发展比西欧落后许多。地主阶层中的先进分子和中青年军官们受到法国资产阶级革命的影响，憎恶本阶级的丑恶，却又摆脱不开本阶级的劣根性，有抱负却没有实际行动。奥涅金不过是其中的一个缩影而已。

19世纪，自由体诗在欧洲得到了充分发展。自由体诗形式活泼，不像格律诗那样束缚多，其容量较大，反映现实生活更为得心应手，而且常常成为政治斗争的有力武器。"愤怒出诗人。"雪莱、拜伦都出身于英国贵族家庭，却是贵族阶级的叛逆者，他们以诗为武器，抨击、讽刺、批判资本主义社会的罪恶，同情被压迫、被剥削的劳动人民，歌颂民族解放的斗争，向往美好、自由的社会。与雪莱、拜伦齐名的还有同时期的德国诗人海涅。

世界各地的人们都曾长期崇拜君权和神权，但与欧洲社会到了近代转而注重人文主义不同，亚洲国家的"君本主义"更为持久。这在文学上有所体现。在印度，《罗摩衍那》与《摩诃婆罗多》并列为两大史诗，作者是印度作家蚁垤（跋弥）。全书是诗体，用梵文写成，诗律几乎都是"颂"，即每节两行，每行16个音节。

全文共分七章，约 24000 多颂。其内容主要讲述阿逾陀国王子罗摩和他妻子悉多的故事，是对战胜艰苦和强暴的英雄的颂歌。由于婆罗门权贵的篡改，诗中也充满了下层对上层唯命是从、听天由命的思想。它的成书年代约在公元前 2 世纪（起源则更早），其创作的文化土壤是佛教和众多神话传说的出现。

在日本，《源氏物语》被誉为日本古典文学的高峰。该小说描写了平安时期（794—1185 年）的日本社会风貌，揭露人性丑陋和宫廷斗争，反映当时日本妇女的无权地位和苦难生活。在朝鲜，一部类似于中国《红楼梦》的作品《春香传》流传至今。该书描写的是朝鲜全罗道的美少女春香与贵族公子李梦龙之间一段由悲转喜的婚姻过程，故事情节跌宕动人。该故事最早流传于 14 世纪的朝鲜，到 18、19 世纪才臻于完善。其产生的文化土壤是当时朝鲜李氏王朝腐朽黑暗，贵族阶层骄奢淫逸，平民饱受剥削压迫，人们借《春香传》抨击社会，呼唤自由和理想。

是社会现实造就了《源氏物语》和《春香传》。它们是对人民生活苦难的一种温婉反映，婉转表达了在封建制度下人民的是非善恶观念和对美好生活的向往。作品的思想是朴素的，表达方式是隐晦、含蓄的，这与现代欧洲批判现实主义作品的风格大不相同。

随着历史发展，亚洲的现代文学终究还是兴起了。印度的泰戈尔（1861—1941 年）是亚洲近现代文学史上一颗璀璨的明星。其代表作有《吉檀迦利》《飞鸟集》《园丁集》《新月集》《文明的危机》等。泰戈尔出生于印度加尔各答一个富有的贵族家庭，13 岁即能创作长诗和颂歌体诗集。19 世纪 90 年代是泰戈尔创作的旺盛时期。从 1891 年起，他在主编的《萨塔纳》杂志上先后发表《摩诃摩耶》等 60 多篇短篇小说，主要是反对封建压迫，揭露现实生活中的不合理现象。1913年,他凭借诗集《吉檀迦利》成为第一位获得诺贝尔文学奖的亚洲人。泰戈尔出现的背景是古印度文学有其优良传统,而19世纪中后期以来资本主义在印度快速发展,黑暗、残酷的现实激发了文学家的创作激情,社会新阶层、新力量的思想文化诉求呼唤优秀现代文学作品的诞生。

二、中华文化土壤孕育独特的中国文学

中国文学是中国文化土壤的产物,富有中华文化土壤特征。

文学是语言之子。很早以前,中国先人在生产生活中就发现了语言的奥妙。神话传说故事很早就有,人们曾长期口口相传,形成口头文学。后来有了文字,文学便获得长足发展。世界上很多民族都有自己的口头文学,而中国的文字早熟,因此中国文学很早就进入了高级阶段,文体也比较多样。最初,人们发现一种有节奏、有韵律的文体比一般文字写作更能抒发感情,更具感染力,这些"语言的妙用"(包括比喻、对仗、押韵等)就是诗歌。到了春秋时期,中国出现第一本诗歌总集《诗经》。之后,逐渐形成四言体文风,在此基础上出现了楚辞。楚辞相传是屈原创作的一种新诗体,它是中国浪漫主义文学形式的开山之作。由于屈原的《离骚》是楚辞的代表作,所以楚辞又被称为"骚"或"骚体"。"骚"的知名作者除屈原外,还有宋玉、蔡琰等。春秋战国时期中国社会动荡,文化振兴、百家争鸣,先秦文学内容广泛,体裁多样,已经较为繁荣。

到了汉代,封建制度稳定发展。汉朝国力强大,文化兴盛。士阶层进一步形成后,成为文学创作的主体。在这种环境下,赋、散文、乐府诗成为汉代文学作品的三种主要形式。赋是散文、韵文并用,如贾谊的《吊屈原赋》《鸟赋》等,都是以物抒怀,文

辞朴实，与骚体诗很接近。汉武帝之后，赋进入成熟期，著名的赋家有司马相如、东方朔等人。司马相如的《子虚赋》《上林赋》是这个时期赋的代表作。这些赋气势恢宏，辞藻华丽，其受众一般局限于统治阶层。西汉后期，最著名的赋家是扬雄；在东汉时期，赋家以班固、张衡最有名望。东汉后期，因教育受众下移，文学作品受众面渐广，而当时社会动荡，大赋稍趋衰竭，各种抒情写物的小赋代之而兴。

汉代文学、史学成就的最高点是司马迁的《史记》。《史记》是我国第一部纪传体文史巨著。全书约52万字，记载了自黄帝至汉武帝之间近3000年的历史，包括政治、经济、军事、文化等诸多方面。中国历来重视史学，司马迁著《史记》既是对过去历朝历代史学传统的继承，又有所创新。与之前的《左传》《战国策》和之后的《汉书》相比，《史记》记载的历史更为客观，体现了司马迁较为理性和进步的历史观。难能可贵的是，与当时时髦的"天人感应"等神学思想相比，司马迁更多强调的是"人"与"事"的作用。他在书中多次论述到"通变"，展示了他跳开历史事件看历史、探索历史发展必然规律的高超视野，为此后中国历史学的建树起到了示范作用。除了其史学价值外，《史记》还有很高的文学价值。司马迁对事件、人物的描写精炼准确，通篇文字生动活泼，人物有血有肉。他开创了中国传记文学之先河，在中国文学史上占有重要地位。《史记》的文学成就与史学成就相映成辉，鲁迅称它为"史家之绝唱，无韵之《离骚》"。

汉代文学兴盛的背景是国家疆域辽阔，民族众多，同时开始与外界进行广泛的交流。东汉时期，在乐府民歌的影响下，还出现了一些模仿乐府写成的五言诗。长篇叙事诗《孔雀东南飞》是汉代诗歌中最杰出的作品，它描写建安时期（196—220年）庐江府小吏焦仲卿与妻刘兰芝为焦母所迫分手，最终兰芝、仲卿殉情自杀的故事，作品鞭挞了当时封建礼教对男女爱情的摧残，歌颂了主人公以死抗争的可贵精神。三国时期，文学又有很大发展。以曹操、曹丕、曹植父子为代表的建安诗人，在一定程度上摆脱了东汉经学的思想束缚，直面社会现实，真实表达作者的情感，建立起被后人称为"建安风骨"的文学风格。

经过六代骈文（"六代"，在中国古代是个固定用语，指的是隋代以前在南京建立的政权，分别指的是东吴、东晋和南北朝时期的宋、齐、梁、陈。骈文即骈语，起源于汉末，形成于魏晋，盛行于南北朝，故有六代骈文之说），中国文学进入了辉煌的唐诗时期。唐代是我国古典诗歌发展的全盛时期，唐诗数量很多，仅保存在《全唐诗》中的就有42863首。

唐诗繁荣有其深厚的文化土壤。有唐一代国力强盛，经济发展，社会进步，政治较清明，对外开放亦达到一个空前的程度。这样的社会环境，为人才辈出创造了极佳条件。因而，唐代既是中国社会全面发展的一代，也是中国文化强盛的一代。这个时期的文化名人数不胜数。初唐，除了"诗仙"李白、"诗圣"杜甫，还有"初唐四杰"王勃、杨炯、卢照邻、骆宾王，同时期还有陈子昂、沈佺期、宋之问等。到了盛唐，山水田园诗人王维、孟浩然，边塞诗人岑参、王昌龄等，诗风均别具一格。中唐时期，又有白居易、刘禹锡和李贺领骚诗坛。到了晚唐，唐王朝日渐衰落，诗风却依然强劲，出现韩愈、柳宗元、张籍、元稹、李商隐、杜牧、韦庄、温庭筠等大家。

宋词是继唐诗之后盛行的一种文学体裁。宋词除了有文学方面的特征，还兼有音乐的特点。每首词都有词牌名，又叫曲牌。每个词牌的句式和字数是固定不变的，作者一旦确定了词牌，就必须按照这个词牌的固定格式和音韵填写吟唱。所以，写词又称为填词。宋词兴盛的文化土壤与唐诗的文化土壤大体相同，只是经济发展和文化发展的程度均超越唐代，达到历史新高峰。

按照词的风格，宋词出现许多流派，最著名的是豪放派和婉约派。豪放派的代表人物是苏东坡、辛弃疾，代表词句有苏东坡的"大江东去，浪淘尽，千古风流人物"，辛弃疾的"想当年，金戈铁马，气吞万里如虎"；婉约派的代表人物是柳永、李清照、晏殊，代表词句有李清照的"寻寻觅觅，冷冷清清，凄凄惨惨戚戚"等。宋代虽以柔弱著称，但因统治者长期采取崇文抑武的施政措施，使得这一时期文化发展盛况空前。

国学大师王国维生前甚钟宋词，他曾引用三句宋词来形容人生的三个境界，这就是《人间词话》第二六条所述：古今之成大事业、大学问者，必经过三种之境界。"昨夜西风凋碧树，独上高楼，望尽天涯路"（晏殊），此第一境界也；"衣带渐宽终不悔，为伊消得人憔悴"（柳永），此第二境界也；"众里寻他千百度，蓦然回首，那人却在灯火阑珊处"（辛弃疾），此第三境界也。王国维认为第一种境界讲的是欲成事者要坚守信念，承受孤独；第二种境界讲的是认准目标，不惧折难；第三种境界讲的是努力奋争者总会得到回报，而成功却往往在不意之中。他用三句词来形容人生的三个境界，确属高见、确实精彩，倘若用白话来表述，恐怕就难有这种感觉了。人们读过王国维的表述之后，除了对人生三境界有生动而形象的理解之外，还对三句宋词印象深刻。

元曲同宋词一样，在形式上也讲求格式，一旦曲牌名称确定后，其句式和字数也就固定下来。但是，它并不死板，允许在定格内加衬字，部分曲牌还可增句，具有相当的灵活性。另外，在语言上，它不像宋词那样讲究典雅含蓄，因而显得更加通俗活泼。

元曲名家除了大家熟悉的四大家——关汉卿、马致远、郑光祖和白朴之外，比较著名的还有王实甫、张养浩、睢景臣等。名气较大的作品则是元杂剧，如《西厢记》《窦娥冤》《汉宫秋》《赵氏孤儿》《墙头马上》等。优秀的戏曲作品被搬上舞台，演绎成戏剧，使得文学艺术升格成为舞台表演艺术。

中华文化发展到元代，出现了一个前所未有的局面——由于高压统治，上层文化遭受毁灭性打击，下层民间文化或者说俗文化却异常活跃，首次取代雅文化成为主流。小说《水浒传》诞生于元末明初，一出现便拥有大量读者，上自皇帝、下至贩夫走卒都不乏"水浒迷"。

俗文化到了明代又有了进一步发展，最具标志性的是小说和戏剧的繁荣。继《水浒传》之后，《西游记》和《三国演义》的问世使中国民间文学达到了一个新高峰。清代以来，小说继续繁荣，最著名的是曹雪芹、高鹗的《红楼梦》，表面上是写贾、史、王、薛四大家族的兴衰史，实则深刻揭示中国封建社会晚期衰亡的本质。它的出现使中国小说达到了一个新高峰。蒲松龄的《聊斋志异》十分醒目，该书共收集了431个鬼神故事，讴歌人性，抨击封建社会的黑暗，含蓄地批判了科举制。清代小说著名的还有吴敬梓的《儒林外史》、李伯元的《官场现形记》、吴趼人的《二十年目睹之怪现状》、刘鹗的《老残游记》和曾朴的《孽海花》等。正如鲁迅所说："我们国民的学问，大多数却实在靠着小说，甚至于还靠着从小说编出来的戏文。"对于普通民众来说，他们的思想观念、是非判断，从小就受到俗文学、俗文化的影响。俗文学取代雅文学成为中国民间文化的主流，是中国人国民性演变史中的一个关键转折点。

中国人的反抗精神在"四书""五经"里是读不到的。而读明清小说,人们会有一个发现,其主题几乎都是反抗。在《西游记》《红楼梦》《水浒传》《三国演义》等小说中,读者随时可以看到中下层民众的反抗精神。原因很简单,经书是维护统治秩序的人编写的,而小说则是从民间文化土壤中长出来的。

  清代小说发达,诗词却不再有唐、宋时的刚劲和婉丽。但有一人很特殊,他就是康熙年间当朝宰相纳兰明珠的儿子纳兰容若。纳兰容若名性德,容若是他的字。他虽身为皇帝的侍卫,却厌恶官场,独钟宋词。他30岁英年早逝,却留下厚厚的词篇,其中不乏优美绝伦之句。尤其是一句"人生若只如初见",在20世纪早些时候的一次中国历代最佳单句诗词评选中,竟压过李白、杜甫、白居易、苏东坡、李清照等名人,夺得头魁。梁启超叹纳兰词:"容若小词,直逼后主。"王国维评价纳兰容若的词:"北宋以来,唯一人尔。"

  总之,翻开中国古代文学发展的编年史,一种感觉油然而生。从神话传说口头文学到诗经、楚辞、汉赋、魏晋散文、唐诗、宋词、元曲、明清小说和戏曲,如把它们排列起来,会发现:中国文学源于民间俗文化,后来分化为雅文学和俗文学,雅文学长期居于正统地位,但是到了元明清时期俗文学也日益成为主流。这与中国社会发展变迁、文教普及、国民文化素质渐高的发展大势是一致的。

  中国古代文学博大精深,三言两语很难说得清楚。仅从文化土壤的角度看,不妨这么归结:中国古代文学根源于中华传统文化,是中国传统社会、传统思想、传统制度环境的产物。中华文化本身是很复杂的,主流文化是儒家文化,但其他文化在民间也有其市场。文学是以语言文字来反映社会现实、表达思想和情感的一种艺术,中国古代文学不可能不受中国社会主流文化和民间文化的影响而彰显自身特色。

诗歌的文学形式最具中国特色。可以这样说，贯穿欧洲文学史的主线是"剧"，而贯穿中国文学史的主线则是"诗"。诗经、楚辞、唐诗、宋词等，各朝各代都离不开"诗"。吟诗成了古今中国文人的一大特点。深探其源出土壤，应与中国文字、音韵有关。中国文字与西方文字大不一样，方块字不仅使书法成为一门艺术（这当然又与书写工具毛笔有关），还使中国的诗词文字排列整齐、音节对称，押韵、动听。能被称作好诗的，如《古诗19首》和人们熟知的名句，无不语句绚丽、铿锵上口、有景有情，但真正精妙之处则在"意境"上。"意境"是文人们称赞一首好诗的最高点。作者这里觉得，"境界"一词似乎比"意境"更准确。人们对众多诗句的感觉、比较和评价，实际上是对作者诗歌境界的感觉、比较和评价，如李白的"莫使金樽空对月"、苏轼的"大江东去，浪淘尽"、李清照的"人比黄花瘦"、杨慎的"古今多少事，都付笑谈中"、纳兰容若的"人生若只如初见"等，概莫能外。诗人写情怀，写从军，写相思，写相聚，能打动读者心灵的不是其诗句之华美，亦不是景物之动人，而是作者那高屋建瓴的思考境界。在别人能感受到的社会现实、高山大川和人性情感中，他能感受到别人感受不到的东西。其高度融合在诗、情、志当中，四者浑然一体。诗作者对社会现实、芸芸众生、人性情感思考的空间之大程度之高，令人折服。所谓好诗，不过是作者用简单、深刻、通俗的语言将其思考的空间和高度艺术化罢了。

中国的书、诗、画融为一体，成为中国文化的瑰宝，被誉为世界艺术宝库中的一绝。任何其他国家、民族的文字都无法将中国诗词的意义与内涵翻译到与之完全一致的程度。在世界诗坛上，中国的格律诗站在一个很高的台阶上。当然，也因为语言文字的缘故，中国的自由体诗不如西方发达。这皆是中国独特的文化土壤所致。

中国古代社会是君主专制社会，在帝王专制高压下，文学的内容很少涉及政治。尽管不少诗人、官吏（如杜甫、柳宗元等）能够关注社会现实，对民间疾苦发出呐喊，但是他们只是呼唤统治者多关心民间疾苦，而不敢公开叫板整个专制制度。敢于公开叫板封建帝制的，是明末清初的顾炎武、黄宗羲等人，但他们也只是以"反清"的形式来反皇帝。传统文学中虽有很多反映民间疾苦、鞭挞封建吏治、控诉社会不公、传扬是非善恶与良知的优秀作品，但这些作品的思想观念质朴而不成体系，表达方式也是隐晦、含蓄的，不敢大张旗鼓地提出要推翻专制制度。

面对封建专制和腐败吏治，中国文人的反抗形式是强调风骨和气节，畏而远之、归隐林田，不与之同流合污。重风骨、重气节成为中国古典文学的一个特点。其中，北宋周敦颐的传世散文《爱莲说》，其名句"出淤泥而不染"就很有代表性。

文学不仅仅单纯反映社会、表达思想和情感，它还有另一项功能，就是传播新思想、新文化，进而改造社会，推动社会进步。从这个角度来说，文学又是一件思想利器。欧洲的文艺复兴和思想启蒙运动所宣扬的自由、平等、民主思想，所提倡的冒险、拼搏精神，中国五四运动时期倡导的新文化等，往往通过优秀的文学作品得以广泛传播。

说到这里，不得不说一说中国现当代文学。中国古代文学繁荣、发达，但这是与自身相比的结果。到了近现代，中国社会发展相对落后，文学也一度消沉。为了救国救民，一批有识之士以文学为武器，创作了许多优秀作品，涌现出鲁迅、巴金、林语堂、老舍、茅盾、沈从文、曹禺、钱锺书等一批名家，带动中国文学发展达到一个新高峰。进入当代后，中国社会制度变迁、思想变化，文学呈现出新的样态和面貌。

放眼世界文学的百花园，现当代中国文学在其中虽也有一席之地（包括有人获得诺贝尔文学奖等），但并不占据主导地位。那么，什么样的作品才能被称作好作品？怎样才能创作更多、更优秀的文学作品？中国文学如何才能获得更大发展呢？这些问题，有赖于业界人士深入思索。我们仅从世界文学和中国文学发展的土壤角度，总结出一两点规律：好的文学作品，必定是反映人性之真、善、美，揭批假、恶、丑的；必定着眼于时代之变，顺乎世界进步大势。唯有这样的作品，才能震撼人心，引领潮流。

当今世界，表面上承平日久，实则正在经历百年未有之大变局。身处这样的时代，文学是可以有所作为的。我们唯有放宽眼界，更多关注人类命运和人性光辉，才能创作出屹立于世界文学之林的优秀作品。

三、不同文化土壤孕育多形态的音乐

音乐以乐音、歌唱、吹奏等形式来表达人的情感，是除了文学之外另一种常见的艺术形式。音乐的文化土壤特征也十分突出。

世界上最早的歌曲出现在哪里？如今已无人能说得清。考古学家已经发掘出 4 万年前古人吹奏的骨笛，可见那时的古人类已懂音乐，但歌与曲是否存在，没有考古实物证明。考古发现的最早乐谱碎片是 4000 年前苏美尔人在泥板上书写并保留下来的。大多数历史学家认为，现存最古老的歌曲是公元前 14 世纪胡里安人用楔形文字写成的一首赞扬女神卢卡勒的颂歌。后来到了古希腊时代，已经有了像模像样的歌剧和像模像样的歌剧院。

我们现在知道外国古代的歌曲大多是歌颂神的，但可以猜想，

也一定会有歌唱爱情和生活的歌曲。尼采认为："音乐和诗歌，以及更早产生的民歌，不论是产生于哪个民族地区的，都源于节奏。节奏是诗歌、音乐之母。"

中国最早的歌曲起源于上古时期的"巫优"。巫在作法术敬鬼神时，采用了唱歌跳舞的方式。由此，他们成了最早以歌舞为职业的人。先秦时期，中国礼乐文化浓厚，宫廷音乐盛行，出现了《乐经》（可惜已失传）。到了汉代，随着乐府的兴起，歌与舞的发展达到了一个新阶段，尤其是汉武帝时期琵琶、箜篌等乐器从西域传入之后，中国的古典歌舞愈加丰富多彩。

在各种艺术形式中，很少有比音乐（包括乐器、乐音、乐曲、节奏、音调、歌词等）更能直接展示其文化土壤特征的。且不说世界各地、各民族，单是中国国内不同地区的音乐，其产生的土壤就差别很大。让我们一起哼一下下面歌曲的曲调：一首高亢的"呀啦索，那就是青藏高原"唱起，人们眼前立刻展现出雪域高原的情景，别的地方难有这样的高音；"你要嫁人不要嫁给别人，一定要嫁给我"，"带着你的嫁妆，领着你的妹妹，赶着马车来"，这个节奏感一听就是新疆歌曲，新疆曾是中国古代与外界交流最活跃的地方，其歌曲也欢快；"啊——父亲的草原，啊——母亲的河"，还有"天边有一棵大树"，深沉、浑厚，除了蒙古草原别处可不容易听到这样的沧桑之音；"白溜溜的胳膊，黑黑的眼，好靓靓的妹子你可想死了俺"，十足的陕北腔只有在黄土高坡上才能产生；"正月里来是新年，大年初一头一天"，洒脱欢快的二人转又把人们拉到东北那旮瘩；"好一朵美丽的茉莉花"，只有江南的鱼米水乡才能产出如此美婉的小调。

川江号子是重庆和四川地区最具代表性的曲调。四川与重庆境内山峦重叠，江河纵横，历史上陆路交通不便，长久以来江河船运成为这个区域的主要交通方式。19世纪以前，客货船航行的动力主要来自水流和风向，上行时通常还要靠人工划桨和拉纤。船工和纤夫敲响木鼓，用力呼号，到清朝中期演变成了现在的川江号子。川江号子主要流行于重庆和川东、川南地区，川南地区地处金沙江与长江交界处，所以川南的川江号子又叫金江号子。川江号子有100多个调子，大体分三种，顶水上行时喊唱的是上水号子，顺水漂行时喊唱的是下水号子。上水号子以"鸡啄米号子"为代表，因逆水划桨，不进则退，所以号子急促、有力、连续；下水号子以"龙船号子"为代表，因不用费力划船，所以号子舒展、优美。川江号子中最具代表性也最痛苦、最感人的是纤夫拉纤时唱的"大斑鸠号子"，深沉、忧伤、低缓、有力。很显然，川江号子是从"江"里长出来的，也是从"土"里长出来的。

上面这些歌曲，体现的基本是第一层次环境土壤和第二层次社会土壤的特征。

放眼国外，近现代的一些歌曲也体现第一层次和第二层次文化土壤的特征，比如俄罗斯的《小路》、美国的《雪绒花》等。"宝贝、宝贝，你爸爸正在过着动荡的生活，他参加游击队打击敌人……"优美的印度尼西亚摇篮曲《宝贝》，令全世界的年轻母亲陶醉；"亭亭白桦，悠悠碧空，微微南来风"，一曲《北国之春》将人们带到了日本的北海道；只有在朝鲜半岛，人们才能领略到"阿里郎"和"卖花姑娘"的神情。哼着这些歌曲，人们恍如走进歌词表现的环境中。

歌曲能够给人美好的声乐体验、艺术享受和熏陶，其最大特点是感染力强，是表达思想和情感的重要手段。有人说，音乐能达到语言达不到的地方。中国有一些现代歌曲深刻体现出第三层次——意识土壤的特征，如《义勇军进行曲》《我爱你，中国》《我们的队伍向太阳》等。不仅中国，在法国大革命时期及后来的欧洲革命中，许多歌曲也都体现第三层次文化土壤特征，充满激情和时代感，比如《马赛曲》《华沙革命歌》等。即便不看歌词，激昂的旋律也会把人们带进那如火如荼的革命年代。

乐器也是从"土"里长出来的——不同地方的人往往就地取材制作不同乐器，或者因为受到某种文化元素的影响而钟爱某些乐器。可以猜想，人类最早的乐器一定是草叶、木棍等，古人将草叶含在口中吹出曲调，还用木棍敲打出节奏。用动物骨骼制作的乐器，在中国新石器时代的许多文化遗址中多有发现，主要是骨笛和骨哨。2016年，陕西石峁考古工作者在石峁遗址发现了20多件骨制口簧。英国牛津大学和美国Beta实验室分别对这些骨制口簧进行碳-14测定，测得它们的绝对年代距今已有4000年左右。时至今日，中国的地方乐器还体现着丰富的地域文化、民族文化特征。比如马头琴，一拉起来就能表现出一种悲伤，只有生活条件恶劣的蒙古高原才会产生它，胡琴与之类似；唢呐声声，让人不由地联想它只能在西北的黄土高坡"长"出来。中国有许多一手弹拨一手抚弦的乐器，诸如琵琶、箜篌、冬不拉、热瓦普等，这种乐器体现的是游牧文化的特征，而演奏《步步高》《雨打芭蕉》的广东丝竹乐器只有在岭南的文化土壤中才容易出现。

中国古人很早就对音乐进行系统研究，春秋时已形成非常正规的乐典，并按照"八音"制作乐器和演奏。华夏民族祖先曾长期使用的乐器，最具代表性的是编钟、缶、磬等，都属于敲打乐器。这不禁让人联想，只有在礼乐文化浓厚的中国商代和春秋战国时期的宫廷中，才会孕育出这些青铜乐器。后来，弹奏、拉奏乐器也逐渐多起来，除了古琴、古筝，多是从西北地区民族那里引进的，或者是受其影响创制出来的。

近现代以来，在经历了思想文化洗礼的欧洲，音乐获得惊人发展。18—19世纪是欧洲也是世界音乐的丰收季，一大批青年天才涌现，使人类在音乐发展史上登上一个新台阶。其中最具有代表性的人物有奥地利的海顿、舒伯特、施特劳斯、莫扎特，波兰的肖邦，德国的贝多芬和俄国的柴可夫斯基等。有一个作曲家名气不如上述这些人，但他的作品知名度一点都不亚于他们。这就是世界歌剧舞台上的不朽名作《卡门》，它的作曲者是法国作曲家乔治·比才，其优美、激昂的曲调100多年来为各国人民所喜爱，尼采赞扬它"独步于千百部作品之上"。这个时期音乐之所以大丰收，主要是经历了文艺复兴和启蒙运动后，欧洲文化人的眼界、思考和创作能力都达到了一个新水平，加之工业革命带来的经济动力和文化动力，音乐创作很自然地搭上了高速列车。

欧洲肖邦的钢琴曲、帕格尼尼的小提琴曲、贝多芬的交响乐，施特劳斯的名作《拉德斯基进行曲》和《圆舞曲》，中国的音乐如古筝曲《高山流水》、琵琶曲《十面埋伏》、琴箫合奏曲《梅花三弄》、民乐管弦乐《春江花月夜》、二胡独奏《二泉映月》等，都是人类共同的文化遗产。当施特劳斯的《拉德斯基进行曲》与比才的《卡门》奏到高昂之处时，小号高高响起，听众会不由自主地沉浸在那鲜明的文化气氛之中。即便是受到外国现代音乐元素影响创作的中国钢琴协奏曲《黄河》、小提琴协奏曲《梁祝》、轻音乐《送我一支玫瑰花》，体现的仍然是中华民族文化的味道。中国的京剧、意大利的歌剧、英国与俄罗斯的芭蕾音乐、日本的歌舞伎音乐等，也都各显其民族文化土壤特征。

为什么有的国家、民族的音乐很流行，而有的国家、民族的音乐没那么流行？究竟哪种音乐更优秀？其实，不同音乐之间，有乐器的差别、有演奏方式的差别，但最大的差别是在思想、情感层面。好的音乐，往往胜在思想观念、情感境界上。

四、不同文化土壤孕育多姿的舞蹈与戏剧

舞蹈与戏剧同属舞台表演艺术，是两种重要的艺术形式。

与文学和音乐相比，舞蹈承载的功能有限，人类的舞蹈也较为趋同。但不可否认，舞蹈也是在不同文化土壤中孕育生成的。

2019年春，作者看到一部电视纪录片，黑颈鹤用跳舞的方式向异性示爱。后来陆续看到还有一些动物也用身体动作向异性示爱。人类最初的舞蹈产生是否有吸引异性的含义？现在还无法确证，但作者猜想很可能是有的。

有学者对舞蹈起源和中国舞蹈的发展作了简要分析："舞蹈是远古人类最早创造出来的艺术形式之一，当人类因劳动而逐渐脱离动物界时，舞蹈艺术也随之萌生。舞蹈的动作和内容常常是劳动场面的再现，它不仅是娱乐，往往也是生产和生活斗争的训练。此外，两性的爱慕也是歌舞表现的主要内容。原始社会发展到一定阶段产生了原始的宗教，它作为共同信仰，广泛反映在当时人们的服饰、习俗和艺术活动之中。这样，在原始先民的舞蹈中又增加了宗教活动的内容。……宋代以前，舞蹈是主要的表演艺术，歌舞夜宴是当时人们文化和社交活动的一项主要内容。宋代以后，我国舞蹈艺术的发展进入了新阶段。这一时期，一方面由于封建礼教对人们思想行为的束缚，另一方面，由于戏曲、说书等多种艺术形式的兴起，特别是戏曲的形成和发展，逐步替代原来歌舞所占的首要地位。部分古代舞蹈为戏曲所综合，成为戏曲艺术的重要组成部分。专业舞蹈的主流由豪门贵族转向广大市民阶层，而民间舞蹈成为这一时期舞蹈艺术的主体。对边远兄弟民族地区，封建统治势力鞭长莫及，民间舞蹈传统则保存得更为完整。"①

在亚洲、欧洲、美洲和非洲许多博物馆展出的出土文物中，人们可以看到许多石板和陶器上刻画有舞蹈的场面。在几座世界著名岩画遗址中，人们还可以轻易地发现有关舞蹈的刻画。这说明，人类舞蹈的起源、所承载的功能大体相同，它的产生与异性相吸、群体劳作、宗教活动、军事训练、娱乐表演等有关，主要满足人们的视觉美感需求。作为一种形体艺术，舞蹈通常需要配合音乐来展示，形成歌舞节目或唱歌跳舞活动。

舞蹈产生后，在不同国家、不同民族的文化土壤中发展，形成不同风格与特色。作者仅以中国舞蹈为主分析发现，其发展大体分为五个阶段，体现出中国文化的土壤特征。

第一个阶段，原始舞蹈。最具代表性的是现在藏族跳的锅庄，令人看后惊诧——原来我们古人就是这样跳舞的呀。人们围着篝火、鱼塘或粮垛，手拉手转起圈儿，挥臂、踢腿、转身，边跳边唱。在中国其他少数民族中，如羌族、彝族、白族、景颇族等，也都有类似的舞蹈。其实，在汉族一些地方也有类似的舞蹈。这种较为原始质朴的舞蹈，在世界各地普遍存在，如巴西的桑巴、非洲的恰恰等。人们或感谢神灵，或歌唱消遣，也可能出于简单的生理需要——吃半生不熟的肉类，需要活动消化。正如古人这样说："言之不足，故长言之；长言之不足，故嗟叹之；嗟叹之不足，故不知手之舞之，足之蹈之也。"祖先们通过舞蹈，使人体通过节奏和敲打声与神灵沟通，与同类沟通，与生活沟通，与大自然沟通。

---

① 苏荆：《中国文化史三百题》，上海古籍出版社1987年11月版，第799—802页。

当然，保留原始舞蹈形式的地方，不一定是这种舞蹈诞生的地方。最早的舞蹈应该是出现在冲积扇平原上。原因很简单，那里是人类最早的生存繁衍之地，舞蹈是在人类集聚时产生的。诞生舞蹈的地方，社会进程往往快于其他地方。因为其生存环境比别处优良，这里的人类生活水平提高很快，文化产品的创造能力也不断提高，因而能够不断创新。新的舞蹈满足人们的文化需求后，久而久之老祖宗的舞蹈反而丢掉了，只在偏远地方保留下来。

第二个阶段，简单配乐舞蹈。其代表有东北的大秧歌、西北的腰鼓舞等，特点是配有敲打乐器，动作有跳、有扭，时快时慢，节奏感强，洒脱率真，刚劲有力。藏族的打墙舞、朝鲜族的打糕舞等，都属于这一类舞蹈。这类舞蹈是在当地文化土壤中生成的，唱跳的方式差别很大，具有明显的区域和民族特色。

第三个阶段，高级配乐舞蹈。其代表有维吾尔族、朝鲜族、哈萨克族、塔吉克族、蒙古族等民族现在仍然在跳的舞蹈，特点是舞蹈难度更高，动作更精细、更优美，不仅配乐，而且有了多套动作组合等。汉代流行的折腰舞以及历史上不同时期的宫廷乐舞也属于这个阶段的舞蹈。此类舞蹈，深刻反映舞蹈者的文化感觉，选用不同的动作组合表现不同的思想意蕴。

第四个阶段，高级艺术化舞蹈。其代表是我们所知的高级舞蹈——芭蕾。这种用脚尖跳的舞，最早出现在欧洲皇家贵族的舞台上，现在比较著名的有英国、法国、俄罗斯和美国等一些国家的芭蕾舞团。中国也有这样的芭蕾舞团，现在表演的剧目很多，而在很多年前只有红极一时的《红色娘子军》和《白毛女》。芭蕾舞是人类走过几千年之后形成的高水平表演艺术，它是与现代生活节奏、现代审美观较为贴近的舞蹈，当然也是离原始舞蹈较远的舞蹈。在现代舞台上，经常有编剧用芭蕾舞来表现历史上不同时期的人物性格和他们的喜怒哀乐，反映曾经发生过的动人故事。

第五个阶段，现代专业化舞蹈。就是现在许多地方都可以看到的现代舞，例如《月牙五更》等。这类舞蹈精致、专业，节奏快，变化多，有跳跃、腾翻、连续旋转等。其现代味道浓，传统味道淡。

可否这样理解：前三个阶段的舞蹈，其本土文化土壤特征显著，而后两个阶段的舞蹈因编剧具有自主性、作品原创性强，往往不受本土文化土壤的束缚。高级舞蹈或许受本民族、本国家传统文化影响小，但必定受到整个人类思想文化的影响。这也说明，高级舞蹈想要有所作为，应该在思想意境上下功夫。

戏剧作为一门综合性的舞台表演艺术，是人类艺术发展到高级阶段的产物。它通常以文学作品为脚本，依托一定的舞台场地，综合运用音乐、舞蹈等艺术形式和声光电等技术手段来表演故事、传播思想，以立体化的方式实现其艺术效果。原始戏剧起源很早，很可能与巫术仪式、祭祀活动有关，但成型的戏剧则形成较晚。古希腊戏剧是相对成熟的戏剧，它能够表演一些生动的神话故事，深受大众喜爱。

戏剧产生后，在不同文化土壤中发展，形成不同风格。古希腊戏剧是欧洲戏剧的鼻祖，其悲剧和喜剧被搬上舞台，成就了西方戏剧史上最辉煌的一页，并且深刻影响后世戏剧的发展。古希腊悲剧名家有埃斯库罗斯（被誉为"古希腊悲剧之父"）、索福克勒斯、欧里庇得斯，喜剧名家有阿里斯托芬、米南德等，著名悲剧代表作有《被缚的普罗米修斯》《俄狄浦斯王》《美狄亚》，著名喜剧代表作则有《鸟》《蛙》《云》《骑士》等。戏剧取材主要来源于神话、英雄传说和史诗。古希腊戏剧之所以繁荣，源于当时社会言论比较自由，政治较为民主，而在经济繁荣的表象下古希腊城邦内部贫富差距巨大。在这种情况下，人们以喜剧来嘲讽政治和社会不公，以悲剧来表现英雄人物的悲壮、大众命运的悲惨，倡导怜悯，引发同情。

古罗马戏剧也包括喜剧和悲剧。其希腊式的人情喜剧（披衫剧）占据主流地位。因当权的奴隶主贵族压制对时政的讽刺和批评，因此其政治喜剧成就不高。希腊式喜剧深受罗马民众欢迎，代表人物有普劳图斯、泰伦提乌斯、塞内加等。古罗马悲剧分为神话剧和历史剧（紫袍剧），神话剧较为流行。悲剧作家恩尼乌斯、帕库维乌斯、阿克齐乌斯等。公元前2世纪中叶之后，希腊式喜剧逐渐衰落，以意大利手工业者和商人为主要描写对象的新型喜剧（长袍剧）兴起。

公元4世纪，基督教成为罗马国教，世俗戏剧受到很大限制。公元5世纪，欧洲进入宗教统治的黑暗时代，古希腊、罗马戏剧遭到禁绝。整个中世纪，欧洲流行的是"教堂戏剧"，包括宗教剧、神秘剧（弥撒剧）、奇迹剧等，内容大多与宗教有关，主要是为传播宗教和维护教权服务，代表作有《亚当》《奥尔良之围》《第二个牧羊人剧》等。在民间还有道德剧、笑剧、愚人剧，有一定讽刺性和隐喻性，代表作有《凡人》等。

文艺复兴开始后，戏剧作为古希腊、古罗马最重要的文化形态，自然而然地成为文艺复兴的一面旗帜。加上后来的思想启蒙运动，欧洲戏剧迎来长期繁荣发展。各国戏剧名家辈出，代表人物有塞万提斯、维加、莎士比亚、莫里哀、拉辛、哥尔德斯密斯、伏尔泰、哥尔多尼、歌德、席勒、雨果、缪塞、小仲马、拜伦、雪莱、普希金、屠格涅夫、奥斯特洛夫斯基等。优秀戏剧作品迭出，诸如《哈姆雷特》《少年维特的烦恼》《羊泉村》《强盗》《浮士德》《自由颂》等。

欧洲戏剧发展的历史告诉人们，文化土壤尤其是思想意识土壤对戏剧发展有着重大影响。文艺复兴和启蒙运动两场由新兴资产阶级发起的反对封建主义的社会思潮，犹如浩荡春风，将受封建神学思想束缚的人们解放出来，带动了戏剧乃至整个文化的繁荣。

中国戏剧起源于秦汉，但成熟的戏剧则从元杂剧开始。现今仍十分活跃的昆曲又称昆山腔，出现在14世纪后期，这是中华大地上最早的成熟戏种，被称作"百戏之祖"。

中国的戏剧比照古希腊歌剧算是晚生儿，但元杂剧一步就迈到与之比肩的高点。其生成的土壤是当时大众文化特别是平民文化繁荣兴盛。元杂剧的成就是中华优秀文化繁衍传承的产物，其内容并非全部取自当时时代便是例证。例如王实甫的《西厢记》，取材于唐代元稹的传奇小说《莺莺传》，白朴的《墙头马上》则源于唐代白居易的新乐府诗《井底引银瓶》。

戏剧在明代继续发展，影响较大的有汤显祖的《牡丹亭》。从宋代开始，程朱理学成为中国社会占统治地位的思想，普通人的个性追求受到抑制。《牡丹亭》正是在这种背景下，呼唤个性解放，主张爱情自由，以"情"抗"理"。从文化价值和其产生的重要社会意义角度，汤显祖被人们称作"中国的莎士比亚"。他与英国杰出的剧作家莎士比亚是同时代的人，从剧作的影响角度来看，莎士比亚的名气远超汤显祖。但是，莎士比亚的影响是被他去世之后400年内欧洲强大的经济、军事、文化和殖民做大的，如果在这400年里中国继续高速发展，那么，也许现在会有人说"莎士比亚是英国的汤显祖"。

到了清代，中国戏剧继续发展，比较著名的有孔尚任的《桃花扇》等，中国目前流行的京剧剧目也大多产生于清代。

近现代以来，中国社会剧烈变动，各种思潮激荡，现代戏剧迎来了一个快速而曲折发展的时期。总的来说，戏剧种类繁多，内容丰富，风格流派各异，浪漫主义、现实主义、现代主义戏剧纷纷登场。在西学东渐的时代大潮下，中国新兴话剧发展起来，现代戏剧逐步确立。五四新文化运动带来的开放自由新风，使20世纪20年代中国浪漫主义戏剧思潮独具特色。而伴随着辛亥革命、北伐战争、抗日战争、新中国成立、改革开放等重大历史进程，中国戏剧呈现出千姿百态。

当代中国戏剧有其新面貌、新样态，作为一门舞台艺术，它不得不面临着传媒流变、因互联网冲击而受众萎缩等困局。中国戏剧如何生存并发展？这是摆在所有戏剧家和戏剧表演者面前的一个时代之问。唯有重视文化土壤之开掘培育，中国戏剧才会更有生命力。

五、不同文化土壤孕育斑斓的工艺美术

工艺美术是常见的艺术形式，包括陶瓷、服饰等器物的设计工艺、美学理念，以及各种绘画、雕塑等作品。多彩斑斓的工艺美术，也是在特定文化土壤中生成的，具有当地文化特色。

陶器是人类社会的一项重大发明，它改善了人们的生活条件，在人类发展史上开辟了新纪元。把黏土和上水，做成各种器皿，再放到火上烧，这就形成了最早的陶器。陶器的发明并不是某一个地区、某一个部落古代先民的专利，它是几乎所有古代农业部族各自独立创造出来的。这已被世界各地的考古实物所证明。

人类制作的第一件器皿可能是陶盆。这是因为那时古人对器

皿的第一需要既不是瓶也不是罐，而是方便盛装水和物品的盆。也可能在当时的技术条件下，盆最容易制作成型。

埃及、土耳其、印度的国家博物馆都展出了其先民在远古时期制作的陶器。墨西哥和秘鲁国家博物馆中，体现中南美玛雅文化和印加文化的古代陶器，比埃及、土耳其、印度的古代陶器时代要晚些，但图案更丰富，制作更精美。用陶制作的罐、盆、罈、碗、盘等，绘以独具中南美特色的彩色图案，令人观后难忘。

陶器作为实用器具，其功能主要是用来盛装水、粮食、肉类、水果、蔬菜等食物。世界各地的陶器种类繁多，但是它们的使用功能基本是相同的。陶器的制作材料、制作过程也大体相同。但是，陶器的设计工艺、美学理念则相差很大，反映出不同地区人们的审美意识、宗教观念的差别。

人类曾长期使用单色、质朴的陶器，后来才学会制作彩陶。彩陶并不比单色陶器更实用，只是比单色陶器更加美观漂亮。很显然，制作彩陶纯粹是出于审美需要。人们在陶器烧制后绘上彩色涂料，开始时只有黑、白、红三色，后来颜色逐渐丰富起来。中国的考古实物证明，在浙江上山遗址发现了1万年前的彩陶，

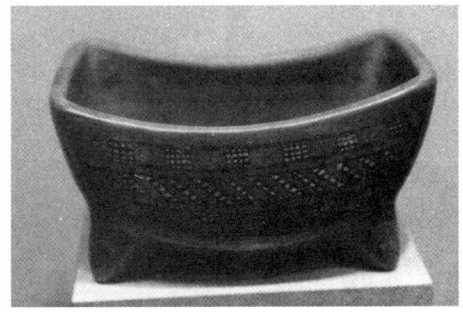

古代玛雅人制作的彩陶，比起古代美索不达米亚、埃及和中国人制作的古陶，时间上要晚许多，但造型之别致，绘画之精美着实令人赞叹
图 21、22：墨西哥国立人类学博物馆里展出的玛雅文明彩陶盆和长方形容器

在浙江杭州跨湖桥遗址发现了 9000 年前的彩陶，在甘肃秦安大地湾遗址发现了 8000 年前的彩陶。马家窑文化稍晚些，出现在 5800—4800 年前的新石器时代晚期，持续 1000 多年，有马家窑、半山、马厂等类型。马家窑的彩陶文化几乎站在当时世界彩陶文化的巅峰。

最有代表性的马家窑舞蹈纹彩陶盆于 1973 年出土于青海省大通县孙家寨墓地，现收藏于中国国家博物馆。此盆口沿及外壁以简单的黑线条作为装饰，内壁绘有三组舞蹈图，每组五人。舞者手拉着手，头上都有发辫装饰物。对这件舞蹈盆的评价，《中国大百科全书》总编辑委员会主编夏征农先生在《大辞海·美术卷》中这样表述："虽笔墨不多，但人物形象栩栩如生。舞蹈纹在原始艺术中较为罕见，应是对原始宗教或巫术的反映，具有重要的历史价值。"

第二个马家窑彩陶舞蹈盆的发现令人耳目一新。1991 年春，甘肃省武威市在文物普查中，在市区以南的新华乡磨嘴子遗址采集到一批残破的彩陶片。返回整理时，发现这些彩片属同一体，遂多次前往该遗址反复寻找缺失的残片，最终使这件陶器大体得以复原。这是一件彩陶盆，盆内壁绘有两组手拉手的舞蹈人物，每组九人。九人一组的舞蹈图案，在已知的中国新石器时代陶器中是唯一的。

十几年前，日本出版的一本书披露过一件人们所未知的新石器时期中国马家窑舞蹈盆。盆的内壁也绘有舞蹈人物，因为只看到一张侧面照片，所以推测画面人物应为三组，每组五人，互相手拉手作舞蹈状。其人物构图与中国国家博物馆舞蹈盆接近，但脑后无"发辫"。按照当今中国考古界、收藏界的评价，收藏在日本的这件舞蹈盆被公认为现存于世的中国马家窑文化彩陶舞蹈盆中品相最好的。

但是，这种公认也许早了点。作者在国内一家民间藏馆见到一个马家窑文化彩陶舞蹈盆，经来自北京、南京、成都的专家鉴定，认为其产生年代与上述三盆大体相同。该盆陶面圆润平滑，图画比例协调，其造型之优美、盆型之规范、绘图之精湛、画面之生动、品相之完好，均超过收藏在日本的那个马家窑舞蹈盆。

此盆大小与收藏于中国国家博物馆的彩陶盆相似。盆中内壁上也绘有三组舞蹈图案，五人一组的舞蹈显示出当时的农业生产方式已经不再是个体，而是集体生产了。人们聚在一起跳舞，或庆丰收或祭祀，或者就是为了消化食物。这种手拉手跳舞的姿势告诉观者，祖先们那时已经有了团结。更为奇特的是，在15个跳舞的人物中，竟有一半人物腹下画有一条横着的粗黑线，有学者分析，这很可能画的是男性生殖器，说明那时已有生殖崇拜。三组舞蹈人围着跳舞的中央是个大鱼塘，其中画有三条大鱼、三条小鱼，均以几何状均匀地画在鱼塘内与周围。陶盆的外壁也画有四条大鱼，可见当时渔猎已成为先民的重要生产生活内容。甚

也许为丰收歌之舞之，也许为团结歌之舞之，也许为与神灵沟通歌之舞之
图 23：马家窑彩陶舞蹈纹盆

至可以设想，那时他们可能开始学会饲养，盆中画的鱼池即为养鱼池，若进一步推论，鱼崇拜在那时就已经开始了。

总之，彩陶的绘制证明，中国人的祖先在1万年前后就已经懂得审美了，有了基本的美学思想。换句话说，正是原始艺术思想较为先进的远古中华文化土壤，孕育出了彩陶工艺。

彩陶的绘制还证明，在远古时代，中国先民就开始使用软笔了，而这恰恰是中国古人与外国古人在书写工具选择上最大的区别。软笔是后来形成的中国书法和中国画的母亲。

除了色彩外，绘制在陶器上面的图案也值得关注。在新石器时代，中国北方的红山文化、仰韶文化、马家文化、龙山文化、半坡文化、大汶口文化等和南方的河姆渡文化、良渚文化、三星堆文化等出土的陶器上，均出现了鱼、鸟、羊、星、月、太阳等图案。这些纹饰，是先民们已经具备自然审美意识的体现，也是先民原始宗教信仰和图腾崇拜观念的体现。

陶器的"升级版"是瓷器。如果说陶器是世界各民族共同发明的，那么瓷器则是中国人独创的。瓷器与陶器的区别主要有三：一是瓷器挂釉，陶器不挂釉。所以，同样往瓷碗和陶碗里倒些水，瓷碗中的水不会有什么变化，而陶碗中的水一会儿就渗干了；二是瓷器烧制温度要求更高，要达到1280℃至1300℃，而陶器烧制只需1000℃就够了；三是制作瓷器的瓷胚必须使用高岭土，而制作陶坯用一般黏土即可。

在山西夏县东下冯龙山文化遗址中，曾出土原始青瓷，距今已有约4200年。殷商时期商人发明了玻璃质釉，商周遗址中出土的一些青釉器皿如瓮、罐、瓶、碗、尊、豆等，已经是较为成熟的瓷器。此后，瓷器逐渐发展起来，制作水平不断提高。后来中国瓷器工艺美术独步天下，显然受益于中国古人的美学思想。

瓷器在大多数情况下，仍然是实用性器物，历朝历代的瓷器生产主要还是满足实用性需求。但由于中国古代文化崇文重礼，精美的瓷器遂演变为重要的礼器继而成为艺术品，不仅在中国流行，还远销世界各地。两汉时期青瓷生产初具规模。考古调查表明，今浙江上虞一带发现的几十处青瓷窑遗址，大多数是汉代的。中国国家博物馆陈列的一件浅灰白色的东汉高足瓷碗，胎坚质细，釉薄且均匀，器形十分规整，代表了当时制瓷的水平。魏晋南北朝时期，白瓷制作技术出现，为瓷器工艺美术的提高奠定了根基。隋唐时期，中国瓷器生产水平进一步提升，尤以越窑的瓷器工艺高超，声誉良好。陆羽在《茶经》中称赞说："越瓷类玉、类冰，瓷色青而茶色绿。"河北邢窑的白瓷制作工艺水平也极为突出。除了白瓷，当时还烧制出斑斓绚丽的彩色瓷器。四川的邛窑、湖南的长沙窑是我国也是全世界最早烧制彩绘釉瓷器的窑口，分别在南北朝和唐代便烧造出绚丽多彩的彩釉瓷。

两宋时期，瓷器烧制工艺更为先进，美学价值更高，可谓前无古人，后无来者。宋瓷最著名的是五大名窑：一是汝窑，因窑址在河南汝州而得名，

青瓷是当今所有瓷器最早的祖先，它诞生在中国商代，普及使用于汉代，技术高峰则在宋代

图24：汉代双龙耳青瓷瓶

其瓷面以名贵玛瑙为釉，特色是"润"，犹如"雨过天晴云破处"。二是官窑，因"官瓷"又泛指明清时期由官府经营窑口制作的瓷器，所以文物界通常把宋代官窑瓷称为"旧官"。其胎色铁黑，釉色粉青，"紫口铁足"，釉面有开片。官瓷只供北宋皇家使用，弥足珍贵。三是哥窑，宋代浙江龙泉有两兄弟开窑烧瓷，兄长之窑为哥窑，弟弟之窑称弟窑。哥窑瓷以青色为主，瓷釉较厚，釉面多有冰裂开片纹，同官窑瓷一样也有"紫口铁足"。四是钧窑，窑址在今河南禹州一带。产品以"窑变"为最大特色，"入窑一色，出窑万彩"。五是定窑，窑址在今河北保定一带。产品以色白且滋润者为上品，质地薄，有光泽，颜色雪白似粉且质地好者称为"白定"。除了五大名窑外，宋代著名瓷窑还有龙泉窑、耀州窑、景德镇窑、建窑、磁州窑、吉州窑等。

入窑一色，出窑万彩
图25：钧窑清仿宋双耳方瓶

"意境"是宋瓷制作的最高境界。瓷面是"意"，通过纹饰、釉色体现；瓷质是"境"，通过器形、质感等表现其内涵，展现内敛之美。汝窑的浑厚、官窑的古朴、哥窑的典雅、钧窑的绚丽、定窑的纯净，莫不如此。同中国古代其他艺术一样，宋瓷艺术讲求气韵生动。宋瓷作为中国古代文化形态的集成，人们可透过其器形和釉面，品味其美学价值，阅读其文化承载。

空前绝后的宋瓷出现在那个时代，并非偶然。其产生的背景是宋朝经济异常繁荣，文化发展到一个新高峰，对外交流活跃。

明清两代，中国制瓷技艺又有新进展。其中明代烧出了大量青花、釉里红及斗彩、五彩等多彩瓷器。而清朝康、雍、乾三代，由于最高统治者的喜爱和提倡，加上督窑官的设立和工匠的努力，制瓷工艺登上了一个新的台阶。工艺创新、造型创新均超过以往，仿古器皿足可以假乱真。因清代距现代较近，传世瓷器较为常见。

岩画是当代各种绘画的祖宗。不管是油画、水墨画，还是写实派、印象派，其艺术根源最早均来自岩画。人类最早的绘画恐怕不止岩画，但是刻画在地面、墙壁和其他地方的画作都已被历史的大风吹得无影无踪，只有岩画还静静地显现在大山之中。

祖先的画作，刻画在别处的早已被历史的风雨洗刷干净，只有凿刻在大山深处的，至今还在静静地看着我们

图26：戈布斯坦岩画，何小溪摄

岩画是人类的第一部"史书"。它既是历史长河遗留的视觉艺术资源，也是人类自身历史、宗教信仰、心理状态和审美意识的实物见证。各地岩画上的图案有人物有动物，人物有奔跑的、狩猎的、跳舞的、捕鱼的、采草籽的，动物有鹿、牛、羊、马、猪、鱼等。岩画图案的区别恰恰体现出各地人类祖先第一层次生存土

壤的区别。

站在阿塞拜疆的戈布斯坦岩画遗址，参观者激动得心底颤抖。戈布斯坦位于大高加索山脉东南的杰伊兰克奇梅兹河流域，丘陵多山。这里汇集了各个时期古阿塞拜疆人的遗迹——岩画、村落遗址、墓碑等，这些原始社会的文物反映了4万年前古阿塞拜疆人的生活、文化、风俗、习惯。它几乎与被视为"发现了最早岩画"的伊朗岩画处在同一时代。戈布斯坦岩画中具有代表性的是男人和女人的图画，画面上的男人身材高大、携带弓箭，女人则胸部和臀部突出，其内容反映原始人狩猎、收割、歌舞的场面。岩画中还有许多动物，其中关于牛和鹿的刻画栩栩如生。

贺兰山岩画是中国最有名的岩画。贺兰山口俗称"豁子口"，距银川50多公里，海拔1448米。这个山口奇峰叠嶂，约有千余幅岩画分布在沟谷两侧绵延600多米的山岩山壁上，人物岩画占一半以上，还有多种动物的岩画。图画造型朴实自然，粗犷雄厚，写实性极强。根据岩画图形和西夏刻记分析，贺兰山岩画为不同历史时期所刻，其中大部分是春秋战国时期北方游牧民族的作品。

花山岩画群位于广西西南部的左江流域，沿江两岸200公里范围内分布有80多处岩画地点、181幅岩画、5000多个图像。令人惊诧的是，所有画面均由"蹲式人形"构成。这

古代非洲人在岩画上留下的人和动物，至今栩栩如生
图27：南非约翰内斯堡一家私人博物馆展出的古代非洲岩画

些"蹲式人形"双臂上举、双腿下蹲，成群结队，令人猜想他们正在举行某种宗教祭祀仪式。考古研究者认为，这些岩画距今约2500年至1800年，是生活在左江流域的壮族先民为记录重大祭祀活动或历史事件而制作。时下又有报道，在青海玉树通天河附近发现大量史前岩画，其中70%画的是牦牛。

以上这些岩画，是当地居民生产生活的图画记忆，是当时人们审美观念的产物，所体现的艺术性较为原始。

石窟壁画是另一类美术作品。中国历朝历代的石窟壁画是中国传统文化融合外来宗教文化的产物。

西汉以后，装饰性的壁画流行起来，皇家宫殿和贵族房舍到处都有壁画。从西周到辽宋夏金元，在出土的历代墓葬中都发现了壁画，但无论从数量还是艺术价值看，唐墓壁画可谓空前绝后。陕西历史博物馆现存有李寿墓、懿德太子墓、章怀太子墓、永泰公主墓等14座唐代墓葬的近600幅壁画，其中18幅被确定为国宝级文物。

唐墓壁画以人物画为主，当时的画工们通过对各种人物如侍女、内侍、文吏、武吏等的细腻观察，用合理的布局、简练的线条、鲜艳的色彩，描绘出了各种栩栩如生的人物形象。其中，对不同侍女的描绘尤为精细美妙。最有名的人物画当数章怀太子墓中的《观鸟捕蝉图》。画面绘有三个人物：一名雍容华贵的夫人正仰视飞鸟，一名妙龄女郎正动作轻盈地甩袖捕蝉，还有一名侍女双手托巾若有所思。章怀太子墓中的马球图、客使图，永泰公主墓中的宫女图，懿德太子墓中的仪仗图、阙楼图等都是闻名遐迩的唐墓壁画名品。这些画作艺术高超，折射出盛唐气象。

我国的石窟大多有佛教背景。从汉代起佛教传入中国，在传播过程中石窟开凿日渐增多。佛教是从西边传来的，所以著名石窟最早的在西部，最晚的在东部，若画出一张著名石窟凿刻年代的走向图，应该是自西向东：敦煌莫高窟→麦积山石窟→云岗石窟→龙门石窟。

敦煌莫高窟的飞天壁画是中国古代绘画史上的一个高峰。飞天的概念在中国存在已久，春秋战国时期由于道家崇尚自然，那时的墓葬中就已出现飞仙。随着佛教的盛行，佛教的飞天与道家的飞仙融合，在公元4世纪中期开凿莫高窟时，飞天的形象便出现在壁画中了。从那时起一直到元代，莫高窟经历了千余年的不断凿建，每个时期的洞窟穹顶和四壁上都画有飞天。在敦煌的492个洞窟中，几乎窟窟都画有飞天，总计约有4500身。早期的飞天在形象塑造上还不太成熟，有明显的西域风格。到了南北朝至隋代，飞天的创作进入创新阶段，受中原文化影响，中式飞天开始出现。隋代是莫高窟凿画飞天最多的时代，也是种类最多、姿态最丰富的时代。到了唐代，敦煌飞天壁画的创作进入鼎盛时期。这一时期，飞天的形象几乎全部变成了美丽的少女，且体型变得修长秀美。在吸收了印度、西域飞天艺术风格之后，这时的飞天已经完全中国化，创作艺术进入成熟和完美阶段。尤其是在初唐和盛唐时期，由于经济繁荣、政治开明，在绘画创作上现实主义与浪漫主义相结合，壁画中的飞天形象更加优美飘逸，而柔美之中又不乏刚劲。在盛唐修造的石窟中，参观者可以看到飞天的女子形态之优美、着装之简洁，均超过了前代。到了中唐、晚唐，飞天人物显得清丽了，却缺少了刚劲。参观莫高窟时，若有条件按凿建的先后顺序多看一些飞天壁画，人们总能感受到其风格的变化，体会到其中的深层意蕴。

除了敦煌莫高窟外，龙门石窟以及另外一些古代石窟中也都保存着精美绝伦的飞天画像。在龙门石窟中，宾阳中洞是北魏时期开凿的大型皇家洞窟，这里保存的飞天造像在龙门石窟最为丰富，造像最精美，色彩最绚丽。它们同敦煌的飞天一样，共同见证丝绸之路带来的中外文化交融成果。

中国画被中国人称为国画，是世界绘画艺术的一朵奇葩。它与中国书法并肩，同中医、京剧、武术并列为"四大国粹"。中国画纯粹是中华文化土壤孕生的产物，且不说笔、墨、纸、砚等绘画工具和落款所用之印章都是中国特产，所绘之竹、梅、菊、兰、松、桃、牡丹、荷花和其他花鸟虫鱼、人物、山水风景及其意境，所配之书法词句，无不深刻反映中华文化的内涵与意境。

采用毛笔、宣纸和墨汁为绘画工具，让中国画与西方铅笔画、油画有很大区别。加上中国人精神气质上的特点，使中国画讲传神、讲意境、讲含蓄、讲简练，不求细节的真实，不求透视的科学。即便是受过西方绘画训练的徐悲鸿、刘海粟等人，他们的画作仍具有中国文化味道。法国印象派名家梵高手法简练，追求写意传神，但他画的向日葵与齐白石画出来的向日葵，明显带有不同的民族风格。

中国画的历史最少已有2000多年，出土的战国时期帛画表明，在那个时代已有专业画家，汉元帝时便在宫内设画工。传说王昭君因未贿赂画工毛延寿，所以被毛画得很丑，一直未得皇上宠幸。待王昭君出塞前面见汉元帝，汉元帝惊其美貌却无法收回成命，回头便把毛延寿杀了。

南朝时，顾恺之、陆探微、张僧繇因画作出名，并称"六朝三大家"。到了唐代，吴道子一鸣惊人，他无画不能，笔下人物栩栩如生，尤以画女子最好，画史称其为"画圣"。顾闳中是五代十国时期南唐画家，其画作《韩熙载夜宴图》再现了当时社会高层人物的豪华骄奢生活，因被1990年的中国邮票印发，名气大噪。但有人猜测此画为宋人摹本，一直未有定论。

从宋到今，中国画名家辈出，每个时期都有名垂千古的中国画大师。宋代因抑武崇文，反倒为中国传统山水画的发展创造了一个宽松环境，绘画达到一个高峰。当时院体画、文人画相互推动，齐头并进，涌现出米芾、郭熙、王希孟、张择端、范宽等一批名家。他们注重"气象萧疏，烟林清旷""峰峦深厚，势伏雄强"，使得宋代的山水画构图很大气，笔墨严谨，意境高远。元代的著名山水画画家有赵孟頫、高克恭、王蒙、倪瓒、黄公望、钱选等。赵孟頫为宋朝宗室，他的绘画提倡"贵存古意""不求形似"，开创了一代画风。他同时又是元代书法第一人。黄公望的山水画笔势雄伟，水墨画苍茫简远，富有意境，其《富春山居图》被称为中国古代十大名画之一，前些年因分藏在北京与台北两处故宫博物院的画作合璧展出曾引起轰动。宋代因政治开明，文人画匠辈出，这很好理解，元朝统治者实行高压统治，为何还出现这么多著名画家？究其原因，既有宋朝的持续影响，也有在高压下士阶层追求闲致、过隐士生活的背景，结果，隐士中出了不少名家。正因如此，元代的画风有所转变，画家作画更重视主观意兴心绪的表现，追求笔墨情趣，把形似和写实放在次要位置。

到了明代，汉文化重归主流地位，画风迭变，画派繁多，传统的人物画、山水画、花鸟画继续盛行，文人墨客画的梅、兰、竹达到较高水平。在艺术流派方面，主要有师承南宋院体风格的宫廷绘画和浙派，以及发展文人画传统的吴门派和松江派、苏松派等两大派系，其代表人物有仇英、唐寅、文徵明、董其昌、沈周等。明末清初，也许与元代有着相似的原因，画风转向隐逸，其中以工于山水、竹石、花鸟的"八大山人"朱耷名气最大。清初以后，绘画延续了元、明以来的画风，文人画风靡，山水画勃兴，水墨写意画法盛行。宫廷绘画在康熙、乾隆时期获得较大发展,并呈现出迥异于前代院体的新风貌。民间绘画则以年画和版画的成就最为突出。清代著名画家有查士标、石涛等。

到了近现代,中国的人物、山水、花鸟、虫草画的画风既有承传宋代以来画风的一面,又受到欧洲画风的影响,同时还有明显的创新倾向。著名画家吴昌硕、齐白石、张大千、徐悲鸿等人的画作为国人熟知。

中国历史上的著名书法家及其传世书法风格主要集中在晋、唐、宋三朝。

晋代以王羲之、王献之父子为代表的书法风格是"潇洒";唐代,以欧阳询、柳公权、颜真卿为代表的书法风格是"华贵与大气";宋代,以苏轼、黄庭坚、米芾、陆游、赵佶为代表的书法风格是"韵味"。晋、唐、宋创造了中国书法史上的三座高峰。

为什么在这三朝,书法明星腾空而起?这些书法家及其书法精品等"文化植物"是在什么样的"文化土壤"中"长"出来的呢?

先说说晋代书法。

第一,两晋以及接下来的南北朝是佛教传进我国之后影响最大的时期。晋代书法家的"洒脱"深受佛教"放开""超度"思想的影响。佛教思想使士人"放开",其书法自然也就洒脱了。

第二,玄学的影响。汉武帝刘彻采纳了董仲舒的"废黜百家,独尊儒术"的主张后,儒家思想成为正统思想,一家独大。然而这种状况到了晋代戛然而止,周易、老子、庄子被称为"三玄",成为显学,儒家思想不再为宗。玄学使士人包括书法家提升了"务虚"的高度,书法自然潇洒。

第三,三国之后一直到隋文帝第二次统一中国的300多年内,魏晋、十六国、南北朝,一直处于战乱阶段,军阀豪强四起,民不聊生。面对乱世，许多士人选择了"出世"，归隐山林，"竹林七贤""渡江名士"等，均为如此。隐士们大多在政治上受压抑，借吟诗作画抒发自己的情志，其书法随之"迸发"出这种情绪，字里行间透露出"潇洒"也就是自然而然的了。

唐朝的文化环境比较简单。由于国力增强，对外开放超过有史以来任何时期。国力增强使人们生活水平提高，文化活力迸发，对外开放又打开了士人的眼界，唐代书法的"华贵"和"大气"也就有了形成的条件。"华贵"与"大气"的代表人物是欧阳询、柳公权和颜真卿，而"潇洒"并未在唐代消失。高僧怀素的草书，飞动如骤雨，率意似旋风，万变自然。怀素与张旭的草书被合称为"颠张狂素"，至今为人称道。

宋代的书法与词赋、瓷器、品茗一样，追求的是"韵味"。宋代自赵匡胤"杯酒释兵权"之后，国家采取了"扬文抑武"的政策，抑武削弱入了国家军力，而扬文则促进了文化的全面发展。在经济和文化突飞猛进发展的大环境下，宋代书法家不像晋代书法家那样追求潇洒，也不像唐代书法家那样追求华贵和大气，而是兼而有之，着重讲究"韵味"。

总而言之，与文学、音乐、舞蹈、戏剧等相比，工艺美术是无声的视觉艺术，各类陶瓷、雕刻、绘画作品无言地展现其文化之美、艺术之美。中国工艺美术含有中国文化意蕴，我们期待它在保持中国风格的同时，汲取世界工艺美术之长，走向更宽广的天地。

第十七讲　文化土壤与国学

国学是中国文化土壤中长出来的最具代表性的植物。
时代呼唤新国学。

——作者手记，2019年1月15日

中国国学是一门大学问。从历史长度来看，它涵盖了四五千年来的中华传统思想文化；从内容宽度来看，它主要包括中国古代文字学、哲学、文学、美学、历史学、教育学、伦理（礼仪）学、地理星相学、易学、术数学、中医中药学、农学等，以及体现在政治、经济、艺术（书画、音乐）、建筑等领域的传统理论学说。毫无疑问，国学是中华文化土壤的孕生物。

一、何为"国学"

中国古代讲的"国学"指的是太学、国子学。现代意义上的"国学"是19世纪末，刘师培、章太炎、梁启超等人从日文中翻译进来的，后经一批中青年知识分子推崇使用，影响不断扩大。使用现代"国学"概念，日本比中国早。

对于现代"国学"的概念，中国学术界一直存在争议，100

多年来始终未消停，争论的高潮发生在清末和民国时期。争论者各抒己见："国学"这个称呼不规范，每个国家都可称谓本国的学问为国学；"国学"不应成为一个学科，其内容应分别列入相应学科，如哲学、历史学、人类学、民俗学、文学、美学等；中国历史上并无现代意义的国学，清朝后期西方文化进入中国后，才有了现代"国学"的概念，老子、孔子、朱熹压根儿就不知道自己修的是"国学"……有学者甚至说，国学就是国殇学，是西学强侵、中华文化遭难后才出现的。此话虽尖刻，却有几分道理。

"国学"这个概念是否成立，争论还会持续下去，论者各有其道理，谁也无法做出公认的决断。但作为一种客观存在，国学现在确实影响着很多人。国外一些学者在100多年前就开始对中国文化进行研究，不过他们称之为"汉学"。

国学也好，汉学也罢，其实就是"关于中国传统文化的学问"，或者简称"中国学"。中国学成为一门学科，其实应该得到理解。中国文化这本书太厚了，不仅中国，凡是历史悠久、文化丰厚的国家，其文化都应成为一门学科，比如埃及学、印度学、希腊学、罗马学等。中国有不少人将"中国学"称为"国学"，并不值得大惊小怪。

"国学"这个词最早见于《周礼》，指国家办的学校。20世纪初诞生并流行的"国学"是一个新概念，指相对于西方学术的中国传统学术。有人讲，"国学"是以"四书""五经""六艺"等中国传统文化精华为主要内容的学问，似乎只有优秀的、精华的中华文化才能称为国学。作者倒觉得，只要是中国人创造的、较为系统的传统文化学说，都可称为"国学"。雅到儒、释、道等正统文化，俗到吃、穿、住、行背后的生活理念，都属于国学。吃饭本身不是国学，但以什么样的理论为指导把菜烧得好吃、吃得健康，则属国学。国学的躯干并不只是儒家学说，中国优秀传统文化的出现时间比儒家学说出现的时间要早得多。只是大约到了2500多年前，以老子、孔子、庄子为代表的朴素唯物主义哲学和伦理学才逐渐成为中国国学的主干。

有什么样的文化土壤，就有什么样的国民。中华传统文化造就了传统的中国人，而到了近现代，"传统中国人"被认为不适应现代社会了，有识之士便试图变"传统中国人"为"现代中国人"。如何变呢？一方面是引进西学，另一方面则是探究国学，改造国民性。因此，当年国人关注国学，并不单纯关注学问或学术，真正目的是试图证实国民性的存在，并改造之。国民性虽然很稳定，但并非一成不变，历史演进、政治制度和社会文化变迁，都会对国民性产生影响。近代对国民性影响较大的是五四运动，陈独秀被称为五四运动的"总司令"，他当时提出要对中国传统文化进行改良和革命，并举起"德先生"（民主）与"赛先生"（科学）这两面大旗，目的就是为了改造国民性。换句话说，仁人志士试图以国学改造中国文化土壤，增加新的思想基因。

中国近代史上著名国学大师王国维（字观堂）1877年生于浙江海宁。他一生对国学的研究十分广泛，著述多达62种，仅批校的古籍就逾200种，涉及哲学、美学、文艺理论学、伦理学、教育学、心理学、文学、历史学、考古学、甲骨文字学、金石学等诸多学科。法国著名学者伯希和曾说："中国近代之世界学者，唯王国维及陈（垣）先生两人。"1927年6月2日，王国维自沉于北京颐和园内的昆明湖鱼藻轩，年仅51岁。他在遗书中写道："五十之年，只欠一死""经此世变，义无再辱"。

王先生为什么弃世？众说纷纭。有殉情说、殉文化说、罗振玉逼债说、悲观厌世说、性格阴郁说、家庭原因说、受叔本华哲学影响说、梁启超陷害说、综合原因说等，至今还有人在探讨。有学者认为，他在遗书中留下的关键词"世变"和"义无再辱"，可能是他的真正死因，"殉文化说"逐渐被多数人认可。正如与王国维同为清华导师的陈寅恪所说："凡一种文化值衰落之时，为此文化所化之人必感苦痛……盖今日之赤县神州值数千年未有之巨劫奇变，劫尽变穷，则此文化精神所凝聚之人安得不与之共命而同尽？此观堂先生所以不得不死……"

王国维的早逝是中国国学的一大损失。他的死也说明，国学对国人的浸染和影响很大，以至于像王国维这样的大师在社会思潮激荡之际随旧文化而去。当然，并不能简单说国学就是旧文化。事实上，国学是了解和研究中国传统文化的主干，亦是中国知识分子探索新文化发展方向的根基。

二、夏商周文化土壤成就了"轴心时代"的璀璨群星

中国国学是历经几千年历史，不断演进、累积形成的。但是，其主干早在距今约 2500—2200 多年前的春秋末期至战国时期就已经形成。远古以来尤其是夏、商、周以来华夏文明的积累和传承，加上春秋战国时期社会巨变，成就了当时文化的大繁荣。诸子百家所探讨的话题范畴、各种理论学说所达到的高度，有很多现代人都还无法超越。

当时华夏文化的繁荣，最核心也是最有代表性的是哲学、伦理学的发达，代表人物有老子、孔子、庄子、墨子、荀子、孟子等，可谓群星闪耀。可以这么说：上古以来的华夏文化土壤孕育了春秋战国时期的璀璨群星，而他们的思想、理论、学说又成为秦汉以后中国国学发展演进的深层次文化土壤。

（一）夏商周古典文化孕育了道、儒等学说

有人发现，公元前5—4世纪，东方文明、西方文明几乎同时出现了一批光耀千古的著名人物，老子、孔子、庄子、墨子、释迦牟尼、苏格拉底、柏拉图、亚里士多德、阿基米德等，这些思想文化巨星几乎同时升起。世界文明登上了一个高峰。这个时代被德国思想家雅斯贝尔斯称为"轴心时代"，也可译成"轴星时代"。

古希腊文化之所以繁荣，是因为当时人们崇尚自由，政治民主，统治阶层重视文教和礼仪，加上社会经济繁荣，促进思想家思考宏观的哲学话题，普通民众的文化需求也较为旺盛。中国的春秋战国时期，生产力持续提高，经济繁荣，但政治上社会动荡、地方诸侯势力崛起，文化上礼崩乐坏，整个社会不同势力、不同阶层皆有其思想文化诉求，遂成就了百家争鸣。

其实，在"轴心时代"到来之前，华夏文化土壤就已经十分深厚，放射出耀眼的光芒。这些光芒主要体现在"六经"——《诗经》《尚书》《易经》《春秋》《礼记》《乐经》（经孔子整理，秦朝后失传）以及其他典籍之中。其中，《诗》《书》《易》《乐》产生于西周至东周中叶，在儒家还没出现之前就有了；《春秋》是由鲁国史官记录的鲁国史书，由孔子修编，其所记载的内容自然也在孔子之前。只有《礼记》成书于西汉，主要写整个先秦的礼制，但春秋以前的内容也很多。"六经"的针对性和作用是不同的，正如《董子春秋繁露·玉杯·第二》中云："《诗》《书》序其志，《礼》《乐》纯其美，《易》《春秋》明其知。六学皆大，而各有所长。《诗》道志，故长于质。《礼》制节，故长于文。《乐》咏德，故长于风。《书》著功，故长于事。《易》本天地，故长于数。《春秋》是非，故长于治。"正是这些古典华夏文化因子，

丰富了老子、孔子等人的思想，为孕育闪烁群星提供了文化滋养。

老子姓李名耳，字聃，大约生于周灵王元年（公元前571年）的陈国苦县。我们现在公认，老子是中国古代伟大思想家、哲学家、文学家、史学家，是道家学派创始人和主要代表人物，也是世界文化名人。因对世道失望，老子弃官归隐，骑青牛西行，在途经函谷关时受关令尹喜之邀，著述《道德经》，系统阐述了他的哲学主张。作者读《道德经》，认为上篇《道经》有三个要点："道可道，非常道""大象无形""天人合一"；下篇《德经》有三个要点："无为无不为""有与无"和"上善若水"。结尾一句"圣人之道，为而不争"，点出了"上善若水"的真谛，也勾勒出中国传统文化的核心特征。简单来说，老子倡导"道法自然""无为而治""为而不争"等，其思想核心是朴素的辩证法，对后世产生巨大影响。

老子的这些思想，是从哪里来的呢？据史载，他曾长期担任周王朝的守藏室之史，相当于国家图书馆馆长，负责管理各种书简。整个周王室图书馆之藏书尽在一人之手，老子本人又聪颖博闻，不可能不饱览群书（竹简、绢帛等）。这些藏书内容丰富，包括夏商周以来的礼乐、文教、术数、各诸侯国历史等，当然也包括原始版的《诗经》《尚书》《易经》《乐经》等。从这个角度来说，是夏商周文化滋养了老子。再加上春秋末期天下大乱，礼崩乐坏，而老子两度担任守藏室之史，或受权贵排挤、或因管理原因被问责免职。身处这样的时代、遭受这样的人生际遇，使得老子思维内敛，善于思考并洞察世事，终成一代哲学大师。

"无为"是老子最具特色的哲学思想之一。当时诸侯混战，统治者横征暴敛，胡作非为。统治者的"有为"就是妄为苛政，肆意放纵。对此，老子极力呼吁统治者为政要"无为"，实行"无为而治",不要过多干涉老百姓。他还说"我无为而民自化,我好静而民自正,我无事而民自富,我无欲而民自朴"。他提倡的"无为"不是不为,而是不妄为、不乱为。孕育老子"无为"思想的文化土壤显然是春秋末期天下大乱,士阶层既试图改变社会现实,又寻求精神上的超脱。遗憾的是,很少有人能够真正理解老子的思考,"无为"往往被后世许多人理解成无所作为了。

孔子(前551—前479),名丘,字仲尼,鲁国陬邑(今山东曲阜)人,他与老子是同一个时代的人,比老子年轻约20岁。孔子的祖上是宋国栗邑(今河南夏邑)贵族(商汤后裔),其父亲叔梁纥为避宋乱逃到鲁国的陬邑定居,担任陬邑大夫。孔子出身贵族,不过他三岁时父亲去世,其母亲颜徵在被父亲的正妻驱赶,带着他和庶兄孟皮来到曲阜,过着清贫的生活。

少年时,孔子勤奋好学,也很关注国家大事。从20岁起,他当了小官,先后管理仓库、畜牧等。大约26岁时,他开办起私人学校,提倡"有教无类",并渐渐有了名气。30岁时,孔子受到齐景公、晏婴等人召见,一起探讨秦穆公称霸的问题。孔子博览群书,深受夏商周文化的影响,30多岁时知识已很渊博,孟懿子、南宫敬叔等名流都来向他学礼,相传孔子也到周王朝问礼于老子,问乐于苌弘。后来,齐景公问政于孔子,孔子宣扬"君君,臣臣,父父,子子"的理念,阐述了他的伦理思想。在其他场合,孔子还提出"仁政""仁义"等理念,批评当时一些诸侯国的"无礼"行为,并鲜明地提出"苛政猛于虎",倡导人们克己复礼。大约四十七八岁,孔子退隐,在弟子协助下专心修订《诗》《书》《礼》《乐》等。50岁左右,孔子被鲁国当政者季氏任用为大司寇,行相权,促使鲁国政治风气蔚然一新。55岁时,孔子失势后离开鲁国,与部分弟子周游卫、曹、宋、郑、陈、蔡、叶、楚等列国长达14年，游学四方并宣扬自己的主张，在这期间多有磨难。68岁时，孔子回到鲁国，继续从事教书育人和文献整理工作，包括修订《易》《春秋》等，直到73岁病逝。

孔子一生教化天下，提出许多很好的教育思想；整理、编修大量典籍，为后人留下了一大笔丰富的古代文化遗产。他去世后，其弟子为他守墓三年，在墓地周围形成上百人家的聚落，被称为孔里。孔子的故居被改为庙堂，后世还在各地设置孔庙，奉祀和景仰这位先贤。

《诗》《书》《礼》《易》《乐》《春秋》等从远古留存下来，历来属于王室贵族所有。孔子长期徜徉于这些典籍之中，吸收其中的文化精髓，使自己成为博学者。晚年又整理修订这些典籍，其思想学说自然也源于此。其中关于"仁""德"思想，是对商周时期周公、管仲等人勤政爱民观念的继承，当然，孔子将其提升并理论化了。儒家认为，人的最高道德就是"仁"。其关于"礼""乐"思想的形成，源于商周以来中国浓厚的礼乐文化。孔子对商周礼乐制度非常熟悉，也很崇尚，对春秋以来的社会现实采取抨击态度，号召人们"克己复礼"。这里的"礼"，既包括外在的礼仪，更包括人伦之理、政治伦理。孔子倡导"仁""德""礼""乐"的背景，恰恰是春秋末期仁德尽失，礼崩乐坏。他所提倡的，是一种类似于商周时代的、以人道主义为基础的、"君君、臣臣、父父、子子"等级分明的社会秩序。

孔子创立的儒家学说是对中华文明在经历了夏、商、周之后的继承、总结、概括和创新。尤其是商周以来的尊尊、亲亲文化，成为儒家的思想基干，而儒家思想后来又成为中国国学的基干，成为此后两千多年中国封建时代的主导思想。换句话说，正是华夏文化的肥沃土壤孕育了孔子、孕育了儒家等文化，自然也就孕育了中国国学的主干。

儒家学说创立后,刚开始时并不受各国统治者待见。孔子名气大,所到之处,列国国君大多能以礼相待,但对他的学说则不置可否。这也说明,在列国纷争、崇尚武力的时代,提倡"仁德""非攻"也有不合时宜、不适应社会竞争需要的一面。

(二)夏商周及春秋文化在百家争鸣中传承发展

进入战国之后,周王室更加衰微,已无法掌控整个社会文化。与此同时,各诸侯国的统治者为了壮大自身实力以便争夺土地、人口,兼并他人或不被他人兼并,他们往往重视文教、开放言论、招揽人才,以为我所用。这种背景,促成各种学说如同雨后春笋般勃兴,形成百家争鸣的文化奇观。

既然是百家争鸣,当然会有新学派的诞生,也有旧学派的传承与发展。新学派的代表,包括墨家、兵家、法家、名家、纵横家、杂家、农家、小说家、阴阳家、医家及它们的学说,旧学派的新发展则包括道家、儒家的进一步完善升华。各学派新涌出的代表人物有墨子、荀子、庄子、列子、韩非子、商鞅、申不害、许行、告子、公孙龙、孙武、孙膑、张仪、苏秦、慎子、邹衍、鬼谷子等,可谓群星闪耀。

在百家争鸣中,除了老子、孔子,另外一些重要人物也提出了许多富有时代意义并影响后世的主张。

庄子也以"道"为宇宙的根本,认为"道"存在于一切事物之中,是万物存在、变化的根本和依据。庄子(约前369—前286或前278)名周,魏国人,是道家的第二位重要人物。他留下的著作《庄子》(又称《逍遥游》)大部分是寓言,颇有想象力。庄子用这些寓言来阐述老子的自然思想。他对当时的社会现实不满,认为社会"福轻乎羽,祸重乎地"。他厌恶世俗生活,追求摆脱世俗羁绊的逍遥自由，注重发挥人的自然天性。他心目中的圣人、真人，是吸风饮露、游于天地正气之中的人。他追求超凡脱俗，达到不为任何是非、好恶、喜乐"内伤其身"的境界。对于那些追逐世俗名利的人，他讥之为麻雀与蝉，不识鲲鹏的广阔天地和宏大志愿。庄子把生死看作有如春夏秋冬的转换，纯属自然，"不知说（通'悦'）生，不知恶死"，甚至认为死是摆脱了世俗烦恼而"反其真"，在妻子死后"鼓盆而歌"。庄子看整个天地都充满了生机，一草一木、一块石头甚至一个髑髅，都是有生命的东西，物我不分。《庄子·齐物论》里"庄周梦蝶"的故事颇有玄幻色彩。庄子写的"齐物论"，其中"齐"是"一齐"的意思，即整体，万物一体，万物平等。庄子认为，人若能"齐物"，就可以逍遥自得了。他还表述，人的意识若能超脱生死、苦乐、是非，就能达到逍遥的境界。

在社会动荡之际，追求和平、安宁是许多人的心愿，道家的清净、避世、无为思想迎合了当时老百姓特别是士人的精神诉求，人们能从中找到心灵慰藉。老子、庄子的价值观超越了他们所在的时代，古今中外的哲学家、诗人、艺术家有很多都沉浸在老庄的精神世界里，在其中汲取灵感。

孙子提出战争的最高境界是"不战而屈人之兵"。孙子（约前545—约前470）名孙武，齐国乐安（今山东惠民县）人，军事家、政治家。其著作《孙子兵法》是中国现存最早的一部兵书，也是世界上最早的兵书。全书共13篇，系统展现了孙子的军事理论与谋略。该书深刻指出了战争与政治、经济的关系，提出决定战争胜负的五个基本因素是道、天、地、将、法，其中首要的是政治因素，即是否得人心；提出许多杰出的命题，如"知彼知己，百战不殆""攻其无备，出其不意"等，反映了战争的一般规律。

《孙子兵法》是战争年代的"特产",其军事理论对我国古代军事思想产生过重大影响,后来还流传到国外,很早就有日、英、俄、德、法等译本,成为世界军事文化遗产。

美国军事学家托马斯·菲利普斯给英译本《孙子兵法》写了个序,里面提到西方"兵圣"克劳塞维茨的《战争论》和中国"兵圣"孙武的《孙子兵法》。他对比了两者的思想理论,认为孙子属于现实主义的中庸论,克劳塞维茨属于理想主义的绝对论。以克劳塞维茨为代表的西方军事理论追求理想主义、完美主义,认为取胜就要胜得彻底。克劳塞维茨就曾讲过,在战争中最终解决问题的是战斗,是流血。消灭敌人,不仅消灭敌人的肉体、物质力量,还包括摧毁敌人的精神力量。战争一定要达到最完美、最理想的结局才行。而以孙子为代表的中国军事理论,强调攻心为上,战争的最高境界是不战而屈人之兵,不一定非要把敌人都消灭光。菲利普斯很赞赏中国式的军事思维方式,认为孙子的思想在今天仍然适用。

墨子的思想核心是"兼爱""非攻",反对亲疏、等级,倡导人与人平等互爱,反对侵略。以此为基础,他提出尚贤(唯才是举)、尚同(众人同心)、天志(尊重自然规律)、明鬼(以鬼神之说警示)、非命(自己掌握命运)、非乐(摆脱等级礼乐制度)、节用、节葬等。墨子(约前468—前376)名翟,战国初期宋国人,墨家学派创始人和主要代表人物。墨家思想的本质是和平、亲爱、反战,这些在当时很能满足中下层老百姓的普遍诉求。在实际生活中,墨子和墨家学派其他人重视知识和技艺,崇尚自苦利人,墨子本人就是一个造车的工匠,据说他曾制造出一只能飞的木鸢。因此,墨家在社会上拥趸很多,其学说影响很大,与儒家学说并称为"显学"。

墨子的思想中既有老子的清静无为，又有孔子的"爱人"，反映出百家争鸣中各派学说相互学习借鉴。后世研究者有人这样评价墨子："墨子是我国古代思想家中第一位对旧有文明的缺失明白指出的人，他有《墨子》一书传世，文体用演说体，是中国古代著作唯一用这种体裁写成的。他认为旧有文明有许多不合理和自相矛盾之处，例如杀人者死，而战争则为人歌颂，窃珠玉鸡犬者为盗贼，而夺人城池国家者则为功臣。此外对于贫富不均、政治世袭以及虚饰浪费等现象均表示不满。因此他认为社会要通盘改造，以建立社会的新秩序。"[1]

荀子批判吸收并创造性发展了儒家思想和理论，创立了朴素唯物主义哲学体系。他提出性恶论，主张"礼法并施"；提出"明天人之分""制天命而用之""人定胜天"等思想。荀子（约前298—前238）名况，字卿，战国末期赵国人。他曾三次担任齐国稷下学宫的祭酒，两度出任楚兰陵令，晚年在兰陵县（今山东临沂市辖县）著书立说，收徒授业。对物质与精神的关系，他认为"形具而神生"，即物质形体是第一性的，精神依附于物质形体而存在，是第二性的。他认为"道"是事物的普遍规律，看出了事物从量变到质变、后来居上的发展规律，"不积小流，无以成江海"，"青，取之于蓝，而青于蓝；冰，水为之，而寒于水"。由于思想文化的"层累""扬弃"等效应，荀子能够批判地吸收借鉴各家学派之所长，成为先秦百家争鸣的集大成者。他同样整理传承《诗》《书》《礼》《乐》《易》《春秋》等典籍，使得这些典籍在孔子编订的基础上更加体现儒家的思想观念，促成这些典籍自秦汉起成为儒家经典、国学经典。

---

[1] 傅乐成：《中国通史》，中信出版社2014年10月版，第93页。

孟子的"性善说"较早从哲学层面来探讨人性，并成为其理论的基石。孟子（前372—前289）名轲，字子舆，邹国（今山东邹城东南）人。他比孔子晚生约180年，是儒家学说的第二号代表人物。他继承了孔子的思想又有新发展，包括提倡"仁政"、施行"王道"，其"民为贵，君为轻"的思想具有一定的民主价值。但他又认为"劳心者治人，劳力者治于人"，把"君子"与"野人"分得很清楚。孟子的思想言论集中体现在《孟子》中。

三、先秦国学框定后世国学的发展

先秦文化包括夏商周文化、春秋战国文化，但是现在很少讲夏商周文化了。正像上文所说，春秋战国时期的文化大繁荣是在夏商周文化土壤中生成的，孔子、荀子等人对此前的华夏文化进行了系统整理，使得春秋战国文化已经继承、融合了夏商周文化，同时又有新突破。

春秋战国时期出现的中华文化的第一次高潮，也正是中国国学的第一个高潮。此时的国学，既包含道家、儒家、墨家等学说，也包含其他诸子百家文化，以及官方的、民间的其他文化学说。

文化发展有其自身规律，后一代文化通常是在前一代文化基础上发展起来的。但这种发展，存在几种可能：一是后者对前者继承并简单维持，或小修小补；二是后者对前者完全否定、抛弃，出现了断代；三是后者对前者批判、扬弃，既继承又创新，取得超越前者的成就。春秋战国文化对夏商周文化的继承和创新，就属于第三种情况。

那么，春秋战国文化，或者说先秦国学确立后，后世国学与它是一种什么样的关系呢？是简单维持、小修小补，完全否定、抛弃，还是批判继承、扬弃、超越？或许很多人希望是第三个答案，不过由于实际情况较复杂，需要进行具体分析。

先秦国学，内容庞杂。到战国末年，一些学说已经式微，而一些学说则更加完善。但无论哪种学说，都不居于官方认可的统治地位。因为当时诸侯割据，国家尚未统一。秦朝统一后，天下初定，秦始皇为了维护其统治地位，崇尚法家学说，"焚书坑儒"。春秋战国以来言论相对自由、文化繁荣的局面，至此戛然而止。焚书坑儒，焚的是诗、书，坑的是术、士，而术士之中既有江湖方术之士，也有崇尚儒家文化的知识分子。总之，秦始皇压制的主要是儒家学说，许多先代典籍被焚毁，"六艺从此缺焉"，《乐经》很可能就是这时候失传的（也有人认为是汉初失传的）。

《乐》又称《乐经》，一般是指在周代被奉为经典、作为雅乐核心而存在的"六代乐舞"，又称"六代之乐"，包括黄帝之《云门大卷》、唐尧之《大咸》、虞舜之《韶》、夏禹之《大夏》、商汤之《大濩》、周武王之《大武》。《乐》主要用于祭祀，其中《云门大卷》祭天、《大咸》祭地、《大韶》祭四望、《大夏》祭山川、《大濩》祭先妣、《大武》祭先祖。周公时将"六代乐舞"规范成礼祭制度。《周礼》云："乐依乎礼。"《礼记·乐记》中亦曰："大乐与天地同和，大礼与天地同节。"《乐》的失传是中国文化史上的一个重大损失。《乐》囊括了中国古乐的精华，《乐》之美妙曾令孔子等人如醉如痴。我们现在已经无法领略《乐》所表现的天籁之音了。然而，《乐》的失传可能并非出于偶然原因。《乐》的产生主要源于祭祀，西周至东周的《乐》主要体现的是对"自己祖先"的祭祀、对"自己文化"的歌颂。由此可以推论，秦、汉两朝怎么肯继续沿用前朝祭祀"自己祖先"并歌颂"自己文化"的《乐》呢？《乐》失去了生存的文化土壤，它的失传也就似乎是注定的了。《汉书·艺文志》早就说过，"周衰而乐亡"。

随着西汉帝国的兴起，统治者意识到文化高压政策不利于统治。到汉武帝时，重用董仲舒，"罢黜百家，独尊儒术"，儒家学说逐渐显赫起来，此后成为历朝历代统治者的一家之言。这其实也是一次文化浩劫。"百家"被罢黜之后，虽然没有被强力压制，但是很难再成为显学，只能在民间流传，成为民间文化。儒家被"独尊"后，成为国家正统理论学说，但它也是被阉割过了的，先秦儒家倡导的"仁政""爱民""民贵君轻"等思想被削弱了，而"君君，臣臣，父父，子子"和忠、孝、礼、义、廉、耻等对维护统治秩序有利的观念则得到大力宣扬。

隋、唐两朝，儒家的独尊地位日趋稳固。隋文帝为了改革魏晋南北朝以来任用官吏的贵族世袭制度，决定实施科举考试，下令各州选派生员参加"秀才"考试。隋炀帝初年又增设进士科，中国长达1300多年的科举制度从此开始。科举制度的确立，意义重大。它带动了教育发展，对国民文化的提高很有利，且考试本身相对公平，从文人中选拔官吏也有助于改善吏治。但教育、考试的内容大多被限制在儒家经典"四书""五经"之内。中国知识分子的思维从此被长期禁锢在儒家学说（尤其是其哲学、伦理学）范围之内。

继先秦儒学、两汉经学以后，儒家学说演变发展的第三个重要形态是宋明理学。由北宋二程（程颢、程颐）兄弟创立、南宋朱熹完成的理学，迎合了赵宋王朝重建封建统治秩序的需要。它是一个以儒、释、道三教合一为特征的新儒学，核心观念是"理"，强调"存天理，灭人欲"，并提出一系列重要的道德规范和修行方法。明代的阳明心学是理学的新发展，它不是唯心之学，也不仅仅是心理之学，而是中国古代思想家既强调道法自然又主张天人合一，更重视人的主观能动性等一系列哲学思想的集成之学。

清代嘉庆以后，儒家学说再无发展。

至于道家，它在中国文化史上的影响宽度不如儒家，但影响的深度却强于儒家。正如有学者所说："道家学说在中国政治上最为显赫的有三个时期。一是汉初的'黄老之治'，二是魏晋玄学，三是到了唐朝，经统治者抬举，老子被戴上'太上玄元皇帝'的桂冠。道家的政治思想贵清静、尚无为，每当历史经过了一段战乱以后，这种思想就会对那个时代的政治产生强有力的影响。它与儒家在政治地位上彼此起伏，成为中国封建社会盛衰治乱的晴雨表。……道家思想在中国历史上的作用不仅仅停留在社会经济和政治生活的表层。老庄的认识论方法还从哲学和艺术两个方面对中国传统的思想文化产生深刻的影响。汉代儒家董仲舒，创立了以'三纲五常'为核心的新儒学，取得一家独尊的地位，而高居于'三纲五常'之上的是'道'，它成为支撑这一儒家纲常的哲学框架。宋明理学的兴起，取得了封建社会后期正统思想的地位，而理学也同样是以道家思想作为其论证手段的（同时也吸取了佛学一些思想方法）。可以说，儒家之所以取得两千多年封建社会中的统治地位，为整个封建社会统治者所接受，是它借助了道家的思想方法作为自己的哲学基础，使自己的纲常名教不断趋于丰富和完善，并更加系统化、哲理化。"[①]

佛教属于外来文化，自从东汉逐渐传入后，对中国社会带来巨大影响。佛教宣扬众生平等、皆能成佛，通过修行能够脱离苦海，宣扬因果报应，提倡乐善好施、诸恶莫作等，受到当时一般民众欢迎，上至帝王将相、下至黎民百姓都有信奉者。其影响一直持

---

① 林震浩：《中国文化史三百题》，上海古籍出版社1987年11月版，第483页。

续至当今。佛教理念比较平和，历代统治者大多能够容忍，在民间也一直存在。但传统佛教强调脱产修行、禁欲、不育，一度不被接受。南北朝时佛教曾因过度盛行、大修庙宇，对社会产生不利影响，后来出现过"三武灭佛"之事。

儒、释、道之外的其他学说，有的因为理论体系不健全，消失在历史长河中。有的则成为民间文化，在少数受众中流行。而有的作为专业理论，在专业领域获得发展，如中医中药学等，延续至今。

从实际情况看，后世国学两千多年的发展，是先秦国学的延续，是被先秦国学框定了的。后世儒家的两汉经学、宋明理学和道家的其他理论，都难以超越先秦儒家、道家的基本理论学说。程朱理学、阳明心学对儒学虽有所发展，但显而易见，它们均参考借鉴了道家的哲学思维、释家的心灵修炼方法。正如冯友兰先生所说："故两千年来华夏民族所受儒家学说之影响，最深最巨者，实在制度法律公私生活之方面，而关于学说思想之方面，或转有不如佛、道二教者。"

四、新国学——近现代以来的呼唤

上文说过，不同文化土壤孕育了不同文化，也塑造了不同的国民性。中国人的国民性是由中华文化塑造的，在近现代以前，主要是由传统国学塑造的。

鸦片战争以来，中国封建社会的种种弊端在西方现代文化传入中国之后逐渐暴露出来。强烈的危机意识，促使中国知识分子觉醒，他们奔走呼号、摇旗呐喊，试图通过改造中国传统文化，变"传统中国人"为"现代中国人"。但是，改什么？怎么改？怎样认识中国传统文化、对待传统国学？针对这些问题，有人主张中学为体、西学为用，有人主张全盘西化。无论哪种主张，都同意引进西学，只是在引进的程度上、如何看待中国传统文化上观点不同。

清末洋务派代表冯桂芬、张之洞等人践行"师夷长技以制夷"。他们所主张的"中学为体、西学为用"是以中国传统伦常文化为根本，以西方科技为应用，实际就是在维护封建制度文化的基础上，学习西方的技术皮毛。

作为新文化运动的主将，胡适曾被不少人当成"全盘西化论"的代表。没错，他确实在《中国今日的文化冲突》中提出全盘西化，强调"中国必须充分接受现代文明，特别是科学、技术与民主"，"一个国家的思想家和领导人没有理由也毫无必要担心传统价值的丧失"。但是他主张破坏旧文化，却并非完全抛弃国学。相反，他所做的努力实际上依然是为了复兴国学。胡适曾在《新思潮的意义》一文中提出了复兴国学的路线图：研究问题——输入学理——整理国故——再造文明。他关注的重点其实就是改良文化土壤，再造文明。按照我们现在的理解，"整理国故"就是分辨什么是国粹、什么是国渣，以便正确对待传统国学，重塑"新国学"。

新国学，新在哪里？一方面，当然是去掉"旧"——旧思想、旧文化、旧道德、旧制度，简而言之就是去掉一切文化糟粕。应当承认，国学是几千年来中国传统文化的产物，其中的精华可赞、可学、可传，而其中的糟粕也在影响着中国人，酿成了国人的一些劣根性，诸如奴性、认命、缺乏民主精神和反抗精神，抱守过时的纲常伦理等。改造旧国学，应当把守旧、落后的东西统统去掉。另一方面，当然是增加"新"——吸收人类一切文明成果，学习引进西学中的优良文化土壤。西学中并不全是好的，也有落后的思想、文化、道德、制度，诸如人性自私论、丛林法则、政治虚伪等。不过，对于近现代以来西学中的自由、民主、平等，注重人权、契约精神、法治以及崇尚科学等人类文明成果，中华文化很有吸收的必要。

"早在抗日战争时期，国学大师冯友兰先生就提出一个富有时代气息的命题，叫作'阐旧邦以辅新命'。所谓'旧邦'指的是古老的中国和传统文化，与我们今天所说的'国学'内涵基本一致；所谓'新命'指的就是实现中华民族伟大复兴，立足于世界民族之林的现代化事业。"①

新国学既然还是国学，就应当是对传统国学中优秀文化的继承。那么，究竟哪些是优秀文化？这需要专家学者认真进行归纳、整理、盘点。仅结合现实，举几个例子：

比如"立德"。中国传统国学非常强调道德。"大学之道，在明明德"，"德"不仅是儒家学说的核心思想，亦是整个国学的精华。中国人重德，而西方人重法，重视道德的社会人际关系是温和的，而过于强调法治的社会人际关系通常比较冷漠。中国的"德"文化领先于西方，当中国真正德、法并举时，社会治理与和谐方面的成就很可能会优于西方。时至今日的中国，"明德"已是一件非常重要的事情，事关中华文化的质量，事关中国人的人性前途。"立德"应当成为公民教育特别是学校教育的重要内容。

比如"人本主义"。以人为本一直是中华文化最基本的特征，中国的人本主义是世界上最早的人本主义。中国民间虽有鬼神文化、鬼神信仰，但是在社会现实中人们都很重视以人为本。比如，重视家庭、追求邻里和睦、注重社会和谐，等等。以人为本的核心是对人的尊重，对人性的尊重。谁"以"呢？答案是：全社会。

---

① 李成武：《国学与领导智慧》，人民日报出版社 2011 年 1 月版，前言第 1 页。

比如"重道"。在中国传统国学中,"道"是客观规律,因此中国的哲学传统大多是唯物主义的。唯有尊重社会规律、自然规律,人类才能处理好与自然、与自身、与他人之间的关系。

比如"重品"。中国国学很注重人的品格。日本学者岩山三郎认为:"西方人看重美,中国人看重品。西方人喜欢玫瑰,因为它看起来美;中国人喜欢兰、竹,并不是因为它们看起来美,而是因为它们有品。它们是人格的象征,是某种精神的表现。这种看重品的美学思想,是中国精神价值的表现,这样的精神价值是高贵的。"

比如"和合"与"非攻"。墨子的"非攻"思想,几乎与儒家"和合"思想同时产生,奠定了中国人处理对外关系的基调和原则。"和为贵""和合""非攻"其实就是倡导和平,它是中国传统文化核心之一。长久以来,"非攻"一直是中国对周围世界的外交态度。中国如今已经进入世界军事强国行列,但先进武器在别国的领海领空从未使用过。中国的文化是和平的文化。

总之,如何对待中国传统国学、现代西方文化?焦点还是"中西并用"——古为今用、洋为中用。从近现代一直到今天,有识之士一直在呼唤"新国学"。创新国学,让国学不仅是一门高质量的学问,更能成为中国文化的灵魂,对此,中国的知识分子负有重任。

第十八讲　文化土壤与尊严

尊严是文化的人性表现形式。

——作者手记，2017年8月12日

日常生活中，人们时常提到"尊严"，如个人尊严、国家尊严、法律尊严等。那么，什么是尊严？简单地说，尊严是指人或具有人性特征的政治、文化等形态拥有应当享有的权利，并且这些权利被其他人所尊重。换句话说，尊严就是人格和权利受到尊重。

再也不会有一个像"尊严"这样的词语与"文化"二字贴得更近了。在不同文化土壤中，人的尊严是不同的：在专制制度下，统治者拥有尊严，被统治者缺乏尊严；在现代民主制度下，每个人都人格平等，拥有最基本的尊严，但因个人能力、社会地位、社会贡献的不同，实际享有的尊严也不同。

一、不同文化土壤中"长"出不同的尊严

尊严看不见、摸不着，却客观存在。现代人所理解的尊严，主要是指一个人或具有人性特征的形态（如政权、法律等）在人

心目中的印象：你干得好、讲道理、素质高、崇尚真善美、有威严、有地位等，就会受到尊重，享有尊严；你干得差、不讲理、素质低、表现假恶丑、无威严、地位低等，往往就会不受尊重，没有尊严。尊严包括自尊和他尊。当我们问"怎么样才能自尊自信，并赢得他人尊重"时，实际上是在问"怎么样才能获得尊严"。

作者的一个学生认为，人的尊严包括"三态"：一是"生态"，即生存状态。食不果腹、衣不蔽体，不能称为有尊严。二是"情态"，即情感意念。缺乏精神意志，没有主见、任人摆布，亦不能称为有尊严。三是"心态"。"富贵不能淫，贫贱不能移，威武不能屈"，坚守道义、不卑不亢亦有尊严。三者有机结合，缺一不可。这个理解有一定道理。

尊严对个人来说是一种体面的感觉，很多人一辈子都追求活得有尊严。但是，在不同文化土壤中，人们的"尊严观"是不一样的。例如：某些中国人很好面子，认为有势力、有地位、有钱财、成为"人上人"就有尊严；美国人、英国人、法国人等则尊重那些有独立人格的人，认为不管从事什么职业、什么身份，只要是对社会有价值的人都应给予起码的尊重；日本人尊重比自己强大、精神境界比自己高的人，轻视比自己弱小、精神境界比自己低的人。在尊严的风格上也有区别。英国人追求绅士般的尊严，法国人追求浪漫式的尊严，德国人追求严谨型的尊严，日本人以谦恭为尊严，而中国知识分子则追求君子式的尊严。

不能简单说，西方的尊严观比中国的尊严观好，实乃各有长短。它们是从不同的文化土壤中长出来的"植物"——有什么样的文化，就会有什么样的尊严观。不同的国家、民族、阶级、阶层，在不同的时代，会有不同的尊严观。

在古代印度，存在以血统论为基础、等级分明的种姓制度。

其中，婆罗门、刹帝利享有高贵身份和尊严；首陀罗身份低微，毫无尊严。

古代中国在夏商周时期，奴隶制的性质决定了奴隶主、官僚享有高贵身份，平民缺乏尊严，而奴隶没有尊严。进入封建社会以后，华夏民族的尊严意识觉醒，开始注重人格。不过，当时人们所讲的"尊严"主要是指君王、官僚和士阶层拥有的尊严。《荀子·致士》有"尊严而惮，可以为师"，汉代董仲舒的《春秋繁露·立元神》有"贤者备股肱，则君尊严而国安"，这两处"尊严"是说贤达、显赫的人尊贵而威严。

历史上，中国确实存在尊严弊端，中国人在特定历史时期内也缺乏人格尊严。但这并不等于中国人没有尊严、不讲尊严。事实上，中国在宋代以前是个很讲究尊严的国家。《尚书》《礼记》等典籍中的大量故事告诉我们：尧、舜、禹、周文王、晋文公、乐毅、管仲、晏婴等君王和士人尊严感很强，他们做出政绩，受百姓爱戴，老百姓也"仓廪实而知礼节，衣食足而知荣辱"。到了春秋后期出现"百家争鸣"，以儒、道、墨为代表的学说，着眼点是国强民富。老子认为，人们要尊重"道"，因"得道"而获得人格尊严。孔子等人认为，人们因为有仁、义之心而显得高贵，因道德高尚而拥有人格尊严；人在社会上找准自己的位置，"君君、臣臣、父父、子子"，就能获得相应的尊严。《论语·乡党》记载："厩焚，子退朝，曰：伤人乎？不问马。"与马相比，孔子在灾难损失面前首先关心的是人。墨子的"兼爱""非攻"思想提倡人与人平等、和平相处，只有社会和平安宁老百姓才会有尊严。

人格独立，是最大的尊严。先秦以来，中华文化土壤中就富含人格独立的因子，有很多这方面的故事。据《史记·伯夷列传》记载："武王已平殷乱，天下宗周，而伯夷、叔齐耻之，义不食周粟，隐于首阳山，采薇而食之。"伯夷和叔齐抱节守志、宁死不屈而饿死于首阳山的故事，体现了他们强大的人格魅力，赢得世人尊重。《礼记·檀弓》则记载：齐国大饥荒，有个叫黔敖的人在路上施舍食物。有饥饿者前来讨食，但看不惯黔敖有辱人格的施舍方式，便大声说："予惟不食嗟来之食，以至于斯也！"最终不食而死——行将饿死之人，在受辱之时仍能维护自尊而不吃嗟来之食，这种精神让人震撼。《礼记·儒行》则说："儒者可亲而不可劫也，可近而不可迫也，可杀而不可辱也。"中国古代士人大都珍惜名节，在性格上普遍刚毅。他们坚守内心的道义原则，不被高官厚禄所利诱，面对生死挟迫也不屈服。

中国古人的荣辱观，其实就是强调人格尊严。子曰："三军可夺帅也，匹夫不可夺志也。"春秋战国时期和后世的很多故事，反复证明了这一点。

为什么宋代以前，中国传统文化孕育出"知荣辱、重名节"的士人性格？或许可以这样理解：重人文、爱百姓是夏商周以来的中国文化传统。孔子、孟子、荀子等儒家先哲继承了前代思想，完善了儒家学说，形成中国士人的思想道德和行为规范，即"仁、义、礼、智、信"，"温、良、恭、俭、让"。"仁"是爱人，也就是尊重他人，做个善良的好君主、好臣民；"义"是正义，包括公平公正；"礼"是礼貌、礼节，也包括遵从君臣、上下等级分明的社会伦理；"智"是智慧，是掌握知识；"信"是信用，言而有信、言行一致。"温"是性格温存，为人温和；"良"是为人处世要品行端正，出发点好；"恭"是谦逊，低姿态，恭敬别人；"俭"是洁身自好，收敛心性，行为检点有度；"让"是礼让，与人相处不争强好胜等。

起初，儒家学说对所有人——君王、臣子和普通百姓都是一视同仁。也就是说，就算是君王也要讲"仁、义、礼、智、信"和"温、良、恭、俭、让"。甚至，要求君王先要"爱民"，施"仁政"，臣子和黎民再报以"忠君"。从这个角度说，古典的儒家学说认为君权与民权相对平等，权利与义务相对一致。正因为这一点，该学说受到当时士人的普遍欢迎。

宋代以前，在传统儒家思想指导下，中国人总体来说享有一定的人权和尊严。到了元明清三代，特别是元、清二代，初期均施行高压统治，老百姓被迫臣服乃至驯服，人格尊严严重丧失。

近代以来，清政府在对外战争中屡战屡败，被迫割地赔款，国人曾经的高傲被无穷无尽的屈辱所取代。民国后，中国经济社会虽有所发展，但半封建半殖民地社会的性质没有根本改变，加上军阀混战、日本帝国主义入侵，百姓流离失所，中国人根本谈不上尊严。当时甚至有"东亚病夫""华人与狗不得入内"之说，这些都曾经深深刺痛过国人的神经。新中国成立后，特别是抗美援朝一战，世界才意识到中国不容小觑，中国的国家尊严开始恢复。遗憾的是，国家在发展中经历挫折，"文革"成为践踏人权、摧残人的尊严最为严重的时期。改革开放后，中国经济、社会、文化、科技、军事迅速发展，中国人生活越来越好，国家实力越来越强，国家尊严和个人尊严也渐渐提升起来。

罗素说："中国人，从最高层到最底层，都有一种冷静安详的尊严，即使是欧洲的教育也往往摧毁不掉。从个体到全民，他们并不自我肯定，他们的自豪过于深沉以至于无需自我肯定。"他还说："中国具有古老的文明，现在正处于急剧的变化过程中。如果我们期望西方国家与中国的交往富有成效，我们必须停止把我们自己看作一种更高级文明的传教士。"

西方人的尊严观也经历了很大变迁。在古代欧洲，尤其是中世纪以前,"尊严"一词主要用于哲学和宗教范畴,强调每个人都应追求理性和道德良好,这样才能获得尊严。在奴隶主、封建领主、官僚和普通大众眼中,君主、教皇享有至高无上的尊严,贵族——哪怕是落魄的贵族也拥有尊严,而奴隶、农奴是没有尊严的。文艺复兴和思想启蒙运动之后,"尊严"与人格、权利、自由等联系起来,成为人权的精神产物。托马斯·霍布斯、康德、黑格尔、马克思等人对人类尊严进行了研究,提出各自的尊严观。人们越来越认同这样的理念:人人生而平等,天赋人权——也就是上天赋予人类最基本的尊严;在此基础上,想要获得更大的尊严,还需要付出努力。

西方近现代以来人权斗争的结果,推动了平等、自由、民主的理念在欧洲日益普及,并传播到全世界。西方社会文化土壤由此发生了巨大变化,尊重人权、崇尚尊严日益成为潮流。这种新的尊严观,颠覆了过去奴隶制、封建制时代不平等的尊严观,具有很大的历史进步性,推动了人类文明进步,是人类重大文明成果。

在美国,人们的确能感受到"美式尊严"。作者接触过美国的白领、蓝领和一些官员、知识分子,也到过白人家和华人家做过客,他们很有风度,那种彬彬有礼给人留下很深印象。美国的各种基础设施有两大特点,一是先进,二是便利。诸如专为盲人设立步行道、卫生间等,处处体现出以人为本的理念。没有去过欧美的人,也可以在《茶花女》《罗密欧与朱丽叶》《葛培丽娅》《魂断蓝桥》等作品和剧目中感受到欧美人的绅士风度和尊严环境。

应当承认,人家的葡萄不是酸的。欧美文明是人家的好东西,同时也是人类的好东西。当年,以盎格鲁·撒克逊人为代表的一批北美开发者,是一批清教教徒,也是现代新尊严观的持有者和传播者。他们尊重人人平等，提出信仰自由，没有将欧洲旧的尊严观和非理性的宗教战争带到北美大陆，相反，还有意识地在制度设计中抑制专制主义的滋生。华盛顿、约翰·亚当斯、杰弗逊等人领导的美国独立战争胜利后，他们没有选择当欧洲式的君主，而是选择当一个自由民主国家的"最高公务员"，并设计和维护资产阶级式的民主国体与政体。他们把文艺复兴和思想启蒙运动中的优秀理念带到了北美大陆。天赋人权、自由、平等、博爱，构成美式尊严的基础。

欧式尊严和美式尊严稍有差别，美式尊严对人权的敬畏、对人的尊重似乎更彻底，但两者性质相同，都是现代人类文明成果。不过，它们并不完美，存在着历史的局限性和虚伪性。对于欧式尊严和美式尊严，人们往往只看到一条象腿，而不是一只完整的大象。过去，欧洲人长期受到封建等级观念和血统论的影响，可谓根深蒂固。就算是文化精英极力倡导天赋人权、人人平等，要平等看待他人，但是一般民众还是很难完全享受这些先进理念。创造了英美主流文化的盎格鲁·撒克逊人，如今拥有了"高贵血统"，心底深处还是看不起其他种族。说起历史，当年他们在欧洲曾以海盗闻名，再往前推，其祖先还是在北欧森林中打猎的"野蛮人"呢。如今他们中的一些人却自我感觉优越、过度自尊，由此带来思想性格上的傲慢与偏见。

在美国，"种族优越感"深刻存在，成为该国文化的一个显著特征。时至今日，千万不要以为美国人都认同黑人与白人、穷人与富人是平等的，应享有同样的尊严。许多中国人在美国，感受到的尊严只是一般性尊严，大的尊严人家不会轻易给你。没有多少美国人会选你当议员，也没有多少人会轻易尊重你。在日常生活中，美国人看不起谁也不会在面孔上轻易表露出来。作者在美国有个粗浅的感觉,中国人在这里有安逸感,但没有成就感;没有压抑感,但也没有快乐感;没有多少矛盾,但也缺少亲和。

在欧洲,作者在一个国家的博物馆参观,与同伴取用导游翻译机时,发现有英语的、法语的、西班牙语的、日语的,唯独没有中文翻译机。看着旁边等待的参观者中有不少是中国人,作者问服务员:中国游客这么多,为何有日语翻译机却没有中文翻译机?他想了一下,说出了一句令人感到意外的话:"我们尊重日本人。"作者说:"你尊重谁那是你的事,我没希望得到你的尊重,在尊重我们的人群里没有你这种人。我今天只要求你们提供收费后必要的服务。"他们的这种做法,似乎在诋毁别人的尊严,其实是在撕掉自己的尊严面具。2014年11月,中欧圆桌会议在成都举办,作者在发言中讲了这个例子,参会的欧洲议员们无言。

作者曾在《异化的尊严》(新华网2014年2月24日)一文中,将当今世界引发各种矛盾的根源,归纳为"利益、主义、教义":一是利益。利益是国家与国家友好或交锋的出发点,也是落脚点。外交谈判中的唇枪舌剑,领土之争中的大炮轰鸣、硝烟弥漫,你争我夺的贸易之战,最后都落在"利益"二字上。二是"主义"。在过去几百年内,人们对各种"主义"有许多纷争,尤其是对社会主义和资本主义有不同认识。君不见,中国人选择的"主义"创造了成就之后,某些"主义"就受不了了,于是掀起了新一轮贸易战、科技战、人权战和军事威胁。隐藏在这些"战"背后的依然是"主义"之争,而且还会愈演愈烈。三是"教义"。一神教创立以后,宗教战争就一直是人类历史的一个热点,特别是欧洲的中世纪史简直就是一部宗教战争史。现在,基督教国家与伊斯兰教国家之间的矛盾冲突依然十分突出。相比于尊严,以上三者是更深刻的东西。优雅的欧美绅士们从未直接把上述这些道理告诉别人。人们的利益不同、立场不同、思想意识形态不同,对人性、对人的尊严理解也不同。

二、理性产生尊严

现在世界各地的人们,大多数都认同"拥有尊严是每个人的天生权利",但中世纪以前的欧洲和五四运动以前的中国,根本无法实现人人享有尊严。"人人享有基本尊严"不是天生的,是人类社会发展到一定阶段,经过人权斗争才形成的。人,只有拥有基本的人权,才会享有基本的尊严。

尊严,有个人尊严也有国家尊严,有自尊也有他尊。尊严的内核是理性,无论是个人还是集体、民族还是国家,都要在理性指导下行事才能赢得自尊和他尊。理性是近代以来康德、黑格尔等人开始倡导的,他们的"理性"主要适应资产阶级的需求,有一定局限性。而我们所理解的理性,内容更宽泛,包括:正确认识人性、尊重人权,摒弃特权;发扬人性中的善,限制和防范人性中的恶;倡导人格平等,摈弃优越论;尊重科学、进步,反对非科学和落后;尊重客观规律;弘扬真善美,摒弃假恶丑,等等。

回顾历史,人类一共经历过四个思想崇拜阶段:第一阶段是神崇拜,包括日月崇拜、神灵崇拜、生殖崇拜、动物崇拜、山林崇拜、祖先崇拜等。这个阶段时间最长,从人类开始产生直至今日。第二阶段是权力崇拜。随着原始社会的结束,人类进入奴隶社会,酋长、奴隶主的出现使人类开始崇拜权力。这个阶段的时间短于神灵崇拜,但比后两个阶段的时间都长。第三个阶段是财富(金钱)崇拜。从封建社会中后期特别是进入资本主义社会以后,人类开始崇拜财富(金钱),也就是马克思在《资本论》中讲的"拜金教",这个阶段大约有1000多年时间。现在人类进入第四个崇拜阶段,即真理崇拜——崇拜公认的真理、客观规律、理性、科学。在人类整体进入第四个崇拜阶段后，前三种崇拜并没有消失，而是相互交织，宗教崇拜、权力崇拜、金钱崇拜甚至愈演愈烈。

人类在不同崇拜阶段，有着不同的尊严观。在神崇拜阶段，敬仰神灵者才有尊严；在权力崇拜阶段，谁拥有权力谁就拥有尊严；在财富（金钱）崇拜阶段，拥有尊严者显然是有钱人；到了第四个崇拜阶段，理性者——即尊重科学、尊重客观规律者才拥有尊严。

西方人曾有过很长一段时间的非理性的历史。尽管自由、民主、平等是他们提倡的，但他们自己也做不到，反而崇拜金钱，崇尚"尊严只在剑锋之上"。中国人也曾有过一段不理性的历史。1840年以前，国人认为"人不如我"，鸦片战争战败之后又感觉"我不如人"。这不是个别人的心态，而是当时国民的普遍心态。百年耻辱深深地烙刻在中国人的心灵上，容易造成过度自卑。如今，中国开始走上振兴之路，"什么都想比别人强"又成了一种风气，或曰一种思潮。这其实也是一种不理性。大千世界就是这般怪异，有些东西本不是什么好玩意儿却很流行，比如感冒病毒；有些东西，人们一时一刻也离不开它，却没有人感觉到它的可贵，比如空气。骄傲好比病毒，理性犹如空气。

中国的尊严出现障碍，怨不得哪一个具体的人。中国的历史太长太久，它是一本非常厚重的书，千万不要轻易说"我读懂了"。任何一个理性的中国人都不敢这样说，因为他知道那样说了自己要露怯。一方面拥有丰富的文化底蕴，另一方面在现实生活中又存在许多不文明甚至野蛮现象——这才是真实的中国。能够清醒认识到这一点，才是理性的。

我们既要清醒地认识自己，也要清醒地认识别处的人类。要知道，我们不可能在任何方面都比别人强，更要知道，我们在哪些方面应该比人家强。比该比的，不比不该比的。大到制定国家战略，小到生活习惯，我们都应该具备这种理性。中国人内心强大的基石是既不崇外，也不崇古，既不盲目自卑，也不盲目自大。处处体现理性，这样才能赢得尊严。

一个人、一个国家是否享有尊严，不在他的"面子"，而在他的"里子"。尊严的深处是价值观。当我们捍卫尊严时，捍卫的也不是"面子"，而是"里子"——价值观。

尊严是一种强大力量。在现代社会中，一个有尊严的人、有尊严的国家，对周围的影响是不一样的。这种尊严，包含每一个有品位的人应有的品质——责任感、正义感。当我们富有正义感、责任感时，一定能享受到更多的尊重，也会获得更多人的认同。

三、欲有尊严必先有自尊

当代国人应该树立什么样的尊严观？当务之急，恐怕是要深刻改造旧的尊严观，树立理性的尊严观。我们既要吸收借鉴中国古代"以人为本""人格至上"的优良基因，又要吸收外国的自由、平等、民主、人权、博爱等进步理念。当我们按照新的尊严观去努力，并且做出良好成绩时，不仅自己拥有尊严，也会赢得世界的尊重。

中国文化传统深厚，留下不少别人没有的好东西，也积攒了比别人多的劣根性。一些旧的尊严观在社会上还有残余，有的还有很大影响。如今，日历已经翻到21世纪20年代，尊严的内涵已由农耕时代的仁、义、礼、智、信发展为以自由、平等、民主、法治为代表的现代尊严，自由、平等、民主、法治构成现代尊严的基础与核心。

要赢得他人尊重，必先学会自尊。在大连东鸡冠山上有一块石碑，上面刻着"乃木大将斩子处"。碑文记载的是在当年日俄战争中，日军主帅乃木希典派儿子率领部队攻打沙俄军队占领的东鸡冠山炮台，久攻不下，乃木当着士兵的面把儿子砍了。接下来日军买通俄奸，挖地道炸毁了俄军炮台，攻下阵地。事后，乃木立了这个石碑。作者看到经常有国内游客在石碑前拍照，心在流血。1985 年作者在《沈阳晚报》上发表一篇杂文，写道：与侵略者的所谓"壮举"合影，想留什么念？真是让人无语。这是在自毁尊严。

前几年，据国内媒体报道：在东北某个旅游景点，有人穿起当年日本"皇军"的军服拍照，还有人穿起更早的沙俄军服拍照。旁边还有专门做出租服装生意的小商贩。这里体现的也是某些国人思想上的麻木、文化上的混乱。说得重一点，是不懂自尊。

在别的地方，某些国人的不文明行为也使自己丧失了尊严。在 2018 年上海举办的进口博览会上，有上海大妈狂扫免费食品，丑态百出。2018 年有一则报道，因一些中国游客连吃带拿，生生让一艘外国豪华邮轮的免费餐食经营不下去。在 2019 年哈尔滨举办的一次马拉松赛上，路边为运动员准备的免费饼干和矿泉水又被一群大妈成箱搬走。这几桩事告诉人们，自己不自尊，别人就不会给你尊严。

我们经常可以看到电视播出的公益广告节目，出国旅游时不要这样、不要那样。真是奇怪，这些行为难道在国内就可以吗？如果平时没有在国内养成好习惯，又怎能在短时间到国外装文明人？

要赢得尊严，还需要培养勇敢精神。勇敢，应该是全人类的优秀品质。中国古人在一个相当长的历史时期内是勇敢者，而如今勇敢精神却缺失了很多。当一个人总是小心翼翼、唯唯诺诺的时候，他是很难拥有尊严的。

要赢得的尊严应该是理性的，而不是非理性的。我们在世界上很多地方看到美丽的庄园、整洁的道路；在歌舞剧院里看到观众不迟到、不早起身，穿着庄重，安静观看演出，有礼貌地鼓掌；在咖啡店里，看到来客举止文雅，低声说话；在医院里，医生对患者彬彬有礼；在民航飞机上，空姐的服务周到而随和。我们还看到典雅的建筑、高超的艺术。但真正泛在我们心底的波澜，是佩服人家真的有修养、讲尊严。

千万不要靠渲染来赚取"尊严"。那样做，只会适得其反。靠自我渲染来振奋民族精神、爱国热情，是畸形做法，不是理性行为。科技、文化取得成就，固然应该自豪，但过度渲染则是有害的。尤其是一些自媒体，大肆渲染、自吹自擂，似乎我们已经天下第一了。这种"捧杀"思维，一方面误导国人，将我们的自尊心建立在虚假之上，另一方面"震惊"了别有用心的人，为持"中国威胁论"者提供了借口。

总之，无论是自尊的形成还是他尊的获得，从根本上说在于文化土壤的优化。当我们破除某些旧的尊严观，树立理性的尊严观，并取得好成效时，一定能赢得尊严。

第十九讲　文化土壤与城市

城市是人类文化发展的第一个舞台。

除了高楼、商业和喧嚣，城市里应多装一点人性，多装一点文化。

——作者手记，2019年1月1日

现代城市是特定行政区域的政治、经济、文化中心。从历史角度看，城市主要是经济、政治、军事的产物，但同时也是文化的产物。有什么样的文化土壤，就会产生什么样的城市。

一、城市彰显文化土壤特征

人类进入农业社会以后，随着农牧产品增多、富余，人们有了交换需求，在水陆交通便利的地方便开始出现交易场所。后来随着商品贸易的兴盛，逐渐产生"坐商"，形成圩镇，在圩镇的基础上形成城市。在一些地方，城镇则在祭祀中心的基础上发展起来。城市的兴起，标志着人类走向新一轮进步。

纵观历史，人们可以发现，圩镇形成后的发展有不小差异。有的成为政治权力的落户地、行政中心，人口集聚，发展快速；有的成为军事重镇，也获得一定发展；有的成为纯粹的经济型城

想当年，出入这里的人是何等风光，而今，徘徊此间者是旅游观光

图28：以色列耶路撒冷市中心的古代城堡遗址

市，工商贸易发达。近现代，还有一些城市是因工业、矿产、科技兴起而形成的。

无论什么类型的城市，都彰显其文化土壤特征。例如，有的国家或民族信奉神灵、祖先等，在城市中往往建有祭坛、神庙等，人们聚集在那里祭天、祭地、祭神、祭祖。城市的建筑也体现出该国或该民族的文化观念，例如古希腊建筑多有神话人物雕塑，中国古建筑喜欢雕龙画凤等。而没有此类文化图腾的国家或民族，其城市就没有这些设施和风格。

在世界历史上，繁荣发达的城市层出不穷，如雅典、罗马、伦敦、巴黎、长安、洛阳、开封等。经济与文化的结合，生出一个个漂亮的孩子——城市，而不同的文化土壤造就了城市的不同特色。古今中外城市风格各异，稍加留心，我们便能从中体察到其背后不同的思想文化。

在美索不达米亚、埃及、中国、印度、欧洲以及南美发掘出

典型的哥特式建筑，里边在传播福音，外表则在讲述着艺术之美
图29：意大利米兰大教堂

的古代城市遗址中，人们可以清晰地看到其古代文明的踪迹。

欧洲古城的突出特点是"堡"。在英国、法国、德国、意大利、土耳其参观，人们发现古城堡很多。这些城堡一般建在小山上，大多只有两个门，其用途主要为军事，防御敌人。城堡里有敌楼、暗道等工事。这体现出古时候的欧洲国家之间、部族之间、宗教之间战争太多，不严密防守一点不行。

人们在雅典卫城看到古希腊时期的帕提侬神庙，这是一座为供奉古希腊神话中的智慧女神、战争女神、艺术工艺女神雅典娜而修建的神庙。该神庙代表了古希腊建筑艺术的最高水平，也充分体现了古希腊的文化特征。在意大利等欧洲国家，罗马式建筑风格主要体现在教堂上。整个教堂俯视图是个十字架，一进大门，通常是宽敞的长殿，两侧是耳房，正前方通常为半圆形的主殿。教堂建筑有多种风格，其中哥特式风格建筑的代表有法国巴黎圣母大教堂（巴黎圣母院）、意大利米兰大教堂、德国科隆大教堂、英国威斯敏斯特大教堂等。纵观这些大教堂，尖尖的屋顶、拱形门、花窗，选材上石木兼用，整体效果神圣、威严，给人以天国世界之感。这种风格后来还影响到世俗建筑。以上教堂建筑都是基督教（包括天主教）的产物，其整体风格、内饰绘画等完全体现中世纪基督教文化的特征。

在中国，各种风格、各种形态的建筑也无不在向世人展示其背后的文化土壤特征。白墙黑瓦的徽式建筑、高耸在大山之间的宫殿般的藏羌碉楼、雅致并充满亲情的北京四合院、外防内融的福建土楼等，仅是其中的几个代表。

它是在苏联时期特定文化土壤中"长"出来的最具代表性的哥特式建筑
图30：莫斯科大学主楼

城墙是中国古城的重要标志。考古工作者先后在河南洛阳、江西赣州、山西临汾等地发现了2000多年前的古城墙遗址。1995年，又在四川新津发掘出宝墩古城遗址，发现4000多年前古蜀人修建的规模宏大的城墙。城墙的基本功能是防卫，都城的城墙还体现出王权的威严。

与欧洲的城堡相比，中国的古城别具一格。它们通常方方正正，外城内市。城市的一般性功能中国城市都有，包括分为居住区（生活区）和商业区，方便市民生活和进行商品交换、商业消费；

驱车在川藏线上，大山之间，处处可以看到这样宫殿般的建筑
图 31：四川甘孜丹巴藏羌碉楼

建有高大城墙、护城河等作为军事屏障，保障居民安全等。同时，中国城市的规划、设计、布局、建设理念以及建筑风格极具中国文化特色，尤其体现风水观念。甚至可以说，风水是中国古城的文化灵魂。

风水文化认为，所谓风水宝地通常是指这样的地理位置：后有靠山（玄武）、前有案山（朱雀），左有青龙、右有白虎，中有明堂，水流曲折；住在这种藏风聚气的风水宝地，能够帮助人事业兴旺发达，让后代富贵显达。因此，古人在建造城市、房屋、墓穴时，都要选址；城市的规划、设计，都要体现风水学的各种理念。例如，洛阳、北京、西安、南京、沈阳、昆明、温州、衡阳、成都等城市，其选址、布局无不体现传统风水文化。它们大都讲究坐北朝南，四四方方，中有中轴；讲究依山傍水——前有照、后有靠；设置东南西北四个门，左青龙、右白虎、前朱雀、后玄武，希冀大展宏图、健康长寿等。新疆伊犁的特克斯城，甚至是完全按照阴阳八卦理念设计的，核心区为八条大道、64条街道，号称"八卦城"。

"田"字是中国汉字中的象形字，这里不妨把它看成是"城"与"市"的组合字，既是象形字，又是会意字。"田"字的四框是东、西、南、北四面城墙，中间的十字是城里的街道，十字的中心交叉点是钟鼓楼，这里是号召城里人集合和发布重要信息的地方，县衙、府衙即古代城市行政管理中枢一般也设在此处。以此为中心走向四个方向的四条街道分别是东、西、南、北街。四条街道的尽头与城墙的相接处是城门，分别是东门、西门、南门、北门。"田"字的四框相交处分别是城墙的四个角，通常建有四个角楼或叫碉楼，也叫敌楼，主要用于军事和防火瞭望。城墙、角楼、

院落是古老的，承载是厚重的
图32：合肥的徽式院落

瓮城等，主要功能是防御。如今这些功能已经消失，但它们仍体现出闪亮的历史文化价值。

"田"字形城市格局是中国古城的普遍特征，是在中华文化土壤中"长"出来的，体现的是在中国传统农耕文明背景下城市化的过程。

往深处思考后可以发现，"便民"和"开放"很早就是中国城市发展的一个主题。守好角楼和四座城门，目的不是封闭，而恰恰是为了保证城市的正常开放和安全。城门何时开？开早了，坏人响马容易混进来；开晚了，乡下进城卖菜的农民又抱怨，菜拉到城里已经不新鲜了，还可能误了早市。因此，城市要"开放"。基于"便民"理念，有人开始思考城里总共需要多少粮食、多少布匹，开几个铁匠铺才能满足马帮行商和军士们钉马掌的需要；有些商人看到有人并不贫困却手头一时缺现钱，便开起了当铺……商业、手工业的门类在消费需求和商业利润的推动下逐渐

土楼又称圆寨，内融外防
图33：福建龙岩永定土楼

齐全，并形成了专业化的市场。《木兰辞》中写到，花木兰决定替父从军后，"东市买骏马，西市买鞍鞯，南市买辔头，北市买长鞭"，这恐怕只是为了诗词的押韵，追求一种阅读美，实际生活中不会四条街都卖马具，只能集中在一条街上。此外，还有餐饮一条街、服装床具一条街、锅碗瓢盆生活用具一条街、锄犁斧镰劳动工具一条街、纸笔墨砚文具一条街等。商业分工和分类经营，体现的是中国古代城市建设和管理的智慧。如今一些城市还保留有牛街、骡马市、布街、盐市口等地名，都是过去商业街的遗留。

徜徉在早些年评选出来的中国四大古城中，人们会发现它们各具特色。城郭城垣保存最完好的是四川阆中古城，该城三面环水，一面靠山，风水极好。城内至今保存着四大古城中最大、最完整的古街道和店铺、民居，在城中心的中天楼上可以俯瞰全城。景色最美、生态最好的，当属云南丽江古城。这里临近高原，源自玉龙雪山的清凉溪流穿城而过，东巴文化尤为吸引外地游客。城墙最宽厚、最完整的是山西平遥古城，人们可以漫步在宽敞的城墙上，眺望城内的明清古院落，包括著名的日升昌票号。文化味道最浓的是位于安徽黄山市歙县的徽州古城，这里经营笔、墨、纸、砚文房四宝的店铺鳞次栉比，游客走在其间，仿佛已忘记了身在21世纪。

在中国古代城市的建筑设计上，自晋代起形成"计里画方"的传统，其实就是按照一定比例的方格网制图方法规划设计城市，以小展大，一寸现十里，方位十分精确。现存西安碑林的《禹迹图》为北宋时期留下来的石板刻图，就是按此方法绘制而成的。

二、中国古城与中国传统文化

与外国古代城市相比，中国古城有很多共性和相似性。但中国地域辽阔，民族众多，历史悠久，因此由不同民族建立起来的城市不一样，南北方的城市不一样，黄河流域与长江流域的城市不一样，内地与边疆、沿海的城市不一样，同一城市在不同历史时期差别也较大。数千年文明史，让中国留下了全世界最多的古城。因篇幅所限，这里只介绍几座影响较大且有代表性的古城，让我们一起来领略不同文化土壤对各地城市所带来的影响。

20世纪，人们在河南偃师发掘出中国夏朝后期面积超过400万平方米的二里头文化遗址，在这里发现了中国最早的按中轴线布局的"四合院"式宫室建筑群，甚至在中心区发现了中国最早的"井"字形主干道路系统。这种道路网络不仅连接交通，还分割出不同的功能区，形成"九宫格"格局。"九宫格"格局体现出农耕文明影响下的皇权特征，并突出实用与审美两个理念。最新考古发现，这个遗址的格局已经超过"九宫格"了。

"良渚文化是我国古代文明的重要组成部分，主要分布在长江下游的太湖流域，势力及影响范围南起杭州，北及苏北和山东南部，西抵江西。2007年11月，杭州市余姚瓶窑镇良渚遗址区内发现一座距今5300—4000年的古城遗址，总面积约290万平方米。据考古专家初步考证，遗址的年代不晚于良渚文化晚期，是我国目前发现的同时代最大的城址。城墙环绕区域的中间为莫角山遗址，在古城范围内现已发现宫殿式建筑遗址、莫角山贵族墓地等，城外则发现了祭坛、陶器、玉器作坊、码头设施等遗址，所以有的专家认为，该遗址可能是良渚时期的都城。

"城址方位为南北向，有东、西、南、北四个城墙门，城墙遗址东西长1500—1700米，南北长1800—1900米，城墙部分地段残高4米多，由于地处沼泽地边缘，城墙为垫石基础，宽度在40—60米，上面为黄土夯实。城墙西南角和东北角分别借用了凤山和雉山两个自然山包,是目前发现的因山筑城的最早实例。莫角山所在的中心城区大致是由河流、山峦共同形成的,半径约2000米空间范围的中心,这与中国古代择中而居的传统是一脉相承的。"①

古城开封被誉为八朝古都。最早是夏朝在这里建都,称为老丘,以后又有大梁、陈留、汴州、东京、汴京、汴梁等名称,迄今已有4100余年的建城史和建都史。除了夏朝,战国时的魏国,五代时期的后梁、后晋、后汉、后周,以及宋朝、金朝相继在此定都。开封的城市中轴线有史以来从未变化,这在世界上绝无仅有。有宋一代,开封成为当时世界顶尖的大都市。璀璨的文化、繁盛的商业和发达的手工业,使开封成为那个历史阶段中国传统文化培育出的标志性城市。

苏州古城建于东周灵王十二年(前560年)。当时修的城很小,周长仅5里。吴王阖闾元年(前514年)令伍子胥筑大城。这座大城周长42里,外郭68里,史称阖闾城。到了战国末期,又在城内建筑了规格很高的宫城。从南宋石刻"平江图"碑上,人们可以看出,那时的宋城和今天苏州城的模样已经差不多了。清康熙时再次重建苏州古城,大体形成如今的面貌。城内河道纵横,人称水城。苏州在明末时已出现资本主义萌芽,清代时该城手工业很发达,是当时全国的纺织中心,人口近百万。如今,苏州已成为中国城市中耀眼的经济明星,而"苏州园林"则一直在静静地讲述着江南水乡之美。江南的地理环境、中国传统哲学中的自然美学思想,孕育出苏州城秀美的身段,使其与北方城市迥然不同。

---

① 张杰:《中国古代空间文化溯源》,清华大学出版社2016年1月版,第222页。

帝王之气一直环绕着南京城。该城建得很早,4000多年前秦淮河流域出现了密集的聚落,在这些聚落的基础上出现南京地区最早的集镇。战国时,楚国打败越国,认为此处颇有王气,于是在山上埋金,意在镇之,因此得名金陵。东汉建安十六年(211年),孙权开始在南京建都,此后历经东吴、东晋、宋、齐、梁、陈六代共378年,其间或称建业或称建康,是当时中国最大的都市之一。南京地理位置优越,自永嘉南渡以来,该城多次庇护华夏正朔,其居民、方言和城市建设仍保留较多古代汉族特征。

历史悠久、文化资源丰厚,让西安雄居中国古都之首,并与埃及的开罗、意大利的罗马、希腊的雅典齐名,并称"世界四大文明古都"。西安在周代称丰镐,秦封长安君于此地,西汉建都时就叫长安,此后历代沿用至唐朝。在中国历史上有25代政权在西安建都,其中包括西周、秦、西汉、西晋、前赵、前秦、后秦、西魏、北周、隋、唐等11个中原传统王朝。汉代的未央宫、长乐宫,隋朝的大兴城,唐朝的大明宫、兴庆宫等,都是当时世界名城名宫,其城市布局、建设和管理颇具中华传统文化特色,深刻影响了周边地区。因西安是丝绸之路起点,自古以来与西北和中亚地区的交流很多,因此城市建设受到佛教等西域文化的影响。今日之西安城,仍展现出古典大气之美:整体呈前述"田"字型布局,东西南北街构成全城交通和商贸干线,四条大街的中心交汇点是明初修建的钟楼,现在仍是西安古城的文化标志。

成都是西南重镇,"成都"之名由来已久。岷江和沱江冲积出川西平原,羌氏文化和当地古文化碰撞、融合,使成都这座城市在3000多年前就初具规模。2500年前周朝时,古蜀开明王九世(一说五世)在今成都西面的金沙建都。公元前316年,开明王朝十二世被秦国所灭,金沙古城遭毁。公元前310年前后,在秦相张仪的主持下，修建起成都老城——太城（又叫大城）和少城（又叫小城），合称府城或龟城。西汉时，成都蜀锦驰名天下，被称"锦城"或"锦官城"。五代时，后蜀王孟昶在成都大量种植芙蓉树，花开满城，所以又称"蓉城"。自秦汉以来，成都一直是全国重要的政治、经济、文化和商贸中心。

外地人到成都，经常会听到当地人讲："成都"的名称来自史书记载的周太王迁岐，"一年成聚，二年成邑，三年成都"，这一名称叫了2000多年。仔细一琢磨，不对呀，周太王迁岐发生在商代晚期，那时西周尚未建立。周太王，姬姓，名亶，是周文王的祖父，也是周王朝的奠基人。周文王姬昌之子姬发即周武王建立周朝初期，仰怀姬亶功绩，追封他为周太王。如果周太王迁岐"三年成都"是真的，那么周朝于公元前1046年建立，公元前1046年加公元后2000多年，再加上周太王迁岐（准确时间未知）至西周建立之间的几十年时间，"成都"名称最少应该有3100年以上。周太王迁岐史书有载，但他在四川兴建成都却没有任何记录。

周太王迁的是岐，又不是蜀。这是怎么回事呢？经查，最早对"成都"二字作出上述解释的是宋人乐史的《太平寰宇记》（卷七二）。乐史认为"以周太王从梁山止岐下，一年成邑，二年成都，因名之曰'成都'"。这种说法流传甚广，但根据何来？宋人祝穆《方舆胜览》成都府路郡名条认为："盖取《史记》所谓三年成都之义。"原来，宋人乐史的周太王迁岐之说是出自《史记》呀。作者再查《史记》，发现司马迁在《五帝本纪》中写道："舜耕历山，历山之人皆让畔；渔雷泽，雷泽上人皆让居；陶河滨，河滨器皆不苦窳。一年而所居成聚，二年成邑，三年成都。"

问题又来了。"周太王从梁山止岐下"，多数学者认为岐下即今陕西周原一带。舜"耕历山""渔雷泽",历山在何处,有山东济南、山西运城几说,但没有人说在四川;雷泽已明确在现山东境内。可见,"周太王迁岐"与"舜耕历山"所说的"三年成都"之"成都",与现在的四川成都根本就不挨边。彼"成都"非今"成都"也。

倒是今人任乃强先生一句"望帝杜宇新营过这座都城,所以取名'成都',是取成功、成就、完成的意义"(《社会科学研究》1982年第二期文《成都》)很靠谱。由此看来,"成功之都"才是成都名称由来的正解。按照杜宇建都时间推算,成都的名称和建都史也已有3000余年了。

前边说到的"一年成聚""二年成邑""三年成都",其一、二、三只是表示过程的笼统性的数量词,实际"成聚""成邑""成都"的时间绝非是一年、二年、三年,而且三者之间的时空距离也因城市的形成与规模不同而不同。世界上众多古城的形成史上几乎都曾经历过"成聚""成邑""成都"的过程。

说成都的名称一直未变,也不够准确。我们看《三国志》,里边均称成都为益州。西汉时开始设益州刺史部,治所在雒县(今广汉),此后分置蜀郡、益州郡等。东汉时,益州郡治所在成都,此后益州兼含成都别名。三国时,刘璋任益州牧,管辖成都及周边,以及云南、贵州、重庆、甘肃、陇西部分地区。唐"安史之乱"之后,中国北方的经济地位下降,长江流域则开始繁荣发展,并形成扬州、益州(成都)东西两大商业中心。"扬一益二"成为当时的流行语,意为当时全国经济最繁荣的一是扬州,二是益州。唐元和年间(806—820年)的《元和郡县志》中载:"扬州与成都号为天下繁侈,故称扬、益。"隋朝曾改益州为蜀郡,到唐太宗时又恢复了益州的叫法。当然,此间成都之名也在断断续续使用，所以，说成都的叫法一直沿用至今也不算错。

翻开成都地图，人们不难发现，其街道总体走势不正，向东北倾斜。成都市区由大城、皇城和少城三块格局构成，此格局成型于清代中期。皇城在市区中心，即今顺城街与东城根街之间。这里原是明王朝蜀藩的王宫，明末被毁。由于张献忠的大肆破坏，清初在成都市区几乎看不到几间完好的房屋，乡试也改到保宁府（今南充阆中县）举行。清政权稳定后，在原蜀王府旧址兴建了贡院，形成今天的皇城格局。少城的建筑历史同大城一样，公元前316年秦惠文王派遣名相张仪和名将司马错吞并蜀国、巴国。公元前311年，张仪按照秦制，仿照咸阳城的风格规划了以政治为中心的大城。郡守张若依照河流地势，具体设计并组织建设了以"龟"形为特征的成都大城，成为今天成都城市轮廓的起点。张若为了加强对西边蛮夷的防御又筑建了少城。清初民族矛盾尖锐，特别是平定"三藩"之后，少城重建，清政府将满族兵丁及家属集中安置于此，所以老成都人又将少城称为满城。这里的街道形同蜈蚣——街是虫身，胡同是腿。宽窄巷子就是北京来的满族人按照北京胡同的风格建的。少城街区及其建筑风格是历史发展的产物，体现出清代满汉文化（四合院）与当地川西汉文化（川西民居）融合的特点。

最后说一说北京。老北京城及其城市品格的形成，是中华多元文化综合滋润的产物，有着深厚的京都文化沉淀。北京在战国时期因是燕国的国都，故称燕都。唐朝时又有幽都、燕京之称。元朝时称元大都，明朝朱元璋登基后将其改为北平。明成祖朱棣取得皇位后，将他做燕王时的北平府改为顺天府，1403年开始着手营建北京城，1421年迁都于此。这是正式命名北京的开始，至今已有600余年的历史。

明北京城在元大都基础上建成，但中心城区的格局是朱棣时期规划设计的。"宫城居中，四方层层拱卫，主座朝南，中轴突出，两翼均衡对称"，这是明北京城在规划布局上的最大特色。该城以一条纵贯南北的中轴线为依托布设，外城南边正中的永定门是中轴线的起点，皇城后门——地安门以北的钟鼓楼是中轴线的终点，全长共7.8公里。全城最有代表性的建筑和景观，如正阳门、前门、天安门、故宫等都规划建设在这条中轴线上。中轴线两侧，是以胡同和四合院为主的民居群落。已故建筑大师、原清华大学教授梁思成先生曾经这样说过："北京城正是在全盘的处理上，完整地表现出伟大中华民族建筑的传统手法和都市规划方面的智慧与气魄。"

以上说的是老北京的中轴线。进入当代以后，中轴线开始向北延伸，奥运村、国家体育场（"鸟巢"）、国家游泳中心（"水立方""冰立方"）都在这条延长线上。整个中轴线体现的不仅仅是北京城市建设的独特风格，还展示了以"中正安和"为特征的文化内涵。

北京地理位置极为重要，自古以来汉文化与北方少数民族文化在这里融汇交流，尤其是明代汉文化与清代满文化的交融，构成了北京古城文化土壤的基本特征。无论是城市建设还是市井人文，无不体现着这一基本特征。

仅以天坛、天安门、雍和宫为例。天坛是明、清两代帝王祭祀皇天、祈求五谷丰登的场所，坛域北呈圆形，南为方形，寓意"天圆地方"。天坛及历代帝王的祭祀活动，体现了中华传统文化中的祈福思想，反映出农耕文明对丰收年景的企盼。天安门城楼位于北京皇城中轴线上，明朝修建时称"承天门"，与南京的承天门一样，取"奉天承运"之意。清朝当政后，顺治帝下令大规模改建,并更名为"天安门",取"受命于天,安邦治国"之意。天安门城楼是中国传统的重檐歇山顶建筑,有"八檐九脊"之称。城楼全部是木结构建筑,采用了中国传统木构架体系中独有的斗拱和梁枋。天安门的取名和建设,反映了"君权神授"的中华传统政治伦理。雍和宫刚开始是雍亲王府,乾隆九年(1744年)改成藏传佛教寺庙,并成为清政府掌管全国藏传佛教事务的中心。以"宫"来称呼佛教庙宇,全国罕见,雍和宫成为全国规格最高的一座佛教寺院,反映了藏传佛教在清代享有很高地位。

北京城的建筑风格不仅体现在紫禁城的威严雄伟、金碧辉煌和其他皇家建筑的红墙碧瓦、庄严大气上,还体现在大大小小的胡同和四合院里。如果说紫禁城里边盛装的是皇家气派,那么以青砖黑瓦为主体风格修建的胡同和四合院里盛装的就是寻常百姓的人情味了。北京的传统市井生活,反映出多民族杂居、多宗教并存、多种生活理念在北京城的融汇。从明清至今,大栅栏的小吃、王府井的商铺、天桥的杂耍把戏,挑担吆喝卖的豆汁、胡同口茶桌上的大碗茶,一直留在老北京人的记忆里。徜徉在头发丝胡同、耳朵眼胡同,听一嗓子:"老爷子,给您问安了!"时时刻刻都能感受到老北京人的市井生活味道。

总之,中国古城在具有共性的同时,又极富个性。把握文化与城建的这一规律,有助于我们更好地认识古城,建设"今城"。

三、城市的疑惑——以文化缺失为视角

城市在历史的大多数时间里,一直吸引着人们的目光,特别是在生机勃发的年代。发展到今天,城市的"城"——防卫功能渐渐萎缩了,而城市的"市"——商贸功能却不断壮大、拓展。

商业繁荣程度是衡量古代城市发达程度的重要指标,如今,

文化在城市发展中的地位越来越重要。一座城市有没有大学、博物馆、美术馆、图书馆和歌舞剧院，有多少，它们的水平如何，已成为衡量该城市发展水平的重要指标。

商场毗邻，高楼林立，人多车多，路也越修越宽。路窄时，人们盼望路宽，可路宽之后，人们又觉得不对劲了。从北京长安街的南侧往北侧看，街那边的人仿佛与你不在一个空间。有学者计算，繁华的商业街街宽一般不能超过 15 米，街面太宽便不会产生"熙熙攘攘"的感觉。宽敞的大街有利于车辆通行，而窄一些的街道则有利于人的接触。从文化角度看，"接触"恰恰是人类早期建立城市的初衷。

给街道命名，不同的国家、不同的文化会有不同的选择，且深受文化传统的影响。比较典型的是中国的街道命名和美国的街道命名。中国的街道名称很丰富，如北京的前门大街、上海的南京路、香港的铜锣湾、成都的春熙路、沈阳的太原街、武汉的汉正街、哈尔滨的中央大街，还有杭州、苏州、南京、重庆、长沙、厦门、西安等城市，路名的文化色彩、历史色彩、人文色彩非常浓厚，其他任何国家不能比拟。美国的多数街道命名就简单多了，1 街、2 街、3 街……接下来就是 A、B、C……人们要找一个地方，只要告诉他到几街几号即可。这种命名方式有一个明显好处，就是好记好找，一个生人要去 17 街，到 16 街后就非常清楚下一条街就到了，到 A 后下一家就是 B。

给街道命名的是"文化"，美式讲的是好记，中式讲的是内涵。抚琴路、栖霞路……多美的名字。抚琴，动宾结构，用手抚琴，令人一听就想起当年司马相如向卓文君求爱时弹起"凤求凰"。栖霞路，霞光的栖息之地，多浪漫。类似的中国好路名还多着呢。世界上别的国家的街道，有这么美的名字吗？

可惜的是，前些年一些很好的街名被改得不伦不类。成都原来的抚琴路有多半现在改成了永陵路。永陵是前蜀王王建的陵寝，以陵当路名，不知是否对前蜀王有所不敬。另外，按中国老话讲，以陵称路，你往那里走，恐怕不吉利。但是管理者就这样改了，布衣奈若何？抚琴路如今只剩下短短一段。

给街道改名如有不妥，顶多惹当地市民不高兴，但草率地给城市改名则可能会产生更大的遗憾。在很久很久以前，长安改成了西安，朝歌改成了淇县，庐州改成了合肥，姑苏改成了苏州，琅琊改成了临沂，兰陵改成了枣庄，常山改成了石家庄，九原改成了包头，等等。最近一些年，为了追求名胜的旅游效应和商业效应，湖南大庸改成了张家界，安徽徽州改成了黄山，云南思茅改成了普洱，还有很多这样的改名。我们无法阻止这种更改，更改后有利亦有弊，只能叹息原地名所包含的文化离我们越来越远。

车辆的迅速增长使现代大城市饱受交通堵塞之苦。法国人的做法可能会给我们一点启示。中国的许多大城市都建起了高架桥，作者到巴黎访问时，该市政府一个官员介绍，巴黎经常塞车，但市民不赞成修建高架桥。他们说，巴黎有这么悠久的历史，这么多闻名于世的名胜古迹，如卢浮宫、巴黎圣母院、埃菲尔铁塔、香榭丽舍大街等，人们宁可塞车，也绝不能容忍建一座立交桥立在它们的旁边，破坏其形象。这里面体现出来的文化理念，也许对我们是一个提醒。幸运的是，最近几年地铁在国内许多大城市迅速发展起来，交通建设对地面古迹的影响也小了。

老城的保护已经成为当今的世界性命题。伦敦、巴黎、罗马、雅典、伊斯坦布尔、莫斯科、首尔、京都等城市，在这方面下了很大功夫。前段时间，北京制定出新的城市建设规划，决定不再拆老城了。我们拆了多少年呀，如今终于不拆了。记得小时候在沈阳，作者到九门去玩儿，老城墙还在，过了些年就没有了。北京的老城墙、成都的老城墙都已经拆得仅剩下一点点痕迹了。过去，城市的管理者以三个理由拆除老城和城墙：一曰"革命需要"，这主要体现在建国初期；二曰"建设需要"，这主要体现在20世纪五六十年代；三曰"发展需要"，从20世纪80年代开始为追求GDP拆老城和城墙。其中，"文革"中以"破四旧"为名拆得最多。这需要，那需要，唯独忽略了文化需要。

2017年秋的一天，中央电视台在文化专栏播出：一个美国人10年前在安徽的一个县城将一座徽式古宅在即将拆除前买去，所有门、窗、家具、房料、砖瓦全都拉到美国，原封不动地在美国恢复重建。建成后，古宅风格完全还原，做工精美。重建的古宅成了一座博物馆，开馆当天有1万多人参观，此后慕名参观者车水马龙。这座古宅在安徽当地也是绝无仅有的。参观者有的人说这个美国人有眼光，有人说他懂文化，有人说他钱花得值，还有的人愿意花更多的钱买下，可是他不卖。人们惊叹在中国的古代竟然有如此完美的文化精品。我们叹息这么好的东西流向国外，可我们能保留下来吗？在那些年月，我们留不下来。

类似的东西甚至比它更好的东西，我们拆得太多了。很多古建筑是在人们的麻木不仁中拆掉的，有的甚至是在人们的掌声中拆掉的。现在我们想起来不禁想哭，可惜哭晚了。梁思成和林徽因的哭声已经在残垣断壁之间徘徊了半个多世纪。这不是他们两个人的哭泣，而是"梁思成们"的哭泣，是中华文化的哭泣，是所有中国人应有而没有的哭泣。我们的文化土壤在某一历史时段确实"长"出了一些怪东西，教训很深刻。

如今，一座座"古城"正在中国的东南西北各地吸引人们的眼球。有的确实是历史留存下来的，有的是在旧址上修复的，还有一些是当地为振兴旅游业"打造"出来的。一次作者在某省参观，地方一位领导介绍说，他们"打造"了一座宋代古城。作者问，原来这个地方有古城吗？他回答说"有"。作者说，那为什么不叫"恢复"呢？"打造"二字里边装的是政绩、是GDP，难免给人一种掺假的味道。

新建的仿古建筑所体现的文化分量，往往低于规划者的预期。当我们在白雪皑皑的长白山中行走时，猛然发现在洁净的雪原上出现一堆朽木，不堪入眼。看到我们脸上露出不解，导游介绍说，这里是当年东北抗日联军与日本讨伐队周旋时曾经住过的草棚。参观者一听立刻肃然起敬："这可要好好保护起来。"当我们在中原地区一座"古都"参观时，充满汉唐特色的亭台楼阁、飞檐翘壁令人目不暇接，可一听导游说，这是十几年前按照古时的建筑风格新建的，参观者纷纷说："走，看别处去。"

赵州桥的修复也在启示人们如何保护历史文化。在前些年的修复中，这座拥有1400年历史的石拱桥的桥栏和桥面石条被放进了附近的博物馆，人们只能到博物馆才能看到那些留有深深车辙印沟的桥面石板和桥栏柱。现在的桥栏和桥面都换成了新的石料。殊不知，当代人已经不怎么需要这座桥的使用功能了，我们已能建造更好、更大、更多的钢桥、水泥桥，但是我们需要这座桥的历史，需要这座桥承载的文化。桥上若能保留下历史的真实痕迹，其文化价值不是能更好地得到体现吗？在保护性维修中，个别更换可以理解，但整体更换却不能容忍。

前些年，有人提出要重建圆明园。真是奇怪，我们需要一座新的圆明园吗？不，绝不。我们需要的是那段历史，残破不堪的圆明园会让人们一眼就能看到那段历史。它像一本教科书一样警醒世世代代的中国人：不要忘了1860年英法联军火烧圆明园和

1900年"八国联军"再烧圆明园那段历史。这块废墟体现的历史价值比投巨资新建一座仿古建筑要沉重得多。

假如敦煌石窟修复得不像敦煌石窟了,人们忍受得了吗?同样道理,当圆明园修复得与乾隆时期的圆明园一样了,人们也忍受不了。其实,是中华文化忍受不了。这片遗址是帝国主义强盗摧残人类文明的铁证,除非我们自己改变它,谁也抹不掉它。

论述至此,有人或许会问,这些跟文化土壤有什么关系呢?当然有关系。一座城市,要有文化底蕴才会有特色和魅力,才会有生机和活力。城市的保护、建设和管理,包括城市街道的命名等,一定要尊重所在地区的文化基因。不要千篇一律,不要无中生有搞得不伦不类,更不要"打造"一些没文化的东西。多挖掘一下当地的优良文化因子,建设的现代都市才会有自身特色。

四、城市呼唤"人性"

人是城市的主宰,城市的建设和发展应当以人为本。

在中国和世界一些城市形成过程中,交通是一个重要概念,它成为这些城市繁荣和发展的重要元素。什么是交通?它包含两项内容:一是"交",就是道路相交,人际交往;二是"通",通商、通文化。

中国古代城市建设讲"五服",据说设计者是周公旦,它以周天子的首都镐京(位于今西安市长安区)为中心画五个圈,每一圈是一服,每一服与另一服之间的距离是500里。《尚书·禹贡》曰:"五百里甸服",相当于现在的皇城;"五百里侯服",相当于现在的城市郊区;"五百里绥服",相当于周围县;"五百里要服",相当于省内各市;"五百里荒服",相当现在的省外,在周代则指蛮夷地区了。可能是受"五服"文化的影响,中国古代城市交通的框架特点是以皇城为中心圈套圈，类似于现在的一环、二环、三环……由此造成中国城市的道路交通格局大多是蛛网状，北京、成都、沈阳等，都是这样。美国和世界上好多国家城市的路则呈筛网状。蛛网状体现的是向心聚集，不利于车行，不上到快速环线，车子很难跑起来；筛网状体现的是四面分散，处处是出口，有利于交通通畅。

一座城市的文明程度，衡量标准是它能给居住者多少人文尊重和便利。至于城市是否发达，则是另一回事。有的城市不算发达，但很文明；有的城市很发达，但不够文明。即便进入信息时代，信息也要为人服务，否则便毫无意义。

近几年，"智慧城市"挺时髦。智慧城市的出现，基于大数据的问世、城市现代功能的呼唤和当代人对生活的新追求。它的内涵包括城市功能规划配置、生态环境管理、交通规划与管理、物流体系设计及管理、自然灾害防备及应对能力规划、传染病预防框架设计、信息共享及综合利用等。从实用角度看，智慧城市在近期要实现水、电、气等公共服务的网络化操控，给市民生活带来便利；从长远看，远程办公、远程教育、智能交通等也将使城市更加"智慧"。作者认为，智慧城市建设至少应具备"四性"：一是安全性。除了地理因素，还要考虑到空气、饮水、防疫等安全因素。二是科学性。根据城市的客观条件规划设计城市的诸项功能。结构布局要合理，包括逻辑结构和物理结构，不能漏掉重要元素，也不能过分夸张某结构。布局合理的核心是实现资源优化配置。三是历史性。这里讲的是长久性，一个城市的规划设计要经得住历史的检验，最忌赶时髦。四是经济性。不仅要讲建设投资的科学使用，减少浪费，更要考虑到城市正常运行的效率和经济性。做到这"四性"，本质上就是尊重人性。

在历史上，城市刚出现时，居住者的健康还未引起人们的关注，时至今日，保障健康已成为现代都市的一项重要内容。2020年起发生的新冠肺炎疫情，给智慧城市的规划者提出了一项新课题，即智慧城市如何应对疫情及高温等其他灾难的挑战。

如今，一些城市似乎出现了一种倾向，城市的设计者、建设者和管理者越来越信奉这样的城市价值观——庞大、快速、高效。似乎所有城市设施的设计和建造，都奔着这个目标而去，包括宏大的城市、春笋般崛起的高楼大厦、繁忙的交通、繁荣的商业……这样的城市，有些功能未必合乎人性。

人们来到城市、建设城市，归根结底是为了过上更好的生活，该休闲安逸时就应休闲安逸。但大家有没有感觉到，如今的城市太"忙"了？现在城市里充满了功利、充满了喧嚣，还有各种城市病。人们努力工作，把经济搞上去了，把城市建设得更好了，但人们却感到紧张、压抑。最后结果是，"高效"把"人文"给挤瘦了。城市本来是"文"化出来的，现在却被当成"物"化的了。一些城市的快速发展，确实满足了当代人对城市功能"物"化的需求，却忽略了人们对"文"化的需求。

城市首先容纳的应该是人性。如果生活在城里的人不快乐、不方便，那么，我们必须追问一个根本性问题：城市化的目的到底是什么？难道只是为了实现发展蓝图，为了设计者、建设者的政绩么？作为一个城市，要"刷"的不是高楼大厦的存在感，也不是商贸中心的存在感，而是人的存在感。任何一座城市，任何一个居民社区，即便能够做到优质服务、交通顺畅、设施便利，但若缺少对人的尊重，这座城市、这个社区存在的价值便将大打折扣。

城市里，人们的追求很多，包括较多的就业机会、公平的事业发展环境、便捷的交通、便利的购物场所、良好的教育和医疗条件等，以及相对舒适的生活。在有的人眼中，城市的基本特征是商业，有时髦的商品、诱人的美食、精致的现代生活。在有的人眼中，城市是干事业的地方，有公司总部大楼、机关办公室、工作场所。身为普通市民，城市意味着住房、菜市场、幼儿园、学校、医院……

如今，城市满足了人们的许多追求，但有时也缺少人文关怀，阻遏了人们的另一些追求。须知，人类建设城市的目的，不是为了让生活更紧张。人追求"休闲"，城市也应该多一点"休闲"品格。我们能不能让城市多一点闲适、安逸、恬静，增加一点人文气息？少一点压抑和紧张？

在城市里，人要活得像人，而不要像机器。我们不妨从中华文化土壤和世界城市发展史中，汲取一些以人为本的基因，为城市发展注入新的元素。

第二十讲　文化土壤与科技

———

文化是科技之母。

人类一旦停止了发明创造，将会退化回到过去的时代。

——作者手记，2019 年 1 月 19 日

科技本身是一种文化，但与我们平时所理解的思想文化有明显区别。它属于知识性、技术性文化。科学技术也是在特定的文化土壤和社会环境中生成的，优良的文化土壤、适宜的社会环境往往能孕育出发达的科技，而贫瘠的文化土壤、不良的社会环境等，则会制约甚至抑制科技的发展。

一、文化土壤促进或束缚科技进步

众所周知，科学技术是第一生产力。纵观人类历史，每当出现重大科技发明并广泛运用时，都会迅速提高社会生产力，带动社会进步。但是，人类科技史上还记录着：不同国家、不同地区、不同民族的科技发明成果，其水平和数量有很大差异；同一国家、同一地区、同一民族在历史的不同时期、不同阶段，其科技成果也不一样。为什么会出现这种现象？究其原因，与文化土壤和特

定社会环境有很大关系。

人类最初的科技，是从"土"里长出来的。不过当时的"土"还不具备文化性质，只能说是人类朴素的、过上便利生活的"下意识"。摆脱生活困苦，让生活更方便——这是古代和现代人类的天性。在进入阶级社会、国家产生之前，人类基于这种天性，曾经取得多项技术上的创新和突破，包括旧石器、新石器、矛、钓具、渔网、陶器、编织物的发明，以及火的使用、成功育种、驯化动物等。大约200万年前，原始人类发现打制石器比原形石更实用，效率更高，于是便学会了使用旧石器。大约100万年前，人类开始使用天然火，至大约40万年前逐渐普及（当时主要是利用山火，包括雷电引起的燃烧）。后来人类通过钻、摩、锯、压等方式学会了人工取火，使人类文明迈出关键性一步，正如恩格斯所说："就世界性的解放而言，摩擦生火还是超过了蒸汽机。"大约1万多年前，人类进入新石器时代。12000年前至9000年前，中东地区培育出了小麦。7000年前，中国人的祖先培育出了水稻。在此前后，人类还驯养了许多家畜家禽。

进入阶级社会，国家、民族产生之后，科学、文化、艺术等逐渐产生并发展。其中，科学逐渐分化成社会科学、自然科学两大类别。科技，主要属于自然科学。在不同文化土壤、不同社会环境中，人们的思维是不同的。世界各地各民族在发展过程中，形成了不同的文化特征，有的民族偏重社会科学，在哲学、伦理学、政治学、文学等领域成果丰硕，而有的民族偏重自然科学，在天文、地理、历法、数学、医学、物理、化学等方面比较发达，技术先进。有的民族两方面都有所成就，而有的民族两方面都无建树。这种差异，很值得研究。

宋朝以前（尤其先秦时期）的中国和中世纪以前的欧洲，文化都较为发达。统治阶层和文化精英们醉心于社会科学，出了不少哲学大师、文化名家，而民间手工艺人也能够发挥聪明才智，取得一些实用技术成果。青铜是人类历史上的一项伟大发明，它是红铜和锡、铅的合金。大约六七千年前，中国和西亚、南亚、北非地区的人民学会了冶炼和使用青铜，在中国甘肃马家窑文化遗址中就曾出土一件公元前3000年左右的青铜刀。商周时期，中国形成了鲜明的礼乐文化，"国之大事，在祀与戎"，祭祀、战争、礼制等方面的需要促进了中国青铜铸造技术发展，商周时期青铜文化兴盛。约公元前770年前后，中国人学会铸铁，这比欧洲早了近千年。战国末期至秦汉，铁器逐步取代了青铜器。在公元前6世纪，古希腊的毕达哥拉斯证明了勾股定理。古印度人则计算出2的平方根为1.4142156，他们还发明了世界上最早的十进位制的计算方法。公元前613年，中国的鲁国天文学家和周朝史官同时观测到一颗彗星扫过北斗，这颗彗星后来被称为哈雷彗星。公元前4世纪，古希腊亚里士多德对数学、动物学等进行综合研究，著《天论》一书。古希腊的菲洛劳斯提出中心火说，这是日心说的萌芽。公元前3世纪，古希腊欧几里德发表《几何原本》13卷。同一时期，中国的鲁班发明了锯子、曲尺、刨子、墨斗等木工工具和云梯、石磨、滑轮、锁钥等器具。

中国自秦汉以后，封建社会稳定发展，在两汉、隋唐、两宋时经济文化达到鼎盛。当时，不仅社会科学繁荣，自然科学、技术进步也取得很大成就。仅以四大发明为例：公元前1世纪，中国就已经有了用纺织的副产品制作的纸，到东汉时期105年，蔡伦改进了造纸术，使得纸的产量和质量极大提高，促进纸张广为流行。公元6世纪后，造纸技术传到朝鲜、日本，之后传到阿拉伯、欧洲等地。与此同时，印刷术也发明并成熟起来，隋、唐之际出现了雕版印刷，到宋代达到一个新高度。北宋毕昇发明了活字印刷术，是世界印刷史上的一次重大革命。印刷术在13世纪后传到朝鲜、日本，到15世纪中叶，欧洲才在中国技术的基础上改进了印刷术。中国的造纸术、印刷术极大地促进了人类文明的进步。9世纪，中国唐朝的炼丹士发明了火药。13世纪，中国火药随着蒙古帝国西征传入阿拉伯。早在战国时期中国已经有了最早的指南针——司南，到宋代后期发明了水浮式指南针，在阴雨天也能辨别方向。元代时，航海已完全靠罗盘指南针来指引航向。后来指南针及其技术传入阿拉伯，并流传到欧洲，极大促进了人类航海事业的发展。不过，在元、明、清三朝，中国封建社会日益集权专制，文化上的繁荣更多是对过去成果的总结，新的科技成果不算多。明朝宋应星编著《天工开物》，辑录了当时中国在农业、手工业方面的生产技术，包括陶瓷、砖瓦、机械、兵器、造纸、火药、纺织、染色、制盐、硫磺、采煤等。

与中国社会两宋以后科技成果偏少相比，欧洲的中世纪则完全是科学技术衰落的"黑暗时代"。当时的教会鼓励"知识服从（基督教）信仰""哲学（包括科学）服从神学"，罗马教皇格里哥利一世宣称"不学无术是信仰虔诚之母"。在这种情况下，人性服从于神性，神权压制人权。整个欧洲，除了农业上有一点进步之外，自然科学总体上没有进步，甚至出现倒退。

但是，也正是在中世纪"黑暗时代"的基础上，欧洲文艺复兴和后来的思想启蒙运动，猛烈抨击封建专制制度，带动了人性解放，科学技术随之"触底反弹"，科技成果大爆发。正像有学者指出："在人类简史的路上，有三大重要革命。……到了大约不过是500年前，'科技革命'可以说是让过往的历史告一段落，而另创新局。"①

这里，仅以科技观念变革和三次工业革命为例：

1620年，英国哲学家、科学家弗朗西斯·培根（1561—1626年）发表了题为《新工具》的科学宣言，提出"知识就是力量"。这句话把"知识"从文化概念中提炼出来，具有历史性意义。从大的方面来说，"文化就是力量"，而文化包括思想文化、社科文化和科学技术。这三大文化同时发力，产生的威力是惊人的。培根关于"知识就是力量"的论断，影响深远。今天，"知识就是力量"已充分体现在医学、数字技术、航空航天、基因工程、量子技术等高端领域。

1686年，牛顿写出了划时代的伟大著作《自然哲学的数学原理》。此后，牛顿的力学理论被广泛应用，证实了科学技术的伟力。1712年，纽可门（1663—1729）设计制造出第一架实用蒸汽机。1769年，瓦特（1736—1819）改进了纽可门的蒸汽机，提高了效率，降低了能耗，并加上传动装置控制器，蒸汽机成为适用于各种机器的动力机，使人类获得了一种大大超过人力、畜力的强大动力，可以带动许多机器同时飞速运转，并把动力机、传动机和工作机组成一个机器系统。从此，机器工业代替了工场手工业，开始了社会化的大生产。蒸汽机的发明，引发了18世纪的第一次工业革命，改变了英国的国运，也改变了整个人类的命运。这项发明是多项自然科学理论、技术创新的产物。直到20世纪初，蒸汽机仍然是世界上最重要的原动机。

19世纪六七十年代开始，欧洲、美国和日本出现新一轮重大

---

① 〔以色列〕尤瓦尔·赫拉利：《人类简史》，中信出版社2014年11月版，第3页。

发明。1866年，德国的西门子研制成功发电机，此后电器逐渐代替机器，带动第二次工业革命。电灯、电车、电影放映机等相继问世，人类进入电气时代。于此同时，以煤气和汽油为燃料的内燃机相继诞生，柴油机也创制成功，解决了汽车、轮船、飞机等交通工具的动力问题。19世纪70年代，美国人贝尔发明了电话，90年代意大利人马可尼发明了无线电报，开始了人类信息技术的新一轮革命。

20世纪四五十年代以来，以美国为主导，以原子能、电子计算机、航天技术、生物技术的发明和应用为主要标志，人类开始了第三次科技革命。这期间的重大发明，包括人造地球卫星的发射、人类登月成功、微型计算机的发明和普及、基因技术的突破等。一系列信息控制技术的革命，带动人类进入新时代。美国著名经济学家、社会学家杰里米·里夫金将以计算机领衔的信息产业的崛起称为第三次工业革命。

近现代以来，欧美国家科学巨人层出不穷。仅以英国为例，就有近代科学之父牛顿、进化论之父达尔文、现代实验科学之父培根、电学之父法拉第、工业革命之父瓦特、近代原子核物理学之父卢瑟福、化学之父波义耳、原子学说之父道尔顿、无机化学之父戴维、电波之父麦克斯韦、生物学实验方法之父哈维、免疫学之父詹纳、抗生素之父弗莱明、人工智能之父图灵、试管婴儿之父爱德华兹、克隆羊之父维尔穆特、CT之父亨斯菲尔德，等等。这还仅仅只是英国，欧洲其他国家以及美国、日本，工业革命以来涌现的科技巨人，可谓不胜枚举。

青铜器时代、蒸汽机时代、电气时代、计算机时代……历史变迁的一个个节点都在说明，科技创新是人类社会进步与发展的原动力。优良的文化土壤，往往能够孕育出科学巨匠，推动科技创新，进而带动人类文明进步。如今人们看到，基因技术、人工智能、机器人技术正在改变着人与人之间的关系以及人与其他物种之间的关系，正在改变文化的各种表现形式。它们将在多大程度上改变文化的内容构成，人们睁开了好奇的眼睛。

总之，中国和欧美的科技发展史表明，文化土壤和社会环境对科技有极大的促进或束缚作用。在不同文化土壤中，人性的张扬程度是不同的。在专制制度下，人性受压制、思想受束缚，人们缺乏科学素养、科研观念、科研环境，科技成果萎缩；在自由、民主制度下，人权受到尊重、人性得到张扬，人们为了追求利益、过上好生活，普遍重视知识和教育，关心科学、热爱科研成为社会潮流，科学技术成果也就层出不穷。文化土壤对科技进步来说，实在太重要了。

二、科技"谬用"的文化根源

有些事情，可谓成也萧何、败也萧何。在西方近现代新的文化土壤之下，人性自私主义成为潮流，人们热衷于学习知识、研究技术、搞发明创造。但随之而来的是人性过度张扬、贪念太重，在带动科技大爆发的同时，也出现了科技的"谬用""滥用"现象。一些发明创造在造福人类的同时，也成为某些人征服世界、掠夺他人甚至自相残杀的工具，让人类陷入战争灾难。这也与西方文化土壤有关。

欧洲人从16世纪起，创建了许多现代科学学科。最著名的有现代航海学、现代数学、现代化学、现代医学等。遗憾的是，没过多长时间，欧洲人便利用这些科学技术开始了在全世界的掠夺。大航海开始后，欧洲人为了争夺领土和财富，四处扩张、到处殖民，频繁发动战争。他们的手中挥舞两根棍子，一是资本，一是科技。"在 18 世纪和 19 世纪，几乎每一趟从欧洲出发的军事远征队，都必定有科学家同行。……例如拿破仑 1798 年进攻埃及的时候，就带了 165 位学者。……1831 年，英国皇家海军要派出'小猎犬'号前往南美、福克兰群岛和加拉巴哥群岛绘制海岸图。'小猎犬'号的船长自己也是业余科学家。他决定再带上一位地质学家，研究一路上可能碰到的地质构造。然而，好几位专业地质学家都拒绝了他的邀约，最后由一位年仅 22 岁的剑桥毕业生接下任务，他就是达尔文。达尔文抓住这个机会，开创了后世无人不知的这段历史。在这趟航程中，船长就这么绘制着军用地图，而达尔文也就这么搜集着各种实证资料，发展想法，最后形成他的'演化论'。"①

枪的最早发明者是中国南宋时期的军事家陈规，他在公元 1132 年时就发明了这种管形火器，可是当时并没有发展成为军事武器加以推广。蒙古人西征时，把火药传到了阿拉伯，阿拉伯人利用火药制造出大炮，威震欧亚，建立起强大的奥斯曼帝国。火药、大炮传到欧洲后不久，欧洲人便掌握了枪的制造技术。后来大航海兴起，15 世纪欧洲人来到了北美，此后几百年随着一批批欧洲白人移民的不断到来，他们先后建立起美国和加拿大。1768—1770 年，英国的库克船长"发现"了大洋洲，当即宣布澳大利亚和新西兰为大英帝国的领地。美洲、澳洲等地，在欧洲人到来之前是无人区吗？不是。原始人类最早在 4 万年前至 2 万年前就先后来到大洋洲和北美，一直安居于此。欧洲人凭什么说他们"发现了新大陆"？凭的是征服世界的野心，凭的是先进的航海技术，

---

① 〔以色列〕尤瓦尔·赫拉利：《人类简史》，中信出版社 2014 年 11 月版，第 276 页。

特别是凭手中端着的滑膛枪，最根本的是他们有一颗贪婪的占有之心。欧洲人真的是一杆"枪"打天下，这杆"枪"里装着技术，装着野心，装着贪婪。凭借着滑膛枪，欧洲人在北美和大洋洲屠杀原住民，圈占土地，建立起一个又一个所谓的"民主"国家。这些端着枪的欧洲人对当地的原住民说：我们是"文明人"，你们是"野蛮人"。"野蛮"与"文明"这两个词语本来就是欧洲的白人发明的，是滑膛枪支撑了这样的思考。

科学技术的发展确实带来巨大变革，人类更加文明进步了。但人性的自私贪婪、不知满足、不安于现状，同样带来科技的"谬用"，使人类误入歧途乃至陷入危险之中。原子弹威力巨大，但它也成为人类生存的最大武器威胁，当今世界核扩散的危险无时不在。一些拥有核武器、崇尚霸权主义的"文明国家"，曾多次威胁使用核武器。对基因的研究是人类科技史上的一个进步，但基因编辑技术很可能催生新的物种，带来"超级病毒"等，对人类健康和生态环境具有潜在巨大威胁。

在资本主义的文化土壤之下，人们崇尚人性自私论。而崇尚人性自私论的国家和人们，往往也崇尚武力和综合实力，认为"真理在大炮的射程之内"。他们推崇利益至上，为了利益而选择合作或竞争，表面上宣扬"公平""道义""公理""理性"，而一旦在竞争中处于不利地位，或者意识到有人要超越自己，很可能为了维护私利而不顾道义，对别人进行压制，甚至利用先进科技发动战争。现代科技广泛运用于战争，热兵器取代冷兵器、尖端武器取代传统武器，给人类带来重大灾难。人类自从进入近现代以来，几百年间发生的战争（包括多次霸权争夺战和两次世界大战），其惨烈之程度、死亡人数之多，远超之前人类的所有战争之和。

人类的贪欲还使人们向地球索取无度，而科技发展加速了这种掠夺。这使得地球资源锐减，许多物种灭绝，还带来温室效应等危机。早在1962年，美国女生物学家雷切尔·卡森就写了一本名为《寂静的春天》的书。她告诫世人，如果人类继续无限制地征服自然、开发自然，总有一天，即使是在明媚的春光之下，田野里的鲜花将不再绽放，树上的小鸟将不再歌唱，河里的鱼儿也不再遨游，地上的万物不再生长。科技进步及其使用，具有双重性，人类要学会收束人欲，理性用好科技，否则将面临着前所未有的生存危机。

三、中国的文化土壤与科技

世界科技发展史给我们这样一个启迪：不张扬人性，人类的科技就没有进步；不约束人性，人类的科技又容易被"谬用""滥用"而带来灾难。因此，我们需要清醒认识中外文化土壤的优点、缺点，扬长避短。

中国传统文化的优良基因之一，是重视以人为本。在哲学上，中国人很早就崇尚朴素的唯物主义，因此很重视农业、医药健康，重视实用技术发明、生活器物制造。春秋时期的扁鹊、西汉时期的淳于意、东汉末年的张机和华佗，他们的病理理论和医术造诣已经达到相当高的水平。秦汉时期，中国建立起完整的医学体系。其中，西汉时编著出《黄帝内经》，完整阐述了中医理论；东汉时编著出《神农本草经》，成为中国第一部完整的药物学和植物分类学著作。东汉末年张仲景所著的《伤寒杂病论》，至今仍是中医院校的主要基础课程之一。到了宋代，中国医学发展达到一个高峰，特别是王惟一的《铜人腧穴针灸图经》，集成并完善了经穴和针灸理论系统。针灸的对象是人体经络，而"经络"一直是中医关注的核心。据《参考消息》报道，2018年3月27日，美国科学家在《Scientific Reports》杂志中发表论文，宣布发现了人体内一个未知的"新器官"——充满流体的"间质组织"，他们利用最新技术发现了一条"流动流体的高速公路"。这一新闻发布后，引起轰动，美国所有主流媒体和中国国内许多重要媒体都进行了报道。以纽约大学为首的研究团队表示，这一新发现的质液网络遍布全身，包括：皮肤表层下方；沿着消化道、肺和泌尿系统；围绕动脉、静脉和肌肉之间的筋膜。很多人认为，这其实就是中医讲的人体经络。美国现代医学成果证实了经络的存在，也就间接证明了中医理论的科学性。

中国古代应用技术较为发达。以造桥为例，隋朝工匠李春设计并指挥建造了赵州桥。此桥位于现河北省石家庄东南赵县洨河之上。它巧妙地利用力学原理，先在枯水期干涸的河道上堆起半

单孔跨河拱两岸，一桥飞越千余年
图 34：赵州桥

圆形土堆，然后在上面用石条、石块砌成拱形桥体连接两岸，中间没有桥墩，桥两侧各有两个排水洞。宋哲宗曾赐名"安济桥"，即安渡济民之意。有学者考证，欧洲在 700 多年之后才开始建设没有桥墩的石拱桥。此外，正如前文所述，《天工开物》中辑录的数十项技术主要是实用型的民用生产技术。

中国是农业大国，历朝历代统治者基于"民以食为天"考量，都很重视农业。中国古代农业技术发达，带动起天文、历法、数学、地理学的发展。早在夏朝时，中国已有成熟的历法，被称为夏历。夏商周时期，各王朝均设置专门机构，派专人观察星象、气候，到秦代时"候星气者至三百人"。秦朝以前，已编制形成完整的二十四节气。东汉初年，《九章算术》问世，反映了当时的数学成就。公元 117 年，太史令张衡发明浑天仪，首次用仪器将天文现象展现出来。132 年，张衡又研制成功地动仪，成为世界上第一台能够预报地震的仪器。张衡还在《灵宪》一书中指出："月光生于日之所照"，提出月亮不发光，月光是日光的反射，在我国历史上第一次正确解释了月光的成因。《灵宪》中还提出"宇之表无极，宙之端无穷"，指出宇宙在时间和空间上是无限的。到了南北朝时期，祖冲之第一次将圆周率计算到小数点后 7 位数。北魏时期的贾思勰则著有《齐民要术》，系统总结秦汉以来黄河流域的农业科技知识。同一时期，北魏郦道元写下《水经注》，这是中国历史上的地理名著，记有 1000 多条河流的地理风貌和相关资料。元代的天文学家成就卓然，郭守敬发明了简仪、仰仪等测量仪器，并进行大规模实测活动。耕作技术得到广泛推广，产生了《农桑辑要》《农书》等农业科学著作。

公元 10 世纪下半叶至 14 世纪上半叶的宋朝，是中国科技发展史上最为辉煌的时代。指南针、活字印刷术、水力纺织机、天

就是它，钻入地下数百米；就是它，历经人世上千年

图 35：四川大英县的卓筒井

文时钟等都是在这个时期发明的。王国维说："近代学术，多发端于宋人。"英国学者李约瑟在其所著《中国科学技术史》的导论中也提到："每当人们在中国的文献中查找一种具体的科技史料时，往往会发现它的焦点在宋代，不管在应用科学方面或纯粹科学方面都是如此。"宋代在军事上偏弱，但是政治上比较开明。当时社会安定，经济繁荣，风气较为开化，人们的思想也较为自由，这为科技创新创造插上了翅膀。整个宋代文化成就斐然，科技发展也取得巨大成就。

仅以凿井技术为例。你们相信吗？在 1000 年前的宋代，中国人就已经将碗口粗的立井打到几百米深的地下。而且打的不是一两眼井，而是成千上万眼井。卓，《汉语辞典》释之为"高而直"，卓筒井就是用木制锥架子套铁质圜刃钻头，以冲击方式向地下开凿，并以竹筒做管壁的小口径盐井。这是公元 1041—1048 年间，中国工匠发明的人类最早的小口径深井钻探技术。这种技术的发明，不仅极大提高了当时井盐生产的水平，更重要的是，在开采盐卤的过程中，意外发现了深埋地下的油气资源及其他矿藏，人类文明由此翻开崭新一页。

北宋神宗时期的陵州（现属四川仁寿县）知州文同在《奏为乞差京官知井研县状》一文中写道："盖自庆历（1041年）以来，始因土人凿地植竹为之'卓筒井'，以取咸泉，鬻炼盐色。后来其民尽能此法，为者甚众。访闻豪者一家至一二十井，其次亦不减七八。"苏轼也在《蜀盐说》一文中说明了卓筒井的使用原理："自庆历、皇祐以来，蜀始创'筒井'，用圜刃凿，如碗大，深者数十丈。以巨竹去节，牝牡相衔为井，以隔横入淡水，则咸泉自上，又以竹之差小者，出入井中为桶，无底而窍其上，悬熟皮数寸，出入水中，气自呼吸而启闭之，一桶致水数斗。凡筒井皆用机械，利之所在，人无不知。"这个记载，与四川大英县活态传承至今的卓筒井完全吻合。据《四川油气田史》记载：宋代至明朝，卓筒井镇共有盐井3700余眼。至清代嘉庆六年（1801年），卓筒井镇有井近万眼，灶300余户，月产盐500吨。至民国三年（1914年），蓬溪、遂宁、三台等地已钻凿井97337眼。民国时期设置大英盐务所，属川北盐务局河边盐场管辖。英国科学史学者李约瑟在《中国科学技术史》一书中认为："今天在勘探油田时所用的这种钻探深井或凿洞的技术，肯定是中国人的发明……（该技术）开创了机械钻井的先河。"1987年出版的《中国井盐科技史》宣称，"卓筒井是世界石油钻井之父"，还有人将其誉为"中国古代第五大发明"。

大体来说，宋代以前中国的应用型科技成果比较多，产生了不少发明。

但是，元明清以来，中国的科技发展相对停滞。统治者日益专制，在国家治理上实行闭关锁国，国民的思想观念落后，要么高傲守旧，要么愚昧无知。李约瑟将公元1500年作为分水岭，认为在此以前，中国科技发达程度不是欧洲可以比拟的，但是文艺复兴后的欧洲发展了现代科技，开始全方位超越中国。

1500年，中国正处于明朝中期。许多历史学家都有这样的见解：明朝中后期，皇帝觉得天国昌盛，不知世界的那一边科技革命已经发生。到了清代，尽管出现康乾盛世，但这种盛世主要是政治安定、人口繁衍、国土开发增多，技术创新并不多。在专制制度和闭关锁国、信息封闭的情况下，当时统治者和官僚阶层的思维普遍偏重于政治伦理，对自然科学尤其是科技发明的重要性认识不足。火车、报时钟等从欧洲传来的新鲜玩意儿，被慈禧斥为"奇技淫巧"。慈禧还深受风水学说影响，认为火车会破坏风水，破坏大清的"龙脉"。

有学者深刻指出："为什么科技革命在英国突飞猛进之后，法国、德国和美国立即起身直追，而中国却仍然欲振乏力？为什么工业化成了明显的政治经济因素的时候，俄国、意大利和奥地利成功地缩短了这段差距，而波斯、埃及、奥斯曼土耳其和中国却无力回天呢？难道对中国和奥斯曼土耳其来讲，要设计蒸汽机、自动机枪、铺设铁路真就那么难吗？不是。中国和波斯、土耳其并不缺乏制作蒸汽机的科技，况且当时照抄或者购买都是不成问题的。他们缺少的是与之相适应的价值观、故事、司法系统和社会政治结构。按照这种想法，我们可以看1500年到1850年这段时间，欧洲对亚洲在科技、政治、军事、经济上并不具有什么明显的优势，却在积累独特的潜力，这种潜力直到1850年才终于爆发。"[①]

鸦片战争后，中国逐渐沦为半封建半殖民地社会，经历了整

---

① 〔以色列〕尤瓦尔·赫拉利：《人类简史》，中信出版社2014年11月版，第272—273页。

整 100 年的动荡。100 年间，中国社会动荡发展，发生巨大变化。总体来说，随着近现代西方思想逐渐传入，社会风气开始发生变化，也取得一些科技成果，但是国家积贫积弱，救亡图存、民族解放的任务很重，因此中国没有取得重大科技成就。1949 年新中国成立后，中国在社会主义道路上进行了艰难曲折的探索，前期依靠苏联帮助，后期则主要靠自力更生，取得了"两弹一星"、人工合成牛胰岛素、万吨水压机、万吨巨轮等重大科技成果。改革开放后，中国迎来黄金发展的 40 余年。在这 40 余年里，中国从基础科学到应用科学都迅猛发展。青蒿素的发现、超大电子计算机的应用、量子卫星上天、月球背面着陆、探"火"（星）、北斗卫星导航系统运行等标志性成果，令世界刮目相看，中国在交通基建等多个领域的科技进步，使中国在全世界的科技形象发生重大改观。

当前中国正在攀登科技高峰。未来还会发生什么样的变化，无法猜想，只能走着瞧。

几年前，在一次读书会上，有位研究生问，电子商务将来还会有吗？作者说，狼来了，羊还会活着。每一种事物都不可能"万岁"，但也不一定会消亡。比如最早的公共传媒是杂志，报纸出现后杂志还活着，后来广播诞生，报纸、杂志都惊呼"狼来了"。"狼"确实来了，但杂志、报纸还存在。再后来电视出现，杂志、报纸、广播也都还在生存。现在互联网来了，传统媒体尽管受到巨大冲击，但它们依然存在，只是"换了个活法"。有些传统媒体依托互联网，反而焕发出新的生机。例如，新形态的电视融合互联网新技术，并发挥其立体化的视听优势，获得新生。随着科技进步，将来更新、更快捷的传播手段还会出现，但互联网同样不会消亡。

退一步来说，就算有一天某些传统媒体被淘汰，我们也不必担心，因为这意味着一定有了更好、更便捷的新技术。我们不必留恋旧技术，而应更多关注科技进步的土壤，想法设法培植优良的文化土壤。

如果说中国改革开放40余年的成功起于农业，发展在工业，最高点则在科技。中国目前是全世界工业制造门类最为齐全的国家，是唯一拥有联合国确定的工业门类所有门类的国家，大到高铁、隐形战机、巨轮、跨海大桥，小到螺丝钉、注射针头都能制造，而量子卫星、超大电子计算机、载人飞船和空间站等更是科技与工业水平的完美结合之子。

回顾中国科技发展史，有一些问题很值得玩味。元明清以来，尤其是近现代以来，中国之所以落后、被动挨打，科技之所以停滞不前、无甚建树，根源就在于中国的文化土壤，尤其是思想观念落后。这种落后，体现在两个方面：

一是中国的文化传统，长期以来"重文轻理""重农抑商""重官轻民"。知识分子热衷于当官，或喜欢搞社科文化，鲜有从事自然科学研究的。吟隽美之唐诗、诵豪放之宋词，这给士人的感觉远比发明一项新技术还良好。"从政""从文"分别是封建时代中国文人的第一、第二人生选择，即便"从文"也往往只是搞社科。科举制产生之后，进一步压抑了士人对自然科学探索的兴致，重人文、轻科学的倾向愈加严重了。而"从工""从商""从农""从技""从艺"则不受尊重。想想看，一个国家和民族的优秀分子都跑去当官，走"管理路线"，那么，极为重要的"研发路线""技术路线"谁来走呢？历史告诉我们，科技振兴依靠两条途径，即自然科学理论上的突破和应用技术上的革新。前者，主要依靠知识精英，尤其是自然科学精英，后者则依靠农工医业者和手工技艺者。中国传统知识分子重视社会科学而轻视自然科学，广大从工、从商、从农、从技者又不受待见，如此，科技岂能振兴？这种崇拜政治与社科、不崇尚自然科学与技术的状况到了民国时期才有所转变，改革开放后又进一步扭转。不过，传统观念根深蒂固，目前改变得还不够。我们的科技想要长足发展，必须真正让"知识就是力量""科学技术是第一生产力"的理念在国人的思想深处生根发芽。这样，才会有更多的人踊跃投入自然科学研究和技术发明、技术革命。

二是中国文化传统中自由、平等的理念不够彰显。这些理念是很宝贵的，是西方近代科技大发展的基石。在中国两千多年帝制时代，人性一直受到压制，到了后期甚至出现"存天理，灭人欲"等观念。在皇帝为"天"的时代，科学技术是长不出自由和创新翅膀的。到了近现代，皇帝被打倒，知识界推进思想变革，"德先生（民主）"被引进后，才使中国社会面貌逐渐改观。不过，在人格平等、自由等方面，国人的素养还需进一步提升。

但是，中国传统文化并非一无是处，它的一些优良基因对促进科技发展也起到一定的推动作用。一是重视人文，以人为本。尽管这种理念主要是对官僚的约束，要求统治者善待老百姓，而不是让老百姓"自我当家做主"，但它毕竟是一种以人为本的理念。在这种理念下，官员的政绩观有一点是比较端正的——要对老百姓有利。从而，一定程度上营造出了实用主义，为一些便民利民的农、工、商、医技艺的发展提供了空间。二是讲究"有为"和"中庸"，张弛有度。明朝以前，尤其是春秋战国至秦汉时期，中国的儒家思想很讲究"有为"，"修身、齐家、治国、平天下"有其大气的一面。这种氛围对科技发展是有利的。

总之，科技实力是一个国家所有实力的基础和保障。新中国成立以来，当代中国科技已经取得了长足进步。然而，就整体而言，中国还不是科技强国。在更多的领域内，我们仍是在"跟跑"。工信部一位原部长说："中国制造"并不像我们想象的那么强大，西方工业也没有衰退到依赖中国的地步。中国的制造业还没有升级，但一些制造业却已开始撤离。在全球制造业的四级梯队中，中国还处于第三梯队，而且这种格局在短时间内难有根本性改变。

当下，"芯片危机"和"卡脖子"这种事深刻教育了我们：我们的尖端科技还有很长的路要走。中国海关统计数字表明，中国2019年进口芯片总额达到3040亿美元，远远超过进口额居第二位的原油进口额。中国目前芯片的自给率不到使用量的30%，尤其是高端子芯片严重依赖进口。我国还没有能力生产出制造芯片的高精度加工设备。这既反映出我们的集成电路产业不发达、技术落后，更反映出我们在这一领域理论落后、教育落后。此外，我国在高端数控机床、光刻机、高端传感器、高档医疗器械等许多设备和技术上也面临着同样的问题。

既然落后，既然被"卡脖子"，就应奋起直追，大力振兴科技。

在现代科技王国里，在很长的一段历史时间内，中国的科技一直是在"跟跑"。就历史发展实际情况而言，跟跑是正常的，是必然的，但长久下去不行。跟跑是站不到高处的。只有真正倡导独立思考，实事求是搞科研，只有真正在创新中发展，中国的科技才会有前途。无论是基础理论研究，还是重大科技的突破，世界科技发明创造者的名录上，才会有中国人的名字。

振兴科技的责任者是谁？多数人的答案可能是：国家。从中国社会制度的属性看，这样回答没有错，但也不尽然。当科技理念深植于全体国民心中时，中国的科技发展才真正有了基础，才会迎来百花齐放的春天。一个国家要实现科技现代化，仅仅依靠国家投入是远远不够的。众多民间资本在投向制造业、餐饮业、娱乐业时，也应当有意识地投向科技研发。美国、日本、德国、以色列等科技强国的科技投资结构，很值得我们参考借鉴。此外，我们还有"举国体制"等优势，这是很多国家没有的，只要我们能够吸引更多英才和投资者投入科技事业，中国的科技之路将前景无限。

中国的科技要突破瓶颈，长足发展，既要继承中国传统文化中的优良基因，克服消极因素，又要充分吸收、消化近现代以来世界先进国家文化土壤中的优良基因，避免其消极因素。罗素在几十年前就说过："迄今为止中国文明虽然缺少科学，但并没有任何仇视科学的因素，从而，科学知识在中国的传播也就不会像在欧洲碰上教会那样的阻碍力量。我毫不怀疑，如果中国人有一个稳定的政府，并且有足够的资金，那么他们将在今后30年内做出优异的成绩。他们很有可能超过我们，因为他们带有新的热情和复兴的激情。"李四光也说过："科学的存在全靠它的新发现，如果没有新发现，科学就死了。"

创新的基础是制度要先进，思想要自由。缺乏创新性、创造力的国家，只能花钱购买别人的创造，只能处于生产链的最低端，只能靠廉价劳动力、廉价产品、巨大环境代价和能源消耗去与别人进行吃力的竞争。科技是国家利益的重心，是国际竞争的制高点，而这个制高点的基础是充满创新基因的文化土壤。历史上中华文化的创新基因并不丰富，时至今日已旧貌换新颜。在此历史时刻我们的眼光要盯在更高处，中华文化的土壤还应继续培植、涵养、生发越来越丰富的创新基因。

科技落后，是会被开除"球籍"的。

第二十一讲　文化土壤与经济

> 经济行为是文化的延伸。
> 任何经济行为都离不开文化推力。
> ——作者手记，2017年9月6日

经济活动是人类社会一切活动的基础，也是政治、文化活动的基础。都说经济基础决定上层建筑，上层建筑又反作用于经济基础。但关键是，究竟是什么因素影响或制约着经济？有人说，人的欲求是经济发展的不竭动力；有人说，生产力决定经济发展的水平。从文化土壤角度看，一切经济行为都是文化的延伸。

一、经济是个文化过程

人类为了生存和发展而进行生产、交换、消费等经济活动，为了生活、娱乐、教育或科研而从事文化活动。那么，经济与文化究竟是什么关系？

十几年前，在纽约召开的"经济发展和文化转型"国际学术研讨会上，各国学者达成了一系列共识，其中就有："经济发展在本质上是一个文化过程。""一个社会不管发达或不发达，表面上看起来是经济形态，实际上都是文化形态。""经济活动的起点和终点，都是文化。"

人类从事采集、狩猎并进行产品分配的活动由来已久，但从事生活必需品生产并进行分配、流通和交换的经济行为，则是伴随着私有制和财产权的出现而发生的。"农业革命"是重要的分水岭。人类的文化活动也很早，原始人类在生产活动之余，便开始了祭拜神灵、简单绘画、唱歌跳舞等原始文化活动。

经济活动刚开始出现时在世界上各古文化圈都是一样的，均以农业为特征。但是在"农业革命"发生几千年之后，不同的文化土壤孕育出了不同地区的不同经济类型。中国黄土地上"长"出了农耕经济，而古代希腊的文化土壤中则"长"出了海洋贸易经济。农耕、游牧、商贸等，不同的经济行为均为不同文化土壤所致。在相当长的一段历史时期内，从事农业、从事牧业、从事商品贸易业分别成了中国人、其他亚洲人、欧洲人和其他地区的人世世代代谋生的手段。在中国的农耕社会条件下，历代统治者基于对粮食安全的考量，普遍重视农业生产，并进而形成"重农抑商"的思想文化传统。

其实，在以农耕文明为主要特征的中国，商业出现得也比较早，只不过在几千年发展史上难以成为社会经济的主导产业，也难以撼动"重农抑商"的文化传统。

中国最早的商业活动出现在原始社会后期，由于畜牧业与农业、农业与手工业先后实现了分工，产品有了剩余，各个部落之间为了互通有无，开始采用以物易物的形式交换产品。传说神农氏时，"日中为市，致天下之民，聚天下之货，交易而退，各得其所"（《周易》）。

商代出现了中国历史上的第一个经济高峰和第一个文化高

峰。文化高峰的标志是甲骨文和青铜器的出现。青铜器虽然在二里头夏都遗址也有发现，但大规模、高水平的青铜器则更多地出现在商代。经济高峰的标志是铁犁和专业贸易者——商人的出现。经济高峰与文化高峰同时出现在商代，不是偶然的。经济的发展促进了文化的进步，文化的进步又为经济的进一步发展孕育了环境。商代的经济带有明显的文化土壤特征，比如商人出现的背景就是农产品和手工业品的增多和交易需求的旺盛。

到了春秋战国时期，生产力发展，社会剧烈变动，经济活动愈加活跃，并影响到社会的各个领域。在战国时期，随着人口增加，商业伴随着城市发展而发展。这个时期开始普遍使用货币，主要有燕、齐的刀币，魏、韩、赵的布币，周、秦的圆钱，楚的贝币等。在这个时期归纳形成的《管子》一书汇集了先秦时期各学派的政论精华，其首篇《牧民》就论述了经济活动对国家治理的重要意义。

经过长期争议和反复论证，考古学家和学者们大致认同中国丝绸在欧洲古典时期已经零星传入欧洲，到亚历山大东征以后出现小规模继续传入，到拜占廷帝国时期大规模传入。"丝绸之路"形成的商品流通是双向的，但有的国外学者认为，西亚、中亚的商人到中国做生意的欲望似乎比中国人走出去的欲望更强。农耕文化塑造了中国人求安稳的性格，使得商业发展缺乏后劲，长期以来商业贸易也仅仅以农副产品为主。

中国西南部与南亚之间在古代也有一条现代人很少知道的"茶马古道"。这条古代商路连接四川、云南和缅甸、印度，并一直延伸到中亚和欧洲。公元前126年，张骞出使西域，在大夏国（即蓝市城，位于今阿富汗巴尔赫一带）看到邛崃生产的竹杖和蜀郡的布。大夏人说，这是从印度买来的。可见当时四川的商品已经通过茶马古道销往印度。

古代丝绸之路和茶马古道出现的背景是互市双方均有富余的产成品，并且有互通有无的交换需求。

唐代由于农业、手工业、交通业有了很大的发展，商业出现了繁荣局面，全国到处都有"市"。长安和洛阳的"市"最大，首都长安是国内外贸易的中心。

北宋时期商业更为繁盛，并出现卖货时不用现钱的信用交易"赊卖"。由于商品交易量增长太快，当时的金属货币满足不了需要，于是出现了世界上最早的纸币——"交子"，宋代的货币流通量达到中国商业史上的高峰。这时，为了推销商品、维持信誉，有的商人开始使用商标。宋代曾发生过一件颇具影响的大事——王安石变法。王安石是个改革家，他主持变法兴利除弊，却不幸夭折。究其原因，一是缺少民众支持，二是缺少商业资本支持。

唐、宋两朝对外开放程度较高，政治环境较为宽松，文化发展更是达到高潮，这些因素共同形成经济发展的良好环境，促使两朝的经济发展均迈上历史的新台阶。

元朝地域广阔，统治者也很重视商业，当时的大都、杭州、泉州都是闻名于世的商业大都市。到了明代，随着农业和手工业生产的发展，地区性分工出现，分工门类也增多了，全国出现了更多的商人。工商业城镇大量兴起，尤其是江南的苏、松、杭、嘉、湖等五府，有的在明初还只是仅有几十户人家的小村落，到明末已成为拥有几万、十几万人口的市镇。在这些市镇的产业里，纺织业最为发达。有的商业资本直接投资开设手工工场，并出现雇佣关系。明末，江浙两省出现了资本主义萌芽。

到了清代，除原有的城市商业继续保持繁荣外，北京成为全国的贸易中心，在北部、西北、西南也出现了许多新的商业城市，如库伦、乌鲁木齐、呼和浩特、多伦诺尔、西宁、打箭炉（今康定）、伊犁等。清代最富有的商人是票商、盐商和行商。山西商人开设的票号已初具现代银行的汇兑、存款、放款功能。

谈及中国古代经济，尤其是商业发展史，人们会发现一个很值得深究的现象。一方面，中国的经贸活动起源很早，较为繁荣。"日中为市"古已有之，汉代曾涌现出以"丝绸之路"为代表的贸易新潮，唐、宋时期更是出现了当时世界上蔚为壮观的经贸繁荣景象。另一方面，中国古代的经贸活动一直建立在农业基础之上（宋代有些例外），以农副产品的生产、交易、消费为主，生产方式也主要以传统农耕、手工作坊制作为主。明朝后期，江浙一带虽然出现了资本主义萌芽，有了劳动雇佣关系，却没能衍生出大生产。也就是说，伴随着王朝兴衰，中国古代经济尤其是商业经济时而凋敝、时而兴盛，总体上虽然日渐繁荣，繁荣的"点""线""面""度"皆有提升，但繁荣中又有所受限，存在"天花板"现象，并未出现质的变化。

为什么会出现上述情况呢？这里不妨探索一下。首先，传统的农本主义、重农抑商思想，对后来各朝代的经济发展产生消极影响，特别是在历史的几个重要关头影响了经贸发展，比如明清两朝。明清两朝，中国经济的繁荣更多体现为以量取胜——因人口增多、开发的土地增多、耕作的精细化等，带来物产丰富、经济体量日益庞大，但在技术革新、生产方式革新上并未取得突破。此时相对于开启资本主义革命的欧洲来说，算是落伍了，没能跟上时代步伐。其次，自宋代之后，中国自然科学的发展相对缓慢，缺少"革命性生产工具"（如蒸汽机、电气等）的发明创造，生产力未能取得重大突破，也就未能迸发出大工业生产所依赖的新技术、新的生产方式等主要元素。对中国来说，现代工业技术、工业产品，很晚才登上历史舞台。再次，由于上述两个原因，支撑现代经济繁荣尤其是工商业大发展的重要支柱——金融业，很晚时候才在中国出现。没有现代工业，就缺乏财富积累，更别说是把这些财富转化成为推进经济发展的商业资本了。尽管中国的一些商帮，通过传统商业积累了财富，甚至开设了票号、钱庄等，有转化为商业资本的趋势，但还不能大规模推进现代工业发展。没有现代金融业，也就难有现代大工业、大商业。最后一点，教育原因。中国古代教育一直以社科、伦理为主，在商业人才、技术人才的教育和养成上几乎是空白，以至于未能在适当的历史阶段播下商业观念的种子，从而使商业文化土壤因缺少营养元素而贫瘠。

二、经济的力量

一辆汽车在人们面前驶过，人们第一眼看到的是车体和转动的轮子，很少有人关注车体内正在轰鸣的发动机。看历史也一样，在已知的历史中，人们更多关注的是社会政治、军事等外在表象，时常忽视经济。而经济恰恰是社会运行的发动机。

亚当·斯密认为，历史上意大利一些城市强盛的原因是商业发达。"尽管城市居民取得的生活资料和他们劳动所需的全部原料和工具，从根本上说都是乡村提供的，但是，处在海边河岸的城市需要这些东西，却并非一定要仰仗附近农村的供给。它们也可以从远方的国度得到这些东西。这些城市或者自己制造产品，或者在各国之间从事中间商贸易，从最为广阔的活动领域中，取得自己的财富，变得繁荣富强。当年处在世界文明进步的中心地区的意大利各座城市，由于经营商业而变得富裕无比，在这方面，它们是全欧洲的先驱。①

后世的多位学者也肯定了经济基础对世界历史的导引性作用。威廉·恩道尔认为,当年罗马帝国的灭亡就源自经济原因。"对约1600年前导致罗马帝国灭亡的经济原因稍作分析就能有所启发。罗马帝国是当时世界上唯一的超级大国,其统治阶级(称为富有的寡头政体也许更为贴切)欲通过侵略战争和掠夺外国土地来扩大帝国版图,遂颁布相关政令。然而这样做并不是为普通大众谋福利,而是统治阶级想积累个人财富,提高个人权力,这也是罗马帝国从衰退走向灭亡的根本原因。"②

欧洲在公元5世纪后期到公元15世纪中期,被称作中世纪。在这近千年时间里,欧洲各国之间的商贸活动极大影响了欧洲的政治、经济和文化进程。一些国家以商贸立国,故而被有的学者称为"公司国家"。对威尼斯、佛罗伦萨、热那亚、比萨等许多中世纪的"城市国家"而言,商贸活动几乎就是它们的全部,这一点与同时期以农耕为主的中国、印度、埃及和中南美迥然不同。意大利、英国、法国、德国、西班牙等国的旧地王国为了经济利益,相互间进行了无数次大大小小的战争,签订无数个"协定""合约"甚至"宪章"。当时的"宪章"更像是国王与贵族之间、君主与商人之间相互争夺又相互妥协的"合同"。

"哥伦布'发现新大陆'的动机也出于经济原因。在500多年前,1484年,哥伦布前往葡萄牙谒见国王,希望国王资助他的船队向西航行,寻找通往东亚的新航道。哥伦布遭到葡萄牙国王

---

① 〔英〕亚当·斯密:《国富论》,中国华侨出版社2011年3月版,第169页。
② 〔美〕威廉·恩道尔:《目标中国——华盛顿的"屠龙"战略》,中国民主法制出版社2013年1月版,第201页。

的拒绝，最后他决定到刚刚统一的西班牙找当时的国王斐迪南二世和女王伊莎贝拉一世碰碰运气，终于说服了伊莎贝拉女王投资。哥伦布发现新大陆，让西班牙人征服了美洲，除了开采金矿银矿，还种起甘蔗和烟草，让西班牙的国王、银行家和商人简直美梦成真。100年后，这些王公贵族和银行家不仅荷包满满，而且碰上哥伦布的接班人时，愿意提供的信用贷款金额也远远超过以往。这一切都是奠定于从美洲搜刮来的财富。同样重要的一点是，王公贵族和银行家对于探勘探险的潜力信心大增，也更愿意投入自己的金钱，这就是帝国资本主义的奇妙循环。"①

历史告诉人们，在哥伦布发现新大陆之前，亚洲的智人或智人的后代早就发现了新大陆。他们就是哥伦布一行登岸后看到的那些原住民。他们早就到了美洲，包括北美和南美。哥伦布"发现新大陆"的意义在哪里？从进步角度讲，这推动了人类社会的发展，而从殖民主义者角度看则不是这样。请看1493年哥伦布"发现新大陆"一年后，3月14日，他在给加布热沃桑切斯的信中写道："最后，我向我们最战无不胜的君主们承诺，如果我能得到他们一点小小的援助，我将他们想要的任何数量的黄金，还有香料、棉花、只有在希俄斯岛上才能找到的玛蒂脂，以及尽可能多的沉香木和陛下们想要的尽可能多的异教徒奴隶都奉送给他们。——于里斯本。"

军事占领，经济掠夺。你看，人家说得多清楚。

"1648年，荷兰不仅成功脱离西班牙而独立，甚至还取代了西班牙和他们的朋友葡萄牙，成为全球的海上霸主，建立起全

---

① 〔以色列〕尤瓦尔·赫拉利：《人类简史》，中信出版社2014年11月版，第309页。

球性的荷兰帝国，并成为欧洲最富有的国家。……荷兰人成功的秘诀就在于信贷。当时荷兰人取得了欧洲新兴金融系统的信任（同时西班牙国王则恣意背叛这些信任），于是比强大的西班牙帝国更容易取得资金提供给各个远征队。金融家提供给荷兰足够的信贷，让他们得以建立军队和舰队。这些舰队则让荷兰控制了全球贸易路线。这样一来，就产生了极可观的利润。有了这些利润，荷兰人能够偿还贷款，也更加强了金融家对他们的信任。"①

后来，法国和英国取代了荷兰。法国和英国进行比较，无论是国土面积、人口、技术，还是军事实力，法国都比英国强大，但是最终还是英国战胜了法国。英国的决胜秘诀在哪里？答案是：金融系统，信贷体系。在欧洲各帝国争强的历史上，最重要的两次战争，决定性武器竟然不是枪炮、战舰，而是金融信贷。换句话说，经济繁荣、资本强大、信贷金融体系完善者，更能赢得战争。

不要鄙视金钱。没有金钱（或曰财富，或曰资本）的作用，人类社会发展就不会进步到今天的这般模样。人们常说，钱是万恶之源。而恰恰是钱，超越了国界、宗教和语言，成为人与人之间联系的最常见的纽带。就算是互不相识的人，为了钱也可以合作。钱能连接起来的元素，比其他任何具体的和抽象的东西都多。钱分为两种，一种用于衡量财富和消费，即货币；一种成为增值和扩张的工具，即资本。马克思在《资本论》中引用了托·约·邓宁的一段话："一旦有适当利润，资本就胆大起来。如果有 10% 的利润，它就保证到处被使用；有 20% 的利润，它就活跃起来；

---

① 〔以色列〕尤瓦尔·赫拉利：《人类简史》，中信出版社 2014 年 11 月版，第 368 页。

有50%的利润，它就铤而走险；为了100%的利润，它就敢于践踏一切人间法律；有300%的利润，它就敢犯任何罪行，甚至冒绞首的危险。"

在世界近代史上，欧美国家对其他国家的要求除了接受"自由""平等"的西方价值观以外，还要求接受其市场规则。可以设想，当年林则徐主持虎门销烟，烧的不仅仅是鸦片，不仅仅是英国人的白银，从根本上说是烧了英帝国想要打开中国市场大门的计划和梦想。

经济的力量，或者说资本的力量确实强大，它使世界战争模式发生变化。军事战争的失败者，在远古时代往往被屠杀乃至亡国，而近现代至今，但凡失败者，往往要根据战败条约双手奉上战争胜利者需要的经济利益。

三、经济与文化的交叉延伸

经济基础固然决定上层建筑，但上层建筑对经济基础的反作用也很大。文化属于上层建筑，其中的思想认知、意志品质、观念眼光，对经济社会的影响是巨大的。

经济与文化相互交织，共同推进人类向前发展。纵观世界工业经济，其发展经历了三个历史阶段：第一个阶段是以加工为中心的时代；第二个阶段是以技术为中心的时代；第三个阶段是智能中心包括智慧城市出现的时代。这三个阶段发展进步极大提高了生产能力，使人类获得了从未有过的财富，财富充足使得人们有能力从事文化活动或者消费文化产品；文化的振兴，又进一步推动经济繁荣，促进社会进步。这是一个良性循环的过程。

在世界历史上，财富的集聚并不青睐同一个地方。美国著名历史学家斯塔夫里·阿诺斯说：如果坐在历史的飞机上绕着地球转一圈，你会发现世界上最强大、最富有的国家，13世纪以前的800年是中国；14世纪到15世纪是阿拉伯；从16世纪起开始是欧洲；到了20世纪就是美国了。

斯塔夫里·阿诺斯十分羡慕中国历史上的富裕。他在所著《全球通史》中，从一个新颖的角度分析到："汉代、唐代、明代、清代、现代，中国人的服装样式随时代变更而变更，而拉美人的披风、穆斯林的宽松裤、日本人的和服、印度的腰带却一直没有什么变化。为什么？除了文化原因，最主要的原因是他们没有钱去实现这种更换，而中国人则相对富裕多了。"

总的来看，经济中心和文化中心往往是一体的，两者往往相互成就。

经济与文化如何相互交织？不同国家、不同区域之间的像模像样的文化交流，最早就是由商贸带起的。仅以古代中国的"丝绸之路"为例。敦煌地处西北戈壁沙漠的走廊上。2000多年前，这里是为往来于东西方之间的商队提供庇护的港湾，同时也是东西方文化交流的平台。东西方文化的碰撞和交融在莫高窟留下印记，使之成为古丝绸之路上的一个"时间胶囊"。来往的商队不仅携带着充满异域特色的东西方商品，也传递着不同的文化、艺术和宗教理念。"丝绸之路"既是一条商贸之路，又是一条文化之路。经济上的开放和思想上的开放，相互促进。正是由于这种促进，汉、唐、宋，中国经济和文化都极具包容性，发展水平极高。自明朝以来，中国颇具文化底蕴的徽商、晋商、浙商在市场上各领风骚，不但活跃在国内市场上，还大踏步走向国际市场。

就世界历史来说，文化的振兴与经济的发展，也是相互成就的。经济全球化与文化全球化，是同一个过程。这里，不妨回忆一下，在18世纪以前，世界的普遍现象是大多数国家的大多数人都很穷，每年一半的收入甚至 3/4 的收入都要用来购买食物，余下的一点点钱还要购买其他生活必需品，根本无力进行高消费尤其是高雅的文化消费。最先打破这一现象的是英国人。18 世纪以来，随着工业革命带来的好处，人们终于有闲钱可以按兴趣购物了，名牌产品乃至奢侈品消费也就开始登台了。

名牌是经济与文化结合之后生出来的"孩子"。如同一个男子或一个女子独自一人是生不出孩子的一样，单一的经济、单一的文化也产生不出名牌，只有经济与文化结合了，名牌才会问世。在经济和文化全球化的今天，文化产品正大摇大摆地走进国际市场。美国的大片、日本的动漫、韩国的电视剧……正高举其文化旗帜走向市场，不仅大赚金钱，还将其价值观夹带着推向世界。音乐、出版业等领域，强者们也雄赳赳地走向其他国家市场。

从世界各国产业发展规律看，先工业化国家靠着"羊吃人"，以损害第一产业的利益发展起第二产业。当第二产业发展到高峰期，大约占 GDP 的 60% 多的时候，先工业化国家开始发展第三产业。第三产业以商业服务业为主，领衔的是科技、金融和教育"三剑客"。到了 20 世纪 60 年代，原有的格局发生变化。一些后工业化国家，特别是以韩国、新加坡和中国香港及台湾地区为代表的亚洲"四小龙"，未能等到第二产业发展强大，在第二产业占 GDP 的 30%—40% 时便启动第三产业的高速发展，结果，就经济发展速度而言，起到了事半功倍的作用。科技、教育、影视、出版、旅游等都属于文化行业，它们的振兴改变了经济的格局。也就是说，文化产业已经成为经济的一部分。正如施瓦布经济学所表述的：（基于高技术的文化产业）以智慧投入为特点，投入少而产出多。

进入 21 世纪后，经济全球化令人瞩目。经济全球化是指世界经济活动跨越国界,通过对外贸易、技术转移、服务互联,经济体之间相互联系、相互依存的全球范围的有机经济整体的过程。经济全球化是当代世界经济的重要特征。自经济全球化出现以来,人类的经济活动创造了有史以来的最高成就。中国经济发展强劲势头的形成也是在这一时期实现的。

然而,由于疫情,由于战争,特别是由于名目繁多的贸易战、"制裁""封锁""禁运"等,当下的经济全球化正在受到威胁,并已出现逆趋势。在这种逆趋势下,一些国家出现供应链中断、通货膨胀、能源短缺、市场疲软。但放眼未来,经济全球化仍然是世界经济发展的重要趋势。这一点是不容置疑的。

最近几年,数字经济正在成为新时代经济的耀眼景观,其发展速度之快、扩展领域之广,超乎人们的预想。其发展趋势将会如何,人们正拭目以待。

企业是市场的主体,是经济活动的主角。现代国家强盛的标志和基础是拥有一批强大的企业。有什么样的企业,往往就有什么样的经济。企业管理正在成为一个解答文化与经济关系的热门学科。全世界的 MBA(工商管理硕士)、EMBA(高级工商管理硕士)、DBA(工商管理博士)都在学习这门学科。企业管理中的文化元素,正在成为管理者们越来越关注的内容。社会经济越发展,这个内容就越广泛、越深刻。一家企业是否成功,不能仅用是否创造更多的货币价值来衡量,还要看它是否拥有一批文化英才,是否有良好企业文化(尤其是价值理念)。良好的企业文化能够促进企业成功,进而带动经济繁荣。

前边讲过,中华传统文化内容繁多,有道家学说、儒家学说、其他诸子百家的学说以及文学、伦理学、史学、文字语言学、天文学、农艺学等多种文化表现形态,但最核心的只有两个字,"道"

和"仁"。

企业文化和企业管理也包括许多内涵，如敬业，如高效，如利他，如团结，等等，但最重要的只有两点，一是按客观规律办事，实事求是；一是以人为本，尊重人性，注重调动人的积极性。

按照现在的理解和认识，尊重客观规律就是守"道"，以人为本就是"爱人"，"仁"。由此看来，企业文化和企业管理的核心内容、最高点与中华传统文化的核心内容、最高点竟然完全一致，这就是"道"：按客观规律办事和"仁"：以人为本。

企业文化是一种意识形态，不是物质形态。企业文化看不见、摸不着，但人人都能感受得到。它像空气一样无处不在，并支撑企业的生存发展。优质的空气将有利于企业机体和员工精神的健康，劣质的空气则会损害企业的机体和员工精神的健康。

我们在前面讲了有什么样的国民就会有什么样的国家，而不是有什么样的国家就会有什么样的国民。这里可以接下来说，有什么样的员工就会有什么样的企业，而不是有什么样的企业就会有什么样的员工。

但是可以这样认识，有什么样的企业文化就会培养出什么样的员工。

这句话的深刻含义在于，企业文化是由企业和员工共同孕育创造的，创造和培养的主体和主要参与者、贡献者是员工。

企业文化与其他文化形态一样，开始时都是"文化之子"，是企业和员工孕生并培养了它，形成后它又会成为"文化之母"，影响员工，影响企业。

马斯洛关于人的需求理论现在已经成为全世界的大学经济管理课程中必讲的一课。马斯洛认为人的需求有五个层次，第一个层次是生存需求，包括吃、穿、住、养家等；第二个层次是安全和保障需要，包括医疗、教育、保险等；第三个层次是社交和归属需求，即我是谁、我在哪里；第四个是自尊和荣誉需求；第五个是实现人生价值。这五个需求中，前两个主要是生存需求，后三个则主要是文化需求。这个理论告诉我们，人们发展经济本质上都是为了满足基本的生存需要，在此基础上再满足文化需求。人在文化上的高层次需求又催生了高层次经济行为的不断问世。

作为经济管理者，把握好这五个需求层次，有助于收获良好经济效益和文化效益。

若仔细观察一下当今的知名企业，人们会发现它们具有同一个特征，即它们的成功不仅仅体现在财富的创造能力上，更体现在文化价值上。从这个角度讲，华为也是文化之子。华为的成长和成功，不仅仅是科技上、商业上的成功，也是文化上的成功。它让全世界体会到了中国企业的底蕴，这个底蕴的深处是文化，尤其是自强自立、百折不挠等中国传统思想文化精神。有人在网上说，华为现在是孤军作战。不，中国现在有许多企业正干着与华为一样的事情。

企业不仅仅是"物理"的，更是"精神"的。"企业家精神"正在成为中国企业的一种文化标志，它的内涵是利众的、向上的、富有责任感的、理性的、健康的。现在的中国企业家，有的有"精神"，有的没"精神"。

从小处说，企业文化影响着企业的经营，制约着其成功与否、能走多远；从大处说，国家的文化传统、思想观念体系，也制约着国家的经济状况。最近这些年，全世界都在思考，为什么中国四十余年来发展得这么快，创造了人类经济史上的奇迹。从根源上说，这其实要归功于中国人在文化上的兼容并蓄——通过改革开放，解放思想，既敞开胸怀接受了当代世界先进国家的经济理念、管理经验和规则，又发扬了中国传统的扎实肯干、吃苦耐劳、自强自立等精神。优秀思想文化一旦得到张扬，经济也就蒸蒸日上。

四十余年来的中国经济史证明，经济越发展到更高阶段，它与文化的关联度会越加紧密。换句话说，经济达到一定程度后，想要突破瓶颈升级发展，愈加依赖文化，尤其是依赖科技文化、制度创新、管理创新、观念革新等。如果能够深入了解中华民族的文化、心理、思维模式，中国人对传统的态度，再来回答中国经济为什么发展得那么快、今后又该如何发展，答案就可能会比较真切。也许再过一段时间，人们会共同认识到，文化是中国经济腾飞的主要动力。

作者在西藏、新疆和四川的少数民族同胞集聚区调研脱贫课题时，想起恩格斯提出的一个概念：生产方式的转变决定生存方式的转变。在这些地区，生产方式、发展观念不改变，生活状态就很难转变。"给、捐、帮"解决的只是暂时问题、表面问题，根本出路在于培植新的思想文化土壤，积极转变发展观念，转变生产方式。

四、区域经济现象的本质是文化——以东北为例

区域经济发展不平衡，是当今中国的基本国情。有些区域高速发展，有些区域亦步亦趋，有些区域则发展不尽如人意。怎样看待这个问题？仅以中国东北的区域经济做一下探讨。

在研究东北振兴的话题中，许多专家、学者往往在经济概念内论述较多，比如产业布局不够合理、招商引资不足、传统经济包袱重、人口外流、经济政策弱化等。这里要说的是，不要忽略了文化建设在东北振兴中的基础性作用。

再也没有比东北现状更能诠释"经济受制于文化"这句话的深刻含义了。东北问题的本质不是经济滑坡,而是相当程度上缺少信心,缺乏活力,对外缺少吸引力。信心、活力和吸引力是什么?是文化。东北经济现象的本质是文化——今日之衰源于文化之衰,明日之兴必有赖于文化之兴。

东北是中华文化的重要发祥地之一。有出土文物证明,6000年前,这里就出现了著名的红山文化。东北自古以来就是多民族的混居区。东北的文化从历史上就以"杂交"为突出特征。清朝执政初期,为了保证满族的血统纯正,保护祖先的"龙脉",曾禁止关内汉人到东北,后来特别是与沙皇俄国交过几次手以后,发现当地人力动员不足,于是开禁,允许关内的汉人移民到东北。

大量闯关东的汉人来到东北,不但带来了人口和劳动工具、生活用品,还带来了文化。东北文化的融合特征进一步突出。民国时期,东北经济一度兴盛。新中国成立之前,经民族资本和官僚资本的开发,加上日本以战养战的需要,东北的经济曾以畸形方式获得一定发展,为新中国成立后的发展奠定了一定基础。

东北物产丰富,工业基础良好,新中国成立后作为重要工业基地为国家做出了铭传史册的贡献。"一五""二五""三五"期间,这里作为全国重要的工业基地为全国的建设发展起到了顶梁柱作用,被誉为"共和国长子"。沈阳机械城、长春汽车城、哈尔滨电机城、鞍山钢铁城、大连海运和化工城、东北粮仓,曾经引领风骚了一个时代。然而最近十多年来,东北经济增速放缓。2010年以后,东北三省的经济滑坡众人瞩目。GDP增速在全国排名靠后,有的年头甚至负增长,财政收入也是一年不如一年,公共事业投入不足。

东北处境不妙,作者认为与下面四个因素有关:一是历史选择变化；二是文化与观念落后；三是地缘政治因素；四是计划经济后遗症。

改革开放前，国家发展模式的突出特征是"工业化"，东北的工业基础在全国是最优良的，天平倾向了东北，所以才有了东北的辉煌。改革开放后，国家发展模式的突出特征是"市场化"，天平倾向了东南。工业化只是市场化中的一部分，东北的优势发挥受到影响，劣势则显露出来。地缘政治因素、计划经济后遗症等，则不用赘述。

不妨来分析一下，经济层面，目前东北缺 GDP，工农商及文化科技产业的产出总量不高；缺财政收入、税收；缺科技含量高的巨型企业；缺繁荣的大市场；缺类似九寨沟、张家界这样的顶尖旅游品牌。而隐藏在这背后的则是观念的落后和文化环境的缺失。

经济元素会不同程度地影响文化元素，文化元素则直接更大范围地影响经济元素。

早几年，东北的营商环境令人担忧。而营商环境表面看起来是经济现象，本质则是文化现象。营商环境主要包括自然资源环境、法律环境、政策环境、政府环境和人文环境。这里除了自然资源环境，其他都属于文化环境。其中人文环境从广义上讲应包括法律环境、政策环境和政府环境，这里指的是狭义概念，主要是人与人之间的关系。

营商环境最重要的内涵是"公平"，不仅市场竞争要公平，涉及人权、财产权、社会信用等方面的环境都要体现"公平"。法律法规不公正，或者有法不依，谁敢到你这办企业做生意？

文化观念也是一个原因。作者在 1988 年春提出一个概念叫"马蹄形现象"。小兴安岭、大兴安岭、长白山三座山脉坐落在东北地势中，形成一个巨大的马蹄形。这个"n"字形的中间是富饶的松辽平原。丰衣足食使这里的一些人不愿冒险拼搏，满足于"三十亩地一头牛，老婆孩子热炕头"，很多人安于现状，缺少创新精神，缺少创业精神。历史上，东北人就比较缺乏商业经历，现在又缺乏市场意识。东北经济的滑坡表面是经济问题，实则与文化关联极大。1991年，作者与一位同事合作写了《金牌不是名牌》一文。那时，国家每年都评选工业金、银、铜牌产品，沈阳的金牌总数排在上海之后居第二，可惜沈阳有制造优秀品牌产品的实力，却缺少打开全国市场的本事。

过去叱咤风云的大庆油田、鞍钢，沈阳的机械、哈尔滨的电机、大连的造船和化工，让全国人民看到东北人有水平、很能干，精神头也好。后来这些行业大多困难，东北至今还没有出现大数据时代的巨星级企业。

体制僵化也根源于思想观念。东北的繁荣曾受益于那时国家实行计划经济，改革开放之后很多人的思想观念没有及时转换过来。东北人习惯用计划的办法、行政的办法管理经济。东北与南方发达地区的差距实际上是市场化程度的差距和头脑、眼光的差距，这其中很重要的一点是有不少领导干部思想观念尚未真正与市场经济接轨。仅仅怨"官"不利于我们对事情本质的把握。"官"从哪里来？也是从当地的文化土壤中"长"出来的。

振兴东北，首先要振兴东北文化，要培植新的思想文化土壤。造成东北目前状况的一个重要原因是文化因素，这应当成为东北的知识分子、官员以及其他东北人的共识。要真正认识到这一点很难，但一旦有了这种共识，解决问题的办法就有了。东北过去的辉煌靠的都是"硬"实力，今后只有"硬"没有"软"不行。

东北当下亟待改良文化土壤、更新土壤，使其能具备足够的养分，长出理性、长出科学、长出市场意识、长出适应新时代需要的各种思想观念、眼光和创新、实干精神。这始终是一个时代命题。尤其在当前，东北的振兴不可能是旧体制的回归，也不可能是过去工业体系的再造，应探索建立适应以国内大循环为主、国内国际双循环大势下的以工业为主的经济运行模式。在这个模式下，发动机是文化。着力解放思想、破旧立新，创造一种崭新的现代文化，唯有如此，东北的路才能越走越宽。

第二十二讲　文化土壤与政治

政治制度源于文化土壤。有什么样的文化土壤，就会"长"出什么样的政体。

——作者手记，2019 年 5 月 23 日

孙中山先生说，"政"乃众人之事，"治"即管理，管理众人之事便是政治。用现在的话来说，政治是指对社会治理的行为方式，通常包括两个要素——政权和治理。"政"是治理主体，"治"是维护政权的方法和手段。

政治很重要，因为它关乎大家的根本利益。放眼古今中外，各国的文化传统不同、政治制度千差万别。究竟哪种政治制度更优？恐怕难有一致的认识。能确定的是，在漫长的历史长河中，不同文化土壤"长"出了不同的政治。

一、古代民主或集权制度的产生

政治的载体是国家。人类进入农业社会后，随着私有制和阶级的产生，血缘关系逐渐瓦解，形成了最初的国家。

关于国家的起源，马克思主义的经典解释是：在原始社会末

期，经济迅速发展，不可避免地出现了贫富差距。这种贫富差距破坏了氏族内部的平等关系，导致部族成员的分裂、出走，从而割断了血缘纽带，人与人之间打破了血缘关系而按照地域和阶级重新进行组合。富有阶级为了压制和剥削贫困阶级，创建了国家。恩格斯说："国家是文明社会的概括，文明社会最重要和最本质的特征就是国家的形成。"

历史上不同国家形成的模样，皆为其文化所致。"民族之抟成，国家之创建，胥皆'文化'演进中之一阶程也。故民族与国家者，皆人类文化之产物也。举世民族、国家之形形色色，皆代表其背后文化之形形色色。"[①]

最初的国家因地理、气候、生产条件、血缘等因素，形成了或集权或民主的特征。

远古时候的华夏，黄河泛滥殃及众生。要治水，靠个人行为不行，面对波涛汹涌的黄河，需要一呼百应的集体治水，需要强有力的领导者，于是指挥治水产生了集权。这是最早的集权制度产生的地理原因。

"随着人口的增长，越来越多的事需要更多的人团结协作，比如建设大型水利工程或者其他公共建筑，特别是在大规模的战争中共同防御外来侵略。父系社会的血缘关系有利于人类组织的迅速扩大。有血缘关系的村寨很自然地联合成为部落。在联合过程中，中央集权所需要的纵向的金字塔型组织结构由'祖父—父亲—儿子'这种天然血缘关系提供了出来。父权呈现压倒优势，它不断扩张，从父亲、祖父演变成族长、酋长直至国王。血缘群体也不断扩大，从家庭、家族扩大到部落、部落联合体、酋邦，

---

① 钱穆：《国史大纲》，商务印书馆1996年3月版，引论。

直至国家。"①

张宏杰在《中国国民性演变历程》一书中继续写道:"在家长制家庭公社基础上,由于氏族首领职能的世袭而逐渐产生了阶级,并发展成国家。……封建君主制度政体具有四个特征:第一,皇权至高无上,国家的最高权力全部集中在皇帝一个人手中;第二,皇权不可转让,皇帝一旦登位,便终身任职;第三,皇位是父死子继,严格实行世袭制;第四,国家政权机构的组织原则是君尊臣卑。"

在中国的战国时期,各诸侯国都建立起中央和地方两级官僚政治制度,中央一级按文、武两条线分别设立相和将。"相"为治理国家的"百官之长",也称宰相、丞相、相国等;"将"是统管军队的最高长官,又称"将军""大将军""上将军"。从战国开始一直到元代,中国的君主专制一直实行宰相制的君主集权。到了明初,朱元璋废除宰相制,皇帝直接行使各种权力。这种无宰相制的君主专制特征,较宰相制更为明显。清朝延续了这种制度。

与中国社会的发展方向相反,希腊文明的发展是一个血缘纽带不断松弛、父权不断弱化的过程。最终,血缘不再是维系社会的基本纽带,人们更多地以平等的方式组成社会,从而创造出希腊模式的民主城邦。破坏希腊人血缘纽带的两个因素,一个是贫富差距的拉大,一个是多利安人的入侵。公元前1050年左右,希腊北方的多利安人大规模入侵希腊内陆。大批希腊人背井离乡,流亡海外,从而大大动摇了希腊社会的血缘基础。对此,汤因比在《历史研究》中阐述了原因。他说:"跨海迁徙的一个显著特

---

① 张宏杰:《中国国民性演变历程》,湖南文艺出版社2016年8月版,第182页。

点是不同种族体系的大混合,因为必须抛弃的第一个社会组织是原始社会的血缘关系。一只船只能装一船人,而为了安全的缘故,如果有许多船同时出发到异乡去建立新的家乡,很可能包括许多不同地方的人。"确实,跨海迁徙的风险比陆地迁徙要大,条件也更为艰苦,因此只有那些最强壮、最富于冒险的人才能做出这样的选择。身体条件差的老人和孩子在漫长的航海过程中往往是累赘,并且经不住海上的风浪,因此他们通常选择留在原地,而那些来自不同地方的年轻人则相约出海了。这样,血缘的纽带就松弛了。

正是跨海迁徙,导致希腊社会从以血缘为基础转向了以契约为基础。这是人类社会关系的一个质的变化。

以盎格鲁·撒克逊为主的欧洲人先是创建了英国,然后又创建了美国、加拿大、澳大利亚和新西兰。他们并不是不列颠的原住民,而是从欧洲北部跨海迁徙而来的。从他们在不列颠创建"王政和平"与议会政府的经验中,依稀可以看到跨海迁徙的痕迹。

美国独立战争胜利后,在1787年费城会议上,最早的13个邦的代表在讨论建立一个什么样的政府时,一致认为要建立的"坚强之全国政府"既不能集权于个人(比如总统),也不能集权于机构(比如国会),而只能集权于法(宪法)。美国建国时之所以会选择这样一种国体,应该是受到三种因素影响:一是英国的大宪章和议会制度,二是"天赋人权""自由、平等、博爱"等资产阶级的新思想、新理念,三是"新宗教"。前两点众所周知,第三点则知者不多。其实,制订《独立宣言》和《美国联邦宪法》的人基本上是从英国来的清教教徒,他们憎恨宗教压迫,追求信仰平等,因而在制度设计上处处防范宗教式的专制。

在世界所有民族的先民中,"官"的概念一开始就是为民众服务的。在原始部落中，人们狩猎、采草籽等，到了一定阶段需要有领头的带领大家干，于是就产生了官。这个官是真正民选的，而且要为民众办事。到了封建社会，人类进入新的权力崇拜阶段，官的概念开始发生本质变化。从此，官成了脱离一般民众的统治阶层的一员。

公元 1515 年，尼古拉·马基雅维利《君主论》的问世开启了现代政治观，他提出"政治行为的目标是权力而非美德"。

历史已经见证了不同类型的国家制度，事实证明，任何国家制度都可能发挥民主的作用，也可能削弱民主的作用。无论是集权政体还是民主政体，政治机器本身可能并不肮脏，但一些操纵政治机器的人却可能是肮脏的。

自国家诞生以来，历史的车轮隆隆滚过几千年，国家的概念也由初现时以阶级和区域因素为基本内容演变为现在的以国民、国土和宪法为基本内容。

政治制度可能最早起源于原始宗教的仪式和规则。古人在祭拜天地、神灵、祖先时，制定了人类最早的公共规则。后来，与政治制度联系最紧密的是法律。奴隶社会最著名的法典是《汉谟拉比法典》，其核心是维护奴隶主阶级的利益和秩序；封建社会较为著名的是中国清朝的《大清律例》，它旨在确立大清国帝制，维持其政治秩序；资本主义社会最有名的法典是 19 世纪初法国的《民法典》，它强调人权和物权，核心是维护新兴资产阶级的利益和权益。

二、帝国制的出现及其演进

帝国是一种重要的政治制度，它的出现是人类政治史上的重要事件。世界古代史上最著名的两个帝国，一个是公元前 221 年建立的秦帝国，一个是公元前27年建立的罗马帝国。罗马帝国持续时间较久。

"帝国首先是一种政治秩序。其有两个重要特征：第一，帝国要统治许多不同的民族，每个民族各自拥有不同的文化认同和独立的领土；第二，帝国可以灵活调整疆界，而且可以几乎无限制地扩张地盘，不需要改变基本架构和认同就能够纳入更多其他国家和领土。像这样的文化多元性和疆界的灵活性，不仅让帝国历史上的地位独一无二，更让帝国站到了历史的核心。正因为这两个特征，让帝国能够在单一的政治架构下，纳入多元的族群与生态区。西方帝国与东方帝国均是如此。"[1]

在中国历史上，帝国的主宰者往往都来自北方。司马迁说"夫作事者必于东南，收功实者常于西北。故禹兴于西羌，汤起于亳，周之王也以丰镐伐殷，秦之帝用雍州兴，汉之兴自蜀汉"（《史记·六国年表》）。司马迁了解到的只是在他之前的历史，并详细记述了秦、汉的兴起过程，但他几乎预见了他之后2000年历史的规律。汉之后的隋、唐、宋、元、清等王朝的创建者均是从北方起事，然后占领全国。

六国被秦所灭后，秦又被起义军所灭，原因何在？论者中名望较高的有贾谊的《过秦论》、杜牧的《阿房宫赋》、柳宗元的《封建论》和苏洵的《六国论》。贾谊的观点是秦胜在拥有地理优势，杜牧认为秦亡是"仁义不施"，施暴于民，而苏洵则认为六国亡于贪婪与短视。备受易中天先生赞赏的是柳宗元的观点——"周之失，在于制；秦之失，在于政，不在制"。

---

[1] 〔以色列〕尤瓦尔·赫拉利：《人类简史》，中信出版社2014年11月版，第185页。

制度是由统治者制定并维护的,而制定制度的人是在特定的文化土壤中"长"出来的。

秦始皇结束了战国时代。秦统一的文化土壤是六国吃够了战国纷争的苦头,普遍有着"天下一"的期盼。秦始皇本人是在战国后期的文化土壤中成长起来的,他对自己新地位的见解很值得玩味。"据《史记·秦始皇本纪》,公元前221年,秦始皇令丞相御史议称号:'寡人以眇眇之身,兴兵诛暴乱。赖宗庙之灵,六王咸伏其奉,天下之大定。今名号不更,无以称成功传,其议帝号。'……'其议帝号'一句话很可注意。当时秦始皇尚未正式称帝,然而正式颁文中居然有这种语气,有两种可能的解释。一是'帝'本是公认'王天下者'的称号,现在秦并六国,当然是帝;第二种解释就是七十年前秦称西帝,始终未正式取消,所以'帝号'一词并无足怪。现在秦王为帝已由理想变成事实,所以只剩正式规定帝的称号了。"[①]换句话说,秦的统一既有思想文化上的普遍诉求,也有自身的文化渊源。而实现国家地域上的真正统一后,制度、体制、文教以及社会生活方方面面的统一,也就在特定的文化背景下或传承、或创新推进。

秦始皇统一天下最重要的标志是取消分封制、建立郡县制,天下归帝,一人领导。其次才是统一文字,统一度量衡,即所谓"车同轨、书同文、行同伦"。其实,这些"统一"的做法在秦以前就已经开始操作了。

不能不提的是,秦始皇实行的集权体制在人类历史上第一次实现了按能力选择官吏,使官僚体制进一步为集权制度服务。这种做法是前无古人的,随后的汉朝几乎原封不动地借用了秦朝的

[①] 雷海宗:《中国文化与中国的兵》,北京出版社2016年2月版,第91页。

官吏选拔制度。

秦朝的统治标志是以郡县制取代分封制。其实，分封制在战国时期就已经接近崩溃，诸侯列强只认实力，哪个还受分封制的限制？秦始皇真正的发明是初创皇帝制度——天下由皇帝一人说了算，并建立起整套适应这种制度的封建官僚体制和机构。在分析这个时期的帝国现象时，汤因比说："事实上，一个完全成熟的统一国家中有两个突出的特点，它们共同支配了整个社会：一个至高的君主个人和一个至上的不具人格的法律。"[①]"承秦制"的西汉王朝的统治不像秦那样残暴，但在推行郡县制、丰富帝制特别是在强化吏治方面则更进了一步。西汉末年王莽的新政在财政与产业政策方面的改革，大部分都是效仿汉武帝时期的制度，但在货币和土地制度方面，他的改革要比汉武帝时期彻底得多。对此，胡适曾对王莽给予了充分的肯定。

隋、唐、宋三朝都是统一中国的大王朝，在国家制度体系建设方面既有传承，也颇有创新，但大体上还是沿用了汉的帝制体制。其中，宋朝虽然实施的仍是专制制度，但它的政治较以往及以后的王朝要开明许多。作者曾几次听到这样的观点：看中国古代哪个朝代经济发展、政治开明，看看其酒馆就知道。为何？经济发展、粮食充足才具备酿酒条件，而"政治开明"在这里指的是容许人酒后随意表达。无论是在《清明上河图》上还是在《水浒传》里，酒肆都热闹得很。

据史载：宋仁宗时，四川有个老秀才，科考屡试不第，一着急，给成都太守献诗一首："把断剑门烧栈道，西川别是一乾坤。"

[①] 〔英〕阿诺德·汤因比：《历史研究》，上海人民出版社 2010 年 1 月版，第 488 页。

胆子真大，竟敢说咱们把住剑门关，把栈道烧了，建一个独立王国多好。这不是叫嚣割据独立吗？成都太守立即派人将老秀才抓起来，并上报朝廷。那时的地方官没有杀人权。宋仁宗看了牒报后哈哈大笑说："此乃老秀才急于仕官而为之，不足治也，可授以司户参军，不厘事物，处于远小郡。"皇上说，他不就是想当官急的吗，别杀他，找个远点的地方给他个小官当当吧。你看，宋朝的政治制度是不是有点开明？这种事情要是发生在朱元璋时代或者康雍乾时代，那个老秀才必定被诛九族了。

包拯——人们熟知的包公，安徽合肥（今合肥肥东）人，北宋名臣。公元1056年，包拯从江宁府任上调回京城，任开封府尹，即开封及周边地区的最高行政长官。开封府社会复杂，案件多，且案件大多牵扯官员、外戚。在包拯上任之前，府衙设有门牌司，专门收转告状人状折。告状人或不识字须托人写状折，或求告心切，急于找门牌司递折，衙役小吏趁机敲诈勒索。包拯上任后裁撤了门牌司，设一大鼓立于府衙门外，谁有状情，击鼓便是，随即便可面向开封府最高长官陈述冤情。不要小看这件事，它其实是一次司法制度进而是一次政治制度改革。

明朝的腐败最突出的一点是官场的腐败。官场的腐败主要表现在特务政治上，一是锦衣卫和东厂、西厂的设立，使官场愈加黑暗，监督人、收拾人的人吃香，告密者吃香；二是株连盛行，一人犯法，无辜连坐，洪武年间曾创下因1人而诛杀873人的历史纪录。

在朱氏王朝统治下，士人连做隐士的自由都没有了。明帝国要消除所有不利于江山稳定的因素，对外断绝与世界的联系，禁止海上贸易，闭关锁国，对内则实行全面社会控制，打击商人大户，避免商人财富增长对政权带来威胁。在行政管理上，明帝国采用里甲制度，10 户为"甲"，110 户为"里"。里甲制设有里长、甲长，负责维护地方治安、分配徭役、按丁纳税，而无需由朝廷直接管理。这种里甲制度，对维持大明帝国的秩序发挥了很大作用。后来满人入关，基本沿用了明朝的帝制体制。

清朝由满族人建立，但它将中国传统帝制演绎到了极致，因而是一个不折不扣的中国正统封建王朝。清朝的垮台很值得玩味。正如易中天所说："不能说大清王朝早就失去了人心，也不能说它的'国难'从来就没有人救，更不能说这种见死不救，仅仅是出于满汉之间的民族仇隙和幸灾乐祸。1851 年 1 月，洪秀全领导的'拜上帝会'在广西金田起义，两个月后即攻克永安，建立'太平天国'，册立诸王。次年又突围北上，于 1853 年初攻克武昌，同年 3 月占领南京。太平军转战南北，攻城掠地，所向披靡，将战火蔓延到十六个省份、六百座城池，而且迫近天津，问鼎京畿。……当此危急存亡之际，各地军民官绅却并没有坐视不管，袖手旁观，更没有趁乱而起，瓜分天下。身为汉人的曾国藩，以卑微之职，起而'勤王'，靠的不过是些民兵乡勇的'团练'，建立起一支强大的军队（湘军），屡败屡战，九死一生，终于为大清帝国扳回败局。事实上，在这次战争中崛起的'中兴名将'，无一不是恪守孔孟之道的汉族士大夫，如李鸿章，如左宗棠，如胡林翼。汉人并没有不把大清看作自己的王朝。"[1]

"尽管武昌首义的 1911 年和金田起义的 1851 年都是辛亥年，但两个'辛亥'并不可同日而语。此辛亥不是彼辛亥，孙中山也不是洪秀全。孙中山和辛亥革命代表的，是能够给中国人民以希望的共和理想，洪秀全则不然。因此，如果让那些忧国忧民的有

---

[1] 易中天：《帝国的终结》，上海文艺出版社 2018 年 2 月版，第 11 页。

识之士进行选择，结论是不言而喻的：在大清帝国与太平天国之间，他们宁愿选择前者；在大清帝国与中华民国之间，他们却可能选择后者。"①

中国一些历史学家对清朝弊端的总结是很到位的，但对清朝为中华民族做出的贡献则总结得不够。除了本书前文说到的清朝奠定了大致今天的中国版图，和平移交了政权，团结了少数民族，传承给我们今天的中华传统文化之外，清朝政权垮台后，不但将老家东北并入中华大一统版图，还将满族融入了中华民族。

一位外国人对中国历史上诸帝国的认识值得一提，他的观点别具一格。他说：中国是一个"文明"而不是一个"国家"。

英国著名汉学家马丁·雅克1945年生于英国，伦敦经济学院LSE亚洲研究中心IDEAS的高级研究员，是英国智库Demos的创始人之一，曾在日本、新加坡的大学任教，现为清华大学访问学者。他在题为《了解中国崛起》的讲演时说道："纵观世界史我们会发现，西方曾经也产生了很多的大帝国、强国，纵横世界，深刻影响世界历史。罗马帝国、亚历山大帝国、拜占廷帝国、阿拉伯帝国还有奥斯曼帝国、大英帝国等，个个都是强悍无比。但是，这些强大帝国在衰弱后基本上都是灰飞烟灭，很难再崛起了。最明显的例子是大英帝国，曾经的'日不落帝国'，现在日益衰弱，都快要被自己的殖民地印度超过了。而与西方不同的是，古代东方几千年出现的几乎所有强大帝国，如秦帝国、汉帝国、唐帝国、元帝国、明帝国、清帝国等，都来自中国。也就是说，古代中国一个帝国衰弱后，会有新的帝国重新崛起和复兴，包括现在也是如此。近代100多年衰弱，到现在又在重新复兴，这在世界范围

---

① 易中天：《帝国的终结》，上海文艺出版社2018年2月版，第12页。

内可谓独一无二。"

马丁教授这样解释道:"中国其实是一个文明,但是他却'伪装'成一个'国家'存在。这样我们就可以很容易理解为什么西方帝国衰败后就再无崛起的可能,而中国总是能不断地复兴,这是因为中国本身就是一种文明。文明没有出现断层,国家兴衰只不过是一个摔倒再站起来的动作而已。"

再来看看欧洲古代主要帝国的演进情况。

罗马文化的高峰几乎是希腊文化的延续,然而罗马帝国的强大远远超过希腊。罗马帝国强盛时,版图西邻大西洋,东至美索不达米亚,北抵莱茵河和多瑙河,南达北非大陆。这样的地理环境,无疑为罗马帝国的征服和称霸提供了良好的客观条件。

罗马刚建国时并不大。约在公元前509年建立起由罗马贵族掌权的罗马共和国。此后,罗马先后战胜并征服附近的邻国和意大利半岛南部的原住民以及希腊人的城邦,成为地中海西部的大国。接着,罗马又发动了三次战争,先后征服了迦太基、马其顿并控制了整个希腊。随后又通过叙利亚战争和外交手段,控制了西亚的部分地区,建成一个横跨非洲、欧洲、亚洲,称霸地中海的大国。古希腊文化的影响、优越的地理环境以及罗马初期执政者的雄心和较强大的军事力量,是罗马帝国兴起的文化土壤。

成为称霸地中海的大国后,罗马经济发展迅速,社会矛盾也愈加激化。公元前2世纪30年代至前1世纪30年代,史称内战时代,先后爆发了西西里奴隶起义和斯巴达克起义。

公元前27年元老院授予屋大维"奥古斯都"尊号,他建立起元首政治,共和国宣告灭亡,罗马从此进入帝国时代。公元4世纪初,君士坦丁一世接任戴克里先成为罗马皇帝。他于公元313年颁布米兰敕令,承认基督教的合法地位,并于公元324年成为唯一君主,皇权得到加强。公元330年,君士坦丁迁都至拜占廷,并将其更名为君士坦丁堡。君士坦丁大帝死后,罗马帝国战乱又起,公元395年分裂为东罗马帝国和西罗马帝国两部分。公元476年9月,日耳曼人入侵,西罗马帝国宣告灭亡。东罗马帝国到7世纪左右进入封建社会,一直延续至公元1453年,才被奥斯曼帝国所灭。

罗马帝国最后衰亡的原因是内忧外患。"内忧"指的是穷兵黩武、东西罗马内部不同利益集团的争斗耗尽了国力,统治者疯狂地为自己积累财富,以致国家到最后无力应战,几次大规模的奴隶起义给奴隶主阶级造成沉重打击;"外患"指的是外族的入侵,西罗马灭亡于日尔曼人的入侵,而东罗马则亡于奥斯曼帝国强大军事力量的打击。

在欧洲的帝国发展史上,最醒目的无疑是大英帝国。无论是帝国版图扩张还是对殖民地的经济掠夺,都是空前绝后的。在大英帝国的鼎盛时期,英国经济学家杰文斯这样描述:"北美和俄罗斯平原是我们的玉米地;芝加哥和敖德萨是我们的粮仓;加拿大和波罗的海沿岸是我们的林场;澳大利亚和西亚是我们的牧羊地;阿根廷和北美西部高原有我们的牛群;秘鲁运来它的白银;南非和澳大利亚的黄金流到了伦敦;印度和中国人为我们种植茶叶,而我们的咖啡、甘蔗和香料种植园遍及印度群岛;西班牙和法国就是我们的葡萄园,地中海周边是我们的果园……我们洋洋得意,充满信心,极为愉快地注视着帝国的威风……"

大英帝国除了对财富感兴趣,他们的眼睛还盯上了文化。

"帝国主义学者琼斯在1783年9月抵达印度,担任孟加拉最高法院的法官,从此对印度深深着迷,不到半年就成立了亚洲协会。这个学术组织致力于研究亚洲的文化、历史和社会,其中又特别以印度为重。两年后,琼斯发表了他对梵语的观察,成为现代比较语言学的奠基之作。

"语言学研究得到帝国的热烈支持,欧洲帝国相信,要让殖民统治更有效,就必须了解这些属民的语言和文化。

"然而,帝国之所以资助语言学、植物学、地理学和历史学,并不只是为了实用而已。另一项同样重要的原因在于资助科学研究能够改变帝国子民的思想和意识形态,让帝国的扩张统治合理化、正常化。"[①]

荷兰人在17世纪上半叶取代西班牙、葡萄牙,成为世界头号强国,被称作"海上马车夫"。接下来是法国和英国取代荷兰成为新的霸主,与"两牙"、荷兰一样到处开辟殖民地。在这期间,德国、意大利、日本也先后走上帝国之路。19世纪末、20世纪初,共和制的美国取代君主立宪制的英国,登上世界霸主舞台。

纵观世界历史上的诸个封建帝国,显然不是一个模式,有的帝国以强权集中统治为特征,比如中国的秦帝国;有的以军事和文化扩张为特征,比如罗马帝国和大英帝国;有各方面比较温和、开明的帝国,比如中国的宋朝。但无论什么样的帝国,随着民主共和制的出现,帝制便日益衰亡。

帝国制的出现是人类历史发展使然,帝国的各种形态是当地文化土壤的产物。支撑帝制的三个支柱是经济、军事和文化,当人类社会的思想文化发生剧变,带来经济、社会出现一系列变革,引发三个支柱中某一支柱或全部支柱垮塌时,帝国就走向了衰亡,帝制也就不复存在。

[①] 〔以色列〕尤瓦尔·赫拉利:《人类简史》,中信出版社2014年11月版,第291页。

总之，通过分析各个历史时期东西方帝国的兴衰史可以发现，每一个帝国的浮与沉，起因都在其内部。不管外部力量多么强大，都没有取代内因成为主要原因。归根结底，是文化土壤尤其是其中的思想意识基因，决定着帝国及帝制的生死存亡。

三、政治的目的是秩序

中国西汉初年的著名政治家贾谊说过这样的话：征服者崇尚权谋和武力，而给国家带来和平与稳定的方式莫过于尊重权威。

权力产生之后，"秩序"一直是政治家们关注的主题。

"公平与效率原则"自从被英国经济学家凯恩斯于20世纪上半叶提出来后，一直成为世界上许多政治家、社会学家和经济学家用来衡量一个社会是否能够兼顾两者而发展的常用词。"效率"无甚疑义，指的是生产力高速发展，而"公平"则指的是整个社会分配合理。通过分析世界上众多国家的发展史，可以看到，统治阶层在不同的历史阶段，更多时候是追求秩序，宁可丢失一些效率也要维护秩序。在这个思考范围内，"公平与效率原则"似应为"秩序与效率原则"。

政治的主要目标是"秩序"，即社会运行有序。不同国家选择了不同的秩序目标和实现目标的手段：有的是由君主制订规则，并建立官僚系统和暴力机关来维护，臣民遵守规则；有的是由公众及其代表以某种程序制订规则，也建立政务系统和暴力机关进行服务和维护，所有人共同遵守规则。

孟德斯鸠曾说："权力只对权力的来源负责。"权力的行使者，只听命于授权给他的人或组织。在这方面，英国对现代西方社会的政治文明做出了重要贡献。第一，公元1215年，英国人制定了《自由大宪章》，限制君王的权力，强调司法公正；第二，英国的"光荣革命"（公元 1688 年）通过了《权利法案》，进一步限制君王权力，走向君主立宪。该法案规定，国王未经议会同意不能停止任何法律效力，不经议会同意不能征收赋税等，等于从司法和经济两个层面限制了君王，把公权转向国会，这成为议会政治的开端；第三，英国思想家洛克在"光荣革命"期间，发表了对整个人类影响深远的《政府论》，提出人有三大权利：生命的权利、自由的权利、私有财产神圣不可侵犯的权利。

启蒙运动时期的卢梭（1712—1778）是一位很有影响力的民权主义者，他主张"人民的权力高于一切"，认为应该还政为民，用民主政治来取代神权专制，所有公民都有平等的权利。

和谐，是社会秩序运行良好的表现，是很多国家都在追求的目标。和谐概念中最惹人注目的是社会政治中"官不扰民、民不扰官"，和谐有序。这话听起来简单，真正做起来很难。官能做到不扰民吗？民能做到不扰官吗？要做到官民和谐、权力运行有序并不容易，关键是权责明确、利益一致，对权力的行使进行有效监督。纵观古今中外，没有约束的权力往往带来腐败。自上而下的反腐，以约束为主要手段固然重要，更重要的是"以法治腐"，让法治的力量发挥作用。廉政要有廉政的土壤，有了廉政的土壤才会长出廉政的植物。

既然政治的目的是让社会和谐有序，我们就应学会处理好个人与国家的关系。有这样两种态度：第一种是"没有国哪有家"。说得好，国家都被侵略者占领了，哪还有你个人的小家和小家的安宁？第二种是"没有家哪有国"。说得也有道理，国家就是由一个个的人、一个个的家庭组成的，没有社会的小单元哪有国家结构的组成？这两种态度并非非此即彼，其实它们都对。政治的一项重要功能就是调节国与家的关系，调整好了，"秩序"也就不请自来了。

四、国家政治制度的选择源于文化土壤

从文化土壤的三个层次看,有什么样的文化土壤就会"长"出什么样的制度体制。文化土壤的力量造就了各式各样的政治形态。

在世界上的所有国家,政治领袖们煞费苦心地选择、确定了不同的社会政治制度。表面上看起来,他们具有很大主导能力,而实际上这种主导能力既不是随心所欲地发挥,也不是简单的政治态度的映像。他们的选择和取舍,离不开本国国情,离不开大多数民众的意愿,亦离不开自身对这两个因素的认知和把握程度。文化土壤的基因决定了国情,决定了民意,也决定了政治领袖们的认识宽度和深度,潜移默化决定着政治制度的抉择。

在古代世界各国的政治制度选择中,初期是第一层次的文化土壤即环境土壤起到很大作用,后来是第二层次的文化土壤即社会土壤产生很大影响,而近现代以来,第三层次的文化土壤即意识土壤发挥着决定性作用。价值观、信仰、宗教等意识形态左右着各国政治制度的选择,第一层次、第二层次文化土壤的影响反倒不那么大了。

公元前24世纪,阿卡德的萨尔贡大帝征服了波斯湾与地中海之间的广大地区。有学者认为,他建立了人类第一个帝国。萨尔贡的征服手段是军事强压,而管理手段则是对占领区实行松散控制,其目的是保障未来资源和人口的需要。古埃及在形成与发展过程中,无处不体现神(拉)的存在,纳尔迈石板和金字塔就是明证。希腊文明的出现也不是偶然的,从历史角度看,它无疑受到两河文明和古埃及文明的熏陶。而从希腊自身看,早期民主制度的出现、海上贸易、银矿开采和奴隶制构成了希腊文明产生的文化土壤。中国汉朝的政治体制突出体现在"汉承秦制"，继续实行郡县制，维护国家统一，强化吏治。东汉的衰落并非外敌入侵或天降灾难，主要原因是后期帝国无力，导致豪强四起，军阀混战形成割据。蒙古帝国的政治体制，则显现出来自草原的尚武精神特征。

在中国古代的政治制度中，有一个独特的创造——科举制度。从隋至清，国家通过公开的科举考试，选拔文化人才（后来出现"武举"，即选拔军事人才），并直接授以官职。科举的本质既是教育，但更是政治——选拔干部。

科举制开创了世界文官制度的先河。孙中山曾说："中国历代举行的考试，拔取真才，更是中国几千年特色。……像英国近年举行的文官考试，便是从中国仿效过去的。"英国是公务员制度的发源地。17世纪末发生"光荣革命"之后，英国重要官员的任命权被议会中占优势的党派控制，于是形成"政党分肥制"。为了革除这一弊端，1853年，英国明确提出通过公开考试选拔任用公务员，其做法学习借鉴了中国的科举制。1988年，中国举办"中国公务员制度国际研讨会"，英国内阁办公室次官兼人事管理局局长杰弗里·托马斯·摩根赶来参加，他一下飞机就说：我是到公务员制度的故乡研讨公务员制度来了。

中国自隋至清的科举制与英国创建的公务员制做法基本上是一样的，都是通过公开考试选拔人才任职，但服务对象却有区别。从性质上讲，英国公务员制选拔出来的人才是对议会和公众负责，而中国科举制选择出来的人才主要是对帝王负责，其中当然也有对公众负责的一面，但主要还是对帝王负责。

鸦片战争以来100多年，中国落后挨打，主要原因是制度缺欠和由此造成的封闭。从文化角度来看，中国人对于历朝历代政治体制的不合理和失误之处，应该说是全世界最能忍耐的。究其缘由，中国自古以来就是一个农业大国，国民习惯于吃苦耐劳，又深受以理学为核心的"忍耐"文化的束缚。

沧海桑田，经过几波社会革命和改革，时至今日中国的宏观政治制度正在逐步完善，但旧制度、旧观念的影响依然存在。如何进一步完善？参照物并不局限于西方，而应认真探究自身文化的优秀内核，并吸取世界政治文明及其制度的精华，丰富"新中华政治制度"的内涵。

世界上没有无来头的政治制度。各个国家的文化土壤不同，因价值取向和意识形态不同而选择了不同的政治制度。应当承认，西方民主制度是对中世纪封建专制的反叛，极大地推动了人类政治制度的进步，是人类文明的优良成果。但是几百年的近现代史也说明，标榜"民主、自由、平等"的西方政治制度有其局限性，尤其近些年来渐渐显露其虚伪、残酷等弊端。历史告诉我们，它还不是人类政治制度发展的最高点。我们应当学习它，但不可迷信它，学它是为了取它之长、避其之短，最终超越它。

良好的政治制度，能够保障社会公平正义，和谐有序。在西方政治制度下，人们崇尚法律，主要依靠刚性制度的硬约束来规范人的行为，而重视道德的约束作用则是中国的传统。依法治国极为重要，以德治国也仍然有其积极意义，只是，所依之"德"不再是过去的旧思想、旧道德，而是现代社会的新思想、新道德。

一个国家现代化的标志是什么？除了科技发达、经济繁荣、教育先进、社会文明、人民生活幸福之外，还有一项指标就是政治制度民主、科学，社会治理有序、高效。现代化的国家不管遇到什么样的天灾人祸，包括战争、传染病和地震、台风等各种自然灾害，都有一套成熟的制度体系能够马上衔接处理。这套体系有着超越人的努力的能量，它是国家机器运行的重要组成部分，也是现代国家概念的一个重要组成部分。事实告诉我们，社会治理的进步既离不开各级决策机构，更要依赖高效的、智慧的国家制度。既要发挥人的主观能动性，又要用制度推进社会进步，用法律保证制度高效、廉洁，这才是国家制度现代化的特征。

政治文明的最高点是人民至上。历史证明：有什么样的国民就有什么样的国家，而不是有什么样的国家就有什么样的国民。有人写文章谈及中国政治制度和法制存在的一些弊端时，归因于体制；对于某种社会现象、某种弊端，也常听人说"根源于体制"。这里要问，难道体制不是"植物"么？体制的设计者以及他们的想法，难道不是从土里"长"出来的吗？有什么样的文化土壤，就有什么样的人，就会设计出什么样的体制。改革体制固然重要，而改良体制背后的文化土壤，培养现代化的国民意识更为重要。

当前，西方所谓的民主政治制度面对现代化的世界，已经暴露出许多不足，正在受到西方人自己的质疑。一些尚未实行西方制度的国家也在沉思：走西方的路行吗？对于中国来说，既不要轻言我们已经"牛得不行了"，也不妄自菲薄，而应理性认识自己和世界，善于取长补短，才能成就更好的国家制度。

第二十三讲　文化土壤与军事

>有什么样的文化土壤，就有什么样的军事行为。
>小而强者为何侵略大而弱者？只因你有钱，却没有枪。
>
>——作者手记，2019年3月26日

军事是政治的延伸，这个观点已被多人认可，但"军事是文化的延伸"则很少被人提起。思想者的痛苦在于，多少年来，多数当权者和民众只相信实力，不相信思想。很少有人意识到，文化其实是军事实力的起点和目标。

一、军事行为的文化特征

看千年环球，狼烟四起，金戈铁马，逐鹿欧亚大地，成者王侯败者寇。许多人认为，能够带来王冠、领地、金钱、美女、奴隶的是军事，是战争的胜利。殊不知，是文化的深层土壤造就了这一切。

军事从诞生之日起，就有其明显的文化土壤特征。

亚当·斯密描述了早期游牧民族军事行为的文化土壤特征："在狩猎民族之中，每个人作为猎手的同时也都是战士。他们通常住在帐篷中或便于移动的有篷马车中，没有固定居所，整个部落或族群根据每年的不同季节或突发事件而迁移。当他们的畜群吃完一个地方的牧草后，他们就迁往另一个地方，然后再从那里迁往第三个地方。他们在干旱季节下到河岸，在潮湿季节又回到高地。整个民族在平时已习惯了流浪生活，在战时也能很快进入战争状态。不管是作为一支军队行进，还是作为一个游牧群体迁移，他们的生活方式几乎相同，虽然目的大为不同。所以说，他们全民皆兵，每个人都全身心投入到战争中。"①

从16世纪开始进行大规模殖民扩张的欧洲列强，均笃信弱肉强食的"丛林法则"。那么，"丛林法则"是怎样产生的呢？

曾征服世界各大洲的欧洲人，许多人的祖先原本生活在北欧的森林中。那里野兽丛生，冬季冰天雪地，生存条件极为恶劣，他们若战胜不了野兽、恶劣的气候和与之争食的同类，也就少有生存下去的机会。这种第一层次的文化土壤，孕育了"丛林法则"——弱肉强食。"丛林法则"诞生在一个向强敌抗争的环境中，后来却成了强者欺负弱者的托词。

在世界历史上，国家制造战争、战争也制造国家的例子，举不胜举。其中史学家写得最多的是中世纪的欧洲和西亚。

在中世纪的欧洲，宗教成为最显著的文化特征。罗马帝国开始是压制犹太教和基督教的，后来把基督教奉为国教。那时的罗马人崇尚武力。尚武不仅是罗马军人武士的精神标志，亦是统治层的决策动力。最典型的军事行为是十字军东征。十字军东征是在罗马天主教教皇的倡导下进行的，持续近200年。这是由西欧

---

① 〔英〕亚当·斯密：《国富论》，中国华侨出版社2015年1月版，第291页。

封建领主和骑士以"收复阿拉伯穆斯林入侵占领土地"名义对地中海东岸国家发动的战争，1096—1291 年共计九次东征。因参战者胸前、臂上均佩戴"十"字标记，所以史称"十字军"。更为体现东征本质的是，所有投身于东征的人无不认为自己是在为基督而战。

美国学者朱迪斯·M·本内特、C·沃伦·霍利斯特在他们的著作《欧洲中世纪史》里写道："十字军远征聚合了当时的三大时代热潮：宗教、战争和贪欲。"

战争的文化背景是，从公元 1 世纪始，基督教迅速在不断扩大的罗马帝国疆域内传播，并在公元 380 年狄奥多西大帝时成为罗马帝国国教。公元 7 世纪，伊斯兰教在阿拉伯半岛兴起，穆斯林的武力迅速向阿拉伯半岛以外地区扩张，并在公元 636 年打败拜占廷军队，占领了耶路撒冷。后来，穆斯林与热那亚和比萨舰队作战失利，逐渐失去了在地中海的优势，意大利及其周围基督教国家的基督徒们感觉到复仇的机会到了，十字军东征的文化土壤形成。总的来看，东征的主要目的在于夺回"圣城"耶路撒冷，东征者觉得只有消灭其他宗教教徒才能显示自己对基督的虔诚。

约有 10 万人参加了第一次东征（1096—1099 年）。十字军兵分四路，1097 年在君士坦丁堡会合后，随即渡海进入小亚细亚，占领了塞尔柱突厥人的都城尼凯亚等地，1099 年打下耶路撒冷，接着按照欧洲国家模式在地中海沿岸建立起若干封建国家。以后的八次东征有胜利和占领，也有失败和溃逃，但最终没有达到目的。

东征总体上是失败的，主要原因是参加者大多数是自愿的基督徒，成员繁杂，武器亦极不统一，协同作战能力差。相反，与十字军作战的土耳其人和阿拉伯人组织有序，作战灵活。十字军东征的一个结果是，东欧和西亚许多地方的多教派纷争演变成了伊斯兰教独大，这为接下来奥斯曼帝国的出现打下了宗教基础。

客观上，十字军东征拓宽了东西方贸易的大门，促进了城市间的交流。阿拉伯数字、代数、航海罗盘、火药和造纸术，都是在这一时期从亚洲传到欧洲的。

在接下来的13—15世纪，奥斯曼帝国发展成为当时世界上最强大的国家。他们利用中国发明的火药制造出了火炮，在征服欧亚的多次战役中，火炮是最重要的武器。

在欧洲，经过大航海之后，西班牙、葡萄牙、荷兰、法国、英国先后成为军事强国。其间，涌现出拿破仑、威灵顿等著名的军事家。

在世界近现代军事史上，论影响力，很少有超过拿破仑的。从文化土壤角度看，土伦战役、奥斯特里茨战役和滑铁卢战役最能反映拿破仑所进行的战争的性质，他的一生也与这三次战役紧紧连在一起。

土伦战役是一场面对侵略者进行的卫国战争，其胜利对保卫法国大革命成果起到了重要作用。此战，拿破仑崭露头角。

1789年，法国爆发了震撼整个欧洲大陆的资产阶级革命。这场革命的锋芒，不仅指向以路易十六为代表的波旁王朝和他们的反动统治，而且指向整个封建贵族阶级和封建专制制度，因而遭到国内外反革命势力的极端仇视和疯狂镇压。1792年8月，普鲁士和奥地利的干涉军公然入侵法国，9月，法国革命军取得了瓦尔密战役胜利。随即，法国国民公会宣布，废除国王，成立法兰西第一共和国。国王的废除与共和国的建立，招致欧洲列强的进一步干涉。1793年2月1日，英国、普鲁士、奥地利、荷兰、西班牙等国组成第一次反法联盟。英国和西班牙军队轻易地占领了法国南部的重要港口和海军基地土伦。

法国人当然不能容忍,双方在土伦展开激战。24岁便荣升准将的年轻军官拿破仑一举使用炮兵取得军事优势,最终,取得对英西联军的胜利。从此,欧洲人的眼光开始落在拿破仑这个浑身洋溢着军事才能的矮个子身上。

奥斯特里茨战役则是拿破仑一生中进行的最为骄傲的战役。

1804年,对法国不满的英国和俄国结成反法联盟,第二年,奥地利也参加进来。这年底,马克·冯·莱贝里希将军和米哈伊尔·库图佐夫将军分率奥地利和俄国大军,向巴伐利亚的乌尔姆进逼。拿破仑迅速调遣65000人的部队,在乌尔姆包围了奥军86000人,并在库图佐夫赶来增援之前,于10月20日迫使莱贝里希投降。库图佐夫闻讯后率俄军仓皇撤退,法军乘胜追击,直到占领奥地利首都维也纳。这场战争的性质是列强争斗。

滑铁卢战役则是拿破仑进行的一场失败的侵略战争。1815年3月20日,拿破仑率军队进入巴黎,法国国王路易十八仓皇出逃,拿破仑重新登上皇位。支持路易十八的英国、俄国和普鲁士等国家再次组成反法联盟,大举进攻巴黎。拿破仑亲自率领12万大军迎战并取得辉煌战果。拿破仑乘胜追击,一直打到比利时南部边境一个叫滑铁卢的地方。6月18日,大决战在滑铁卢展开。英军由威灵顿率领,法军由拿破仑亲自指挥。在滂沱大雨中,法军两次发起冲击均告失利。最后,英军全线出击,法军大败,拿破仑仅带领1万名残兵退回巴黎。4天后,拿破仑第二次退位,后被囚禁在圣赫勒拿岛上。

上述三场战役,土伦战役胜利的文化土壤是此役得到法国社会各阶层尤其是广大民众的广泛支持。鉴于这是一场保卫国家的战争,法国人形成了同仇敌忾的战斗意志。奥斯特里茨战役的胜利源于拿破仑的雄心勃勃和军队的高昂士气，背后也有法国社会的支持。而滑铁卢战役的失败，则是历史发展的必然。这是一场先是抵抗后是侵略的战争，后期失去了本国民众的支持，整个大环境严重缺乏取胜的文化土壤。

在近现代东亚，从中日甲午海战直至"九一八"事变、"七七"事变，一系列对华战争的决策者主要是日本天皇，"九一八"事变尽管是日本下层军人策划的，但也受到了天皇的影响。当然，天皇只是个代表人物，经过明治维新，日本除少数知识分子外几乎全民族认可"丛林法则"，认为"船坚炮利"胜过"仁、义、礼、智、信"。他们看到了欧洲列强科技与资本的力量，看到了中国的富饶和落后，看到了日本岛国资源的缺乏，战争欲望腾升，全民进入一种疯狂状态。在进行这些战争时，父母主动送儿子参军，妻子主动送新婚丈夫入伍。这种全民支持对外侵略扩张的行为，在世界史上是少见的。从甲午战争开始，日本对中国以及亚洲其他国家发动的一系列战争都带有明显的军国主义色彩。

总之，大航海之后500多年来世界各地发生的主要战争，其发动者的脑子里显然受到"丛林法则"的影响。达尔文进化论中的"适者生存"理论更多的不是被用于生物学，而是被欧洲、亚洲和北美洲的政治寡头用于社会学，"丛林法则"就是典型的诠释。

"丛林法则"的本质是弱肉强食，体现的是动物本能。"丛林法则"的鼓吹者往往用自己的标准来观察、认识和判断别的国家——可能是出于文化，也可能是出于习惯，归根结底是出于利益。他们观察别国的长处时，往往戴着有色眼镜，而当观察别国缺点时则用放大镜。他们在分析别国文化时，仍然戴着有色眼镜，而在观察别国的军事力量时，又操起放大镜。在枪炮发挥威力的范围内，他们言必称："我们正在给全人类带来'自由、平等'。""我们必须牢记,有关'文明'和'野蛮'之间的战争纪录毫无例外都是由'文明'阵营的书吏写的。"①

我们再来分析一下中国古代两场著名战争。

一是淝水之战。前秦统一中国北方后,就想进攻东晋。公元383年,昭宣帝苻坚征调步兵60万、骑兵27万,从长安(今西安)出发,大举进攻东晋。东晋司徒谢安派其弟谢石、谢玄率8万军队北上抵抗。苻坚的弟弟苻融本来反对前秦发动这场战争,无奈兄命难违,便率领前锋25万大军迅速攻下寿阳(今安徽寿县)后,分兵5万进驻洛涧(今安徽洛河)。苻融派被俘虏过来的晋将朱序去劝说谢玄人等投降。朱序不满前秦的统治,反而向谢玄报告了秦军的情况。他说:秦军百万,如果到齐,的确不易抵抗。现在应该抓住他们尚未集结的时机,赶快发动进攻。谢玄接受了他的建议,派刘牢之率精兵5000偷袭洛涧,果然获胜,秦军被歼15000多人。晋军乘胜前进,追至淝水右岸,与秦军主力隔河对峙。

谢玄决定用计谋以少胜多。他派使者到秦营,要求秦军稍微后撤,以便晋军渡过淝水进行决战。苻融认为,可以稍退,晋军半渡,正是发动奇袭的好机会,于是就同意了晋军的要求,下令后撤。秦军士兵本来就不愿对晋作战,听到命令后,掉头就往后退,一退便不可收拾。晋军趁机在阵后大喊:秦军败了!秦军败了!秦军士兵真的以为失败了,便大举溃逃,全军陷于混乱。晋军则渡河猛追。苻融马倒被杀,苻坚也中箭负伤。最后逃到洛阳时,前秦的军队只剩下十几万人。

为何兵力人数十倍于晋的前秦军队遭受如此失败呢?从文化

---

① 〔英〕阿诺德·汤因比:《历史研究》,上海人民出版社2010年1月版,第417页。

角度看，前秦军队士兵大多是从各族人中强征来的，士兵不愿意替前秦卖命，兵员虽多战斗力却不强。东晋谢石、谢玄率领的北府兵，其成员多是从北方流亡来的农户中招募的。他们对前秦军队南下进攻有着强烈的抵抗决心，而且经过了一定的军事训练，人数虽少，却个个骁勇。东晋普通民众虽然与统治者有着深刻的矛盾，但为了免遭前秦的蹂躏，也积极支持这次战争。

一是蒙古西征。从公元1219年起，在大约半个世纪的时间内，蒙古帝国通过三次西征，先后征服了今咸海以西、里海以北的钦察、花剌子模，东起阿尔泰山、西至阿姆河的西辽、畏兀儿，建立起察合台汗国；占领鄂毕河上游以西至巴尔喀什湖的乃蛮旧地，建立起窝阔台汗国；占领伏尔加河流域的梁赞、弗拉基米尔、莫斯科、基辅等公国，建立起钦察汗国（又叫金帐汗国）；占领两河流域的伊朗、叙利亚和阿富汗，建立起伊利汗国。史称四大汗国。

蒙古西征的直接原因是与花剌子模之间的矛盾激化，而深层次原因则是蒙古高原生存环境恶劣，带有"尚武精神"的草原骑射民族不甘于此。是气候刺激了他们西征和南下的决心和意志。其实，远古时欧洲的北方蛮族南下，也是出于同样的背景。从人文角度看，成吉思汗及其子孙都具有强烈的扩张意识，这种意识催动蒙古人四处扩张。

二、资本的力量推动全球军事化

大航海勾起了欧洲人获取更多财富的强烈欲望。全球军事化的外在表现是随着强国军力的膨胀而出现的侵略、掠夺和殖民，而真正的幕后推手是资本。

最早到达美洲大陆的是西班牙人，不久，葡萄牙人也来到了这里。很快，包括英国人、法国人、俄国人（主要在阿拉斯加）

在内的一批欧洲人纷纷登陆北美和西印度群岛。从此，欧洲的许多国家开始了争夺海外殖民地的竞赛。最后，英国成了这场竞赛的最大赢家，其殖民地遍及美洲、非洲、亚洲和大洋洲。

英国对外扩张和殖民的高潮，出现在18—19世纪，其起点居然是以科考为名的库克船队的远征。

"远征队于1768年离开英国，1769年在塔希提观察到金星凌日，接着前往考察一些太平洋岛屿，抵达了澳大利亚和新西兰，最后在1771年回到英国。这趟远征带来了数量惊人的天文学、地理学、植物学、动物学和人类学资料，成了以后许多学科得以发展的重要基础，并引发欧洲人对南太平洋的诸多想象，也启发了后世的博物学家和天文学家。

"然而，库克远征队还有另外一个远非良性的影响。库克除了是个经验老到的水手和地理学家，同时还是海军军官。船舶本身是由皇家海军提供的。同时，海军调派85位装备精良的水手和士兵同行，船上配备了船用大炮、步枪、火药和其他武器。对于许多库克'发现'的岛屿，他都声称从此归英国所有，其中最重要的就是澳大利亚。库克这场远征奠定了英国占领西南太平洋的基础，征服了澳大利亚、塔斯马尼亚和新西兰，让数百万的欧洲人殖民到新的土地；但也造成了许多本土文化灭绝，原住民几近灭绝。

"在库克远征后的一个世纪间，澳大利亚和新西兰最肥沃的土地都被欧洲移民掠夺强占。原住民不仅人数锐减90%，幸存者也严重受到种族歧视和迫害。对于澳大利亚原住民和新西兰毛利人来说，库克远征队带来的是几近毁天灭地的灾难，至今尚未复原。"①

使用军事手段扩张的不仅仅是最初的海上强国。莫斯科公国开始时只是斯拉夫人建立起的一个很小的邦国,1488年脱离了蒙古的统治。1547年,伊凡四世说自己才是真正的"恺撒",自称"沙皇"。从此开始,俄罗斯从东欧一个闭塞的小国一步一步迈上了欧洲乃至世界的强国之路。

彼得大帝登基后,感受到了俄国在科技、经济发展方面远远落后于西欧,于是,他便来到西欧学习,返国后,在全国掀起向西欧学习的浪潮。在引进西欧文化和科学技术的同时,经过大北方战争,俄国的领土范围迅速扩展。他们开始崇尚"丛林法则",认为首先要船坚炮利,只有这样才能不被别国欺负,才能成为地区的霸主。

"一直到19世纪末,沙俄在军事化的道路上飞奔,而支撑力量则是不断地扩张和不断的战争带来的丰润收入。我们讲到帝国主义与科学技术的关系时,显然这还不是故事的全貌,还有其他因素。帝国主义的发展和科学技术的发展,特别是欧洲各个帝国能够蓬勃兴盛的原因也不仅仅是科学。不论是科学还是帝国,他们能够迅速崛起,背后都还隐藏着一股特别的力量——资本主义。要不是因为商人想赚钱,哥伦布就不会抵达美洲,库克船长就不会抵达澳大利亚,阿姆斯特朗也就没办法在月球上迈出他那重要的一小步。"②

世界近现代史上的重要战争,如荷兰—西班牙、葡萄牙,英国—法国,日本—沙俄,美国—德国,美国—日本,几乎都以海

---

① 〔以色列〕尤瓦尔·赫拉利:《人类简史》,中信出版社2014年11月版,第268—269页。
② 〔以色列〕尤瓦尔·赫拉利:《人类简史》,第296页。

战为重要特征。

"'我们的未来在海上。'1890年，美国海军战略家阿尔弗雷德·马汉出版《海上力量对历史的影响》一书。马汉对2000多年海战史研究后认为，谁掌握了制海权谁就能改变历史。这是通过海上决定性会战获得的，海上决定性的胜利是由双方的火力强弱决定的，而最终是经济实力、资本实力决定的。"①

美国刚建国时还不是一个军事化国家。进入19世纪之后，随着工业和金融业在美国的迅速发展，辛迪加、托拉斯、康采恩、卡特尔等垄断性经济组织出现并发展，强大的金融资本统治了整个社会，甚至影响着总统选举和政府决策，美国全面进入资本主义的高级阶段。到19世纪末，美国的经济实力已跃居世界第一，与此同时，其军事实力也超过英、法，站上了世界第一的台阶。美国资本力量和军事力量的崛起推动了全球军事化。

从西班牙、葡萄牙开始，继而是荷兰，然后是英、法，现在是美国，他们先后站在世界军事霸主的位置上，资本与军事的结合，成就了一代代帝国梦。"持剑经商"是他们的看家本事，其中最典型的是英国人，他们在全世界一边挥舞枪炮，一边打开市场，鸦片战争就是典型的战例。

20世纪的两次世界大战给世界人民带来巨大灾难，也改变了战后的全球格局。从文化土壤角度看，这两次世界大战是各国资本主义政治军事集团欲壑难填、人性自私贪婪而失范的产物。

1914—1918年之间爆发的第一次世界大战，根本原因是资本主义政治经济发展的不平衡，具体原因是帝国主义两大军事集团

---

① 〔美〕格雷厄姆·艾利森：《注定一战——中美能够避免修昔底德陷阱吗》，上海人民出版社2019年1月版，第100页。

的形成以及帝国主义国家之间矛盾的进一步激化，直接原因是萨拉热窝刺杀事件。第一次世界大战的性质是帝国主义两大阵营为重新瓜分世界而进行的帝国主义性质的战争，对交战双方来说都是非正义的。第二次世界大战发生的背景，一是经济危机，1929年10月美国股市崩盘，经济危机席卷整个资本主义世界；二是法西斯阵营的出现，法西斯专政使意大利和德国在军事化的道路上飞奔，并最终形成同盟，后来日本也加入了这个军事同盟；三是"一战"祸因，第一次世界大战结束后帝国主义时代原来固有的各种基本矛盾一个也未解决，却又增加了战胜国与战败国的矛盾以及帝国主义战胜国之间的矛盾。

三、想要和平就得准备战争

未来中国走什么样的道路，奉行什么样的国防政策？会不会重蹈近代以来不少国家"国强必霸"的历史覆辙？很多国家都在关注这个问题。

了解历史的人都知道，和平主义在中国历史上久来有之。"非攻"是鲁迅在《故事新编》中根据《墨子》中《公输》一篇概括出来的，讲的是墨子劝阻楚王攻宋的事，生动形象地反映了墨子的思想，展示的是中国古代的"非攻"文化。

中国农耕民族强烈的守土意识、中华文化富含的"和""合"思想，以及其他大国称霸必衰的历史教训，让中国选择采取了防御性国防政策。中国不走所谓"国强必霸"之路，既是对传统大国兴衰历史的总结，也是自己明智的战略选择。正如2021年5月，英国剑桥大学高级研究员、知名中国问题专家马丁·雅克接受记者采访，在谈到中国基本消除绝对贫困时说："中国的另一项成就是和平崛起。美国、英国、日本、德国等国的经济和工业转型期往往都伴随着扩张战争。比如，美国的工业扩张给美洲原住民印第安人带来了毁灭性灾难。美国还发动了对墨西哥、法国、英国、西班牙等国的战争。英国和法国的崛起同样伴随着许多殖民战争。中国和平崛起，没有进行扩张和侵略，我认为这是中国崛起过程中另一项非常重要的成就。"[1]

从军事与文化土壤角度看，北欧的森林里长出了"丛林法则"，而在中国的黄土地上则长出了"孙子兵法"。"丛林法则"的核心是弱肉强食，而"孙子兵法"的要义则是"控战""止战"。中国文字的"武"字，就是"止戈"。如今中国的GDP已排世界第二，在世界近现代史上，只有中国是面朝黄土背朝天，靠一把一把血汗钱干到现在这个位置的。

在近现代史上，中日之间一共发生过两次战争。一是甲午战争，中国战败，割地赔款；二是抗日战争，始于"九一八"事变，升级于"七七"事变，结束于中国"八一五"胜利。两次战争的起因不是中国占领了日本的土地，不是中国人杀了日本人，也不是中国干了坑害日本的事情，而是资源上你太富有，国力上你太弱。用白话讲，你有钱却没有枪。从这个意义上讲，有钱必须有枪。否则，你那些钱很可能就是人家的。

军事对一个国家来说有多重要？2500多年前中国著名军事家孙武在其所著《孙子兵法》中开章名义："兵者，国之大事，死生之地，存亡之道，不可不察也。"军事是"流血的政治"，在当今世界上，畏威而不怀德的国家其实不少。国与国之间的对话，实际上就是实力与实力的对话，并不是每个国家都跟你讲"和为贵"。

---

[1] 《参考消息》2021年5月20日。

阿诺德·汤因比说:"我经常被问及'历史的教训'是什么,我的回答是,我在历史中学到的唯一一件事情是没有永久的赢家和败者。"德国在近百年的历史中当过赢家,也当过失败者。在德国的几个城市行走,作者几次发现在街道路面上镶嵌着高出地面的"绊脚石"。那是一块块两个烟盒大小的花岗岩石块,上面镶嵌着铜牌,每一块都记录着路边住所里在"二战"中被纳粹迫害的犹太人的姓名、性别、年龄,以及他们的最终归宿——逃往亚洲、非洲、美洲,或死在欧洲的哪个集中营里,有大人也有孩子。

被称作"死亡工厂"的奥斯维辛集中营位于波兰南部,如今已成为陈列馆。当年德国的法西斯军队在这里屠杀了110万人,其中大部分是犹太人。暴行的日历翻过几十年之后,生活在和平时代的人们——有波兰人、犹太人,也有德国人,他们在昔日的刑场上、毒气室内、牢房里静静地观看着、思索着。

过去,这里展示着血腥;如今,它提示人们远离战争
图36:波兰奥斯维辛纳粹集中营

人们还记得当年德国总理勃兰特在访问波兰期间向"二战"死难者纪念碑下跪的场景。这是对罪过的忏悔。德国对昔日战争罪行的反省态度,被许多人赞赏,但也有人说,早知今日,何必当初?这两种似乎相悖的态度恰恰在说明同一理念——远离战争。爱好和平的最重要标志是不主动发动战争,平日里也别没事找事,到处挑衅。

以色列的尤瓦尔·赫拉利认为,当今世界和平红利飙升。他说:

"目前,已经有许多学者发表了不少著作和文章,解释为何现在会有这种令人愉快的发展,其中大致提出几项重要因素。

"首先,战争的成本大幅上升。如果诺贝尔和平奖100年才颁发一次,那应该颁给奥本海默以及与他一起研发出原子弹的同事。有了核武器之后,超级大国之间如果再开战,无异于集体自杀。想要以武力征服全球,已经成了不可能的任务。

"其次,正因为战争的成本飙升,也就代表利润下降。在史上大多数时候,只要掠夺兼并敌人的领土,总是能为自己的国力注入一剂强心针。过去的财富多半就是田地、牛羊、奴隶和黄金,无论要抢劫还是占领,都十分方便。但是到了今天,财富的形式变成了人力资本、科技知识以及银行这种复杂的社经结构,想要抢夺或是占领都相当困难。"[①]

然而,大量迹象表明,战争并不一定正与人类告别,战争的威胁依然存在。不想遭受战争痛苦的国家必须重视战争,思考战争,准备战争。只有这样,你才有可能远离战争,才能拥有和平。

---

① 〔以色列〕尤瓦尔·赫拉利:《人类简史》,中信出版社2014年11月版,第364页。

不然，你就只能挨打。狼一直在窥视你，你岂能不防？强军是和平的后盾。

对一个国家的文化来讲，不但要有"修身"的内容，还应有"健体"的内容。中华文化长期以来过于注重修身、修心，有些忽视强身健体。问题的关键是，仁爱打动不了强盗，更重要的是仁爱对付不了强盗。

中国春秋末期的著名军事家田穰苴（又称司马穰苴）在所著的《司马法·仁本》中写道："天下虽安，忘战必危。"毛泽东曾说："以斗争求和平则和平存，以妥协求和平则和平亡。"克劳塞维茨说："想要和平吗？那就准备战争吧。"

一支没有文化的军队不是真正的军队，充其量是一支武装；没有文化的军人也不是真正的军人，充其量是个兵。此处"文化"的核心，是对国家、对人民的责任。一支军队，一个军人，要有信仰和信念才会有战斗力，雇佣军为什么战斗力弱？原因就在此。他们打仗是为了挣钱，丢命的事不干。

时至今日，人们的眼光盯住一个热点话题——中美必定一战吗？2019年，中国出版了一本美国作家格雷厄姆·艾利森写的书：《注定一战——中美能够避免修昔底德陷阱吗》。正如作者本人在书前所说，说"注定一战"只不过是搞个噱头，吸引读者的眼球罢了，该书的真正本意则是书的副题——中美能够避免"修昔底德陷阱"吗？

曾有人说，法国以文化闻名于世，英国以工业闻名于世，有道理，历史的发展也证明了这一点。但是要加一条，大航海之后在全球的殖民化同样也使这两个国家在世界史上留下了不太光彩的名声。美国不但是科技强国、经济强国，还以军事强国闻名于世。美国建国200多年来，发动了200多场战争。作为老大的美国，如今感受到了中国追赶的脚步声。面对这个新崛起的大国，美国给予关注是必然的，世界也都在关注。

"随着中国实力的迅速提升，美国长久以来拥有的优势受到了挑战，这两个国家可能会掉入一个致命的陷阱中，这个陷阱最先由古希腊历史学家修昔底德定义。他曾撰书叙述了2500年前一场几近毁灭了古希腊两大城邦的战争。在书中，他这样解释：'使战争不可避免的真正原因是雅典势力的增长以及因此而引起的斯巴达的恐惧。'这一重要的洞见描述了一种危险的历史模式。我在哈佛大学领导的修昔底德陷阱项目回顾了过去500年的历史，发现16个案例，都是一个大国的崛起搅乱了另一个主导国的地位。其中最臭名昭著的例子是一个世纪以前，工业化后的德国挑战了英国在啄食顺序中的顶端地位。

"否认修昔底德陷阱，并不能削弱其真实性。承认它也不意味着要欣然接受将要发生的事情。我们应该为了后世子孙，直面这一历史上最残酷的趋势之一，然后竭尽所能迎难而上。"[①] 美国前国务卿基辛格在谈到这书时说："修昔底德陷阱提出了一个对世界秩序的重大挑战，即崛起国对于守成国的影响。我饶有兴趣地读了这本书，我希望美中关系成为和平解决自身问题的第五个案例，而不是导致战争的第十三个案例。"

还是这位基辛格博士。他于2019年11月21日参加在北京雁栖湖举办的2019年创新经济论坛，谈到科技竞争时说："如果中美两国将这方面的竞争视为一场某一方将取得永远胜利的对抗，其后果比两次世界大战给欧洲文明的破坏更为严重。"

---

① 〔美〕格雷厄姆·艾利森：《注定一战——中美能够避免修昔底德陷阱吗》，前言，第2—3页。

中美之间真的没有必要发生一场殃及世界的战争。中国人这样想。

"持剑的救世主无法避免失败的命运。"① 这是历史规律，也是一个很浅显的道理。与古代战争不同的是，在现代战争中，如果谁先出手，倒下的不仅是对手，还有出手者自己和观众。

---

① 〔英〕阿诺德·汤因比：《历史研究》，上海人民出版社 2010 年 1 月版，第 529 页。

第二十四讲　文化土壤与教育

一个国家的教育从整体上体现其文化的内涵和高度。
——作者手记，2019年9月23日

教育本身是一种文化行为，它是特定文化的产物，又是推动文化发展的主要手段和力量。文化土壤决定教育，有什么样的文化土壤就有什么样的教育形态。教育的力量又是强大的，文化土壤的改善、优良基因的播种，往往有赖于教育。

一、教育也是从"土"里长出来的

现代教育体系主要是欧洲人建立起来的，分科也是从欧洲开始的。欧洲创建现代教育体系主要以古希腊、古罗马文化特别是其哲学、数学土壤为基础，以宗教传播特别是宗教改革为背景，以工业革命为历史推手。更重要的是，它是在文艺复兴和思想启蒙运动带来的科学思想与人文主义思潮背景下产生的。

东西方的文化土壤对东西方教育形态的形成，有很大影响。在西方现代教育中仍然可以看到古希腊文化特别是其哲学和数学的基因，而在中国当代教育中依然可以看到传统伦理和朴素唯物主义哲学的影响。

中国传统教育是在以伦理为核心的历史文化土壤中"长"出来的。春秋末期、战国初期，以孔子为代表的儒家完成了以伦理为核心的中国最早教育体系的建立。在中国历史上，孔子是倡导"大教育"的第一人，他对中国文化的突出贡献是提出并确立较为完整的教育思想。他对培养人的道德情操，对端正学习态度，对文人问政等问题都有清晰的阐述。他提出的"有教无类"，使教育从此走出官宦贵族家门，不仅使得平民与贵族在受教育方面实现了平等，教育开始走向平民化，而且为以后中国科举制度和教育制度的形成奠定了基石。欧洲现代教育体系的形成，也受到"有教无类"思想的影响。

中国古代伦理教育的经典著作是"四书""五经"。"四书"之一是《大学》。什么是大学？一般来说，大学是相对小学而言的。小学的内容包括识字、算术、基本礼仪和音乐、舞蹈等，大学的内容则包括高深的学问和一般知识以外的道德修养和治国理论。从更深层次讲，大学是关于"大"的学问，是关于如何做一个"大"人的学问。《大学》等儒家经典对中国古代教育的实施和封建文人的培养，影响深远。《周礼》中还提出了中国古代教育的主要内容是"六艺"，即礼、乐、射、御、书、数。

从隋朝开始到清末结束的科举制度，适应了中国封建社会的需要，其关注的内容与选拔人才的方式迎合了从隋至清历代统治者的口味，在1300年里对中国的教育产生重大影响。科举的形式调动了不同阶层士人通过科考踏进仕途大门的积极性，科举考试的内容也使中国的教育始终以伦理道德为主线。

清朝是满人的天下，但儒家教育的影响不减反增。南京江南贡院的记录告诉我们,清朝科举录取的状元、举人、贡生是中国历史上各朝代人数最多的,学习八股成了清代士人的风尚。

清末改革的一个成果是构建了中国近代高等教育的轮廓。诞生于维新运动中的京师大学堂是中国第一所国立综合性大学,其学科设置被后来各地大学所效仿。辛亥革命后,在京师大学堂的基础上建立起北京大学。1912年1月,受孙中山之邀,蔡元培出任民国教育总长。不久,袁世凯篡夺了辛亥革命果实,蔡元培不满其独裁,毅然辞去教育总长之职。1916年,袁世凯死后,黎元洪力邀蔡元培出任北京大学校长。蔡元培借鉴北京大学的模式,建立起国内大学现代教育体系。

王国维先生除了在文、史、哲方面的学术成就外,还着力于教育学、心理学方面的研究,是中国教育史上第一位尝试在近代心理学、伦理学、美学基础上构建中国近代教育理论的开拓者。王国维最大的学术贡献是"完全之人物"思想的确立,即倡导教育的目的是培养德、智、体、美全面发展的"完全之人物"。

"对于中国教育的发展来说,王国维最大的学术贡献就是'完全之人物'思想的构建,即教育的目的就是培养德、智、体、美全面发展的'完全之人物'。在《教授法》讲义中,从儿童身心发展和培养优良国民的角度出发,王国维提出小学教育的目的是'在图儿童身体之发达,授道德教育及国民教育之基础,及生活上所必要之普通知识、技能是也'。为了达到以上目的,必须采取必要的教育方法,即'育成身体之养护,陶冶情意之训练,及磨炼心意与以知识、技能之教授是也。'但是,如果这三种方法不能互相结合,也无法达到教育的目的。王国维的教授法与其'完全之人物'的教育思想是相对应的,体现了教育目的、教育内容、教育方法的一致性。……王国维的早期教育观点是在中西文化交融背景下产生的,可谓既放眼世界、融合中西,又结合国情、富有创新。虽有个别观点具有历史局限性,但不能否认,他的大多数教育观点对于我们今天的教育综合改革仍具有深刻的启迪意义和重要的借鉴价值,值得我们思考和汲取。"[①]

陈独秀于1915年创办了《新青年》杂志。他在这本杂志上撰文提出"德先生"与"赛先生"即民主与科学的概念,对现代教育产生了很大影响。

当今时代,从教育思想、教育制度、教育形态来看,中国已基本与世界接轨。但从教育的成效来看,尚不尽如人意。究其原因,应归咎于传统考试制度负面效应的遗留。科举虽已废除,但人才选拔的方式并未根本上改变,"走读书升学之路"还是绝大多数人的选择,这就造成了应试教育根深蒂固。

二、中国教育的问题

孩子考了全班第一,中国家长与西方国家的家长反应是不一样的,显示出了中外教育理念上的差异。

中国的许多家庭对孩子的教育真的是从娃娃抓起。三岁背唐诗、四岁学英语、五岁开始弹钢琴……不知究竟是某些父母神经不正常还是想把孩子培养得神经不正常。殊不知,对于几岁的孩子来讲,最正经的行为就是玩耍。噢,明白了,他们试图培养孩子从小就"卓越"。于是,问题来了:假如个个孩子都"卓越",都成了数学公式中的"分子",那么,谁是"分母"呢?答案是,在此情况下,所有人都成了"分母"。其实,"分子"还是有的,谁呢?就是孩子中甘于平凡的人。

[①] 胡德海、高闰青:《王国维的早期教育思想》,《光明日报》2019年7月27日。

有位从台湾来大陆的幼儿教育家,在业内很有名气。一次,他与作者谈起如何培养幼儿卓越云云。作者对他说,你若在教育宗旨中加上"平凡"二字,说不定还真能培养出卓越的孩子。他问,为何?作者说,你把孩子都送上了象牙塔尖,自视高人一等,不懂得与人相处,和者盖寡,不等成功就被众人孤立了,长大后如何干大事?一个人一生中很悲惨的事情是别人不把他当回事,只有一种可能比这更悲惨,那就是他自己太把自己当回事。深谙平凡之可贵,并具有平凡之气者,将来成为佼佼者的可能性反而更大。

　　世界上获得诺贝尔奖最多的国家是美国,亚洲获得诺贝尔奖最多的国家是日本。然而,美国的孩子、日本的孩子并非从小就接受"卓越"教育。这难道不值得好好反思吗?或许,不妨先教育我们的孩子学会平凡,先有平凡之气,再去力争卓越。

　　另一个问题,相对于所谓"卓越"教育,一般性的能力教育及"能力变现",则更为重要。

　　最近二三十年来,由于教育偏重自然科学,对人文科学重视不足,整个社会正在承受由此带来的负面影响。在当下中国教育界,人文学科的边缘化已是不争的事实。其产生的严重后果是人们逐渐失去对丰富多样的人生意义和多重价值的敏锐触觉,整个社会越来越崇尚"经济(或金钱)价值至上",这种价值追求上的单一化与平面化日甚一日。

　　2019年6月上旬,媒体先后发布4则新闻:国家发放5G牌照、袁隆平开垦盐碱地用海水种植水稻成功、某影星结婚、一位女歌星与男友分手。结果,某影星的微博点击达7000万次,另一名女歌星则有30万点击率,而前两则新闻的点击量则寥寥无几。点击率其实无所谓,大可不必为此太较真,但其中反映的问题却是沉重的。

　　青年人在想什么？他们懂不懂得哪些东西更有价值、更有意义？崇拜影星、歌星没有错，但是因此而花费太多时间和精力，信仰出现偏差，则是一个大问题。这种现象真是让人堪忧，反映出一些年轻人"不识货"，也反应出我们的社会对"价值的创造者和社会贡献者"敬重得不够。

　　学历重不重要？当然重要。但应该看到，现实生活中一些为学、从政的人虽然学历良好、履历完美、条件齐备，但在客观实际上并未创造多少价值。对于这种人，我们只能说，他们很懂得社会的评价体系，各方面均衡发展，"混"得不错。而有些人，虽然缺乏学历和履历，条件也不完备，但是他们专攻术业、兢兢业业，在某些领域取得巨大成就。相比之下，后者更应受人尊重。什么时候，当"英雄不问出处""唯贡献论"成为社会的主导潮流时，我们的社会才会更加进步。我们真的应该打破一些不合理的评价体系，树立更为合理的价值导向——以客观实际创造的价值大小和社会贡献的多寡为标准。

　　我们不应该否定学历教育的重要性，不应该打压人们追求更高的学历。但是，"唯学历论"显然不值得继续维系。追求高学历本质上只是一种手段，归根结底是通过接受更高层次的教育来实现自身能力的提升，进而更好地创造价值。这里头，涉及"能力变现"的问题。有的人尽管获得了高学历、具备了高技能，但因为受主客观因素的影响，在事实上并没有创造更大的价值，因而对社会的贡献并不大。有五分才能，创造了五分价值的人，比有十分才能，却只创造了二分价值的人更值得尊重。

　　所以，提倡各方面都优秀的"卓越"教育是应该的，但加强一般性的能力教育及其"变现"则更为重要。一切都是为了价值的创造——这应当成为人尽皆知的基本道理。既重视培养高端人才，也重视培养一般劳动者，让两者都能人尽其才，这应当是我们办好社会教育的初衷。而"价值"，绝不仅仅限于经济价值，它还包括很多难以用金钱来衡量的、对提升社会的高度、对自己和他人都有用的东西。

再一个问题，中国教育的软环境问题。相比于哈佛、耶鲁、牛津这些外国知名学府，中国的名牌大学在硬件设施上差得并不多，无论是教室、宿舍的建造档次还是实验室仪器设备配置，均无大的差距，有些甚至超过外国名校。但在软件方面，特别是在科学严谨、实事求是和开放包容的学术氛围方面，我们与人家相差得比较大。

在"向钱看"的风气影响下，某些大学人心浮躁、学风浮躁，学术良知和道德操守丧失。大学校园散发着铜臭味，不仅污染学术气息，还误人子弟。2019年12月，有一则报道说，国内某知名大学的校长宣布，去年收入×××亿元。网民吐槽：贵校培养的学生有获诺贝尔奖的吗？

教育和医疗，在几乎所有国家，都是具有特殊人文意义、特殊社会作用的重大民生领域和重要社会事业。一个塑造人的灵魂，一个挽救人的生命。对这两个领域进行探索、改革是应该的，但改革的终极目标应该是更好地实现其事业性、公益性。无论如何不能"向钱看"，一旦"向钱看"了，不但会抽掉"道义"的支撑，还会带来一系列不良后果。结合本书的主题，还会恶化整个社会的文化土壤，进而影响整个社会的文化质量。

有信息披露：中国有的大学，三十多年来的毕业生特别是硕士、博士生有相当一部分走向国外，其中以去欧美国家为多。出国、留学甚至留在国外工作，原本都无可非议，但"只出不进""留而不归""出多而归少"等现象则令人深思。对此，国人有权发问：这样的大学在为谁培养人才？纳税人有权发问：凭什么我们花钱培养人才却让外国人享用？既然是国际人才交流，为啥我们不能也吸引外国人才来华服务？我国高校对国际留学生的吸引力为什么还不够强？

这是一个复杂的话题。我们应当体谅不归者的苦衷，他们可能青睐人家的实验室，在那里可以一展才能；可能看中了自己喜欢的专业，在那里可以发挥特长；可能留恋好不容易找到的工作、生活环境和外国人给的"头衔"；可能看中人家不像国内还存在着论资排辈的现象，看重关系、看重背景、看重论文、看重资历，等等。

我们不应过多地斥责留学不归的年轻才俊，也不能简单怪罪学校，而应思考中国教育软环境的改善。这是一个庞大的社会问题，涉及政治、思想、文化、经济、科技、外交等领域，不仅仅限于教育，也并非一朝一夕就能改善。能够比较快速推进的，是以崭新的政策措施破除体制弊端、提高教育和科研质量，维护公平竞争环境，进一步打破大锅饭的分配制度、打破论资排辈现象、提高人才待遇等，扎扎实实地推进科研和人才工作环境的改善。从长远来说，最根本的是要振兴经济、发展高科技，不断改善人文环境，才能吸引更多中国留学生回国服务，才能吸引更多外国留学生来华留学并留华服务。

说服力哪里赶得上吸引力？

什么时候国内的教育软环境变得让人觉得在中国干有出息，就说明我们在国际人才争夺战中开始"扭亏为盈"了。可喜的是，最近几年我国在这方面有了长足进步。

还有一个问题，从社会教育环境的角度看，中国足球的发展前景并不乐观。

中国足球上不去，怪"我"。这个"我"是个"大我"，包括你、我、他。中国足球走到眼下这种地步，实在令人寒心。人们找出原因种种，包括体制问题、官员领导不力问题、教练水平或方法问题，以及球员思想素质、技术素质、身体素质问题，还有"黑哨""假哨""贿赛"问题，等等。作者以为，找出的这些原因都对，但都不全面，都不是主要的。

最主要的是"我"不关心足球，包括中国的教育不关心足球。作者曾在一个市长、校长与家长兼而有之的场合坦露看法：当市长的不建球场，宁可把土地用来做形象工程也不建球场；当家长的个个盯着送孩子上大学、读硕士、读博士，没有几个人愿把孩子送到足球场上；当校长的也缺少足球教育意识，关注的只是成绩单和升学率，没有几所中小学重视学生踢球。国人在实际生活中、工作中，也没有几个人真正关心足球。国家重视，文化不重视。这是中国足球上不去的根本原因。

怨体制？谁都不修球场，孩子们没地方踢球，体制再好也白搭；怨球员？或许有的孩子很适合踢球，却进学府、走仕途，好苗子的球星之路被断送。很多年前，在世界杯赛如火如荼进行的时刻，作者发表了一篇小文《用脚说话》，嗟叹中国是个人口大国，却是足球人口比例最低的国家；中国的球迷人数世界第一，却是"用嘴踢球"世界第一，动脚的没几个。

说到底，足球、足球体制都是"植物"，是特定的社会文化环境的产物。一个社会，体育锻炼之风不盛，则其竞技体育难有长足发展。对于足球来说，我们需要改良足球教育的土壤。作者到过巴西，感受深刻。下午3点钟以后，胡同里跑满了踢球的孩子。一位巴西人对作者说，我的孩子身体相当棒，我对他讲，你先踢好球，将来干什么再说。难怪南美的球队踢得好，原来人家的足球文化土壤比我们丰厚得多。没那土壤，哪来那植物？

中国人引以为豪的国粹——乒乓球，可以佐证这个道理。乒乓球不是华夏血统，但当今确确实实是植根于中华大地上的茂盛之树。它树干长得好，花也开得好。亚洲人的身材特点适合乒乓球运动、运动员拼搏刻苦、教练员敬业且本事高超，这些都非常重要，但都不是最重要的。只要看看我们的小学校里，那一排排用水泥砌起来的乒乓球桌，看看我们的办公室，再紧张也要挤出一间做乒乓球室，就可以理解中国人一次次把乒乓球世锦赛奖杯揽在怀中该是多么理所当然了。咱们有这个教育氛围，有这个文化土壤呀。

假如所有的"我"都来关注足球，假如我们真的丢掉"嘴巴足球"用脚去说话，假如我们的队员上场时只想认真踢球而不是"冲出亚洲、走向世界"，说不定中国足球就真有可能在世界大赛上一展风采。

至此，我们触及一个更深刻的问题：学习成绩也好，足球发展也罢，国家办教育的终极目标到底是什么？争金牌、夺第一，这都没错，但是我们的孩子将来真要做一个有出息、有情怀、有知识、有贡献的公民，中国要成为一个文明富强的国家，眼睛仅仅盯在金牌上、第一名上，显然是不行的。教育的最终目标是培养各方面的优秀人才，不止于出类拔萃者。

教育的本质，应该是培养社会需要的万千人才，并让他们人尽其才，为社会创造最大化的价值。社会对人才类型、人才层次的需求很多，因此，我们不能按照同一个模式、同一个目标来培养单一类型的人才。就好像没有必要每个人都要上大学、读硕士、攻博士，将来都要成为科学家、去搞研究一样，其他行业也需要大量的人才。

在人才培养方面，我们呼吁教育部门认真研究人才培养与社会需求相脱节的问题，处理好学科设立与社会需求之间的矛盾。作者曾多年在传媒和教育机构工作，对相关专业略有了解。现在，许多与大众传媒不相干的大学纷纷办起了传媒专业，连工科大学、法科大学都办起了传媒学院，综合大学更是如此，几乎都开设传媒专业。我们的社会到底需要和容纳多少主持人、记者、编辑、演员和相关技术人员？真的用不着那么多。西部某省的大学每年有两万多名传媒专业毕业生，而全省主流媒体的年需求量不到1000人（当然，非主流媒体、新媒体也要用人）。学生毕业了，找不到专业对口的工作，只好去干别的。而一旦干别的，一方面通过几年努力所学的专业知识用不上，另一方面还得花时间和精力去适应新的行业。这对国家来讲绝对是个浪费——既是教育资源的浪费，也是钱财的浪费，更是人才的浪费。

现在有些学科毕业生之多早已超出国家的需求，而从未来需求来看必须大力发展的某些学科却羸弱单薄。不知有人想过没有，中国当今的芯片短腿其实是芯片人才短腿，而芯片人才短腿的根本原因是芯片人才教育和学科短腿。更严重的是，在不良社会导向的影响下，如果我们的孩子个个都想去当明星、当主持人，必然会影响对适合从事数学、物理、化学等基础学科的苗子的培养。

除了学科设置不合理，我们还存在教育同质化问题。大学如此，高中如此，初中与小学就更严重了。如果说，初中和小学作为基础教育，可以雷同一些，那么从高中起，就应该注重差异化教育和人才的特色化培养了。

过去一段时间，许多年轻人的思想"随大流"，个个都试图通过高考改变命运，形成"千军万马过独木桥"的奇观。现在看来，通过高考上大学，攻读硕士、博士，不一定就能改变命运。而要改变命运，获得人生成功，也不一定非要通过高考，非得成为科研型人才。其实，成长、成才、成功的道路千万条。学习传承文化遗产的绝活，钻研车钳铣刨各路绝技，攻克农林牧渔业的各种难题……正所谓行行出状元，我们的教育应着眼于培养多种多样的人才。这是国家的需要、社会的需要，更是年轻人展示才华的广阔天地。

除了教育同质化，我们还存在教育不均衡的问题。据早些年统计，生活在中国农村的孩子只有37%上过高中，而中国城市的孩子上过高中的则占97%。农村孩子上了高中之后，很多人又脱离农村到城镇发展，造成农村人才流失。这对农村地区发展是不利的。提高中国农村人口的受教育程度，保障农村人口素质稳步提升，是中国走出"中等收入陷阱"必要的一环。

一个国家的教育发展得怎么样，并不只是教育本身的问题，而是整个社会的问题。是我们国家的整个文化土壤，酿生了当前我国教育的现状。要改善这些问题，还需要培植文教新土壤，不断转变观念、破除体制机制障碍等。

"内卷"一词近来很火。它原本是一个学术名词，最早是由美国人类学家吉尔茨提出的，本意是指人类社会在一个发展阶段达到某种确定的形式后，停滞不前或无法转化为另一种高级模式的现象，也就是停止了高质量发展，造成人们"收益努力比"整体下降。现在网络中使用的"内卷"则是指在社会竞争中，大家越来越努力、越来越累，但收获却没有增加，甚至下降了。僵化的考试制度，束缚了学生的创造力和个性化的自由发展。对于人才培养而言，这是一种更可怕的"内卷"。

分析了种种问题之后，作者要为中国教育说句公道话。延续了2000多年的中国传统教育，培养了无数我们耳熟能详的人才和无数不为人知的人才，他们推动中国历史的车轮转动到今天。中国传统教育，时至今日仍然有很多值得我们学习借鉴的地方。而当代中国教育，尽管问题不少，与美国、日本、英国、德国等许多国家相比仍有许多亟待改进和提高的地方，但它的成就也是有目共睹的。特别是改革开放四十多年的快速发展，所需要的人才主要是自身培养出来的。没有当代中国教育事业，就没有当代中国的现代化。

中国教育的本质问题是文化土壤问题。简单说好说坏都没用，应该客观冷静地看待存在的问题，有什么问题解决什么问题，在现有条件下能解决什么问题就解决什么问题，逐步优化我们的教育土壤。

三、中国教育的方向

世界上所有竞争的最高点都是人才的竞争，而教育则是培养人才的主要手段。教育乃国家第一要务。中国教育确实存在很多弊端，需要我们把目光投向教育事业发展得好的国家，以先进者为师。但全盘端来西方的教育制度、教育方法和教育内容，就能治好中国教育的"病"吗？作者一直怀疑这一点。

理性的选择应该是在文教领域坚持"古为今用，洋为中用"——既不完全照搬西方，也不完全承袭中国文教传统，而是扬弃古今中外各种教育理论和方法，充分吸收人类文教事业的先进成果。应着力克服现有弊端，扎扎实实办教育、搞科研，按照国家发展所需探索出一条内容与形式相统一的教育新路。

在中国教育界，时常有人议论：抗战期间，西南联大为什么出了那么多人才？他们常常提起从西南联大走出去的邓稼先、杨振宁、朱光亚、郭永怀、李政道等人。很多人谈起当年西南联大，都赞叹其"充满自由的空气"。组成联大的三个学校以前都是北方的，本来就有自由的传统，又逢战时，上课时没有老师点名，早上睡懒觉也没人催你醒来，晚上何时睡觉也没人过问，课堂上几天见不到人也没人管。这样有一个好处，学生可以做自己喜欢做的事，喜欢听的课才听，喜欢看的书才看。而在这种情形下，学校的师生并未沉迷于荒诞，而是专心致志做学问，教育与学习成效斐然。在8年多时间内，西南联大共培养出3882名毕业生，在这些学生中，后来出了5位国家最高科学技术奖获得者、8位"两弹一星"元勋、172位"两院"院士和两位诺贝尔奖获得者，成就中国现代教育史上的一段佳话。

在延安，正是在抗战艰苦卓绝时期，"抗大"诞生。缺少教学器材，师生就自己动手制作；课桌不够，许多学生就用膝盖当书桌；教员讲课也无薪酬。这样的学校不仅培养出一大批军事人才，还培养出一批新中国成立后名望垂史的音乐家、诗人和管理人才等。

大学是干什么的？1917年1月9日，蔡元培就任北京大学校长，他在就职演说中说："大学者，研究高深学问者也。""大学不是贩卖毕业证书的机关，也不是灌输固定知识的机关，而是研究学理的机关。"抗战期间，西南联大校长梅贻琦说过这样一句话："大学，不是有大楼的地方，而是有大师的地方。"爱因斯坦在《论教育》一书中有这样一番见解："教育的首要目标永远是独立思考和判断，而非特定的知识。学校应该永远以此为目标：学生离开学校时是一个有和谐个性的人，而不是一个专家。学校的目标必须是培养能独立行为和思考的个人，而这些个人又把为社会服务视为他们最高的生活任务。"

现在有些大学,包括民办大学,竟然把大学毕业生的"就业率""考研率""出国率"作为考核指标。制定这样的考核指标,或许有些道理,或许确实能培养出一些"学霸",但在这些指标之下,特别是在相应的办学理念下,大学怎能培养出真正的大师?怎能培养出具有独立思考能力的研究型人才?怎能培养出具有社会责任感、具有家国情怀的人才?

改进我们的教育是一个庞大的系统工程。作者认为,第一,最重要的是改良教育的土壤,倡导自由和独立之精神;第二,改革教育之方式、方法;第三,充实、调整教育之内容。此三者,第一个最重要,担子也最重。

办教育要讲究"虚"与"实"。"实"是知识的传授,"虚"则是培养学生的精神、意志、心态。学校教授的是知识、观念和方法,而受教育者日后的成功还需要品德和智慧。教学的最高境界在于"不教",让受教育者自己学会思考、明白事理、掌握方法,这才是教育的最终目的。教学的最佳效果是让听者能够找到一种感觉,提高自己思考的质量,能够把握问题的关键,并找到解决问题的答案。

在学科的设立上,要真正解放思想、科学规划,有一定的前瞻性,不可随波逐流。要按照学术需要和国情需要建立学科体系,而不应简单迎合市场或赶时髦设立学科。这样做,也许暂时见效不明显,但从长远看,必能取得良好成效。

教育乃国之大计,科技创新、经济发展、文化建设等均以此为基础,中国强大的前提条件是教育强大。兴利除弊,建立一整套适应国家发展需要的教育目标和教育体系,是压在这一代中国人肩上的重担。

后 记

在当今世界上,文化命题正日益受到人们的关注。为什么会有如此多种多样光彩各异的文化? 2009年,我开始思考并提出这是"文化土壤"不同所致,此后相继在西南财经大学、四川大学、北京交通大学、河海大学、东北财经大学等高等院校及北京、上海、南京、重庆、成都、大连、沈阳、长春、乌鲁木齐、拉萨等地的一些学术机构讲授有关专题课程。从这时起,我下定决心把这些内容写成一本书,经过十年的写作特别是最近三年的修改,《文化土壤论》终于苦熬成册,今天献给读者。

写这本书是个非常痛苦的过程。参考资料有的弥足珍贵,有的则歧义百出,不得不认真核对。几十遍的修改补正,辛苦无比。

写这本书又是非常快乐的,徜徉在历史文化长河之中,吸吮着中国和世界文化的乳汁,学习着先贤和大师们的耕耘成果,真是让人获得许多新知识。我深知,没有他们无言的指教,本书不会形成今天这般模样。

四十多年前,我在报纸上看到一则小故事,大致是这样的:爱因斯坦提出相对论后,成了世界著名科学家。一天,一个同行学者对爱因斯坦说,你的大脑里的知识是这么大的圈,说着他展开双手抱成大圆形。接着他又说，跟您比，我的知识只是这么小的圈，说着他把双手收在一起，几乎快合拢了。爱因斯坦说，是的，由此可以看出，我接触的空白比你接触的空白要多好几倍。写作这本书时，我仿佛也体会到了爱因斯坦先生的感觉。所不同的是，不是与别人比，而是与过去的自己比。

本书所涉及的许多领域和概念并非我的专业，我知道出版后一定有很多地方会让行家里手指教和批评，对此，我从心底欢迎。我已经憋了十年，一定要把"文化土壤"这个概念说给更多的人听，一吐为快。在写作期间，每次忽生一个想法，便信手写下来录入电脑，唯恐闪念即逝。错与误是肯定有的，但我还是想把话题和观点亮出来，目的是请读者能够在正确与错误中继续探索，选择出中华文化应该走的路。

要写一本既让学者们赞同又受大众欢迎的书，几乎不可能，世间没有哪本专著会得到所有人的认同，而这恰恰是当代社会开明和进步的一种体现。开明的社会容得下人们探索各种话题，最终能赢得人们认可的是那些更科学、更经得住考验的观点和治学态度。

有的国家在历史上曾与中国发生过战争，至今仍患有战争后遗症，有的国家目前正与中国产生对抗情绪。在写作这本书时，我始终提醒自己，写到他们的文化时，尤其注意选用中性词。在内心深处，我一直这样认为：无论时局如何变幻，或紧迫或舒缓，我们都应坚持放眼世界，以更加开放的姿态拥抱世界文化，坚持以强者、先进者为师，坚持以新姿态的"古为今用，洋为中用"培植中华文化新土壤。这应该是最为理性的态度。

在这里，我要感谢每一位读者，是你们的阅读给了这本书生命，而这本书又延长了我的"真生命"。这个"真生命"，既是指在我告别这个世界之后，我的这本书还存在、还有人阅读，更是指写作这本书本身极大地拓展了我生命的宽度，让我投入，让我学习，让我在踱来踱去中享受思索的快乐，使我的有限生命更有意义。

付梓之际，我要特别感谢长年教育我的父母、老师和兄长，这本书中装着你们的辛苦，谢谢你们开导了我，你们的境界，至今我仍未能达到。同时还要感谢在修改、出版这本书过程中给予我巨大支持的总审读骆毅力，特邀编辑殷占武、黄佳梦，没有三位先生依托他们的学识进行的帮助，本书达不到今天这个样子。同时，感谢胡孝汉、刘伟、惠小勇、侯志明、孟宪民、唐实在审读过程中提出了很多有见地的修改意见，感谢王瑞荣、张黎明、刘锋、胡友文、邓东芳、王光华、韩征、唐佳丽和女儿何小溪在本书审读、校正和编务方面付出的辛勤劳动。感谢四川人民出版社黄立新先生和责任编辑郭健为此书的编辑出版付出的辛苦和智慧，他们认真的工作精神给我留下深刻印象。此外，本书曾获得广西师范大学出版社黄毓先生重视，该社黄佳梦先生对文化土壤的内涵理解相当深刻，为本书付出了诸多智慧和辛劳。本书最终虽未在广西师大出版社出版，但作者依然对二位表示衷心感谢。

最后，对书中的谬误恳请读者批评指正。

何大新

2024 年 3 月 6 日于成都